西藏贵族世家

The 1900—1951 Aristocratic Families in Tibet

次仁央宗 著

中国藏学出版社

目　录

第二部分　强调“场所”的西藏贵族

The Aristocratic Families in Tibet

Content

导　论

研究范围

关于西藏历史，中外专家和学者已经有了精辟的见解，而这些见解是整个藏学进行系统和比较研究的起点。本书正如它的书名所显示的那样，并不是一部西藏地方史，作者也深知自己没有能力完成一部西藏地方史的专著。但是，本书所描写和论述的西藏贵族家庭的世系生活情况，对于社会学、人类学以及藏学界来讲，并不是一个孤立的研究内容，它是直接与西藏地方在 20 世纪 50 年代以前的政治制度和经济体制联系在一起的。为了便于对西藏贵族家庭生活整体轮廓的了解，我们不得不以一种既定的模式来进行。

第一，我们要解决的问题是，贵族家庭这一阶层是什么时候在西藏社会中出现的？关于这一点，似乎没有人从事专门的研究。在众多的关于西藏社会制度研究的文献中，只有西藏人民出版社 1984 年出版的《西藏自治区概况》和 1973 年意大利罗马出版的毕达克（Petech）的《西藏的贵族和政府（1728—1959）》（1990 年中国藏学出版社有李有义的译文版问世）中涉及这一问题。前者提供的资料为西藏贵族家庭来源的五种情况："一、吐蕃王室和大臣的后裔及各地酋长（大奴隶主）的后裔；二、元、明、清历代中央政府敕封的公爵、土司的后裔；三、历代达赖喇嘛封的贵族；四、班禅额尔德尼的家属和班禅'拉章'所辖的后藏贵族；五、萨迦法王等呼图克图的家属及其所属官员。"后者毕达克先生以非常谨慎的态度对西藏贵族的主要来源提出了他的观点："与其他所有的贵族一样，西藏贵族亦历经沧桑巨变。吐蕃王国（600—841 年）时代的显贵家族在王国分崩离析、佛法遍弘蕃地之后销声匿迹，一些新的显贵家族取而代之。近代贵族只有寥寥数家可将祖先追溯至王国时代。同样，萨迦时代的贵族大部分也被帕竹时代的新贵族所取代。那么追溯十三世达赖喇嘛时代西藏贵族阶层的产生，似乎除了一些继续延续吐蕃、萨迦、帕竹时期的家庭之外，大部分显贵家庭产生于 18 世纪上半叶，可以说是颇罗鼐统治长久的产物。"以上两本书所提出的观点是目前中、西方研究西藏贵族家庭来源所得出的比较一致的或者比较流行的看法。有了这种较为一致的观点，我们不会把西藏贵族家庭的研究看成是一个开发性的研究领域。然而，这两本书对于如此庞杂的研究内容来讲，只能是一种概念上的、经验上的和方法上的成果，它们缺少的是一种较为具体的、完整的专题研究。为此，我们不得不承认，关于西藏贵族家庭的研究还是一个崭新的领域。既然是崭新的研究领域，涉足它的人自然就需要丰富的阅历、经验和知识。而这些都是我所欠缺的。所以，对于"西藏贵族"的产生这一概念性的问题，只能借鉴上述两本书的观点。

第二，所谓西藏贵族家庭，要把它们的名字全部罗列出来是一件非常困难的事情。其原因很多，一是可供分析的资料比较缺乏；二是历史上曾出现的望族，到今天已不知其下落。因此，本书对这一问题不去做更多的努力。

这里，我们姑且按藏族人的传统说法去理解藏族祖先是一只猕猴和一位岩罗刹女，而他们的后代面部呈赭色。这些最先生活在青藏高原的原始人，如同所有的原始人一样，他们之间没有君臣之分。传说还表明藏族的第一个君王是天神，他自天而降，入主人间，人们为了表示敬意以肩来载之。这位君主被称为“聂墀赞普”(扛在肩上的君王。赞普，意为君王)。[①] 传说在某种程度上似乎与科学的发现史观是相谋合的。根据史书记载，大约在公元前 126 年，西藏有了第一个君王聂墀赞普。显然，藏族人是以赞赏的心情来仰视这位伟大的赞普的。虽然传说、史料都证明了他是藏族的第一个赞普，但能够确定的是，他绝不是现代科学意义上的阶级统治者。所以，我们也不能认为他是拥有政治社会特权的贵族。然而可以肯定的是，聂墀赞普的出现使西藏社会开始有了君与臣的区别。有了君臣之分，社会自然就会产生等级分化。继聂墀赞普之后，统治西藏的君王都由他的后裔来袭位。在理论上，世袭罔替使得聂墀赞普给其家族带来了神圣的社会地位，而这种地位在不长的时间里给整个家族筑起了政治的和社会的特权，这种特权也正是贵族阶层得以出现的基础。如果这种推论合理的话，西藏贵族阶层最早产生在吐蕃建国初期。

布德贡嘉执政时期，吐蕃社会中出现了“相”、“伦”[②] 等官职名称。[③] 这些官职名称不能不说是西藏社会最早出现的等级分化。

囊日松赞执政时期，有文献记载：囊日松赞亲自赏赐有功之臣韦·耶察者，以萨格辛之地及墨竹地方奴隶一千五百人等。[④] 在这里作为统治者的君主已经可以把土地和奴隶作为礼物赏赐给为他效力的臣子了，虽然这种“采邑”并非为严格意义上的封地，但能够充分说明，此时的社会已经出现具有政治特权和经济特权的阶层。

松赞干布是在西藏历史上时间比较明确的一位赞普，也是一位令藏族人民自豪的赞普。在他未成年时，他的父王囊日松赞被毒死：“赞普松赞干布之时，父系庶民心怀怨恨，母系之庶民公开叛

① 恰白·次旦平措等著《西藏通史》，19 页，西藏社会科学院、中国西藏杂志社、西藏古籍出版社联合出版，1996 年。

② “相”，藏文的意思是舅；“伦”，藏文是臣的意思。

③ 《敦煌本吐蕃历史文书》藏文，铅印本第 42—43 页；参照王尧汉译本；参照《西藏通史》。

④ 《西藏通史》，39 页。

吐蕃赞普——松赞干布塑像

离，外戚象雄、牦牛苏毗、聂尼达波、工布、娘布均亦反叛，父王囊日松赞被毒所害……”。在这一紧要时刻，他受到大臣娘·芒波杰尚囊、噶尔·芒相松囊、琼波·邦赛苏孜、韦·耶察等人的拥戴，被立为吐蕃第三十二代赞普。“王子松赞幼年亲政，先对进毒为首者断然尽行斩灭，令其绝嗣。之后，叛离之庶民复归治下。”公元7世纪初，松赞干布征服西藏各部落，统一了全西藏，建立了强大的奴隶制政权——吐蕃王朝，并着手创立了“吐蕃基础三十六制”，即吐蕃社会的管理体制和法律条文。为了进一步巩固和发展政权，他采取了一系列建政措施。首先，在拉萨建立都城；其次，划分辖境，设置官员，并在官员中知人善任，设立了尚、伦等职，来协助管理其行政事务，故有“尚、伦毕集”之称。“尚”，这一官职一般由赞普的母系亲戚来担任，据说这是祖辈留下来的习惯。吐蕃最早的“尚”是奴氏，而奴氏正是吐蕃第 27 代赞普拉脱脱日年赞王妃的兄弟，他为吐蕃赞普的事业建立过功勋，被封为吐蕃官员。由于奴氏是王子的舅舅，舅舅在藏语中叫做“尚”，故称“尚伦”（舅臣）。“尚伦”的权限范围比较广，并有权与赞普一同处理国家大事，“尚伦”拥有的权力已超出了同等地位官员所应有的权力。在吐蕃，“伦”为丞相，但有高低大小之分：大、中、小三公伦；大、中、小三囊伦；大、中、小三噶伦。由于称谓和权力的不等，他们所行使的职权也有所不同。“公伦者，工作方法如同家长，威严断处。公伦的职责是负责一切外部事务，如与四方邻国建立友好关系或者布置战事。若从家庭看待，公伦犹如父亲的工作，勇敢地面对一切外部事务。”“囊伦者，犹如贤妻良母，操持家务。囊伦的职责，主要承担内政管理，好像家庭之母，集财守库……”。“噶伦者，起草王令之大臣，……噶伦的职责是，修改实施法令，纠正失意”。松赞干布执政时期，吐蕃有四大公伦，他们分别是噶尔·东赞域松、吞米·桑布扎、止斯如贡托、娘·墀桑央顿。而囊伦有墀·那钦热桑、嘉杰充桑、觉惹仁贝格桑、拉斯·雪布丹桑、韦·江贝杰勒桑。至于噶伦，也许在“伦”位中位居最末，在史料中没有记载。正是这些“尚、伦”家族构成了当时社会的中坚力量，他们也是当时社会中最大的贵族，在他们之下有管理各部门的官员以及拥有土地和奴隶的“豪奴”、“驯奴”。① 到了赞普都松芒波杰执政时期，噶尔·东赞域松的长子赞聂顿布担任大相，赞聂顿布去世后，任命次子钦赞陵婆为大相。西藏贵族的世袭在这种有意识的设计下，逐渐变成为一种社会所认可的惯例。久而久之，血统或家世成为确认贵族地位的首要条件。西藏贵族家庭“血而优则仕”的观念，也正

① 《西藏通史》，第 42—60 页。

是在这种人为的构筑下产生并形成规律的。

“血而优则仕”的观念，使得噶尔等执政家族开始顺理成章地成为“世卿之族”。随着这些世卿家族所拥有的政治权力、经济财富与社会声望的不断提高和巩固，这些家族的综合实力也不断提高，进而渐渐形成了凌驾乃至压倒王室的势力。也就在这个时候，噶尔家族开始背叛赞普，君臣之间的矛盾与敌对与日俱增。最终，赞普将噶尔家族的全部财产收归王室，并且处决了其两千多名家族成员。① 从此，赞普时代最大的贵族噶尔家族消失。随着大贵族噶尔家族的消失，当时的贵族阶层发生了变异，那些接近噶尔家族的贵族成为历史或被历史遗忘。那么，谁替代了大相的位置，哪一个家族替代了噶尔家族呢？在史料中没有记载，也没有传说可以借以推断。除去噶尔家族，迄吐蕃终，再没有出现与噶尔家族相提并论的贵族世族。而且这之后，赞普都松芒波杰不得不以有限的权力与财富来限制新兴家族的发展，同样也不得不对新兴家族保持着防范心理。为此，赞普讨平大贵族噶尔家族之后，集处理吐蕃内外政事于一身。

赞普墀德祖赞时期，公元705年，任命韦·墀素香聂为大相。721年，大相韦·墀素香聂去世，任命韦·墀松杰赞为大相。725年，大相墀松杰赞去世，任命芒夏达杂为大相。727年，大相芒夏达杂去世，任命韦·达札禄恭为大相，一年后被撤职。728年，任命没庐氏琼桑沃芒为大相。② 而这些大相的事迹在历史上几乎没有记录，从他们任职的年代来看，当时的社会似乎很平稳。随着大贵族噶尔家族的被铲除，贵族的势力开始削弱，赞普的外戚开始得宠。这个时候，赞普的势力几乎完全依赖外戚。由于亲近外戚，吐蕃内部先后发生了贵族叛乱。大约在754年，大臣巴·吉桑东赞和朗·弥素二人作乱，赞普被杀。史载：“巴·吉桑东赞与朗·弥素二人为大伦，心生叛离，父王墀德祖赞遇弑薨逝。欲弑王子赤松德赞之时，

① 《西藏通史》，第105—106页。
② 《西藏通史》，第118—123页。

吐蕃黔首之政动乱，禄恭将巴与朗之阴谋禀告王子。赞普赤松德赞得悉，确信巴、朗叛逆，降罪其二人，禄恭尽忠尽诚。”又有史记

祖孙三法王（壁画）

载：“羊年（公元 755 年），以兵力捕获杀父之臣僚，……驱逐巴、朗二人之同伙，杀其二人。……冬，臣尚·嘉素于惹达廓召集会盟，清算朗、巴二氏获罪者之财产。”而赞普赤松德赞正是于公元 756 年开始施政的。①

关于赞普赤松德赞，有许多故事。无论口头传说或是史书记载，都公认他是一位英明无比的赞普。他被人们誉为“祖孙三法王”之一。他与松赞干布一样为吐蕃的繁荣富强做出过非常大的贡献。赞普赤松德赞时期，善法纯良，国政兴旺，赞普仿佛天地之间的太阳，照耀人间，为直立黔首人与俯行牲畜的主人，所作法典宏伟，政绩显著，实为人类的楷模。褒奖贤哲英雄，以法养育弱者微贱者。当时，参政大臣同心同德，即使出现外寇入侵，他们都以奇谋妙计对付，毫无畏惧之感；和平相处，勤奋为政，不嫉妒不为恶，犹如寻找丢失的财宝；招贤纳士，选择忠勇之士，褒奖聪明勇

① 《西藏通史》，第 126 页；《藏族古代历史文献选辑》铅印本，50 页。

敢之士，到处颂扬，委以相当的职位。庶民安逸而居，教以学习贤良，正直为人；安排在边防哨所者，教以学习策略、武艺，文韬武略，所以根本没有怨敌，信奉无上佛法，以法治国，以教而行，在中央边疆各地修建佛殿庙宇，树立法规，一切人入于慈悲而依正念，解脱生死轮回，把众生安置在长久之乐土，基业坚固。君臣议定，尚琛氏嘉素等人率兵攻占了汉地京师，立广武王承宏为帝，论功行赏，授予长久绿宝石文字诰身。韦·嘉桑达囊与唐将军浑日进在“古乐冈”交战，斩唐兵多人，改名“古乐冈”为“嘉都”（汉墓）。章·嘉扎勒素出兵上部地区，在“木宗”地方击退了来犯的敌人，谷地的嘉波农廓以下地区全部纳入赞普的治下。韦·赞协多伦等人发兵城池以上的地方，攻克18座城，驱逐守城官员、叛逆者，收编居民，纳入管辖。国势强盛，陇山山脉以上均被收服，设置五道节度使，扩大了领土。由于大伦囊协达赞贤明聪慧，吉祥有福，颁给珠宝文字诰身。臣民之中攻克朵德部与秋察部的勇士，颁赐虎皮牌。神圣赞普深思远虑，仿佛波涛博大精深，政业巩固，权势显赫，使他国之王都纳贡缴税，将小邦部落纳为庶民，在外国政远及四边，在内安乐均匀，凡是吐蕃臣民之中诚心服侍佐助者，都施以永固的恩泽护持，比此赞普政务宏伟者，过去的赞普世系中从未有过。① 可以看出，赞普赤松德赞伟大的政绩。赞普赤松德赞在西藏历史上是一个重要的人物，他不仅从政治上使动乱的吐蕃社会趋于稳定，而且通过佛法善规来规范当时人们的思想。

通过文献和传说，可以确知，佛教被传播到西藏是从松赞干布开始的，但是由于原始本土宗教——苯教对当时人们的影响根深蒂固，佛教不但没有取代原有的苯教，甚至还险些濒临覆亡。赞普赤松德赞执政后，佛教在吐蕃社会的传播才开始有了转机，其原因说法很多。有文献记载：“四代祖赞普松赞干布之时，修建惹萨白哈尔佛殿，初传佛法以来，至父王墀德祖赞，修建扎玛之迦曲租拉

---

①《西藏通史》，第126－136页；参照《敦煌本吐蕃历史文书》，第38－73页；巴俄·祖拉陈瓦《智者喜宴》，第308－377页，民族出版社，1984年，参见黄颢译文。

康，尊奉佛法，历经五代。父王墀德祖赞升天之后，部分尚伦心被鬼迷，毁祖父以来奉行之佛法。此后，赞普陛下年届二十时，始手臂麻痹，征兆险恶，废止不准信奉佛法之法令，供奉三宝，方才转安。其后，依止于善知识，悉闻佛法，目睹经文，佛法得以弘扬。然则，吐蕃之旧法不善，与敬佛仪轨不同，故众人疑其不善，或疑对身体有害，或疑佛法损碍国政，或疑佛法使人畜患病，或疑佛法招致灾荒……"① 从这一段文字记载来看，佛教的兴起与赞普的健康有着密切的关系。至于赞普赤松德赞大力扶持佛教、建寺译经等弘扬佛教所做的努力，在许多文献中都有记载，这里不再赘述。但有一点非常重要，公元 761 年，赞普赤松德赞宣布废除禁止佛教传入的法令，并且在山南桑耶地方修建佛教寺院——桑耶寺。而这一寺院建筑的内涵是佛教理想世界的结构，即：须弥山、四大洲、八小洲、密宗坛城等，并采用了天竺、唐及吐蕃三地的建筑风格。大约公元 779 年，赞普赤松德赞和他的妃嫔、子女、宗室、外戚以及文武百官属部首领参加了桑耶寺开光大典。

松赞干布时期修建的小昭寺和大昭寺，虽然为佛教的传播奠定了基础，但是这两座佛堂的修建并没有触及当时藏族人的思想意识。通过文献得知，两个佛堂修建之后，一直是由唐朝的僧人在其内管理。桑耶寺修建之后，赞普请教佛教大师寂护，选出七个贵族子弟落发出家为僧，从此以后，在吐蕃境内确立了佛、法、僧三宝道场。后来，王妃吉墀嘉姆赞和斯·赞姆嘉等百人出家。从此，吐蕃的僧人开始增多。为解决僧人的生活，赞普以身作则并要求大臣们“从足下提取，把僧人当作供奉对象来加以供养”。不久，他任命益希旺波为桑耶寺堪布，敕封他为“世尊宗师”，尊为赞普之上，并颁赐大型黄金告身，宣布其位在大伦之上。这种加封宗教要人，极大地提高了佛教在当时的社会地位。到了后来，赞普还要求每七户平民赡养一名僧人。由于当时的自然条件限制和生产力水平低

① 《智者喜宴》，第 373－374 页。

下，这样的要求没能切实贯彻。但还是要求每三户庶民赡养一名僧人，并制定僧人不参加劳动等一系列规章来提高僧人及其佛教的社会地位。这种显明的弘法举动给当时的社会带来了一定的安详和稳定，不仅巩固了王权政基，而且广泛吸收周边地区的文学、艺术、哲学、建筑等并使之与本土相适应。与此同时，还进一步提高和巩固了贵族阶层所具有的特权利益。①

赞普赤松德赞在弘法的同时，还通过法律确立了财产继承权。贵族的后代有继承财产的权力。财产对贵族而言，主要是土地。而土地的被封赐是贵族对政治贡献的报偿，同样，土地的被继承也是贵族社会政治地位的巩固基础，只在没有后嗣的情况下土地才被收

桑耶寺

回。土地的被继承，不仅使贵族世家有了稳定的经济来源，最主要的是保证了他们作为贵族的特殊的政治地位。由于土地的合法继承，使得西藏贵族家庭真正成为封建的和既有官僚性质的、也有封爵性质的特权贵族。贵族在其继承的封地内有一种私人的统治关系，而这种统治关系直接带来的结果是人身的依附关系，进而演绎

① 《西藏通史》，第 137 – 140 页；《智者喜宴》，第 347 – 348 页。

出家臣须绝对忠于自己主人的社会观念。

赞普赤松德赞以上的举措，尽管证明他是吐蕃政治社会中精明的君主之一，他所制定的政治方略在当时也有许多较光明的方面，然而他那美好的声誉和不朽的事业却无法使吐蕃社会长治久安。随着赞普继承人的更替，吐蕃王朝开始走向灭亡。

赞普赤松德赞共有四个儿子，长子夭折，次子牟尼、三子牟迪茹、幼子墀德松赞。赤松德赞五十五岁时立次子牟尼为王。这时吐蕃原有的宗教苯教和佛教的斗争已经到了水火不相容的地步。牟尼赞普死后，由于各种原因，他最小的弟弟墀德松赞即王位。他即位后佛苯斗争更加激烈。他的贡献在于：将赞普世系和藏族历史刻在石碑上；维修原有的一些寺庙，如桑耶寺、大昭寺回廊等；翻译和编目佛教典籍，进一步加强了与周边地区的关系。

墀德松赞有五个儿子，其中拉杰和伦珠二人夭折，存活的有三子热巴巾、四子藏玛和幼子朗达玛。热巴巾于公元 815 年继承王位，他即位后遵循父王的遗愿。他的事迹和他的名声常被人们所赞扬，在藏族历史上把他排在松赞干布和赤松德赞两位赞普之后，称为“祖孙三代法王”。公元 841 年，“铁鸡年，热巴巾王在墨竹夏宫饮葡萄酒至醉，坐在宝座上时，韦·达纳坚与觉热·拉伦、勒多赞三名奸臣将其颈骨折断，把面部扭向背面而死。”他死后由他的兄弟朗达玛继承王位。①

朗达玛是吐蕃王朝最后一个赞普，也是一个人们深恶痛绝的君王。有许多史书不厌其烦地记载了他作为暴君给社会带来的种种恶劣影响：“全蕃善业之福泽仿佛春季之冰融化消失，人主之福德则犹如枯海之波无影无踪，全蕃地区之国法则如暴雨毁墙一样被毁坏，诸僧人失去戒律好像老态之知觉衰弱失聪，一切善良功德犹如夕阳西落。”② 同样，人们也通过半传说的形式来描摹他的形象，甚至加以丑化，比如说他的头上长角等。《智者喜宴》中写到他

① 《西藏通史》，第 170－1181 页；《智者喜宴》，第 415－416 页；参照《吐蕃金石录》。
② 《西藏通史》，第 183－184 页；参照《第吴教法源流》。

吐蕃简牍

“形如黄牛，才学浅薄，性格倔强”。

之所以对朗达玛如此恶评，是因为他是一个灭佛者。这里我们姑且不论他的灭佛和他作为暴君的关系，但是有一点我们可以推论当时的吐蕃社会如同病入膏肓的病人，亟待医治，然而当时的统治阶级如同庸医，仅仅乐于消除表面疾患而不去医治病根。所以，赞普朗达玛的灭佛不仅没有解决当时社会中存在的弊端，反而引来杀身之祸。赞普朗达玛的被杀，使得赞普父子所开创的吐蕃王朝最终成为高级贵族的掠夺品。

有关史书记载，赞普朗达玛先后娶纳朗妃和蔡邦妃，她们之间隐怀着深深的嫉妒。由于朗达玛被杀，赞普虚位，两妃子都想为自己的儿子和自己寻找适合的身份。因此，王位的争夺成了不可避免的事实。大约在公元 843 年，两妃子各挟幼子，从王室、贵族、外戚中寻找到各自的支持者，形成政治均势，迫使吐蕃国进入了一个没完没了的仇杀中。事实上，西藏的分裂时期正是从这个时候开始的。吐蕃，一个高度集权的封建奴隶社会终于在奴隶平民的起义中彻底崩溃。

关于西藏分裂时期的历史描写，显得非常稀少、凌乱。能够寻找到的证明是：这个时期，整个西藏失去了秩序，人们战战兢兢地生活，包括贵族也失去了社会保障。每一个地方的统治者都在幻想着依靠自己的力量来维系权力，同时，排斥与其他地方统治者之间的联盟。这样的局面，不断地为后继者制造了叛离、篡权的条件。

这一时期，大致在公元9世纪中叶，在西藏分裂中期开始出现发展地方经济、依靠和供养佛教高僧、供奉三宝、赞助僧众、集资捐资修建寺庙，并为寺庙划拨土地的佛教复兴运动。

后来各地统治阶级的这种举措，为佛教的发展和巩固奠定了基础，同样也为后来的西藏政教合一制度奠定了基石。当时各地所兴起的教派很多，其中噶当派、噶举派以及萨迦派脱颖而出。与此同时，这些教派的思想被统治阶级作为一种政治制度来加以运用。通过史书，我们可以看到许多迹象：统治者履行着一定的宗教“职能”，充当施主。同样，一些高僧参与政治，并因此大大地影响和巩固了统治者对其臣民的控制，正因为如此，西藏的政治变得很难与教派截然分开，而这种教派与政治制度的结合，正是当时社会令人生畏的统治武器。

公元13世纪初，蒙古族的势力在我国北方的广大地区崛起。1206年，蒙古首领成吉思汗建立了强大的蒙古汗国。与此同时，率兵西进，甘青藏族诸部归顺。1239年，驻守凉州的蒙古皇子阔端派其属下多达那波率兵进入西藏地区，了解西藏各派政治、宗教势力情况。1240年，多达那波返回后，向阔端建议任用西藏当地的宗教首领协助蒙古统治西藏。这时的蒙古汗王已经充分认识到吐蕃地区的战略地位所具有的重要性。目光敏锐、富有经验的蒙古汗王们，还充分认识到佛教对藏族人的影响。于是，采纳多达那波的建议，开始接近西藏。智者萨班·贡噶坚赞正是在这样的历史背景下走上历史舞台的。1247年，萨班·贡噶坚赞在阔端的召请下，携侄子八思巴和恰那多吉赴凉州。经过商谈，萨班代表西藏归顺蒙古。从此，西藏地方正式并入中国版图。①

元朝对西藏的统一，客观上不但统一了混乱的西藏社会，而且还统一了人们的思想。元朝通过设立宣政院来直接管理西藏地方的各派势力。在这个伟大的历史时期，无疑萨迦派势力获得了宠爱。萨迦派势力由此成为当时西藏社会中最具生命力的精神力量，进而宣告了西藏长期分裂时期的结束。元朝中央政府将自己的政治制度和西藏的宗教思想结合在一起，并使之渗入西藏社会，成为当时及后来西藏社会的管理模式。这就是封建的政教合一制度。这一制度，给当时的西藏带来了生机，同样也给当时的西藏贵族带来了保障。元朝中央政府通过宣政院制定了管理西藏的模式，并且根据封建契约关系有力地控制了西藏各地首领、贵族和人民。

一个政权的稳定，需要统治阶级行使各种各样的措施。在这一点上，最初的萨迦政权充分展示了自己的魅力。首先，它依靠中央政府的力量来提高自己的政治威望；其次，通过中央政府的支持来巩固自己的政权。无论是萨迦派的最高统治者还是追随者，都是通过他们的神圣保护者元朝中央皇帝的力量，来巩固和保障他们的地位和威严的。1260 年，八思巴被元朝皇帝封为国师，同时授予全国佛教的领袖的头衔和管理藏族地区事务的权力。在元朝中央的直接支持下，萨迦政权有了较为规范的政教机构和僧俗官职。而八思巴恰好把政治和宗教集于一身，为此后西藏政治制度的形式奠定了基础。

然而，萨迦政权在后期出现了篡位和推翻权贵的活动。并同时受到不同势力的挑战。其中，最有力的挑战者是帕木竹巴。最终，帕木竹巴政权同样也是依靠中央政权的力量替代了萨迦政权。

1368 年，朱元璋在南京称帝，建国号为明。明初，中央政府

---

① 《西藏通史》，第 306－329 页；阿旺·贡噶索南《萨迦世系史》，第 90－140 页，民族出版社，1986 年；五世达赖喇嘛《西藏王臣记》，第 121 页，民族出版社，1957 年；绛曲坚赞《朗氏家族史》，第 109 页，西藏人民出版社，1986 年。

废除了元朝中央管理西藏地方事务的宣政院和兼领院事的帝师制度，因袭郡县旧制，直接实行多封众建、贡市羁縻的政策。明建国初，中央执行“凡在幅员之内，咸推一视同仁”。明朝统治者为了利用宗教“以化导愚顽，镇抚荒服”，根据当时西藏地方教派林立的特点，改变了元朝只倚重萨迦派的做法，对具有地方实力的诸教派首领，均赐加法王或王的名号。西藏地方的僧俗官员，作为明朝一个辖区的首领，必须在规定的时间内向朝廷进贡已经成为定制。1457—1464 年这段时期，出现了入贡者“络绎不绝，赏赐不赀”的现象。这种现象不仅向后人展示了当时的经济关系，也反映了明朝中央政府的治藏手段。

帕木竹巴如同萨迦一样，是藏传佛教的一个教派，即帕竹噶举派（噶举派支派之一）。帕木竹巴源于地名，这一名称被宗教解释为：“帕是指无生的法身，竹（舟船）是指众生得解脱。”帕竹噶举派的开创者是帕木竹巴·多吉杰布，于公元 1158 年在帕竹地方修建了丹萨替寺。当萨迦派统治西藏时期，元朝在西藏设立了乌思藏十三万户，帕竹是其中的一个万户。在帕竹杰哇仁波且主管该教派时，地方有了万户长，寺庙也开始有了所属土地和属民，帕竹派的影响开始越发扩大，权势也不断增大。随着时间的推移，帕竹权势足以与萨迦政权相抗衡，最终在大司徒绛曲坚赞担任万户长时，彻底地把西藏地区的控制权从萨迦法王手中夺了过来。地方领主的更替不仅在于更替至高无上的司法职能，而且在某种意义上讲是一种社会公共权力的更替。也就是说，为某一固定地方领主承担一定的军务、履行封地仪式中所规定义务的贵族，随着地方领主的更替有可能被更替。由于任何时代的西藏贵族家庭的特权主要依靠因袭的土地，而土地对于贵族来讲只有占有权而没有所有权，因此地方领主的更替直接影响贵族们所拥有的“采邑”，进而影响他们拥有的地位。同样的理论，只有在社会稳定、地方领主固定延续的情况下，才会使贵族的权力变得更为巩固。帕木竹巴政权在西藏的树立，再一次证明了这一点。帕竹政权在西藏历史舞台的出场，不仅确保了支持、维护帕竹政权的新老贵族的政治权力和社会利益，而且还为萨迦政权画上了句号。

明朝中央政府在治理西藏地方事务的办法上与元朝的基本政策是相同的。如同元朝皇帝一样，明朝皇帝对历任帕竹第悉赐给诏书、官爵、名号等，并在西藏设置了一个乌思藏的管理机构来行使中央政府对于西藏的治理。而帕木竹巴的历任第悉则通过中央的支持，沿袭萨迦的政治制度来实施对西藏的管辖。无论是文献还是传说，我们很难知道萨迦政权统治西藏时期，西藏的经济是一个什么样的形式。然而帕竹政权一开始就把经济利益和经济形式展示了出来。首先，帕竹政权的创始人杰哇仁波且，他在建立宗教权威的同时，又通过皇帝的支持，开始拥有寺属土地，也就是寺属庄园。他又通过寺属庄园的逐渐扩大来建立服务于世俗行政的庄园。可以说，西藏后来的经济形式——庄园制是在帕竹时期产生的。①

世俗庄园制度极大地扩展了贵族的权力。帕竹政权为了限定贵族的权力，创立流官制，削减臣民百姓的赋税和劳役，使得西藏的经济有了发展，西藏的政治生活也趋于稳定。噶举派对西藏社会的影响已经占优势地位，可以说几乎没有明显的竞争者。然而在这平静的社会环境中和中央政府“多封众建”的政策之下，藏传佛教中的另外一些教派也在寻找机会发展自己。格鲁派就是其中之一，而且是发展最快的一个教派。

据文献记载，帕木竹巴第五任第悉扎巴坚赞把原定的流官制改为世袭制，对曾经拥护、支持帕竹势力的家庭赏赐优厚，封为新贵族。同时又厘定条例，规定服饰等级，要求官员佩戴珠宝，必须佩戴耳石，以别贵贱高低。还特别规定了一套与贵族身份相适应的仪仗礼仪：排列掌印的职司官员和开道的马队、旗鼓、刀矛、法鼓等作为全套仪仗，还有各个“勒参”（部门）的主事分类排列。② 这

① 《西藏通史》，第 394 - 397 页；《朗氏家族史》，第 345 - 356 页；《西藏王臣记》，第 139 页；班钦·索南扎巴《新红史》，第 80 页，西藏人民出版社，1982 年。

② 《西藏通史》，第 455 页。

种精心摆设的仪仗，就是为了充分显示第悉扎巴坚赞自己的权威。这些繁文缛节，成为当时和后来的贵族阶层展示自己精神和物质的宝贵资本。由于帕木竹巴统治者把自己的统治建筑在巩固贵族权威的利益上，所以，新的危机就在这种环境中出现了。随着时间的推移，贵族们的势力越来越庞大，并开始左右政府。所以说，帕竹政权的更替在某种意义上正是由于政府对贵族阶层的失控而造成的必然结果。

帕木竹巴第七任第悉贡噶勒巴娶了贵族仁蚌巴的女儿为妻，这一特殊关系使得仁蚌巴家族很快取得了帕竹第悉的信任，并且很快有了统管后藏的机会。财富的增加和权力的扩展，使得仁蚌巴家族在帕竹政权所属贵族社会中成为具有特殊地位和权力的家族。仁蚌巴家族开始厕身政治事务。随着自身力量的不断强大，终于在帕竹第九任第悉阿旺扎西扎巴执政时期，仁蚌巴家族将帕竹政府的实权牢牢地攫取到了手中，第悉变成了傀儡。具有讽刺意味的是，仁蚌巴的家臣辛厦巴次丹多吉效法主人，推翻了仁蚌巴政权，封自己为“藏堆杰布”（后藏上部之王），也就是很多史书中所称的藏巴汗。仁蚌巴和藏巴汗在取得政权方面有许多相似之处，但在他们霸权的心理上有所区别：仁蚌巴只是窥视王位而不敢有所行动；藏巴汗则不同，他怀抱着统一全藏的霸图。

藏巴第悉初建政权时非常明白尊重自然习俗和各种信仰的重要性。史料中记载，第悉藏巴规定：第一，出家人不向他敬礼叩拜，迎请各派僧人到豁卡桑珠孜，① 每年为僧众大会奉献三次供养，以此来提高佛教各派的地位。第二，建立法律文册，属民安居乐业。第三，以轮流免除劳役租税的方式来减轻属民的差税负担。第四，在举行法会和封山封河等宗教活动期间，禁止打猎。第五，对远方来朝佛的善士香客，保护其人员、驮畜的安全，并保障供给其生活物品。② 凭借以上五条措施，第悉藏巴在很短的时间里完全平复了

---

① 豁卡桑珠孜即现在的日喀则地区，是第悉藏巴地方政权所在地。

② 《西藏通史》，第 592 – 596 页。

僧俗共同举行的宗教活动（20世纪30年代）

已濒临解体的帕木竹巴政权。

值得注意的是，无论是萨迦执政，还是帕竹或藏巴汗执政，贵族的晋升及官职发展还很不完善，政权体系还没有达到吐蕃时期那么明确和固定。其政治权力并没有集中于君主手中，而是相当大的程度上分散于贵族官僚手中，虽然贵族官僚体系的存在依赖于君主之赐。

毋庸赘述，贵族世族延续的主要条件是继承者，但是时运也是一个不可忽视的原因。一起一伏不仅使一朝覆亡，同样也使贵族世族消亡更新。

藏传佛教各教派之间的不断争斗，使得各教派不得不在不同的执政下扮演着不同的角色。佛教传播初期，表现在于佛苯之争，当佛教战胜苯教后，又开始在佛教内部出现派系之争。而统治者往往倾向于某一个派系，使该派系在利益上占绝对优势。虽然宗教派系在西藏社会中起着巨大的作用，但是任何占优势的宗教派系都没有成为一个全民的信仰模式，何况宗教派系模式和政权防御模式是不能等量齐观的。第悉藏巴正是进入了这一误区，他沿袭帕竹政权，极力推崇噶举派，进而压制与噶举派信仰不一的各派系，其中格鲁派受压最为严重。1498 年（明弘治十一年），帕竹统治者禁止格鲁派的色拉、哲蚌、甘丹三大寺的僧人参加拉萨正月祈愿大法会。帕竹的统治者把宗豁交给固定的官员世代管理。格鲁派在这种极端压制的情势下，为了其教派发展之计，铤而走险，借助蒙古固始汗的力量，彻底推翻了第悉藏巴政权。《五世达赖喇嘛传》中有这么一段描述：哲蚌寺青壮年僧人，以及寺庙原有豁卡属内之勋巴军队，拟于五月二十五日攻入勋东噶宗。众人本以为宗堡十分坚固，数日之内未必能攻克，色拉寺僧人亦毫不犹豫地作为轮番攻击力量，前来助战。但是，由于大王（固始汗）的威名震于当时，诸护法神的法力相助等原因，对方只从巳时抵抗至酉时便告败北，宗堡与宗前村庄全部失守，我方胜利即从此开始。

1642 年（清崇德七年），固始汗夺取西藏地方政权之后，他办的第一件事是把教权交给格鲁派的最高领袖第五世达赖喇嘛，通过达赖喇嘛执政来使动荡的西藏社会恢复公共秩序。第悉藏巴统治时期，把西藏社会的政治中心放在日喀则地区，所以当达赖喇嘛掌权之后，他所做的第一件事就是把西藏社会的政治文化中心从后藏日喀则迁移到拉萨。随着政治文化中心的迁移，以达赖喇嘛为代表的新兴政权有了新的名称，原来的“桑珠孜康颂颇章”被更名为“哲蚌噶丹颇章”。达赖喇嘛及其支持者为了使其初建的政权不至于陷入复杂局面，对以往的政治制度和形式没有作更多的改革，而是照原样维护下来。

新兴的噶丹颇章政权在执政方面虽然采取也是一种宗教与世俗相结合的模式，但在实际操作方面显得比较聪明。首先，为了巩固新政权、提高新政府的最高权威，以及新政府的法令实施到西藏各个地方，并且把西藏固有的社会建设、社会组织和一切财富的运转集中在新政府手中，进而集中到新政府最高统治者手中，统治者积极依靠清朝中央政府。1652年（清顺治九年），五世达赖喇嘛进京入觐，翌年返藏。清廷为他颁赐金册、金印，封他为："西天大善自在佛所领天下释教普通瓦赤喇怛喇达赖喇嘛"。① 至此，清朝中央政府正式确立了达赖喇嘛在西藏地方的宗教、政治地位和权力。其次，新的地方政府以宗教目标和要求明确创立了僧人执任官制。在《喇嘛王国的覆灭》一书的导论中，作者描写道："喇嘛僧人被任命为官员的渊源显然要追溯到格鲁派政府建立时期，当时五世达赖喇嘛设置了十六个官位，由僧人来填充。随着噶厦政府的活动年复一年地增加，尤其是时至20世纪，噶厦政府选择了扩大僧官的数量而不加封更多的贵族的道路，因而，传统的西藏政体走向衰亡的时期，有数以百计的僧官操纵着西藏的宗教和寺院的事务，并且在政治事务的管理方面起着重要的作用。"不过，僧官制度的建立并没有使新政府忽略西藏社会中存在的拥有土地的世俗的贵族官僚，因此新政府在建立僧官制度的同时，也加强了世俗贵族官僚的社会政治地位。虽然噶丹颇章政权加强了宗教对政治的影响，并且从某种意义上来讲，宗教已被放在与政府同等的位置上，达赖喇嘛是以神，或者以神的下凡者的姿态出现在西藏社会政治生活舞台上的，在人们的心目中，显然达赖喇嘛是神和人类之间的一个居间人。他的地位之高贵是无可非议的，也正因为这一点，达赖喇嘛在西藏社会中保持了最高权威。达赖喇嘛通过神的身份统治宗教，同样以神的身份来控制政府。

虽然不敢断言因宗教的强大给当时的西藏社会带来了稳定，但是自从五世达赖喇嘛执政以来，西藏社会趋于平静。宗教和世俗两方面的权威使人们受到了约束。包括五世达赖喇嘛、七世达赖喇嘛、十三世达赖喇嘛等在内的宗教的和世俗的统治者都在进行努力，并为宗教、世俗制定了一系列的赏罚政策。土地是政府最大的

---

① 《西藏通史》，第609－610页；参照牙含章《达赖喇嘛传》，人民出版社，1985年；参照《五世达赖喇嘛传》。

赏赐物。赏赐固定了封建的从属形态和契约关系，这种从属形态和契约关系加强和稳固了僧侣贵族和世俗贵族的利益，从而进一步加强和扩大了官僚阶梯组织。同样，这种从属形态和契约关系使宗教和世俗均受到政府实际权力的制约，从而逐渐建立了以全面屈从为核心的封建秩序。

如上所述，有史以来，在西藏巨大的社会形态中，贵族从一开始就对社会制度的建立和发展起着很重要的辅助作用。尤其是西藏成为元朝中央政府直辖的地区之后，西藏贵族家庭的形成、发展更是和统治者的地位、命运和威信紧密连在一起的；同样，贵族也以忠心支持某一地方统治者来得到地位上的巩固和保障。在不同的地方政权下，贵族的升迁变化是没有标准规范的，而且动辄得咎。在13世纪至20世纪50年代这一段历史时限中，贵族官位的降职、财产的没收是常有的事，甚至显赫一时的大贵族也常被历史所遗忘。不过我们也确知，在西藏地方封建史上，贵族与寺庙、政府，即我们常说的三大领主共同形成了其政治制度的基础支柱。面对这些纷繁复杂的现象，笔者有意撰写一部涵盖全面的西藏贵族家庭文化专著，但迄今所搜集的书面资料和调查材料却很不全面、不稳妥。主要的问题症结在于纵向来讲时间跨越大，横向来讲抓不住一个典型实例，所以，不得不划定一个范围，一个适宜自己写作的范围，即将1900—1951年这段时间内的西藏贵族家庭的生活设定为自己的关注对象。

资料来源

非常庆幸，在尽可能地寻找可供分析、论述贵族的有关文献时，我发现了许多研究论述西藏历史、历史人物以及西藏封建制度的书籍。这些书籍给了我一种启示，也拓宽了我的视野。可以说这些书籍是我这本书写作的基础。但是在庆幸的同时也有些茫然：这些书籍对于西藏贵族家庭本身的研究未能尽如人意。

清初，受到清朝中央政权的支持，西藏全面推行宗、谿制度，统一了差役乌拉制度，以加强西藏的封建政治制度。1718 年（清康熙五十七年）、1720 年（康熙五十九年），清朝中央政府先后两次派兵入藏，平定了准噶尔入藏之乱，护送七世达赖喇嘛入藏坐床，设定四名噶伦管理政务，令康济鼐为首席噶伦，加强了中国西南边疆的防务，安定了西藏地区的社会秩序。紧接着，清朝中央政府订立了“善后章程”，平定内患，确定了系统的治藏法规，建立了监督达赖、班禅及其他呼图克图转世的金瓶掣签制度。这一制度一直延续至今并成为历史定制。1900 —1951 年，西藏地方的政教合一制度极大地维护了贵族的各项利益，强化了贵族在实际生活中的作用。

“贵族”，在西藏习惯用语上被称为“格巴”、“米扎”、“古扎”。格巴，指拥有土地、百姓的世俗贵族；米扎和古扎，指那些在社会上拥有政治、经济特权的贵族阶层；在藏文中，“扎”具备了“优、猛”等词义。简言之，贵族就是那些在社会上拥有政治、经济特权的阶层。

西藏如同一个大棋盘，在中央政府的直接管辖之下，其中还分散着大大小小的、各自为阵的势力，从而构成了政治权力内部森严的等级结构，同时也构成了不同的权限范围内的贵族阶层。在贵族内部并存着几种不同的类型。其中大的贵族种类有三种：达赖喇嘛统管下的“第巴雄”（官府、公）所属贵族；班禅喇嘛统管下的“拉章”（活佛居住地）所属贵族；萨迦“达钦”（法王）统管下的贵族以及地方性的小贵族们。无论是达赖喇嘛统管下的贵族阶层，还是班禅或者萨迦所属贵族阶层，他们都是当时西藏社会中拥有特权和世袭继承权的阶层。不同的区别在于，他们所拥有的契约服役的对象是不同的。也正是由于贵族契约服役对象的不同，使得当时整个西藏社会的组织形式显得松散、静止。在相关的书籍中，我们很少看到关于各个契约服役所控制的贵族阶层的生活面，尽管有些书籍有所涉及，但是，往往被作者为迎合读者对贵族隐私的兴趣所取代。该书为了不至于沦为此，我们在这里借助一种非常简单的公式来解释以上这些服务于不同对象的贵族之间的关系。显而易见，占支配地位的贵族自然是那些生活在政治经济中心地带的，由达赖喇嘛统管下的贵族。但是，班禅统管下的贵族以及萨迦所属贵族，同样与西藏贵族家庭本身的术语是联系在一起的。

在旧西藏，除了达赖喇嘛统管下的西藏地方政府之外，最为重要的政教合一的地方政府是班禅统管下的扎什伦布寺"拉章"政府。从宗教的观点来看，班禅和达赖都是佛的化身，他们完全具备同等的宗教地位。但是，从封建制度所赋予的世俗权限来讲，他们又拥有不同的权限范围。但是无论是达赖喇嘛还是班禅活佛，他们的神圣不仅仅是通过强化的世俗权威而获得的，而且在很大的程度上是由宗教概念所赋予的一种混合信仰而获得的。

据说，帕木竹巴执政时期，他在整个西藏地区修建了十三个宗，其中"桑珠宗"（意为心想事成）就是现在的日喀则。到了仁蚌巴执政时期，"桑珠宗"一带成为他管辖范围内最好的地区，称为"豁卡桑珠孜"（意为土质最上）。到了辛厦巴·次旦多吉（藏巴汗）掌权时，西藏的政治、文化、经济活动中心基本上都集中到了这里。日喀则地区本身，当时的西藏人对它充满了神奇的幻想，人们传说有一种叫"尼乌里"的外形像猫的动物，它口吐珠宝，为生活在那里的人们带来财富。五世达赖喇嘛执政后，西藏地方的政治、经济、文化中心再一次迁移至拉萨。从此，日喀则归属于班禅活佛所管辖。

扎什伦布寺是西藏藏传佛教四大寺庙之一，位于日喀则的西南面。1447年（明正统十二年），由一世达赖喇嘛根敦珠巴所建。四世班禅时期，寺庙内修建了一座供班禅活佛居住的"拉章坚参吞布"。四世班禅后期，该寺庙内设立了"孜"（上）、"雪"（下）以及"涅仓"（仓库）三个寺庙行政机构，扎什伦布寺"拉章"不再是严格意义上的活佛居住地。五世班禅时期，扎什伦布寺内又增设了"译仓"（相当于秘书处）、"奇热"（马厩。管理饲料、燃料）、"罗顶"（手工业管理机构）行政机构。随着寺庙经济的不断扩增，七世班禅时期，第一次在扎什伦布寺出现了明确的政教权限分明的机构。代表宗教最高权利的机构有“脱桑林扎仓”、“吉康扎仓”、“厦孜扎仓”、“阿巴扎仓”；代表行政的有“冈钦曲热”、“译仓”、“涅仓列空”、“岗孜康”、“强佐康”。随着扎什伦布寺所属土地的不断增加，和寺庙世俗政治权利的日益巩固，逐渐在日喀则一带出现了一批由扎什伦布寺直接管辖的“拉章贵族”。尽管这些贵族不像拉萨地方其他贵族一样拥有高贵的血统，但是作为特权阶层，他们一样安居在舒适、威严的建筑内，并用各种珠宝装点自己的生活。

对于西藏贵族家庭的研究，不应该回避班禅活佛所属的拉章贵族。尽管在这本书写作之前，作者曾经写过关于扎什伦布寺政体的文章，也收集过有关这方面的资料，但对于资料没有进行分析。由于资料的不足和本身立意的不同，本书对班禅管辖之下的拉章贵族阶层的生活不去涉及。其目的在于给作者本人以清晰的思路，也给读者以明确的线索。

关于那些生活在拉萨的贵族，他们中的很多人都能够从最古老的吐蕃社会里追寻到其家族那有名的血统渊源。但由于吐蕃王国的灭亡，和之后西藏整个政治制度的不断变化，同样与制度有着密切关系的贵族也在不断地变化着。五世达赖喇嘛掌权后，西藏社会又有了一个统一的地方政权，这不能不说五世达赖喇嘛是那个特定时代西藏历史最优秀的建设者之一。

建立后的政权面临的是维护和持久，五世达赖喇嘛通过新建立的噶丹颇章政府封授官爵，在原有的萨迦、帕竹时期的贵族基础上先后赐封了多个贵族家庭，通过这些新老贵族家庭，形成了一个围绕新兴统治阶级利益的、与新兴统治阶级经济关系和社会关系密切的大大小小的特权阶级。新兴的噶丹颇章政府用不断变化的态度来应付不断改变的社会情况。在形式上，它依据格鲁派善规思想理论作为新制度的价值观念，将之渗透到政治权力内，进而使之规范化、条文化，为人们树立了一种必须遵守的行为准则。然而，新兴的政权还没

哲蚌噶丹颇章

有形成一种新的坚固保障。因此，五世达赖喇嘛圆寂后，噶丹颇章政府便陷入了危机。值得一提的是，1724 年（清雍正二年），雍正皇帝向七世达赖喇嘛颁赐诏书、金册、金印，授予政教权力，从此开了凡达赖喇嘛年满十八岁即过问政教事务的先河。但没有多久，西藏地方政权从达赖喇嘛手中转移到四噶伦手中。1727 年（雍正五年），噶伦内讧，西藏政务的统管权转移到俗人颇罗鼐手中。关于颇罗鼐这个历史性的人物，在许多文献中都有记载，其中西藏人民出版社出版的《颇罗鼐传》一书非常详细地记述了颇罗鼐作为一个统治者的成长经历。虽然七世达赖喇嘛时期再一次应验了达赖喇嘛在西藏的特殊权力的持久性，但是七世达赖喇嘛统治下的西藏社会已经是颇罗鼐统治的产物，甚至在某种意义上可以说，七世达赖喇嘛时期以及之后的西藏社会的高层贵族是由颇罗鼐所属贵族的后裔所组成的。

七世达赖喇嘛执政时期，噶丹颇章政府不仅进一步巩固和维护了原有的世俗贵族的各种权力，同时还进一步扩大和建立了僧人贵族的特殊权力。贵族权威的加强，进一步强化了达赖喇嘛的统治权，同样，达赖喇嘛政权的强化也使得西藏贵族家庭在政治上的作用进一步被加强。自吐蕃时代至达赖喇嘛执政时，西藏贵族家庭势力无论处于削弱或回升阶段，均有一定的范围，但始终没有一个定数。七世达赖喇嘛时期，理论上固定了西藏的贵族数额，最终限定在一百七十五名“孜仲”（僧官）和一百七十五名“雪仲”（俗官），贵族特权阶层从而在西藏社会形成。这一僧俗贵族平行数据不仅在许多文献中有记载，同样在调查中也能得到证实，然而在实际中却很难自圆其说。1959年的官方统计数上显示当时西藏地方的贵族仅有一百九十七家，其原因不明。因循这一数据进行实地调查，笔者遗憾地发现很难收齐这一百九十七家贵族的名讳。姑且不论贵族统计数上的差异，在七世达赖喇嘛执政时，贵族已有了明显的界定。被界定的贵族虽然在西藏人口中所占比例少之又少，但是他们的特殊身份使其在社会上不但享有爵禄，而且借助子女继承制、内部婚姻来世世绵延，从而形成一个封闭的社会群体。在西藏，僧俗贵族各扮演了重要的政治角色，他们之间互不统属，各自独立，同时，又往往相互制约、影响。因此可以说，西藏的政治是僧俗贵族的事务，而政治领域也同样由僧俗贵族所垄断。

在调查中，我感到奇怪和无所适从的是，调查对象在涉及社会等级时，对各个等级及其它们之间的差别如数家珍，滔滔不绝，然而当牵涉某一具体等级的概念时，却显得非常茫然。任何一位被调查者都非常清楚地知道诸如“古扎”、“米扎”、“格巴”等不同称谓均指贵族阶层，但具体到何谓“古扎”、“米扎”、“格巴”时，却所指不明。各个地区，尤其是农村或者牧区，被称为“格巴”的家庭为数不少，他们被当地人看成是贵族。显然，这些“格巴”家庭在这个固定的社区内拥有极大的特权。实际上这些家庭并不是严格意义上的“格巴”家庭。然而称谓概念的模糊，说明了噶丹颇章政府采取的是一种“温和”的政治策略，当然在某种意义上讲这是一种执政的手段。在研究西藏贵族家族时，应该对“西藏贵族世家”有一种衡量的标准，起点首先应放在达赖喇嘛统管下的噶丹颇章政府所属的拉萨贵族官员家庭。其次放在那些始终保持着一定势力的少数有权势的拉萨贵族家庭，而绝非所有称之为贵族的特权阶层。虽然以贵族为中心的社会中，贵族在社会上几乎拥有所有政治经济上的特权，但是贵族内部如同人的身体一样，也表现出一种从属关系。如果贸然去涉及所有的西藏贵族家庭，不仅不能为本书增添些许光彩，反而会误入歧途，不可避免地把本书写成一部贵族数据统计式的大拼盘。本书的写作只涉及和论述那些在西藏社会中真正拥有政治经济特权而对政府又拥有实际控制权的三十多家贵族。而这三十多家贵族正是由财产的拥有情况和个人在官僚机构内的地位所构成的。

自吐蕃时至达赖喇嘛执政，西藏贵族的等级结构基本上是垂直的，一脉相承的。那些神的化身——赞普、法王及达赖喇嘛、班禅活佛，按照藏族人的观点，他们是神，是普度众生的神，所以他们不能排列在等级序列之中，他们犹如宝塔尖，处在贵族等级阶梯的最高一层，在他们之下，是那些层层递进和层层隶属于不同等级的贵族官僚以及他们的家族。在西藏，贵族官僚分为僧俗两部分。步入僧俗两种官僚等级的道路有两条：世俗贵族官僚依靠庄园土地，其中最主要的是依靠所谓的“帕谿”①，从“帕谿”一词可以看出贵族官僚是与父系，或者确切地讲是与男性有着非常密切的关系。而僧人贵族则要靠封爵储官。无论是世俗贵族还是僧人贵族，他们统属于特权等级，垄断了其生活时代的一切政治、宗教、经济权利。

达赖喇嘛治下的西藏地方政府，是由僧俗两大贵族官员共同管理的。僧俗贵族官员一般称自己为“雄夏布”②，意为政府的仆人，所以，每一个贵族家庭都有义务为地方政府输送官僚。政府规定：每一个贵族家庭都必须将一名男性送到政府担任公职，但这个“必须”规定中并不包括僧官，因为僧官在某一贵族家庭内可能出现一个或两个甚至更多，同样也可以逆向推断，也就是说某一贵族家庭由于缺乏男性而无法向政府提供僧官。无论怎样，僧人贵族与世俗贵族一样，作为封臣和领主，一同被纳入了封建关系的网络之中。

---

① 藏文中“帕”为父亲；“谿”为土地，“帕谿”也就是指父亲的土地，意为世袭地。

② 藏文中“雄”为政府或者公家；“夏布”为仆人；“雄夏布”连在一起，意为政府的仆人。

从名义上来讲，僧俗贵族官僚属于不同层面的两个特权等级，他们之间往往互不统属，各自独立。僧官一般被称为“孜仲”，其来源比较复杂，有贵族家庭的成员，有被称为僧人贵族（“孜仲古扎”）家庭的成员，以及各寺庙经考核而产生的僧人。这里需要说明的是，从贵族家庭产生的僧人贵族官僚与所谓的僧人贵族家庭产生的僧人贵族官僚之间的区别。前者是指世袭贵族家庭，这种家庭为延续其家族利益，必须向政府提供一名男性成员充任俗官公职；如果其家庭内有两个或两个以上男性成员，家庭为进一步巩固、提高其家族利益，会想法再为政府提供一个或两个或更多的男性来充当僧官公职。后一个家庭与世袭贵族家庭不一样，虽然这种家庭也属于世袭，但是其世袭法与前者不一样，后一个家庭不是通过生儿育女来延续，而是通过直系亲属（兄弟姊妹）之子，或通过收养“门徒”来袭位。他们与各寺庙内经考核产生的僧官也不一样，因为他们属于世袭僧官，他们有传下来的“帕豁”土地，而各寺庙内经考核产生的僧官，只能是一代，确切地讲是个人。无论属于哪一类僧官，他们都统属于“译仓”[①]管辖，译仓机构是在七世达赖喇嘛时期创建的，译仓控制着僧官的来源（招募、选拔、任命等权力）。到了近代，僧官的产生对世袭贵族家庭带来了许多便利，从而使僧官的晋升显得非常重要，许多贵族家庭都设法与译仓订立契约。诚然，这种契约没有可靠的保障，但是契约双方为了各自的利益，会设法把契约变成履行的义务。我们只需了解僧官中的一些公职，便知道贵族家庭为何如此热衷于挤进僧官队伍了，例如：“基巧堪布”，是达赖喇嘛之下僧官势力集团的首脑，直接与达赖喇嘛接触，有时还可充当达赖喇嘛的代言人；除了“基巧堪布”之外，“译仓”机构内有四大“仲译钦莫”、“噶准”等，他们作为有特权的僧人也可与达赖喇嘛直接接触，在这一点上俗官们望尘莫及。所以，所订立的契约在某种程度上承认了贵族的等级特权。因此，许

① “译仓”字面意为保存文件的场所，实为西藏地方政府僧官最高机构。

译仓一角

多贵族家庭不仅通过俗官途径来维护自己的经济关系和社会关系，同时通过僧官途径来获取特定的社会资源，从而巩固其家族的大大小小的政治利益。

像僧官一样，俗官的招募、选拔、任命权也由一个控制俗官来源的专门机构“孜康”① 来管理。俗官的来源比较简单，追溯到吐蕃时期，俗官的产生似乎与军事及作战有关，一个贵族的权力、地位往往取决于他在战场上的表现。同样，他在战场上的良好表现会得到君主的赏赐，进而掌握大量的土地，成为特权贵族。那么，近代世俗贵族的产生，首要的条件是看他是否拥有“帕谿”土地；其次，需要高贵的血统。俗官领域为世袭贵族所垄断，当然，在西藏近代史上出现过一些出身比较低微的人物充当俗官的情况，但仅占少数，世袭贵族始终处于俗官阶梯的轴心。在通常情况下，西藏地方政府要求世袭贵族家庭为政府提供一名男性担任俗官，如果该家

① “孜康”字面意为核算机构，是西藏地方政府的重要行政机构，也是培养俗官的场所。

译仓一角

庭无法满足政府的要求，政府将没收其土地，并剥夺其贵族资格。显而易见，官职在很大程度上与世袭制有着密切的关系。因此，世袭贵族家庭对官职的依赖是非常大的。由于个人与家族共衰荣，因而，贵族家庭会不惜力量来培养家族延续的继承者。儿子是理所当然的继承人，如果没有儿子，家族的延续就不会有大的更新，其最主要的原因是“玛巴”（女婿）制度和为家族收养养子，甚至通过直接间接的婚姻（儿子死后，给儿媳招赘等）关系来达到这一目的。以上这些因素虽然导致了贵族本身世系的转换，但是贵族家族的延续并没有改变。作为一名继承者，从儿童开始接受社会化的训练，家庭为其提供成长的场所。首先，请一名老师或通过私塾对继承者进行识字、珠算的训练，之后，把未成年的继承者送到“孜康”，使其成为“孜珠巴”（计核员），进行进一步的训练。在一年当中，“孜康”可以三次向达赖喇嘛或摄政推荐三名至四名“孜珠巴”，并呈上他们的手迹，然后从中挑选两名予以任命。

无论是僧官还是俗官，在理论上都要听命于达赖喇嘛，西藏地方政府的一切行动都要经达赖喇嘛同意后才能付诸实施。藏族人认为达赖喇嘛是神，是“坚日释”（观世音菩萨）的化身，达赖喇嘛作为神的化身，既执掌着至高无上的行政权力，也具有许多不可思议的神秘性，这种神秘性加强了他的统治力量。在达赖喇嘛圆寂和未成年时，西藏地方政府会选一名辅助执政的人——摄政。① 按制度，达赖喇嘛圆寂后，其职位应在西德林、丹杰林、功德林、策墨林、木如之呼图克图及甘丹池巴（格鲁派道统上地位最高者）中选一名德高望重者，作为达赖喇嘛灵童还没有被找到之前的政权代理者，和达赖喇嘛灵童在成长过程中的政权辅助者。这一最高权力的代理者一经产生，西藏地方政府需要报请中央政府批准。摄政享有与达赖喇嘛一样的权威，达赖喇嘛或摄政行使着西藏地方政府的最高行政权，因此被称为“孜”（上、顶）。达赖喇嘛与摄政的区别在于：达赖喇嘛是以神授的方式来进行统治，而摄政是经过贵族官僚们商议并推举产生的，是以人力的方式来进行统治。相对于“孜”

① 摄政，在藏语中有两种表达方式：“杰侧”，为代理王，在没有寻找到达赖喇嘛灵童之前，他代理达赖喇嘛管理政教；“斯迥”，为助理政教事务者，在达赖喇嘛未成年，即还未掌权时，他作为达赖喇嘛的政教权力的辅助管理者。

的是"雪"（下、底），"雪"指达赖喇嘛或者摄政统管下的一切官僚机构，其中噶厦机构行使着极大的行政权力，在某些时候，噶厦能够与达赖喇嘛共同行使最高行政权，甚至会影响至高无上的权威。这大概是许多有关论著中，常常把西藏地方政府称为"噶厦政府"的原因吧，其实不然。在藏语中，"厦"指的是府第，而"噶"在这里指"噶伦"，"噶伦"只是官职名称。顾名思义，"噶厦"是噶伦办公的地方。噶伦，作为官职名大约在吐蕃时期就已出现，但是这个时候的噶伦，其职责仅仅在于起草王令或草拟文件。五世达赖喇嘛执政时期，噶伦行使的职责基本与吐蕃时期相同。五世达赖喇嘛圆寂后，噶丹颇章政府内部出现危机，而政权体制有了改变，噶伦的职责是与西藏地方最高的统治者共同主政。1721 年（康熙六十年），康熙皇帝降旨赐封德钦巴图尔康济鼐·索朗杰波为贝子，委任为总理西藏事务的首席噶伦；敕封阿尔布巴·多吉杰波为贝子，晋升为噶伦；敕封隆布鼐·扎西杰波为公爵；敕封颇罗鼐·索朗多杰和扎而鼐·洛追杰波为台吉，晋升为噶伦，由此形成总理西藏地方政务的机构。这个时候的噶伦，已具备了总管西藏地方政府的权利。[①] 到了七世达赖喇嘛时期，噶伦作为官职，权力上虽有些变化，但在权力阶梯中所占的位置是非常重要的。1751 年（乾隆十六年），根据清中央政府《酌定西藏善后章程》，西藏地方政府成立了最重要的行政机构——噶厦，按各自的能力和年龄分别任命三俗一僧为噶伦，辅佐达赖喇嘛办理行政事务。[②] 在《噶锡哇世系传》中有任命多仁班智达·欧珠多吉为首席噶伦的记载：藏历二月初一是星曜相合吉日，授赐四位噶伦丰盛礼品和印。任命日喀则的扎西托巴、拉萨擦楚哇、墨竹冲巴嘉哇为四噶伦秘书；委任聂塘德吉林巴为卓尼（知宾）。又在《七世达赖喇嘛传》中有这么一段描写：赐给三位俗人噶伦王子装一套等，赐给僧人上装，赐给知宾、秘书黄氆氇上装。按照各自的地位给哈达各一条。从此噶厦机构与噶伦

① 《西藏通史》，第 671 页；参照《印鉴清册》，手抄本，第 13 页。
② 《西藏通史》，第 715 页；参照章嘉·若贝多吉《七世达赖喇嘛传》（蒲文成译），西藏人民出版社，1989 年。

职权在西藏地方持续了二百多年，而噶伦的权威也在这二百多年中得到了淋漓尽致地展现。在噶厦成立之前，诸噶伦都在各自的私宅内办理行政事务，并按各自的喜好任用秘书、知宾等下属官员。自从噶厦成立后，噶伦办事均要求在噶厦公所内，下级官职也不能由自己随意任命了。又根据清中央政府所定《酌定西藏善后章程》第十、十一条，其任命官员必须由驻藏大臣及达赖喇嘛共同提出，并呈请中央批准。噶厦的设立使得西藏贵族官僚组织内部的等级"资格"在具体的"场所"内得到了进一步的肯定。与此同时，凡是在某一贵族家庭中出现了一名噶伦，该家族便可挤进"米扎"（大贵族）家庭的行列，而他们的后裔可以得到"赛囊巴"（公子）的称号。噶厦的设立，使西藏贵族的等级在社会上得以确立。

噶伦通常被尊称为"萨旺钦布"（大臣）。到了近代，噶伦的称呼有所改变，当然还保留了"萨旺钦布"这一称呼，但是在口语中不再使用"萨旺钦布"，取而代之的是"夏拜"[①] 这一新的名称。

一旦担任噶伦，个人便从属于一个固定场所和一种由特殊资格构成的集团，通过被这一固定集团的吸收，带来人们对其看法的变化，同时个人、家庭及其家族便一跃进入高级官僚阶层。

1907年（清光绪三十三年），十三世达赖喇嘛又设立了"伦钦"或"司伦"（大臣）一职，其职责是协助摄政管理政府。最初被任命的有三名"伦钦"，后来只剩下一名，便改称为"司伦"。"司伦"的品衔从未确定过，但是其职权在达赖喇嘛、摄政之下和噶伦之上。在十三世达赖喇嘛时期，"司伦"的权力非常大，从而削弱了噶厦的权力。但从1939年开始，"司伦"已名存实亡。1952年，"司伦"一职废止。

作为垂直结构的社会组织，机构之间缺少一种横向关系，某一机构实际上是相同资格和地位的人共同活动的场所，换言之，机构与机构之间是纵向的所属关系，同样官僚之间也有明确的纵向等级

① "夏拜"，意为足莲，形容足部如莲花，以此来表示对噶伦的尊重。

十三世达赖喇嘛和英国人查里斯·贝尔（20世纪30年代）

关系。

从属于垂直结构的社会组织和纵式等级的人缘关系，使得一部分贵族家庭通过资格及职权拥有极高的政治经济地位，并且在人们的价值观念中赢得了特殊的礼遇。随着达赖喇嘛转世灵童的认定，新的最大的贵族“亚豁”家庭出现了。对西藏人来讲，达赖喇嘛是

“坚日释”（观世音）的化身。虽然他们之间存在着辈数排列，但实际上他们是“一个”达赖喇嘛，由于他们是以人的形象转世的，所以他们之间有了“数代”之分。随着某一达赖喇嘛的圆寂带来了另一达赖喇嘛转世的寻访、认定。一般会有两个或两个以上的灵童被当作达赖喇嘛的候选人，最终确立的那一位就是新一世的达赖喇嘛。与此同时，他的家庭也就自然获得了一个至高无上的贵族家庭称谓，即：亚谿家庭。被封为亚谿家庭的新型贵族家庭同时也被授予许多土地和农奴，成为西藏最大的贵族家庭。被封的亚谿家庭对于旧有的贵族阶层不会构成威胁，反而会像旧贵族一样发展和巩固自己所拥有的权威。对于西藏人来讲，亚谿家庭是一种宗教仁慈的神话，也是宗教信仰的希望。因为亚谿家庭产生的因素，和其他贵族家庭不一样。在西藏，无论是大贵族还是小贵族，有一点是共通的，这就是要求他们都必须拥有一个“帕谿”（父辈之土地），在这一基础上才能成为贵族并世代继承。亚谿家庭是通过达赖喇嘛的转世而形成的，而非以帕谿的拥有来取得贵族地位的。正因为亚谿家庭与达赖喇嘛有着密切的关系，所以每一世达赖喇嘛的转世都给亚谿家庭涂上了极其神秘的宗教神话色彩。

七世达赖喇嘛的家庭作为第一个亚谿家庭，它的产生与1729年（雍正七年）清朝皇帝给七世达赖喇嘛的父亲授予“辅国公”的封号是分不开的①。因为在这之前的任何一位达赖喇嘛的父亲或兄弟都没有得到过皇帝的封号，同样他们所属的家庭也随着他们的圆寂而被人遗忘。只是从七世达赖喇嘛转世开始，每一世达赖喇嘛的父亲或兄弟都被皇帝授予“公”的封号，西藏地方政府似乎为了顺应这一封号，从七世达赖喇嘛开始，将各代达赖喇嘛所属的家庭命名为“亚谿”，从而在西藏贵族阶层内有了非常特殊的大贵族亚谿家族体系。在西藏，亚谿家庭共有六个：最初的亚谿家庭是从七世达赖喇嘛开始出现的，即：七世达赖喇嘛格桑嘉措的家庭“桑颇”；

---

① 《达赖喇嘛传》，第44页；参照《西藏通史》。

十四世达赖亚豁家庭（20世纪40年代）

之后是十世达赖喇嘛楚臣嘉措的家庭“宇妥”；十一世达赖喇嘛凯珠嘉措的家庭“彭康”；八世和十二世达赖喇嘛的家庭“拉鲁”；十三世达赖喇嘛图丹嘉措的家庭“朗顿”；十四世达赖喇嘛丹增嘉措的家庭“达拉”。其中九世达赖喇嘛隆多嘉措的家庭没有形成家族体系，其原因说法很多，在此不赘。

亚豁家庭作为达赖喇嘛父母之家庭，当然是西藏最大的贵族家庭，对此，藏族人不会有任何疑义。但是西藏的贵族主要是由那些在社会经济方面具有支配力或占据主导地位的家族构成的，他们盘根错节，代代相传。西藏的贵族家庭分为三个等级，即：“第本”家庭、“米扎”家庭和一般的贵族家庭，也就是在贵族内部划分为大、中、小三个不同等级。这种对贵族等级内部的区分主要依据两个因素：其一，以领地大小为中心的财富拥有状况；其二，因官爵而得到的权势大小。

在西藏，亚豁除外，最大的贵族家庭是第本家庭。第本家庭与所谓高贵的血统有着直接的关系，也就是说，这种特殊的家庭身份因血缘而来。所以，藏族人认为他们是西藏贵族家庭中的世袭之族。第本家庭在西藏共有五家，即：“噶锡”家族，也叫“多仁”家族；“吞巴”家族，也叫“拉让宁巴”家族；“热喀夏”家族，也叫“多卡哇”家族；“帕拉”家族，也叫“帕觉拉康”家族；“拉嘉日”家族。1715 年（清康熙五十四年），被任命为阿里三围“噶本”（总督），后在驱逐准噶尔军队时立下汗马功劳，并被皇帝赐封为“贝子”，委任总理西藏事务的首席噶伦康济鼐是噶锡家族的创建者。该家族在 18 世纪至 19 世纪曾有多人担任噶伦，可以算是西藏最有权势的贵族家族，尤其是康济鼐的弟弟噶锡哇·次丹扎西一度是西藏地方政府内的实际掌权者之一。吞巴家族的创建者可以追溯到吐蕃。其祖先是松赞干布时代的重臣吞米桑布扎（藏文的创建者），该家族的血统和等级在西藏贵族中是最高的。热喀夏家族据说是属于西藏藏王某一系统的后裔，虽然在传说或者在文献中很难找到该家族的明确祖先，但人们相信该家族是古代藏王的后裔。因此，该家族在世俗和宗教上都有很高的荣誉。帕拉家族的创建者说法很多，其一认为该家族是不丹王族的后裔，其二认为该家族的祖先是不丹国的一名僧人。据调查，该家族的始祖是不丹国“帕觉拉康”① 的一位僧人，大约在公元 17 世纪中叶投靠了西藏，遂慢慢演变为西藏的大贵族。该家族的五个成员先后在西藏历史上担任噶伦，似乎正是这一原因，该家族挤进了第本家族的行列。拉嘉日家族在第本家庭中属最为特殊的贵族，该家族被认为是古代藏王的后裔，在西藏享有极高的权威。但是有一点，该家族始终没有人充任过政府官员。②

第本之下是米扎家庭。在西藏，米扎家庭属于比较大的贵族。米扎家庭与所有的贵族家庭一样，首先拥有帕谿（祖业地），其次拥有辉煌的家族历史，但他们与其他贵族不一样的是：米扎家庭一定是噶伦的家庭，也就是说，其家族中曾经或者当时有成员充任噶伦一职。同样的道理，官职的高低便成为贵族家族等级的高低。在

① “拉康”，在藏语中指佛堂。
② 采访记录；参照毕达克《西藏的贵族和政府》（沈卫荣、宋黎明译），中国藏学出版社，1990 年。

西藏，被称为“米扎”的家族大约有三十多家。

贵族等级的差别在某种意义上是权力的差别。亚豁、第本、米扎为了权力的集中，往往通过交叉循环的婚姻关系加强其固定的等级。在他们之下是接近这一特权势力的一般贵族，一般贵族中的等级也依其拥有的政治、经济实力而论。有些小贵族家庭，在政府内无任何官职，仅在自己庄园内享有经济、政治特权。正是这些围绕亚豁、第本、米扎家族的一般贵族以及他们之下扩散的小贵族构成了西藏贵族的垂直等级图。

贵族等级的构成是比较稳定的，虽然具体到每个人的等级身份时，可以有一些变动，但这不会影响到贵族历史上形成的等级差别。

关于西藏贵族家庭的研究，国内并不多，其研究的角度，基本上是按照历史学对象及方法，通过社会制度形态和阶级关系的研究来评价、综述的，而绝少以西藏贵族家庭作为专题来研究的。在国外，对西藏贵族家庭的研究一直是个引人注目的题材，著名的人类学家和藏学家中根千枝、戈尔斯坦、毕达克等对西藏贵族家庭都进行了专门的研究和论述。虽然如此，国外对西藏贵族家庭的研究还存在着许多缺陷。我不敢设想，我的书能够达到什么样的水准，但有一点，我奢望着能够填补一些遗憾，如果能做到这一点，当然是我的幸运。

从 1995 年，我开始断断续续地搜集有关西藏贵族家庭方面的资料，其间对西藏贵族家庭生活的主要场所——拉萨市、日喀则地区进行了实地调查，走访了原贵族家庭成员及其家奴，也走访了拉萨市的一些非贵族居民，包括艺人、商人及普通居民。在走访过程中，我录制了大量的受访者的口述录音，并在整理过程中进行了分类。有必要说明的是，该书撰写的资料依据主要是通过人物走访所得到的口述录音，当然也借助了许多文献材料，其中历代达赖喇嘛传记、西藏其他历史人物传记以及文史资料等都是我重点参考的资料。在这里，我要非常诚恳地感谢西藏自治区档案馆，他们所给予的支持，使我搜集到了有关贵族个人的档案，为我的书增添了力度。

具体地讲，该书写作的资料来源有三：一、国内外发表的有关西藏地方社会制度及社会形态的文献和有关历史人物传记；二、通过实地调查得到的口述录音；三、档案资料。

通过搜集到的材料，分析特定时期的统治阶级形态，说明生活在其中的贵族及其家庭形态，包括金字塔式的官僚机构，这是我要做的，也是我想做的。但我相信每一个人在处理资料时所用的方式是不同的，而且每一个人从资料中得到的结论也是不一样的。我所搜集到的资料，在别人手中可能得到完全不同的处理，并可能得到完全不同的结果。但这只能说明这个题材的重要性和对这一题材需要进一步的探索。我也非常明白写一部《西藏贵族世家》专著，手头的资料远远不及写作的要求，但我还是不揣冒昧地尝试，并在这一过程中，渴望得到有关专家及同仁的提携。

毫无疑问，历史发展是有连贯性的，昨天、今天和明天的历史发展规律有必然的联系。贵族作为旧时代的特权阶层已成为历史的遗迹，作为个人同样也随着时代的变化而变化着，但是现代化的西藏社会是建立在原有的封建社会的基础上的，因此贵族文化至今对西藏社会仍有着一定的影响。

《西藏贵族世家》一书拟从文化角度，通过实地调查和一些见证人的回忆，按照人类学的惯例，通过特征选样分析，记述单一的西藏贵族群。我个人所掌握的资料可供论述这一特定年代贵族社会生活等有关方面的各种可能性，并借以提供这一特定年代西藏社会的缩影。

虽然本书的重点叙述和涉及的内容不是厚重的贵族政治历史，但是必须指出的是，为了认清西藏和平解放前夕的拉萨贵族的特点和本质，必须以历史唯物主义和辩证唯物主义观点进行分析和概括。

总之，贵族是政治现象，是社会现象，也是文化现象。而本书的侧重点则放在文化现象上，通过描述给读者展示当时贵族家庭的生活情况；通过贵族家庭的重叠式描写，给读者展现当时贵族家庭以及所属成员的生活史。

第一部分

贵族滋生的土壤：垂直社会结构中的贵族群像

第一章
居于塔尖的“亚谿”家庭

十四世达赖喇嘛亚谿家庭成员(20世纪40年代)

自佛教从印度和中原传入西藏后，逐渐改变了西藏社会的结构，也逐渐改变了西藏人对于自然和自身的认识。随着佛教在西藏社会的不断传播，与西藏的本土宗教也有了极大的融合，佛教开始变得本土化，形成了藏传佛教。藏传佛教的最大特点之一在于活佛的转世。达赖喇嘛和班禅活佛的出现，成为藏传佛教活佛转世理论的精华。从此以后，西藏社会开始趋于一体，精神和物质的分离成为西藏人崇尚的价值观，而当时的西藏地方统治阶级很快就适应了这种主流思想。然而，统治阶级并没有仅仅停留在高高的精神层面上，他们把精神对宗教的需要和实际的利益互补性地结合在一起，佛教的轮回观使得西藏封建社会制度成为合理。达赖喇嘛及其家族亚豁家庭的出现又使得轮回观变得更加引人注目，同样也使得西藏封建制度的行政管理权威得到了保障。

第一节　达赖喇嘛与藏族社会的宗教观及其实践

每个民族认识生活都有自己的角度，藏民族尤其是老一辈的藏族，他们对待任何一件事情都可能采取佛教的观点，相反，很少透过生活的表面掌握实质，纵使最为孤立的行为，也要与佛教联系在一起。正因为持有这样的生活观，所以西藏社会在很长一段时间里受制于封建社会的等级关系，等级关系也成为人们恪守本位的行为规范。达赖喇嘛及其亚豀家庭一开始出现，就与这种固定的佛教和封建等级观念相调适。在调查过程中，笔者发现，藏族对于亚豀家庭几乎没有任何疑问，所有被调查的对象，都毫不费力地回答亚豀家庭就是指达赖喇嘛父母的家庭。在藏语中，“亚”是“父亲”的最高敬语，而“豀”在藏语中指“农田”，进而引申为“庄园”。于是人们用“亚豀”（父亲的庄园）这一既显示权势，也显示财富的名词来尊称达赖喇嘛的家庭，使“亚豀”约定俗成地成了专有名词。尽管这样，使人惊奇的是，几乎所有的被调查对象都很难回答西藏究竟有多少个亚豀家庭。的确，在宗教的影响下，对于似乎是最大合理的权威的存在，人们除了表示尊敬之外，不会有别的想法。因此，在调查中发现，有不少人简单地认为西藏社会既然出现了十四个达赖喇嘛，想当然就应该有十四个亚豀家庭。挣脱“概念”的迷惑，找到表象下的客观实在，并不是一件容易的事情。因为，藏族人是在宗教的背景中来认知达赖喇嘛和亚豀家庭的关系的。也就是说，藏族人对于亚豀家庭的态度带着强烈而又特殊虔诚的宗教感情。

通过调查来解析亚豀家庭已经成为不可能的事情，那么借助文献又如何呢？起码能获得最为基础的数字吧。让我们再来看看文献是如何记载的。尽管文献确定无疑地指出西藏历史上共出现过六个亚豁家庭，但是对于虔信宗教且富于幻想的藏族人来讲，似乎并不需要知道这样清楚明白的统计数。因为亚豁家庭的产生，对于藏族老百姓来讲，是一个具有深刻的宗教意义的结果，而这种宗教意义上的结果在某种程度上能够确定地给予藏族人面对当时实际停滞的社会环境的一种幻想。正因为如此，亚豁家庭一经开始产生就带有高于普遍规律的神秘的宗教气息。

虽然藏族带着虔诚的宗教感情来看待亚豁家庭，但是不能否认亚豁家庭在当时社会生活里的实际境遇远远超过了宗教虔诚所能包容的内容。1708 年（清康熙四十七年）秋季，在多康下部理塘图钦强巴林（理塘寺）所属洛雪村的一个很普通的家庭里出生了一个名叫格桑嘉措的男孩。据说这个男孩出生时，出现了许多稀有相状，并由此衍生出多种神奇传说。因此，康区和多麦地区的蒙藏僧俗信徒认为这个男孩是第六世达赖喇嘛仓央嘉措的转世灵童。① 在《七世达赖喇嘛传》中记载："喇嘛（格桑嘉措）的声名传到卫藏，拉藏汗派代本诺布俄智、维孜笔帖式、蒙古人加诺颜、达瓦赛噶等去理塘。……这时，东方文殊大皇帝（康熙）也派阿齐图克雅等主仆六十人到了这里。"1716 年（清康熙五十五年），青海各大头领齐集协商，"认为奉皇帝命去塔尔寺为好。……这时文殊皇帝为做准备，请五部头人，派阿齐图克雅、加果齐、仲益等来措卡。……三月初十日吉日，喇嘛从衮噶瑙尔启程。路上，有额尔德尼额尔克等、官方的堪布和昂索、东科尔活佛等次第迎接，设宴拜会喇嘛。十六日，塔尔寺的堪布、僧人设灶郊迎。行至汉族地界杰日嘎布，塔尔寺的三千余僧人带着献供用具，排仪仗迎接。并在文殊大皇帝的专使图根藏主仆近千人、西宁大员总爷等数百装束华丽人的迎接下来到塔尔寺……又，文殊菩萨大皇帝传派使臣公多凯钦差、克雅、察克玛加果齐来塔尔寺，献银制器皿多种。……此后，喇嘛派襄佐噶居阿旺班贡去北京向大皇帝请安，带去价值千两白银和黑羚

---

① 《西藏通史》，第 661－665 页；参照《达赖喇嘛传》。

羊皮坐垫等用品，向诸大臣亦带去信札和礼物。……襄佐噶居阿旺班贡自皇宫回到塔尔寺，带回大皇帝的大批赏赐以及众大臣、曼然巴更桑等汉、蒙古、藏达官上师的信件和财力。……奉大皇帝敕令，策妄阿喇布坦的人员来塔尔寺。……此后，喇嘛闭关数日。文殊皇帝康熙的第十四子大将军王由众大臣和三千余士兵簇拥，浩浩荡荡来塔尔寺。快到塔尔寺扎仓时，将军王下马步行，喇嘛相迎于大经堂前门”。“是年，‘阴历三月二十日，将军王带来了奉天承运文殊大皇帝诚赐达赖喇嘛的用百两黄金制成的金印，上刻着：宏法觉众第六世达赖喇嘛之印（当时，未承认仓央嘉措为六世达赖），用满、蒙、藏三种文字写成，并用一百五十两黄金制成的金册。”① 1720年（清康熙五十九年），喇嘛“骑乘着如白云包裹的白龙驹，徐徐而行，身后领头的是来自南北的治理世间的两位大将军，再后依次随行的有文殊大皇帝的大臣阿达哈达、科秋艾增等人……达赖喇嘛由众人簇拥从甘丹曲果出发前往布达拉宫，拉萨四如和布达拉宫附近的居民载歌载舞相迎。吉祥哲蚌大寺院和色拉大乘洲、甘丹尊胜洲等格鲁派寺院的僧人手持伞盖、胜幢、鲜花等供物，吹奏着各种乐器，排成仪仗队迎接。另外，拉萨四隅居民的房顶上彩旗飘扬，乐声嘹亮，神烟仿佛吠琉璃溶液四溢，布满天空。身着各式美丽服装、操着不同地方口音的各地方群众云集拉萨，按照各地风俗陈设供物，布满大地。”② 是年，在拉萨布达拉宫举行坐床典礼。对于当时西藏社会来讲，达赖喇嘛的转世已经是很自然的一件事，没有什么值得奇怪的。但是此次达赖喇嘛的转世显得略有不同。康熙皇帝册封格桑嘉措为七世达赖喇嘛后不久，把灵童的父亲册封为“辅国公”。一个沿用旧名称而实际为新的贵族封号的“公爵”就这么产生了，这位“公爵”和他的家庭随同转世灵童一同进入了拉萨。西藏地方政府以盛大的仪式列队欢迎这位神圣的灵童和他的家人。为了表示对灵童的忠诚，西藏地方政府不惜以极大的资金和人

① 《西藏通史》，第661－665页；参照《达赖喇嘛传》。
② 《西藏通史》，第669－670页；参照《七世达赖喇嘛传》。

力对达赖喇嘛令尊及其家庭进行了非常周到的安排，封赐了许多庄园，并在拉萨为其创建了府第，亚谿家庭也就这么顺理成章地出现在了西藏社会中。由于亚谿家庭的出现是与达赖喇嘛联系在一起的，所以，藏族一开始就对亚谿家庭有一种奇怪的混合情感，其中包含着无言的恐惧和真正的敬意。

历代达赖喇嘛宝座

不可否认的是，亚谿家庭的产生与清朝中央政府的封赐有着直接的关系，同样也与达赖喇嘛为首的噶丹颇章政权在西藏掌权后所形成的权威分不开。因为在亚谿家庭产生之多种因素中，有一点十分确定：“公爵”这一名称的出现是与清朝中央政府的封赐分不开的。这一名称在一定程度上是清朝中央政府对高等级贵族的认可标识。在封建制度里，等级的高低是社会地位的一种标志。既然“亚豁”家庭没有令家族成员感激的高贵血缘的创造者，就必须具备被封赐的爵号，否则就不会具备合法的特权地位。皇帝的认可，不但强化了达赖喇嘛的权力优势，并且还将这种优势转化成家族优势，进而加以世袭。回过头来看当时的西藏社会以及当时的当权者，他们热情地接受来自中央政府的一切恩惠和保护，因为他们知道他们的地位、命运以及权威是与他们的神圣保护者——中央政府相关联的。同样，达赖喇嘛的地位、命运和威信以及家族的神圣也与中央紧密地联系在一起。西藏地方政府在清中央的支持下逐渐地提高和强调了达赖喇嘛的神圣力量，并且以此来承认和固定了达赖喇嘛所属家庭的地位，同时还没有忘记借机来巩固和保障贵族官僚的地位和利益。

在西藏，达赖喇嘛一直被认为是“坚日释”（观世音菩萨）的化身。一世达赖喇嘛根敦珠巴于 1391 年（明洪武二十四年）出生在后藏萨迦寺附近霞堆牧场一个牧民的家里，据牙含章先生的《达赖喇嘛传》记载：其“父名贡布多吉，母名觉莫朗吉，共生子女五人，更敦朱巴（根敦珠巴）是老三。初生之夜，家庭遭匪徒抢劫，生活困难，更敦朱巴幼时帮助父母牧羊。”同样的故事在民间流传时便有了浓厚的神话效果。故事是这样的：他出生那天晚上，一伙强盗来抢劫，父母在逃跑时慌忙把他藏在石头堆里，等父母和乡里人转回时，他居然还活着，并被一只老鹰守护着。更敦朱巴的幼年时代是在贫困中度过的，到了十五岁，在后藏纳唐寺出家为僧，虔心修行。更敦朱巴二十五岁时，有幸拜见了格鲁派的创始人宗喀巴大师并成为他的弟子。宗喀巴大师在全西藏有八个最有影响和最为著名的弟子，其中，第一大弟子为甲曹杰，他是第一个皈依宗喀巴的人，故在弟子之首；第二大弟子为第一世班禅克珠节；……第八个也是最后一个弟子就是一世达赖喇嘛根敦珠巴。宗喀巴开始传教时，正值以噶举派为首的第司政权统治着西藏。所以，传教初期信徒少，场所也没有。1409 年（明永乐七年），据说是在贵族“仲译钦莫”（大秘书）仁青白等人的资助下创建了格鲁派的第一个寺庙——甘丹寺，甘丹

坚日释佛
（观音）

寺的创建给宗喀巴提供了“以养生徒”的场所。1447 年（明正统十二年），宗喀巴的弟子根敦珠巴在桑珠孜（日喀则）宗本及一些当地贵族的资助下建立了西藏格鲁派第四大寺庙——扎什伦布寺。①并任该寺庙的堪布。1474 年（明成化十年），一世达赖喇嘛根敦珠巴在扎什伦布寺圆寂，时年八十四岁。②

① 扎什伦布寺为藏传佛教格鲁派的第四大寺庙，该寺庙后来成为班禅活佛的居住地，故有“班禅拉章”之称号。

② 《达赖喇嘛传》，第 16 页。

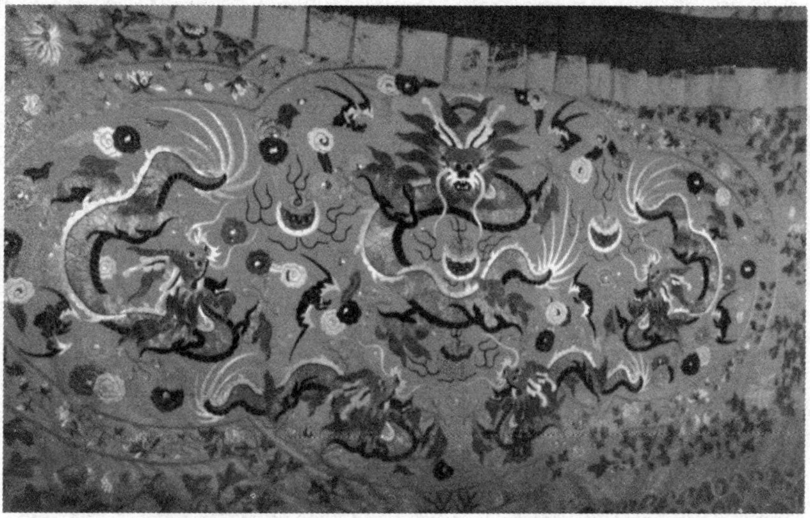

舞龙图（缎子制成）

二世达赖喇嘛根敦嘉措，于1475年（明成化十一年）出生在一个普通农民家庭。根敦珠巴死后，扎什伦布寺铁桑林扎仓的堪布和根敦珠巴的亲属经过研究以后，也采用了"转世"相承的制度，承认根敦嘉措是根敦珠巴"转世灵童。"① 1478年（明成化十四年），当根敦嘉措三岁时被认定为一世达赖喇嘛的转世，并迎至扎什伦布寺。后来应拉萨格鲁派两大寺庙哲蚌寺和色拉寺的要求，分别担任了哲蚌寺的第十任池巴和兼任了色拉寺的第九任池巴，并在哲蚌寺内修建了噶丹颇章，供其居住。以后的三世达赖喇嘛、四世达赖喇嘛和五世达赖喇嘛都居住在哲蚌寺噶丹颇章内，以致后来五世达赖喇嘛执政时，他借助哲蚌噶丹颇章居住地之名建立了以格鲁派为首的噶丹颇章地方政权。

二世达赖喇嘛根敦嘉措生活的年代，西藏政局极不稳定，大贵族仁蚌巴在后藏称王，第司政权实为傀儡。仁蚌巴地方政权在宗教实践上非常推崇噶玛噶举派，为此不惜用武力来破坏格鲁派寺庙。

① 《达赖喇嘛传》，第17－18页；《西藏通史》，第524－526页。

1542年（明嘉靖二十一年），二世达赖喇嘛根敦嘉措在哲蚌寺圆寂，时年六十七岁。①

三世达赖喇嘛索朗嘉措，于1543年（明嘉靖二十二年）出生在拉萨附近堆龙地方的一个小贵族家庭，四岁时被认定为根敦嘉措的转世，迎至哲蚌寺供养，后来成为哲蚌寺的第十二任池巴和色拉寺的第十三任池巴。三世达赖喇嘛索朗嘉措一生的最大成就，是他把格鲁派的教义传到了蒙古。1578年（明万历六年），三世达赖喇嘛与顺义王俺答汗在青海会晤，俺答汗赠送给三世达赖喇嘛为"圣识一切瓦齐尔达喇达赖喇嘛"的尊号。②"达赖喇嘛"的称谓从此被确立并在西藏社会应用。尽管三世达赖喇嘛与蒙古王室建立了关系，但是三世达赖喇嘛索朗嘉措生活的年代，西藏的政局仍然动荡不安。仁蚌巴的部下贵族辛厦巴·次丹多吉在后藏发动了武装事变，占据了桑珠孜宗（日喀则），推翻了仁蚌巴政权。虽然仁蚌巴政权被更替，但是，格鲁派的境遇并没有因此而有所改变。因为辛厦巴政权同样推崇噶举派。在这千疮百孔的背景上，重叠了格鲁派道场的纷繁记忆。1588年（明万历十六年），三世达赖喇嘛索朗嘉措在内蒙古圆寂，时年四十六岁。③

四世达赖喇嘛云丹嘉措出生在蒙古一个大贵族家庭内，系蒙古俺答汗的曾孙，生于1589年（明万历十七年）。④达赖喇嘛在蒙古的转世是巧合还是一种政治利益，只能推论。转世灵童起初由蒙古人认定并得到了蒙古王公、王妃等贵族阶层的支持，后来得到格鲁派的认可。尽管达赖喇嘛的转世在蒙古出现，但是这没有改变格鲁派那一丝不苟、刻板严谨的教条。按照教义，1602年（明万历三十年），西藏三大寺派代表前往蒙古，迎接三世达赖喇嘛的转世灵童返回西藏。四世达赖喇嘛被迎接到西藏之后不久，四世班禅成为他的宗教理论和实践上的老师。与此同时，四世达赖喇嘛继任以往

① 《达赖喇嘛传》，第20页。
② 《达赖喇嘛传》，第20－21页；《西藏通史》，第526－532页。
③ 《达赖喇嘛传》，第24页。
④ 《达赖喇嘛传》，第25页；《西藏通史》，第532－534页。

达赖喇嘛的宗教职位，担任哲蚌寺第十三任池巴和兼任色拉寺第十五任池巴。1616 年（明万历四十四年），四世达赖喇嘛云丹嘉措在哲蚌寺圆寂，时年二十八岁。[①] 四世达赖喇嘛并没能改变格鲁派的黯淡景况。当时来讲，噶玛噶举派的势力正在无限扩大，噶玛巴第十世法王曲引多杰被当时称为“藏堆杰布”（后藏王）的藏巴汗认作全藏法王，丹迥旺波由此而创建了藏巴汗统治政权。藏巴汗统治时期，“嫉视黄教，几欲根本灭除……藏巴王崇敬噶玛派，对于黄教多采抑压之势”。甚至在四世达赖喇嘛圆寂后，“当时的藏巴汗疑达赖诅咒，致感多病，即明令不许达赖再世，经班禅罗桑确杰一再要求，始准寻觅五世达赖灵童”。据传说，当时藏巴汗害重病，多方诊治都无效，后来四世班禅治好了他的病，藏巴汗为了感激，才答应了找寻达赖喇嘛灵童。[②]

五世达赖喇嘛罗桑嘉措，1617 年（明万历四十五年）出生在一个小贵族家庭内，是山南琼结地方人。1622 年（明泰昌三年）罗桑嘉措六岁时，迎接到哲蚌寺供养。当时的西藏地方政权还是由藏巴汗执掌。[③] 但是格鲁派由于经历了 180 年的坎坷发展，已经有了很多信徒，在《五世达赖喇嘛传》中记载：“如今藏巴汗学会了自重自爱，对于寻求格鲁派寺院为供养对象的法见产生了兴趣。……现在，格鲁派的威信和噶丹颇章的势力已经足够了……”1641 年（崇祯十四年），达赖喇嘛通过借助蒙古固始汗之手，推翻了藏巴汗政权。[④] 在《续藏史鉴》中记载：“时噶玛政权大臣窃权，复破坏黄教，王（固始汗）闻之遂由青海率兵西指，尽夺噶玛政权，水马年，西藏王侯莫不俯首称臣，遂为西藏三部之王。……王遂以西藏三区十三州万户政教全权悉以供养第五世达赖喇嘛。”《五世达赖喇嘛传》中还记载：“水马年（1642 年）……我到达日喀则后的首次集会是在桑珠孜的大厅中举行的，难以数计的蒙藏人士聚

① 《达赖喇嘛传》，第 25 – 26 页。
② 《达赖喇嘛传》，第 26 – 29 页；《西藏通史》，第 589 – 596 页。
③ 《达赖喇嘛传》，第 29 – 30 页；《西藏通史》，第 597 – 598 页。
④ 《西藏通史》，第 600 页。

集在那里，当大家就座之时，按忽必烈皇帝向八思巴大师奉献三次大布施之例，固始汗向我奉献了阿育王的垂罗宝饰，以仁蚌巴·阿旺久典旺秋吩咐制作的那顶精美的帐幔为主的内供物品，喇嘛身像、铜像以及汉地所造的许多供品。然后，汗王宣布他将包括日喀则在内的西藏十三万户全部献给我。”尽管如此，当时西藏地方的政治权力仍然掌握在固始汗手中。

显然，五世达赖喇嘛的叙述中以非常平静、美妙的语言把自己获得掌权的机会和固始汗的贡献结合在一起。这个故事的动人之处不在于事实本身，而在于宗教可能唤起的人们所幻想的比事实美丽得多的情景。纵观一世达赖喇嘛到四世达赖喇嘛期间的历史，西藏社会动荡不宁，统治阶级内部经常发生着一个显要权贵推翻另一个的阴谋活动。不安定的社会形势并没有给当时的达赖喇嘛为首的格鲁派带来实际的利益，在没有系统的制度里，格鲁派只能谨慎行事才能保存自己的力量。跌宕起伏的发展，使得格鲁派仅剩下朴素的教义，如果不是面临教派的衰亡，达赖喇嘛和班禅活佛可能不会借助蒙古人的力量，当然这个事实是让后人评议的例子。在达赖喇嘛还没有掌握司法权的情况下，格鲁派只能也只有顾及教派的生存。在这种实际的境遇中，格鲁派是不可能也没有能力给予达赖喇嘛个人及其家庭任何一种不现实的承诺，自然也就无法促成达赖喇嘛的家庭——亚豁家庭。

西藏社会的动荡迫使政治秩序分化，格鲁派正是在这种环境中寻求生存、寻求发展。正值格鲁派寻求生存发展之际，由于他们传奇而又朴素的行为，在其曲折迂回的发展道路上不断赢得了藏族人的信赖，最为重要的是赢得了许多西藏贵族的同情和信赖。久而久之，格鲁派执掌政权的条件业已成熟。然而仅靠格鲁派一个教派的力量是无法与当权者抗衡的，军事力量是其不得不寻求依靠的对象。所以，蒙古固始汗一开始就是格鲁派夺取政权要依靠的重要的军事力量。固始汗成全了格鲁派当政，尽管格鲁派的理论思想逐渐在西藏社会占了支配地位，但是格鲁派的执政并不能马上带来制度上的变化，尤其是西藏的宗教权威往往是与世俗权威密切连在一起的，所以原有的世俗贵族组织的变化不能与格鲁派的掌权同步进行，但是巩固和维持宗教的权威不能不依靠这些现有的世俗组织力量，同样，宗教只有在借助世俗力量的基础上才能掌握住政权。正因为如此，五世达赖喇嘛初始掌握教权时，社会形势并不安稳，制度上的变化也是非常微妙和无奈的。在这种时候，格鲁派以非常明智的办法把原来的世俗组织模式持续下来，并小心谨慎地对待原有的世俗贵族，使得西藏社会很快显示出较为集中和较为简单的政治秩序。政教权威的树立使人们的思想朝着一种非理性的宗教信仰发展，芸芸众生需要人生安稳，达赖喇嘛逐渐变成了神，但是神性并没有使他放弃了人性，达赖喇嘛被视为神和人类之间的居间人，他的地位高贵，显得顺理成章。就在这种意识形态被固定化的社会条件里，达赖喇嘛的神性得到了无尽的挥发，然而他的家庭并没有因此而受到更多的重视，其原因可能是权威和观念还未被彻底协调，也许是由于新兴统治阶级管理上的生疏？

顺治入关作了皇帝以后，1652 年（清顺治九年），五世达赖喇嘛前往京城觐见顺治帝。1653 年（清顺治十年），顺治帝册封达赖喇嘛金印金册："……兹以金册印封尔为西天大善自在佛所领天下释教普通瓦赤喇怛喇达赖喇嘛。"① 达赖喇嘛的封号使得新兴的地方政权通过中央的认可得以巩固。同样，达赖喇嘛个人也把金册金印作为执掌政权的重要标志。后来的达赖喇嘛无论出行到何处，都随时携带装有金册金印的"印匣"。五世达赖喇嘛执政之前，萨迦派和帕竹派统治者都先后得到过元朝皇帝的封册与印绶。从此后，在西藏形成了一条是否准许钤用珠印，主要看是否得到过皇帝封文的成规。②

六世达赖喇嘛仓央嘉措，于 1683 年（清康熙二十二年）出生在一个普通农民家里。1697 年（清康熙三十六年）被选定为转世

① 《清世祖实录》卷 74。
② 《西藏通史》，第 607－611 页。

灵童。[1] 六世达赖喇嘛是一个非常奇特的达赖喇嘛。很多史料记载，他平日耽于酒色，不守宗教清规等。在西藏历史上，仓央嘉措留下来的诗歌其文学价值远远超过了他本人的政治价值。虽然仓央嘉措的言行违背了宗教教理，但是藏族人对他的信仰并没有因此而减轻。六世达赖喇嘛生活时期，最适合于新兴政权的司法条件已开始形成。在这种形势下，地方政府第一次为转世达赖喇嘛的父母修建了一所名为“卓康”（乐园）的住所。虽然“卓康”没有形成家族体系，但“卓康”的出现，无疑在小老百姓的眼前展现了一幅神圣家庭的图画。

1705 年（清康熙四十四年），阴谋、行贿、争权构成了这一年西藏表面的历史。在此背景下，六世达赖喇嘛被废黜，而他所属的家庭也因此而成为平民。[2]

第二节　达赖喇嘛的“神性”及其传奇家庭

经历了一段时期的混乱之后，西藏地方开始恢复了表面上的平静。七世达赖喇嘛就是在这样的背景下转世的。七世达赖喇嘛格桑嘉措于 1708 年（清康熙四十七年）出生在多康下部理塘图钦强巴林（简称理塘寺）所属的洛雪村。[3] 在《七世达赖喇嘛传》中非常清楚地记载了寻找转世灵童的过程和当时的社会背景。当时西藏的统治权被蒙古拉藏汗所控制，拉藏汗利用权力，不经过灵童转世的程序，废黜了六世达赖喇嘛仓央嘉措，并把一个叫益西嘉措的僧童扶上了布达拉宫达赖喇嘛的宝座。尽管三大寺以及僧俗官员对此行为感到非常的不满，但是这位新的达赖喇嘛在布达拉宫的宝座上却几乎坐了十年。由于当时的西藏社会处于政治恐慌的年代，因此，

---

① 《达赖喇嘛传》，第 39 页；《西藏通史》，第 647 页。
② 《西藏通史》，第 652－657 页。
③ 《西藏通史》，第 661 页；《达赖喇嘛传》，第 44 页。

服从成为人们生存方式的惟一选择。然而，社会并不因此而变得和平。就在这个时候，一个秘密寻访六世达赖喇嘛的转世灵童来对抗拉藏汗的行动开始了。很快，在多康下部理塘找到了这个被人们期待已久的灵童。康熙皇帝的特使图岗藏主仆近千人前往迎接灵童，并另有西宁王总爷等几百人，穿着华丽，一同恭候迎接。此后还宣读皇帝圣旨：“达赖喇嘛之化身抵塔尔寺，朕心甚安，彼实为达赖喇嘛之转世，朕和持教法王之后裔皆为其施主。朕三年内，赏赐一百三十四名僧人冬夏着用之衣服。”就这样，灵童被确认。为了能

大　昭　寺

使灵童安全抵达拉萨，皇帝还派遣军队护送。[①]《七世达赖喇嘛传》记载：“（1720年）青海各大头人汇集塔尔寺协商达赖喇嘛启程前往卫藏法田的有关事宜，会上，皇子将军王宣读大皇帝圣旨，安排部署，达赖喇嘛的父亲前往扎西塘迎接。将军王带来了奉天承运文殊大皇帝所赐达赖喇嘛的用百两黄金制成的金印，……并用一百五

① 《西藏通史》，662－663页；参照《七世达赖喇嘛传》。

十两金制成的金册。”有皇帝作为依靠，1720 年（康熙五十九年）九月十五日，在延信将军的护送下，七世达赖喇嘛格桑嘉措非常顺利地抵达拉萨并参加了在布达拉宫为他举行的坐床典礼，同时还拜五世班禅罗桑益西为经师，受了沙弥戒，在哲蚌寺学经。

与七世达赖喇嘛一同进藏的有他的父母和家人。西藏地方政府充分地认识到，达赖喇嘛是神圣的、高贵的，那么他的双亲自然也应该是神圣和高贵的。为此，西藏地方政府按照贵族标准，给予该家庭许多土地和人民，并给灵童的家庭赋予了一个专门的荣誉名称：亚谿·桑珠颇章（简称为桑颇）。这样“桑颇”成为亚谿家庭的开端，同样亚谿家庭也就成为西藏拥属有专门特权的最高等级地位的家庭。由于达赖喇嘛和亚谿家庭拥有相同的血缘，藏族社会很快就接受了这个事实，并对亚谿家庭表现出极大的尊敬。无疑，亚谿·桑颇家庭的创立，为西藏的近代史增添了一个人为而似乎又是自然产生的宗教文化现象。据《西藏通史》记载：桑珠颇章，这座宫殿是五世达赖喇嘛时期固始汗丹津法王筹资修建的，……西藏地方政府把山南扎囊和桑日划给亚谿，扩大了庄园的范围，后来亚谿庄园主进入大代本的行列，这是达赖喇嘛亚谿中形成最早的一个庄园。尤其是清朝中央政府加封七世达赖喇嘛的父亲为“公爵”，使得新兴的亚谿家庭获得了无可争辩的社会地位，并且这种地位最终成为后来所有亚谿家庭的定制。亚谿家庭的产生使得西藏贵族阶层内部的权力有了新的分配。按照原则，达赖喇嘛是神圣的统治者，他的统治权力自然影响着他父亲家庭在西藏的地位。无论有无规定，亚谿家庭一经产生，就在贵族家庭当中扮演了居于中心的非常重要的角色。

自五世达赖喇嘛执政以来，在中央统领下，达赖喇嘛作为宗教领袖开始在西藏政务上发挥自己越来越重要的作用。七世达赖喇嘛开始，宗教和政治这两种统治权业已合二为一，并集中在达赖喇嘛一个人的手中。然而任何一世达赖喇嘛，一经转世至成年期间需接受严格的宗教的和政治上的训练，有了训练的基础和年龄上的积累，他才能成为"两种权力"的实际拥有者。毫无疑问，在达赖喇嘛成年的漫长时间里，摄政的不断更换，西藏行政的实际控制权常常成为贵族们的盘中餐。

布达拉宫东角（20世纪40年代）

具体到七世达赖喇嘛格桑嘉措，他被扶上布达拉宫宝座时，还是一个不懂事的孩子。正是因为如此，所以政府的实际权力被大贵族们所垄断。由于权力拥有本身并不很固定，导致权力的不平衡，进而引发了西藏贵族之间的权力之争。其鲜明的表现是驱逐准噶尔蒙古贵族势力出西藏。在《噶锡哇世系传》中说："慑于大皇帝天兵的到来，准噶尔台吉和宰桑等贵族劫掠各种珠宝装饰品为主的大批物品和供奉在布达拉宫的观世音洛迦夏惹像等，经阿里准备逃回准噶尔部时，被噶本（营官）康济鼐·索朗杰波骗进营帐作为贵宾相待，然后使营帐塌陷，除了在营帐外面的62名仆人逃脱外，多数头人被捕获。准噶尔劫走的圣观音洛迦夏惹像和珍宝装饰品、地方政府的物品得以物归原主，皇帝福田施主封他为德钦巴图尔'贝子'之名号，并委以噶伦之职。"在《颇罗鼐传》中也有同样记载："听到从东方北京来的大军已抵达那曲的消息后，考虑：可恨的准噶尔兵灭尽我的上师、首领和亲友，自己如没有达孜瓦王的恩惠，则早已遭难，这样阴险恶毒的敌人应该命绝，现在是复仇的好机会。”在《西藏通史》中也详细记载了这段历史：“此时，康熙帝为了把准噶尔兵全部逐出西藏，分兵南、北、中三路，……当时，康熙皇帝派遣的将军们开始依法处治第悉达孜哇、噶伦扎西孜巴、阿曲等准噶尔兵占领西藏期间掌权的部分官员和大寺院中的准噶尔僧人，达赖喇嘛、班禅大师、颇罗鼐等人请求允许第悉达孜哇等人活命。但是，大皇帝的圣旨难违，没有准请，第悉达孜哇、拉加热丹和噶伦扎西孜巴、噶伦阿曲等人被带到拉萨河堤岸背后处死，第悉达孜哇之子和准噶尔僧人等部分有罪者解赴内地问罪。铁牛年（1721 年，康熙六十年），皇帝降旨赐封德钦巴图尔康济鼐·索朗杰波为贝子，委任为总理西藏事务的首席噶伦；敕封阿尔布巴·多吉杰布为贝子，晋升为噶伦；敕封隆布鼐·扎西杰波为公爵；敕封颇罗鼐·索朗多杰为台吉，晋升为噶伦。成立了总理西藏地方政府事务的机构，从此至 1727 年的六年中，摄政使用的印玺上写着：‘贝子康济鼐总理，贝子阿尔布巴辅佐，诸大臣之印，甚善！’”

此后不久，1724 年（雍正二年），雍正皇帝向达赖喇嘛颁赐诏书、金册、金印，授予政教权力。《七世达赖喇嘛传》记载：“文殊皇帝法王（雍正帝）为弘扬释迦圣教，……要求七世达赖喇嘛如五世达赖喇嘛那样护持一切政教，颁赐每页厚如牛皮的金册十六页，以及用满、蒙古、藏、汉四种文体写成的大金印，上写：‘西天大善自在佛所领天下释教普通瓦赤喇怛喇达赖喇嘛’。”从此，西藏历史上开始了历代达赖喇嘛年届十八岁就要亲政的规定。清朝皇帝通过西藏贵族与蒙古贵族的政权之争，充分地使用了管理手段，建立了较为正常的政权秩序，并且使这种秩序通过典章成为定制。

七世达赖喇嘛执政，直接给亚谿家庭提供了参与政治的机会。七世达赖喇嘛的父亲一开始就显得非常精明能干，他频频与政府官员接触，利用自己的特殊身份出入各种显贵场合，进而赢得政治上的地位。但是达赖喇嘛掌握政权后，并没有消除大贵族之间潜在的权力之争。终于在1727年（雍正五年），西藏境内发生骚乱，噶伦之间发生了内讧。1728年（雍正六年），后藏的颇罗鼐兵占领了拉萨。同年，清朝皇帝派人查办藏事。与此同时，中央政府任命两名驻藏大臣（首席驻藏大臣为副都统马腊）。同年，皇帝降旨：康区东部之打箭炉、理塘、巴塘等地划归四川管辖；康区南部之中甸、德钦、巴龙等地划归云南管辖。同时把后藏的拉孜、昂仁、平措林三个重要的宗划归班禅管辖。把西藏的政权交给颇罗鼐台吉总管。此外，皇帝论功行赏，把西藏地方政府的政权由七世达赖喇嘛转移到颇罗鼐手中。①

贵族统治者之间的纷争，使得在西藏地方政治舞台上出现了以世俗贵族占优势的政治制度。七世达赖喇嘛的父亲受到非难，同样，七世达赖喇嘛的政治地位也受到了影响。七世达赖喇嘛的父亲在这场斗争中似乎没有被皇帝免去"公"的封号，但已经明确地规定了不能再干预政治。这种规定后来成为定制。

十四世达赖喇嘛坐床仪式现场（20世纪40年代）

西藏世俗统治者的特点集中表现在私有制的扩大和不可避免的继承争端上，颇罗鼐的家族也不例外。颇罗鼐死后，他的儿子达赖

① 《西藏通史》，第686－689页；参照《七世达赖喇嘛传》。

巴图珠尔墨特那木扎勒被皇帝敕封为郡王，总理西藏地方政治事务。很多文献都显示了他与他的父亲很不同，他似乎是个暴君，并且仗权施暴，逐渐地失去其父赢得的尊严，葬送了家庭永久的保障和地位。当然，最终使他走向毁灭的还不仅仅是他的这种德性，而是勾结准噶尔，背叛中央政府。

之后，七世达赖喇嘛再度掌权，再一次证明了西藏的政治、习惯信仰比世俗法律显得更为重要。但是达赖喇嘛的再度执政并没有给亚豁家庭带来政治上的影响。不过亚豁家庭作为神圣达赖喇嘛的家庭，仍然可以参加典礼、巡游等诸如此类的大型礼仪活动，其公众形象继续得以保持，并随着达赖喇嘛的再度执政有所加强。必须承认，其神圣光环来自于达赖喇嘛以及达赖喇嘛在精神领域中具有的威慑力量。

八世达赖喇嘛强白嘉措，生于1758年（清乾隆二十三年），系后藏托布加拉日岗人。以七世达赖喇嘛家为例，西藏地方政府把布达拉宫后面的拉鲁庄园作为八世达赖喇嘛的亚豁，并给其亚豁家庭以土地和农奴，八世达赖喇嘛家遂成为大贵族家庭。

1762年，八世达赖喇嘛举行坐床仪式。对西藏来讲这是一件头等大事。《八世达赖喇嘛传》说："牛宿月（藏历七月），上弦第二善日轮流曜、木曜、伴月星相合之日，……皇帝特使喀尔喀将军亲王策丹嘉、傅景大臣、普宴喇嘛阿嘉呼图克图、恰俄布公爷、驻藏大臣迈仁藏格积福、两名加果齐、三名笔帖式、总爷、府爷、粮务通判官等，清朝大小官员高擎翼旗的士兵，第穆诺门罕、诸位活佛、四名噶伦、公扎萨克、代本、大小内侍堪布等噶厦的服务者，贵贱僧俗众人以及三大寺、上下密院、木如、希德等寺院的堪布、轨范师、执事，另外还有克什米尔人、尼泊尔人、游方僧等不可计数迎接，达赖和班禅在哲蚌寺参尼林卡搭设行幕休息一夜。九日，星曜相会的圆满之日，达赖喇嘛身着用珠宝装饰的衣服启程，噶厦在龙王潭园林设灶迎接，达赖、班禅师徒二人为赤仁波且为代表的僧俗多人摩顶。然后，有仪仗、歌舞等迎请，经过平措堆朗大门向前，南杰盘德勒贤林寺僧人执仗从德央夏庭院迎接，来到日光寝殿，班禅大师抛撒祝福曼达罗花雨后，达赖喇嘛登上了用吉祥和雍仲轮相饰的金刚宝座。十日，在树起历辈达赖喇嘛的政教尊胜清净胜幢，即转法轮处措钦宁波大殿中，达赖喇嘛莲足登上由无畏五狮抬举大金刚宝座，班禅大师和摄政第穆活佛、驻藏大臣、公、噶伦等多人聚会，宣读奉天承运文殊大皇帝金字诏书，每个人都能听到，诏书被译成了满、蒙古、藏三种文字。然后呈献皇帝恩赐物内库哈达、珊瑚念珠、坐垫、敷具、披风、曼荼罗、饰有吉祥相物全套衣服、玻璃器皿等……”虽然在一片祥和而又严肃的气氛里完成了达赖喇嘛的坐床仪式，但是，达赖喇嘛毕竟未成年，在其成长的过程中，他仍然要接受两位经师的严格训练。

达赖喇嘛的灵童转世、坐床、成长训练以及掌政，需要二十多年的时间。在这二十多年中，西藏的政权在封建制度的框架中运行。清中央政府于 1757 年（清乾隆二十二年）开始设立的摄政爵位是一个非常令人羡慕的职权，也是一个值得炫耀的职权。从理论上讲，在驻藏大臣的监督之下，摄政是代理达赖喇嘛暂时管理西藏地方政务的。与此同时，在他处理政务时，还应向达赖喇嘛说明并与噶伦等高级官员进行商议。然而在现实中很难保持这种高度的协调以及相互间的信任，致使达赖喇嘛、摄政与高级官员之间长期形成了复杂而又矛盾的权力关系。正是由于这种关系，在达赖喇嘛未成年的这段时期，西藏政权充满了联盟、行贿、背叛等阴谋。

当宗教的作用有所发挥时，贵族们的权力角逐仅仅成为西藏政治活动中微不足道的添加剂。事实证明，无论哪一派贵族势力得势，都会依靠宗教，并用宗教的幌子来维护原有的制度和原有的生活方式。但是需要指出的是，对于西藏的政治（在一段时间里），达赖喇嘛所起的作用往往是很小的，尤其是八世至十二世达赖喇嘛都是年轻早逝，可以说他们对西藏的政治和宗教都没有起到太重要的作用。同样，因他们而建立的亚豀家庭也仅仅为贵族家庭增加了几个数字。在西藏近代史上，可以说十三世达赖喇嘛有幸避免了贵族的权力角逐，从而维护了自己的权威，直接施政，这不能不说是一个政治奇迹。

第三节　神圣家庭的耀眼光环

当我们试图对亚谿家庭做出明白解释时，我们应该正视宗教可能给西藏社会带来的一切影响。对于信仰佛教的藏族来讲，宗教无疑是所有事务的源头，宗教同样也是生活的中心，每一个藏族人通过宗教接受轮回思想，也接受死后赏罚和天堂地狱的观念。正因为如此，历史上曾造成了藏族人对于达赖喇嘛无条件的忠诚。也正因为如此，使得藏族人认为自己生活在一个似乎可以预知的世界里，并由此有了安全感。所以，在对亚谿家庭进行解释时，我们不能忽略藏族对待生活所持的态度。

说到亚谿家庭，因为它与达赖喇嘛有着血与肉的联系，自然它和达赖喇嘛个人之间的关系是最为密切、最为亲近的。虽然在西藏很少有人自由地谈论达赖喇嘛幼年时期与他父母、兄弟、姐妹的关系，但是不需要设想就能够推断，当一个家庭的亲情关系尚未受到外界制约，它的浑然天成，是再自然不过的事了。因此我们可以大胆地进行设定：达赖喇嘛幼年时，确切地说当达赖喇嘛的转世身份还没有被认定时，他和所有的藏族儿童一样，能够与自己的母亲同睡在一张床上，不时地能得到母亲的抚爱和父亲的责骂。但是由于达赖喇嘛身份的突然界定，普通的亲情受到了干扰甚至破坏，个人、家庭的命运在顷刻间有了翻天覆地的变化。首先，我们应该意识到当政达赖喇嘛父母的切身感受，这种感受在某种意义上还反映了西藏人生活在那个时代的文化价值。在西藏，历史上人们往往沉湎于非常神圣而崇高的宗教激情，把所有的力量和精神倾注于宗教信仰，使得灵童的转世显得十分重要，并被热诚崇奉。达赖喇嘛的转世灵童卓然超出了所有其他的转世灵童，所有的转世灵童所放射

达赖喇嘛夏宫一角

出的光辉也不及达赖喇嘛转世灵童那样耀眼。正因为如此，达赖喇嘛灵童的被认定，自然会给当事家庭带来巨大的震撼。灵童的父母会感觉到信仰的力量和命运把毫无准备的自己推进了一个近似虚幻与不可置信的境地——成为达赖喇嘛的父母。当这件事成为事实后，他们可能会失去作为普通人的所有勇气和自信，像个需要指点的小孩一样，达赖喇嘛的父母的表现正是在这种不知是因、不知是果的情况下产生的。但这并不能说他们单纯幼稚到一点也不清楚宗教，也不能说他们在虔诚的信仰下从不去幻想。然而，一对极其平常的夫妇突然间与达赖喇嘛有了直接的关系，可想他们一开始是何等的无措了，因为他们不再是一对普通的夫妇，他们和与他们有关的所有的人都要重新审视自己和“达赖喇嘛的灵童”，而在以前“达赖喇嘛的灵童”只是一个平常的男孩。尽管这个灵童仍然是儿子、仍然是兄弟，总之，仍然是家里的一个成员，但是今非昔比，“灵童”母亲和家里人的言行很快就变得谨慎而有礼貌。父母和家里人的态度自然会使这个作为灵童的孩子意识到自己与别的孩子的不同，他开始用稚气的眼睛狐疑地看待周围的一切。孩子的心不会因为宗教的神圣而变得明白，然而整个过程由于始终围绕着宗教的光环，并且折射着突如其来的个人的感情变化，何况这种宗教的光环还通过每个信仰者的认识而无限夸大，使得个人可能有的彷徨、恐惧变得平淡起来。

尽管“宗教感情”几乎是每一个藏族人的精神支撑，但是不能以此衡量父子母子间的亲情关系，事实上不能忽视新亚谿家庭应具有的普通的亲情，然而正是宗教给这种亲情限量了尺度，同样也正是由于宗教之因素使得这种感情尺度不会显得残忍。当一个普通的男孩被界定为达赖喇嘛的投胎转世之后，作为这个灵童的父母，会按照宗教的规定把自己的儿子放在宝座上，并把哈达献给他。显然，由于家里突然出现了一位达赖喇嘛的转世灵童，这就给整个家庭带来了极大的变化。无论年幼的灵童是否愿意，他都必须开始接受既定的教育，并且把大部分时间从父母家转移到一个他不熟悉的陌生的环境中。事实上，对于一个孩子来讲，父母是他的天地，是他的所有幻想。当寻访团认定某一个正在游戏的男孩为达赖喇嘛的真正化身时，这个男孩无疑会被宗教的规范夺取作为普通孩子的所有快意。他的父母再不会像原来一样整天守候在他的左右，他也不能像原来一样依偎在母亲的怀里。以后的时间里，灵童会被置身于陌生的环境之中，尽管左右有人伺候着，但孩子的孤独感不会因此而减少。而这种孤独无助的感觉不仅表现在灵童身上，亚谿家庭的成员也会有类似的感觉。灵童的父母在这个时候，同样在内心深处混杂了忧虑与期待，未来对于他们而言并不是十分的确定。随着新的亚谿家庭的建立，家人即将面临大大小小环境的变化和人际关系上的变化。灵童父母被周围的人称之为“加亚”、“加雍”，[1] 而他们原有的名字可能会随着他们身份的改变而消失，这一连串的变化不能不给亚谿家庭的成员带来心灵上的震动。

---

① 藏文中“加”为王；“亚”为父亲尊称，字面意为王父。而藏文中“雍”为母亲的尊称，字面意为王母。

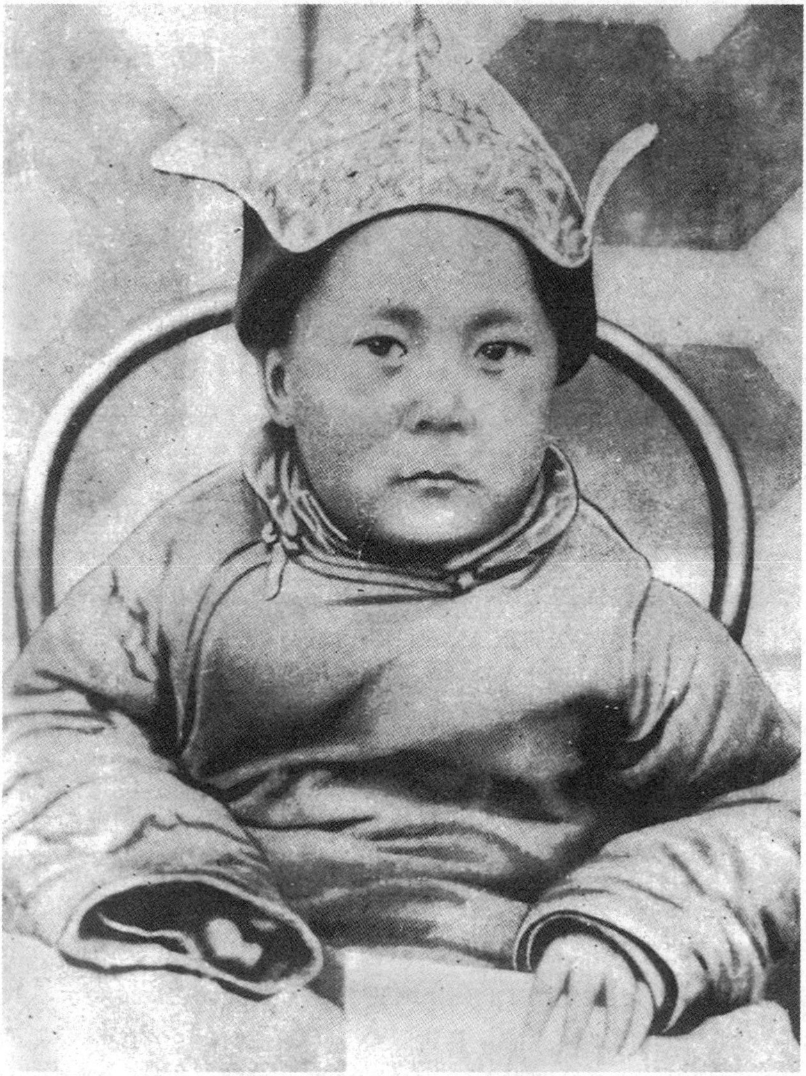

童年时的十四世达赖喇嘛

根据大贵族的标准，亚豁家庭需要适应突如其来的礼仪，尤其是当他们出现在大的活动庆典上时。每当达赖喇嘛的灵童被认可并迎至拉萨时，灵童的家人作为神圣家庭，也会随着未来的统治者进入拉萨。但是，在亚豁家庭成员进入拉萨的同时，需要适应各种应酬。虽然家庭地位的变迁，给适应应酬提供了条件，但是学会、适应应酬并非一朝一夕的事，何况在没人提醒和没人引导下，更令他们惶恐不安。要知道，在自己的一个儿子被认定为达赖喇嘛转世灵童前，他们很可能只是一对普通之极的农民或牧民夫妇。

按照习俗，在欢迎达赖喇嘛灵童以及新亚豁家庭的到来时，地方政府一般在离拉萨入口不远的一处平地上，树立一座巨大的幕帐。十三世达赖喇嘛转世灵童迎接仪式是在热振寺举行的，这可能与当时热振活佛担任摄政有关。在设置的营帐中心为“玛恰钦莫”（大孔雀）的蓝白相间的大帐篷，里面放置着木雕的宝座，这是专为达赖喇嘛准备的。之后，政府把灵童及其家庭成员迎接到罗布林卡（达赖喇嘛的夏宫，七世达赖喇嘛所建）。在那里恭候的人群里，不但有许多僧俗官员、贵族家庭内的成员，还有三大寺的堪布等人。等灵童一行人坐定后，开始依等级呈献最为高级的哈达和礼品，礼品主要包括古董瓷器和丝绸锦缎等。西藏地方政府会在这一天举行一个简单的欢迎仪式，对所有参加欢迎的人提供酥油茶和“卓玛哲斯”（人参果酥油饭），并为灵童及其新亚豁家庭成员献上传统藏戏“噶尔”。这些仪式结束后，灵童被迎请到他个人的寝宫，而新亚豁家庭成员则被迎请到政府专门为他们准备的住处。由于新亚豁家庭的亚豁府第尚需建设，故在亚豁府第落成前，新亚豁家庭成员暂时住在罗布林卡内。① 欢迎达赖喇嘛灵童的庆典活动，对于新亚豁家庭成员来讲多是第一次接触达官贵人，也是第一次需要应付如此大的庆典活动。通过例子我们知道：十四世达赖喇嘛的母亲的感觉是：“初到拉萨时，在介绍我们给大家认识的接待会上，我感觉到一股莫名的陌生感。街道上都是人，他们满心喜悦地要朝见新的达赖喇嘛。我非常感动，喉咙好像有东西鲠住一般。我只是个农妇，现在却高高在上，我觉得自己站在陌生的土地上，一个梦幻的世界。我离开了家园，又不会说拉萨话，必须借助翻译帮忙，经

① 《西藏通史》，第669－672页，第937－940页；参照多喀尔·策仁旺杰《颇罗鼐传》，西藏人民出版社，1988年。

常觉得自己愚笨而无助，而关于西宁的一切记忆是那么鲜明，我几乎立刻就染上了思乡病。”可见亚谿家庭成员随灵童到拉萨，并第一次参加僧俗各界为灵童的到来举行的欢迎仪式时，他们的心情是惊恐多于兴奋。

当政达赖喇嘛的家庭亚谿内的成员不能参与行政事务已经成为一种定制。清中央政府曾为西藏地方政府的政治制度和宗教制度设定了一个具有重大历史意义的章程，即：二十九条《钦定章程》，其中第十二条规定：达赖喇嘛和班禅额尔德尼周围的随从官员，过去都是他们的亲属，如达赖喇嘛的叔父和班禅额尔德尼的父亲班丹团珠，都是私人升任，又如达赖喇嘛之胞兄洛桑格登主巴，依仗势力多行不法。今后应依西藏各阶层及扎什伦布僧俗人民之愿望，在达赖喇嘛和班禅额尔德尼在世时，其亲属人员不准参与政事；达赖、班禅圆寂后，如果还有亲属，可以根据他们的技能给予适当的职务。《钦定章程》二十九条包含的内容是很广的，它对于达赖喇嘛、班禅及其他呼图克图灵童转世以及达赖喇嘛、班禅、驻藏大臣的职权做了规定；规定了西藏地方官员的任免、升降、待遇；规定了藏军问题、地方币制问题、财政税收乌拉差役等问题。在这样的定制下，新亚谿家庭的成员除了体验突如其来的特殊的荣誉，和充分享受舒适的生活之外，似乎没有什么事可做。政府为新亚谿家庭准备了堆积如山的礼物，如一袋袋米、面粉、酥油和茶叶，丝、锦缎、地毯等，同样政府为新亚谿家庭提供“强佐”（管理新亚谿家庭内的财务）、“涅巴”（司库）及其男女不同分工的仆人。[①] 新亚谿家庭的成员必须在极其短的时间里学会与贵族社会的人打交道，学会贵族们的生活方式。西藏贵族表面上似乎在强调俭朴，但在实际生活中却讲究排场，懂得挥霍。既然已经有了标识，新的亚谿家庭就要按部就班地修正自己原来所熟悉的生活。当然，亚谿家庭自身是找不出什么明确的标志来进行确立的。正因为如此，亚谿家庭无论

① 《西藏通史》，第669－672页；参照《颇罗鼐传》。

在住宅的式样上，还是在家具颜色的选择上，甚至服装以及贵重物品的消费上，都努力向旧贵族靠拢。并且作为神圣家庭，在有些方面还得超越其他贵族家庭。每一个家庭成员都要认真地去选择符合自己身份的生活，向遗老遗少们看齐，尽快地把自己培养成富有贵族情调的人物。

虽然现任亚谿家庭成员不能参与政治，但是作为当政达赖喇嘛的家庭，自然会在贵族们为利益所设立的人际关系中成为中心。对于这一点，聪明的摄政以及贵族官僚们并不想回避主子与自己的利益均沾的问题，所以，亚谿家庭一开始活动便会成为贵族社交舞台上的主角。同样，新的亚谿家庭在处理人际关系方面，既不会受到成见的影响，也不会有道德上的顾虑。因为贵族们对待新的亚谿家庭的态度是温和而豁达的。

亚谿家庭的产生，似乎松动了以土地、血缘为基础的贵族网，但是，亚谿家庭的产生对西藏贵族整体性并没有构成威胁。亚谿家庭的产生源于达赖喇嘛，它如同藏族人每天都要喝酥油茶一样的自然。因此，它的贵族标签不会引起其他老贵族的嫉妒。相反，它就像一股吹入旧有阵营里的清风，给墨守成规的人们带来活力和希望。

按照通常见解，达赖喇嘛的产生造就了亚谿家庭，这似乎是一种固定的形态，也似乎是一种静止的结构。但是，中央政府在封赐达赖喇嘛的同时可能也会废止达赖喇嘛，同样，贵族集团也可能会有意识地掌控当政达赖喇嘛。毫无疑问，达赖喇嘛的家庭必须适应贵族社会的利益。正因为有了这样明确而又不明确的因素，在西藏表现出来的是不成比例的数据：十四个达赖喇嘛和六个亚谿家庭的不等式关系。从中可以看出，亚谿家庭的产生犹如游戏，是神话，或说是使特权和头衔得以生效而产生的一个游戏。

亚谿家庭一旦被确立，伴随着地方政府所赐予的仆人、庄园，新的亚谿家庭成员的社会地位和经济地位有了突变，各个家庭成员开始以全新的面貌出现在社会上。虽然社会不会直接给新亚谿家庭成员的生活界定范围，但是，新亚豁家庭的成员会处处感到他们应该遵循的既定规矩。任何一个家庭成员外出时，都要自觉地学会带着自己的专用仆人，并且在言行举止上“必须非常谨慎，小心翼翼地观看别人怎么做，才不会犯错”。作为新亚豁家庭的成员，贵族社会对他们不会有任何要求。比如言谈举止、穿衣着装，也不会指点他们该如何迎合贵族社会的趣味。他们要做的只是看着。不过，新亚豁家庭的成员在贵族社会的新环境中会显得很尴尬。诚然，对一个不被人注意的家庭，突然间以盛大的仪式列队恭迎，不能不说是个措手不及的事情。为此，新亚豁家庭的成员为适应新环境所做出的努力是非常大的，相应的使新亚豁家庭成员感到安慰的是贵族社会显示出来的“宽容”。十四世达赖喇嘛的母亲在她的回忆录里写道：“虽然现在有无上的荣耀围绕着我，我的内心却为自己的家园哭泣，以前虽然是农妇，必须辛勤工作才能供养家庭，但是心情非常平静、快乐。我拥有自由，也保有隐私。现在在拉萨虽然不需要工作，生活像个皇后，却不如在西宁时快乐，我时常患思乡病。事实上，在出发到拉萨的时候，我就觉得不工作、只等待的日子很令人沮丧。……从拉萨来的官员赶到河边，送给我们珍珠和珊瑚做成的帕珠头饰，以及拉萨地方妇女穿戴的两件式锦缎衣服与配件。但是我拒绝戴上帕珠头饰，我告诉他们，我从十六岁开始就戴赫利，戴上帕珠头饰觉得非常沉重、不舒适。抵达热振（寺）后，摄政欢迎我们，并询问我喜不喜欢那个帕珠头饰。我回答我想继续戴赫利，不打算戴帕珠头饰。他支持我的想法，他说赫利非常美丽，而抵达拉萨后，我将是拉萨惟一戴赫利的女人，穿戴自己的传统服饰是个非常好的想法，达赖的母亲本来就应该与众不同。……在拉萨的上层社会中，有许多人看不起我们。这一点也不奇怪，因为任何社会都有一定的社会意识和势力个性，拉萨也不例外。……初到拉萨时，我看到华丽的衣饰与光彩灿烂的珠宝着实有些吃惊。让我更讶异的是她们脸上的浓妆。……拉鲁夫人（八世、十二世达赖喇嘛家族的后裔）习惯化浓妆，并试图说服我也化一点妆。我完全不能适应，一化妆就很害羞、不舒服。我丈夫与嘉乐顿珠（十四世达赖喇嘛的兄长）都在右耳穿耳洞，戴绿松石耳环。”这是十四世达赖喇嘛的母亲来到拉萨之后的第一个感觉。从这段深刻的自我分析中，能够清楚地看到一条波状线，这就是新亚谿家庭的成员一开始表现出与旧贵族权势形成一种矛盾的复杂关系。同样也能看到旧贵族都非常懂得如何廉价地取悦于新的亚谿家庭，他们放下平日的傲慢架子，对新亚谿家庭的成员所表现出来的不符合贵族水准的言行，不会有什么不恭之词，甚至以与亚谿家庭成员聊天来建立一种轻松和愉快的气氛，尽管微笑和轻松的气氛可能给旧贵族造成情感上的落差。

随着新亚谿家庭的产生，前任达赖喇嘛的父母家庭便成为旧的亚谿家庭。旧的亚谿家庭虽然拥有极高的社会地位，但是新亚谿家庭的出现必然会掩盖旧亚谿家庭的光彩。所以，当新亚谿家庭在适应新环境的同时，也要面对家庭地位的巩固和发展。因此，新亚谿家庭在步入贵族社会后，要做出很多的努力才能保持其不变的地位。亚谿家庭优势的延续不但要依靠家庭所积累的财富、家庭给周围人带来的影响，还要依靠贵族“朋友”以及家庭成员在官场上的作用。为此，新亚谿家庭的成员需要花时间去思量周围的贵族家庭，并且在每次庆典或仪式中表现出谦和的尊严，以此来建立威望，保全家庭之名誉。

在西藏，每一个亚谿家庭的产生都是一件重大的事件。上至大贵族，下至平民百姓都会关心这件事情。每一世达赖喇嘛的圆寂都会给西藏停滞的政治生活带来生气，同样在灵童的寻找和认定上，或多或少地表现出西藏贵族们善于权衡利弊的本领和对宗教的热情。因此，在这一重大事件上贵族们往往表现出复杂多变的情感，甚至最为隐秘的动机也会在光天化日下暴露无遗。达赖喇嘛的圆寂和新一世达赖喇嘛灵童转世这一过程，打破了西藏政治既定的沉闷空气，给贵族们带来了许多幻想，许多贵族借此机会寻找能够带来收益的实惠职位，行贿、舞弊、谋求高位并不是什么秘密，当然也有一些贵族不会参与这种危险游戏，他们担心会失去现有的地位，所以持明哲保身的态度冷眼旁观。然而，贵族们在这时对权利的热衷，常常使灵童及其亚豁家庭、摄政也有意或无意地卷进了权力的角逐中。所以，不能否认的是：每一个新亚豁家庭的产生在某种意义上都是一种政治游戏。对于外界而言，达赖喇嘛圆寂进而带来的转世寻访，也就变得更加神秘。同样，这一闪即逝的事件给广大的藏族人民带来了持续不断的深厚的宗教感情。在这种深厚的宗教感情面前，贵族们曾经表现出来的不体面的举动也会慢慢淡化，成为一种笑料，一种记忆。

财富、朋友、家庭关系以及权势是每一个亚豁家庭得以在西藏产生影响的主要因素。所以，每个新亚豁家庭的成员要想在政治和经济上有所发展，就得千方百计地利用好这些指标。同样，新亚豁家庭的产生，使西藏人对于旧的亚豁家庭的评价也不再仅限于“这是达赖喇嘛的家庭”，藏族人的现实态度使得旧亚豁家庭的成员往往会成为人们评论的对象。人们会在所有场合（自认为是合适的场合）谈论旧亚豁家庭某成员是“一个非常善良的人”或是“一个非常能干的人”或是“一个口是心非的没有能力的人”等。这些评价看似没有什么实际意义，其实不然，它们或多或少地影响着旧亚豁家庭成员的人际交往，也影响着该家庭所拥有的权威地位的巩固或削弱。

尽管有许多因素促使或抑制每一个亚豁家庭的发展，但有一点是每个亚豁家庭都必须面临的：突然拥有和失去；显赫和衰落。这两种极端的现象在亚豁家庭中常常出现。

亚豁家庭的地位、命运和威信是与神圣的达赖喇嘛的地位、命运和威信紧密联系在一起的。18 世纪早期，六世达赖喇嘛的转世灵童一经寻访到，其父索朗多杰就被清廷封为“公爵”。西藏近代史上第一个亚豁家庭——桑珠颇章的诞生是七世达赖喇嘛的主要故事。关于七世达赖喇嘛的父亲，第一个亚豁家庭的创始人索朗多杰，我们确知的是，他是一位十分灵活而又颇有名气的人物。当他的儿子成为当世达赖喇嘛后，他便开始一点点地集中自己的权力，并在巩固家庭之威望的同时，在西藏政务活动中获得了举足轻重的地位。可见，亚谿家庭兴起之初，其权力几乎可与达赖喇嘛相提并论。正是通过达赖喇嘛可靠而有力的保护，亚谿家庭的作用在自觉或不自觉、有意或无意中显示了出来。索朗多杰就是这样插手西藏政治的。最为大胆的是，索朗多杰毫无掩饰地结成了自己的党派。1727—1728 年（雍正五年—六年），统治阶层发生内讧，索朗多杰受到指责，他的儿子七世达赖喇嘛也受到非难。然而雍正皇帝为了安抚达赖喇嘛，不但未对索朗多杰予以惩处，反而加封他为“辅国公”。《清实录》卷八十二载：雍正帝圣旨曰：“诺木达尔扎乃达赖喇嘛之父，指教达赖喇嘛学习经典，保护达赖喇嘛，勤劳多年。西藏之事不干预，甚属可嘉。著封为辅国公。”按清朝官制，辅国公为宗室封爵之第八级。宗室为皇亲国戚。雍正皇帝的封赐无疑是对新亚谿家庭贵族化的一种认可，也是对其贵族身份的一种界定。这种认可和界定强化了亚谿家庭拥有的优势。然而清朝中央政府在封赐索朗多杰为辅国公的同时，也对他参与西藏政务一事作出了限制。同样在《西藏佛教发展史略》中也写道：“索朗多杰奉命常住桑耶寺，每年只许到拉萨一次，看视达赖住一个月。以防其干预藏政。”

1735 年（雍正十三年），七世达赖喇嘛回到了拉萨。1734 年（雍正十二年）七月癸巳，上谕军机大臣等：从前令达赖喇嘛移住泰宁，原因彼时藏中有阿尔布巴等事，恐准噶尔逆贼乘间来犯，是以令其移至近边地区，以便照看。其随来之弟子人等，久离乡土，未免怀归。今贝勒颇罗鼐实心效力，讲唐古特、厄鲁特之兵，操练精熟。各处紧要隘口，俱已严固防守，藏中安然无事。班禅额尔德尼，年迈有疾，应令达赖喇嘛回藏。著果亲王允礼，前往泰宁，与达赖喇嘛相见，章嘉呼图克图亦令同去。并著都统鼐格，前往料理伊等起身，副都统福寿等，沿途照看。[①] 在《清高宗实录》中记载：乾隆四年（1739 年）十二月乙酉，封贝勒颇罗鼐为郡王。谕曰：西藏贝勒颇罗鼐，遵奉谕旨，敬信黄教，振兴经典，练兵防卡，甚属黾勉。著加恩晋封郡王。不久以后，达赖喇嘛在中央政府的扶持下再一次统管了西藏地方的政教事务。索朗多杰作为七世达赖喇嘛的父亲，仍然保持着“公爵”的头衔，也获准回到西藏。但是，回来后的索朗多杰必须保证永远不参与政治，而这个保证是他能够结束流放生活的惟一条件。即使这样，西藏地方政府唯恐索朗多杰反复，因此决定剥夺他常住拉萨的权力。不过，这一决定对亚豁家庭而言并没有什么影响。

自从七世达赖喇嘛的父亲索朗多杰受到非难后，皇帝的一句“以防其干预藏政”便成了一个不成文的规定，使得当政达赖喇嘛的家庭成员均不能参与政事，并且在装饰上也有所要求，规定当政达赖喇嘛的父亲和兄弟均不能梳发髻、戴饰物，只能留辫子。这种限制后来成为西藏地方政府对贵族男子的一种定制。

尽管有了不许参政的定制，但这对整个亚豁家庭来讲仅仅是个小插曲，不会影响其权利基础。虽然新的亚豁家庭成员不能参与政治，但是作为当政达赖喇嘛的家庭，其精神权威仍然高于任何一个贵族家庭。同样，由于新的亚豁家庭是当政达赖喇嘛的父母家庭，西藏地方政府在禁止其干政的同时不能不对其提供有力而可靠的保护。因此，新亚豁家庭的成员在西藏社会交际中仍然是些最忙的人物。他们随时要参加政府举行的任何一项活动：觐见、仪式、巡游等。从西藏人的实际生活来看，等级是不可逾越的，礼仪规定新的亚豁家庭在贵族之上。对于西藏人来讲，任何一个亚豁家庭都永恒处在等级最高点。正因为如此，政府对新的亚豁家庭的约束也就显得软弱无力。面对实际状况，新的亚豁家庭和政府之间都会做出或多或少的让步，并且相互间达到某种程度上的谅解，以求得双方的

① 《西藏通史》，第 699 页；参照《清世宗实录》。

相对稳定。

即使有了定制，有时也有可能会产生一些矛盾。过去，每当达赖喇嘛圆寂时，都要遵循宗教仪轨，通过转世来寻找其继承人，这对统治来讲是一种冒险。通过历史，我们能够看到许多例子，八世

灰　塔

至十二世达赖喇嘛虽然都经历了转世这一普遍定规，但是政教权力仍掌握在摄政手中，而这几辈达赖喇嘛无论在实际上还是在理论上都没有得到他们应该拥有的政教权力。由此也足见当时政治形势的

险恶。尽管缺乏系统的统计资料，但是显而易见，十三世达赖喇嘛把西藏地方政府的政教权力完全置于自己的控制之下，他敢于以旁若无人的态度来行使自己的权力，如结束摄政独揽权力的状态。十三世达赖喇嘛对实际权力的掌握，给其家庭——亚谿·朗顿家庭也带来了内在的保障。毫无疑问，亚谿·朗顿家庭是最为关心十三世达赖喇嘛的，相应的，十三世达赖喇嘛对于自己的血亲家庭也最为信任。有了这个必然的原因，其必然的结果也就很快表现在现实生活中。1907年（清光绪三十三年），在西藏近代史上出现了“伦钦”（大臣）官职，到了1926年，该官职改称为“司伦”。无论是伦钦还是司伦，设立其官职的目的都在于辅佐达赖喇嘛管理政府。同样伦钦或者司伦的出现再一次为当政达赖喇嘛家庭成员能够参政提供了条件。无疑，这种现象的出现，正是绝对权利和仁慈神话所形成的绝对忠诚的必然结果。但是具有讽刺意味的是，这种特权的设立已经忽视了原有的限制达赖喇嘛家庭干政的历史定制，然而贵族社会的沉默同样也证明了西藏贵族在实际政治利益面前所表现出的一贯态度：谨小慎微、明哲保身、循规蹈矩、墨守成规。

自五世达赖喇嘛统管西藏地方政教以来，西藏历史上还没有哪一个达赖喇嘛能像十三世达赖喇嘛那样在政治事务中淋漓尽致地发号施令，他的权威使得人们见识了另一形态的达赖喇嘛及其亚谿家庭。同样，亚谿·朗顿家庭（十三世达赖喇嘛之父母家庭）在西藏贵族社会里所拥有的权威是任何一个亚谿家庭所无法比拟的。当然，这一切的不同并没有破坏亚谿家庭立足的基础，同样也没有破坏贵族原有的生活方式。

无论是旧的亚谿家庭还是新的亚谿家庭①，都不曾与生活在他们周围的贵族拉开距离。因为，任何一个亚谿家庭都像贵族们一样在社会上生活，所不同的仅仅来自达赖喇嘛神授特权的家庭名誉。对于新亚谿家庭来说，所面临的最重要的问题并非是否有其家庭成

---

① 藏族人用“亚谿萨巴”来称呼新产生的亚谿家庭。“萨巴”在藏文中意为“新、鲜”；同样用“亚谿宁巴”来统称旧的亚谿家庭。而“宁巴”一词在藏文中是指“旧的、过去的”。

十三世达赖喇嘛（20世纪30年代）

员在政府内任职，而是必须很快地适应贵族们所强调的生活情趣。新的亚谿家庭需要花许多时间、精力去学习贵族们管理私宅内府的生活，学习贵族们的生活方式和行为规范，在社交礼仪上学会表现出优雅、风趣、慷慨的贵族风度。被认定的新亚谿家庭，首先其家庭成员要给周围创造和展示一个舒适方便的社交场合，学会邀请不同等级贵族家庭来做客，也要学会赴邀。其次，最悦目的装扮和令人舒服的语言成了亚谿家庭展示给周围的第二品质。这是因为贵族

十三世达赖喇嘛的宠信贡贝拉（20世纪30年代）

都非常重视衣着打扮和言谈举止，衣着得体会显出贵族的品味，也能显出贵族家庭的政治和经济地位。所以，新的亚谿家庭要以积极的态度学习和表现，虽然在这一过程中会感觉到作为贵族的荣耀，但是对于没有经验的新兴亚谿家庭来讲，这种学习和表现是很辛苦的。

新的亚谿家庭的生活、活动常常与当政达赖喇嘛的生活、活动有着密切的关系。新的亚谿家庭随时要参加政府举行的一切大的庆典活动。每逢新年，新的亚谿家庭成员都要到布达拉宫给当政达赖喇嘛拜年，这对生活在庄严、堂皇环境内的达赖喇嘛和他的家庭成员来讲是一个激动人心的日子，全家欢聚所带来的轻快气氛，会松弛新生活造成的紧张的神经。十四世达赖喇嘛的母亲在她的回忆录中描述道：新年“当天，我们在凌晨一点起床。起床后第一件事就是在家中神坛上香，然后坐在客厅排好的位置上，接受管家与仆役们的罗萨节（新年）礼——家庭仪式之一。……完成这些仪式后，我们会立刻赶往布达拉宫参加凌晨两点的仪式。达赖喇嘛在凌晨一点会在布达拉宫的阳台举行简短的祈祷仪式。祈祷仪式结束后，他回到自己的房间，这时我们才献上新年的祝福。”与此同时，新年对于新的亚谿家庭来讲，还标志着一个重要的日子，桃树开花带来了春天的魅力，当政达赖喇嘛会在这个时候从布达拉宫迁移到罗布林卡。[①]这时，新的亚谿家庭会有机会同达赖喇嘛一起迁居到罗布林卡，家庭欢聚的日子比平常多了许多。事实上，达赖喇嘛从布达拉宫迁居到罗布林卡，不仅对于达赖喇嘛个人和其家庭来说，是一个每年都要举行的重大仪式；同样对于政府来讲也是一个非常重要的活动。每年藏历三月八日，官员们在达赖喇嘛迁居罗布林卡之前，都会到布达拉宫换装（冬装换夏装）。当然，拉萨三月的天不会因为官员们的换装而变暖，所以换装只是一种形式，换帽子而

① “罗布林卡”（宝贝公园），始建于18世纪40年代七世达赖喇嘛时期。其内有一宫殿叫“格桑颇章”。该宫殿建成之后，每辈达赖喇嘛在未成年执政之前，便在这座宫殿内由经师教习藏文、佛经和为信徒摩顶等。等达赖喇嘛执政后，这座宫殿便成了他的夏宫，布达拉宫则是他的冬宫。

拉鲁府邸一角

已。同样的仪式会在藏历十月二十五日进行，但换下来的装束是夏装。这两个换装仪式对于新亚豀家庭来讲是件令人欢欣鼓舞的事情。当然，类似让新亚豀家庭成员高兴的事还有很多。当他们在接受这些礼仪的同时，逐渐会积累对贵族社会的认识和对贵族生活的熟悉，并且在这样的过程中使自己贵族化。藏族人关于亚豀家庭的产生以及亚豀家庭如何适应贵族生活缺少应有的知识，在他们看来，达赖喇嘛是神圣的，达赖喇嘛的家庭自然也是神圣的。所以，亚豀家庭的尊严是与生俱来的。

亚豀家庭随着达赖喇嘛的圆寂，拥有的特权会渐次丧失，所以，如何发挥个人的能力，积极地在官场和社交上表现自己，就成了各成员要努力的事。为了达到目的，家庭成员都会或多或少地关心宗教、关心政治、关心人际等与实际生活有着密切关系的方方面面，混迹官场，力求成为社会的精英，尤其在社交礼仪上处处透出豪门权贵的风度。

第四节 “亚豀”家庭升浮、延续的秘密

亚豀家庭一开始就与达赖喇嘛神授的至尊身份和权威地位紧密

地连在一起。虽然神授的权威在西藏人的信念中显得至关重要，但是，达赖喇嘛的转世必然导致新的或者说另一个亚谿家庭的产生，这会使原有的亚谿家庭感到一种疏远、失意带来的孤独。所以，所有的亚谿家庭都要面临如何发展和巩固其曾拥有的精神和物质上的权威地位，并使之得以继承下去。后继者无论男女，家族的荣耀和财富都会传给他或她。当后继者还是一个孩子时，他或她已经拥有了家族光环所带来的盛誉。值得注意的是，接受家族盛誉的后继者并不仅仅局限在血统上。当家族没有儿子时，家庭会采取收养养子或招婿等办法。关于这一点，亚谿·拉鲁家庭是一个典型的例子。

十世达赖家族后裔——亚谿·平措康桑（20世纪30年代）

亚谿·拉鲁家庭在某种程度上可以说是所有亚谿家庭中各种特点体现得最充分的典型。我们可以借助拉鲁·次旺多杰老先生写的《亚谿·拉鲁家族》一书，来认识该家族的形成和延续过程。通过老先生的描述，给我们大致的感觉是，该家庭的形成似乎有些复杂，但由于缺少延续的连贯性，使得该家族的形成又变得极其简单。其实，我们可以透过亚谿·拉鲁家族的延续来设想所有亚谿家庭的常规事态。当然，每一个亚谿家庭作为独立的个体，它们之间也有很多相对独立的特点。但是它们之间的共性在某种程度上多于个性。要知道所有的亚豁家庭，都是通过亚豁（祖传的土地）的认定来开辟家族的创业史的，同样也是由于亚豁的认定，使得家族成员拥有了贵族的生活以及享有了特殊权利；更是由于亚豁的认定，使家庭内的每一个成员能够获得利益并不断在增加。

拉鲁作为亚豁家庭之一，目前已经成为珍奇的写作对象，我们能够看到的有关亚豁·拉鲁家庭的材料并不少，其中拉鲁·次旺多杰老先生个人的回忆录，许多杂志上刊登的有关次旺多杰老先生个人的生活片断，和一些记录了次旺多杰老先生目前生活状况的影视作品，都是我们所能接触到的资料。通过这些材料能够证明亚豁家庭在西藏贵族文化研究中是非常重要的一个方面。同样令人欣喜的是，拉鲁·次旺多杰老先生是西藏近代史上的一位典型人物，通过他的种种作为，我们能够较为清楚地了解亚豁·拉鲁家族得以延续的因由和相关的形形色色的人物，从而唤起人们对历史的回顾。

掩映在杨树林间的贵族庄园

亚豁家庭一经产生就充满了神话般的故事，它的神秘和奇特似乎已经超出了幻想家的想像。同样，它的神秘和奇特对于停滞而缓慢变动的西藏近代社会也带来了些许波动。因为亚豁家庭诞生的历史记录了西藏贵族社会的神话。

亚豁·拉鲁家族出现了两辈达赖喇嘛：八世达赖喇嘛和十二世达赖喇嘛。此外，该家庭还为藏传佛教提供了数目很多的转世灵童。“拉鲁”，全称“拉鲁嘎彩”，其家族的壮观宅第位于布达拉宫北面。在拉鲁·次旺多杰老先生的回忆录《拉鲁家族及本人经历》中是这样描述的：“亚豁·拉鲁嘎彩位于布达拉宫北面约二里处。该地日照良好，温度适中，春天来得早。古时，那里林木茂密，大小池沼星罗棋布，绿草如茵，风光秀丽，令人赏心悦目，所以被人们称为‘龙与神的少男少女们游乐嬉戏的林苑’，简称为‘拉鲁嘎彩’。据说，在古代吐蕃第三十代王（芒松芒赞）时期，该地便已成为游乐之地。后来，噶丹颇章政权建立，第六世达赖喇嘛仓央嘉措每在处理政、教事务之余，亦前往该地休息，并在这里最大的一个池沼中央新建了一座三层楼高的宫殿，以作闲暇之用。据说，宫殿竣工后，仓央嘉措每天都穿着得道者的服装，兴高采烈地率领随从人员前去游玩。当时的民歌也唱道：‘拉萨呀拉萨美，拉鲁比它还要美。拉萨和拉鲁之间的宗角禄康更美！’”从这段文字中知道，拉鲁这块地方是拉萨最美的地方；同时也知道这块美丽的地方是地方政府专门为六世达赖喇嘛仓央嘉措而兴建的。拉鲁嘎彩这座宅第建筑十分引人注目，楼高三层，屋顶平整。三层光滑的平顶屋的建筑正面，集中表现了最为繁华和壮丽的装饰，周围每一块隙地的实际利用也很到位。它让人们感觉到贵族家庭的地位、威信与居住环境的协调。

八世达赖喇嘛强白嘉措被认定后，依照七世达赖喇嘛时期的惯例，西藏地方政府必须为八世达赖喇嘛的父母及其所属家庭选择吉祥之地作为其祖业。正当西藏地方政府积极努力地为新的亚豁家庭创造最好的条件来建立其祖业时，发现原来六世达赖喇嘛的“卓康”（娱乐寓所）拉鲁嘎彩已成为政府的地产，其建筑在当时来讲显得辉煌而又有特色，它那傲然独立的建筑风格集中体现了贵族精神和实际应用的和谐统一。这么一个建筑空闲着，不能不说是一种遗憾。因此，拉鲁嘎彩便成为当时新亚豀家庭府第的最佳选择。这也化解了政府投资建新的亚豀家庭豪华府第所带来的一些麻烦。

拉鲁嘎彩成为新亚豀家庭的府第后，其宅第由八世达赖喇嘛的父亲索朗达杰掌管，他在原有建筑的基础上另建了一座新的屋宇，并命名为“亚豀·拉鲁嘎彩”。而地方政府把拉鲁嘎彩作为亚豀家庭府第的同时，还为新的亚豀家庭划拨了土地作为其祖业及领地。八世达赖喇嘛的父亲也同七世达赖喇嘛的父亲一样，得到中央政府“公”的封号。尽管一切在尽善尽美之中开始，但是生命对于个人来讲是不确定的，据说索朗达杰去世很早，他死后，其“公”的爵位由八世达赖喇嘛的长兄继承。但不久，其长兄也死去了，长兄死后，由他的次子继承了“公”的封号，只可惜他还没有充分利用“公”的特权也离开了人间，而且他的不幸还在于身后无嗣。更可悲的是，这位继承人的去世使得八世达赖喇嘛的父系彻底断嗣。就这样，亚豀·拉鲁家庭由八世达赖喇嘛的母亲掌管。拉鲁·次旺多杰老先生的回忆录中写道：“第八世达赖喇嘛的父系断绝后嗣。当时，达赖喇嘛之母请求达赖喇嘛赏给文书，准予其领有拉鲁家族产业。于是，达赖喇嘛便赏给其母亲盖有达赖喇嘛印章的黄缎子文书，其文曰：‘拉鲁家族产业可由公爵之家属继续掌管。’此后，达赖之母平措旺姆又与地方政府的一名孜本（审计官）索朗扎西结婚，生有子女若干。但是，依照定制，非达赖喇嘛父系后嗣不得赏给公爵的封号，故其长子索朗多吉仅按一般官员规矩申请了公职，取得了贵族子弟赛囊巴的地位，成为地方政府的官员。长子之下，尚有一女一男，该男孩被认定为哲布尊丹巴的转世灵童，迎请至蒙古地区，其担任孜本的父亲与姐姐亦一同前往，居留蒙古。后来，留在拉萨做官的那位长子的儿子次丹顿珠亦求得了公职，获得了贵族赛囊巴的地位。”毕达克先生在他的《西藏的贵族和政府》中对八世达赖喇嘛的家族有过这么一段描述：八世达赖喇嘛的父亲索朗达杰去世较早，他有三个儿子：索朗扎西、罗桑多吉和八世达赖喇嘛。1781年（清乾隆四十六年），长子索朗扎西获得“公”的爵位，1782年（乾隆四十七年）去世。他有两个儿子，长子是第四世哲布尊丹巴的转世灵童，次子于1784年（乾隆四十九年）继承“公”的爵位。八世达赖喇嘛的叔叔罗桑平措，无疑是该家族中最为活跃和最有影响的成员，他有一个儿子，名叫罗桑格敦扎巴，他是八世达赖喇嘛同母异父的兄弟，1789年（乾隆五十四年），他获得“堪布”的职位。该家族的另一个成员是班丹顿珠。据说他是八世达赖喇嘛的叔叔罗桑平措的侄子，这位侄子于1787年（乾隆五十二年）获得“公”的爵位，1789年去世。关于上述两段描写，很难确定各自的准确度，但是，从整体上看，该家族的延续基础逐渐变得脆弱了。同样，该家族的政治活动和利益范围也逐渐变得微弱，以致无法设想该家族在延续的过程中是如何把贵族的生活和权力传承下来的。

1857年（清咸丰七年），经金瓶掣签认定赤列嘉措为十二世达赖喇嘛的转世灵童。按照惯例，西藏地方政府必须要为新达赖喇嘛的父母创建新的亚豁家庭。这对当时的西藏地方政府而言，是一件非常棘手的事情。因为，自八世达赖喇嘛始至十二世达赖喇嘛转世灵童的认定，西藏社会虽然只经历了一百年的历史，但是在这一百年来，西藏社会竟出现了五个达赖喇嘛。西藏地方政府为了不断更新的达赖喇嘛，采取了大规模的统一调配的行动，建造了不少的亚豁府第并划拨了土地。这给西藏地方的经济造成了直接的影响，到后来的第十二世达赖喇嘛灵童认定时，地方政府已经没有多少经济能力来应付一个新的亚豁家庭的需要了。所以，在西藏地方历史上第一次出现了两个达赖喇嘛家庭合二为一的混居式家庭。就这样，拉鲁嘎彩再一次成为新的亚豁家庭。

九世达赖喇嘛至十一世达赖喇嘛，包括十二世达赖喇嘛，都活得很短，西藏地方政府忙于解决新的亚豁家庭的组建，使得在行政和经济的管理上出现了严重的弊病，其后果是动摇了地方政府的定制。与此同时，西藏的权贵们置民族、宗教的利益于不顾，不仅破坏了贵族引以为自豪的美德，而且贪得无厌、任人唯亲，竟然把利益的获得与达赖喇嘛的转世这一神圣的宗教活动相掺杂。牙含章先生在他的《达赖喇嘛传》中写道：“自九世达赖喇嘛到十二世达赖喇嘛赤列嘉措，都在少年和青年时短命而死（九世达赖喇嘛只活了十一岁，十世达赖喇嘛只活了二十二岁，十一世达赖喇嘛只活了十八岁，十二世达赖喇嘛只活了二十岁），而且死得很突然。人们怀疑达赖被人毒死，但始终破不了案，抓不到凶手。其实谋害达赖的，就是西藏的僧俗大农奴主。这几世达赖都作了这些僧俗大农奴主争权夺利的牺牲品。清朝政府也认为达赖死得可疑，所以每逢达赖暴亡，驻藏大臣下令不准移动达赖尸体，不准移动达赖寝宫的一切东西，并将达赖的侍从官员一律锁拿起来，由驻藏大臣进行验尸，追查责任。但是结果是驻藏大臣乘机发一笔大财，不了了之。这就使谋杀达赖的那些凶手更加肆无忌惮。”在达赖喇嘛的不断转世中，阴谋、背叛、行贿成了公开的秘密，对于那些大搞阴谋诡计的权贵，政府和达赖喇嘛却难以驾驭。其直接后果严重影响了地方政府和达赖喇嘛的权威，导致了地方经济的衰弱。八世达赖喇嘛和十二世达赖喇嘛两个亚豁家庭的混居现象正是地方政府软弱、封建秩序不稳定以及贵族势力的不断扩张这个历史背景下的产物。

尽管如此，十一世达赖喇嘛灵童的寻访至少在表面上是在神圣的宗教仪轨中进行的。当时的摄政热振·阿旺益西赤诚通过宗教仪轨，从沃卡、桑日、拉妥三个地方找寻了三个幼童，经金瓶掣签，沃卡地区的幼童被认定为十一世达赖喇嘛的转世灵童。由于寻找达赖喇嘛的灵童是西藏全境的一件大事，是西藏人最为关注的大事，所以在某种意义上，灵童的寻访对粉饰西藏地方当时混乱的政治局势大有好处。

虽然十二世达赖喇嘛生活的年代距今并不遥远，但是由于西藏人对事物的记忆有自己的偏好，常常是想像与记忆相混淆。所以，有关那段历史的记载也出现了偏差。即便是目前关于西藏贵族研究的权威著作《西藏的贵族和政府》以及拉鲁·次旺多杰个人的家族回忆录等书籍对一些事情的描写都显得有些不确定。

当十二世达赖喇嘛被认定时，八世达赖喇嘛的亚谿家庭不仅父系已经断嗣，其母系后裔也人丁稀少。据说，当时生活在亚谿·拉鲁家庭内的惟一的男人是八世达赖喇嘛的同母异父的兄弟。这个惟一的男人在一个偶然的时间里爱上了一位与自己的身份不相称的女人，并与之同居，从而被迫从家庭内分离，不久也就死去了。这个男人的去世，造成了家族绝嗣的事实，该家庭也因此面临入赘或收养养子来延续家族之名分的局面。所以，对于旧的亚谿·拉鲁家庭来讲，十二世达赖喇嘛父母家庭的并入不但没有造成家庭内利益的冲突，反而寻找到了一个恰到好处的家族之延续者；同样，对于新的亚谿·拉鲁家庭来讲也寻找到了一个引以为自豪的家族作自己的靠山。与此同时，对于政府来讲减轻了经济上的负担。三个方面都有利，自然整个过程就显得顺顺当当的。

新的亚谿·拉鲁家庭由十二世达赖喇嘛的父母和兄弟掌管。达赖喇嘛的父母有三个儿子，幼子为十二世达赖喇嘛。达赖喇嘛的一个兄长出家为僧，另一个兄长名叫益西诺布旺秋，他是新的亚谿家庭最为活跃的人物。达赖喇嘛的父亲死后，“公”的爵位被他继承，并且通过他的人际关系和实际能力，他成为当时西藏贵族中的杰出人物，同样他也是这个家庭中无与伦比的建设者。他死后，十三世达赖喇嘛把“公”的封号转赏给他的儿子——年仅十一岁的晋美朗杰。等晋美朗杰到了娶妻的年龄时，拉鲁家庭的管事人员商议决定，让其与大贵族“夏扎”府第的两位小姐结婚。大小姐嫁到亚谿·拉鲁家没有多久便死去了，而二小姐婚后一直未育。这样，亚谿·拉鲁家庭再一次面临后裔断绝之虞。亚谿·拉鲁家庭内的管事再一次商议后决定晋美朗杰再婚。为了将来不引发家庭内部的纠纷，晋美朗杰再婚的对象还是大贵族夏扎家的女子。夏扎府最小的小姐叫央宗次仁，她原是一位在家的尼姑，她身材苗条，面貌姣美，不能不说她拥有的美丽影响了她对信仰的献身，她很快还俗并成为当政达赖喇嘛（十三世达赖喇嘛）兄长朗顿公爵的情妇。虽然她是一

十三世达赖喇嘛的哥哥朗顿少爷（20世纪30年代）

个大贵族家庭的小姐，但是作为在家尼姑，原则上她要遵循家庭为她选择的人生道路，收住性情，精心修行。然而，感情毕竟是奇特的混合物，加上她的美丽，使她陷入了麻烦。幸运的是，西藏贵族女子的个性可以与男子一样得到充分的发展，正因为对个性的充分肯定，使得她的私通和还俗没有给她带来实际上的麻烦。在西藏，类似于她的这种生活并不算什么稀奇，她的这种生活选择也不会被当作宗教上的堕落。尽管社会没有指责她的私通行为，但是对于大贵族家庭的小姐央宗次仁来说，有一件事是非常重要的，那就是还俗后需要一个名正言顺的归宿，否则不仅影响她个人的生活，也会影响她家庭的声誉。央宗次仁外表的美丽和内在的温情，使亚谿·朗顿公爵爱恋不舍，但是朗顿公爵家有妻子、儿子，没有理由废妻，公爵面对美好的情爱也只能望而却步。央宗次仁和亚谿·朗顿公爵虽然没有婚姻，但他们互相依恋，央宗次仁与朗顿公爵的私通成了当时一个公开的秘密，朗顿公爵也借这一秘密的传播，让央宗次仁成为他的名正言顺的外室。由于央宗次仁的情夫是朗顿公爵，权利保障了她的私生活、保障了她的名誉，也保障了她家庭的名誉。1904 年（清光绪三十年），英国入侵西藏，朗顿公爵与十三世达赖喇嘛一同逃亡蒙古，不幸在途中死去。这时的央宗次仁已生有一子，名叫平措热杰。事情的变化使得夏扎家开始认真考虑央宗次仁和她儿子将来的生活，夏扎家并没有忘记与亲家拉鲁家进行商议。最后，央宗次仁成为亚谿·拉鲁家庭的第三位夫人。她的身份的确定对于两个家庭来讲都是好的结局，她作为原配拉鲁夫人的妹妹，即使将来为拉鲁·晋美朗杰生一子，在家庭生活上也能够与原配夫人相处和睦。反过来讲，即使央宗次仁不能为拉鲁家添丁生子，她现有的儿子是当政达赖喇嘛的侄儿，作为事实上亚谿家庭的后裔，继承“公”爵位，自然是一件顺理成章的事。就如两个家庭所推断的一样，十三世达赖喇嘛对他兄长的儿子确实倍加恩宠。因此，方方面面的实际利益使得央宗次仁和亚谿·拉鲁·晋美朗杰的婚姻成了两个家庭最感合意的事情。①

央宗次仁虽然没有为拉鲁家庭添一子半女，但是她的儿子平措热杰成为她丈夫拉鲁·晋美朗杰的合法儿子。婚后，央宗次仁两夫

---

① 参照毕达克《西藏的贵族和政府》；拉鲁·次旺多杰《亚谿·拉鲁家族历史》；笔者的采访笔记。

妻的关系非常融洽。她的姐姐，拉鲁·晋美朗杰的原配夫人离开了拉鲁家并另立门户，拉鲁家作为夫家分给她相应的财物和土地作为她将来的生活依靠。

晋美朗杰在他三十七岁时死去，他的死使十二世达赖喇嘛父系后裔断绝。平措热杰作为晋美朗杰的继子，成为晋美朗杰死后拉鲁家当然的合法继承人，加上他本人是十三世达赖喇嘛家族——亚豁·朗顿家族的后裔，血统自然变得更加高贵。他的这种特殊身份对他成为拉鲁家的继承人不仅没有任何阻力，反而还给予了帮助。他和他的同父异母兄弟朗顿·贡噶旺久分别成了亚豁·拉鲁和亚豁·朗顿的继承人，他们经常一起出入于典礼等仪式，成为人们视线的焦点。可惜亚豁·拉鲁的继承者平措热杰只活了短短的十七年。晋美朗杰和平措热杰父子的相继死亡，使亚豁·拉鲁家庭再一次出现由女人来掌管家业的局面。拉鲁家族再一次面临家族如何延续的问题，拉鲁家主仆都忧心忡忡，央宗次仁再婚成了家庭内回避不了的主要问题。拉鲁家在大约两年左右没有男系掌门人后，与大贵族然巴家签订了一份书面协议，“然巴”家的二少爷入赘到拉鲁家，成为央宗次仁的第二任丈夫。

然巴家族在西藏也算得上是一个比较有地位的贵族家庭。然巴二少爷在与央宗次仁结婚之前，在家与他兄长共娶一妻，并在政府机构担任一小官职。入赘到拉鲁家后，他以拉鲁之名向达赖喇嘛申请更高的职务，因拉鲁家族系达赖喇嘛世家，他的申请得到了许可，十三世达赖喇嘛赏给他“扎萨”的官衔。遗憾的是，对于然巴二少爷来讲，官运并没有给他带来婚姻上的幸福，他始终忘不了与兄长共娶的妻子。尽管然巴二少爷接受家庭为他安排的第二次婚姻时，他的第一个妻子就成为了他的嫂子，他们之间原有的婚姻关系也就中断了，但是婚姻的中断并没有割断他们之间的感情。这种当断不断的感情不仅宣告了然巴少爷第二次婚姻的失败，同时也失去了第二次婚姻给他带来的“扎萨”头衔。然巴二少爷的背叛虽然给拉鲁家族的延续带来了实际的问题和困难，但是感情上的经历并没有使央宗次仁气馁，她仍然活得风风火火。[1]

要继续下面的故事，先得介绍贵族“龙厦”家。龙厦家族在西藏是一个小贵族。其先祖生活在后藏达那地方。虽然，其家庭的祖先可以追溯到五世达赖喇嘛时期，但这个家族从来没有人担任过政府的主要官职，自然也没有出现过有影响的人物。在十三世达赖喇嘛执政时期，龙厦家族出现了一位有名的人物——龙厦·多吉次杰，在西藏近代史上从来没有一个人像他那样轰轰烈烈地展现自己的天才和个人的力量。他受过贵族的完美教育，他雄心勃勃又富于幻想，也许正是他那种富有活力的生命使得他成为十三世达赖喇嘛精心改革的第一个执行者。他带着四个贵族家庭的男孩子，也就是西藏的第一批留学生，来到英国接受现代化教育。他在境外表现出来的忠诚和才干很快得到了十三世达赖喇嘛的赏识，他有幸成为十三世达赖喇的宠臣，并从一个低级官员一跃而获得显职。他的幸运让人感到惊羡，他很快成为贵族社交场的主角。当龙厦·多吉次杰展现自己魅力的时候，拉鲁遗孀央宗次仁已经是他的知己。对于他们两人的关系，有很多传说。毕达克先生在他的书里也写道：“她（央宗次仁）与西藏最有影响的人物之一孜本（审计官）龙厦打得火热，但结婚是不可能了，因为这意味着两个家族必有一个消亡。”推究这种看法，他们之间可能有恋情，只是这种感情对于周围不便流露。也许正是他们的这种感情，龙厦·多吉次杰的儿子次旺多杰成了拉鲁家族的继承人。拉鲁·次旺多杰老先生在他的回忆录中是这样描写的：“……为央宗次仁择一夫婿，以继承拉鲁家族事业，他们（拉鲁家族的人员）草拟了一份人选名单，上呈第十三世达赖喇嘛，请求审示。当时，我父亲龙厦·多吉次杰甚得第十三世达赖喇嘛的宠爱，不知他对达赖喇嘛讲了些什么，达赖喇嘛在那份名单上亲笔批示由我去继承拉鲁家业‘为好’。这样我便被决定过继给拉鲁家族当养子。”在我对拉鲁·次旺多杰老先生的采访中，得知次

① 笔者的采访笔记。

旺多杰初到拉鲁家庭时，刚好十二岁，而拉鲁夫人已经是三十多岁的妇女了，从年龄上来讲他似乎不是以夫婿的身份入赘到拉鲁家的。但是社会上的评论和他到拉鲁家后从未对央宗次仁叫过一声“母亲”，从这个角度上来讲似乎也排除了他作为养子的身份。虽然，拉鲁家族的未来继承者身份很不明确，但是他确实全身盛装，骑着拉鲁家特意为他准备的马匹，体体面面地来到亚谿·拉鲁家，接受拉鲁家族给他带来的一切声誉。拉鲁·次旺多杰在他的回忆录中写道：“我十二岁的那一年，有一天，父亲把我叫到他面前，对我说：‘自在佛大宝（十三世达赖喇嘛）批示，命你到拉鲁家去当义子。你的异母兄长旺钦玉拉已入赘到夏扎家。你生母的孩子当中，以你最长。我本想把你留在身边，但是自在佛大宝对咱们格外施恩，决定令你到拉鲁家去。拉鲁家比咱们家大得多，你到那里去，一定会幸福的。’我也只得回答说：‘谨遵父命。’我原以为去到大户人家，不仅生活舒适，而且也用不着再去上学了，因为学堂的老师太厉害。这样，我到拉鲁家之事就这样决定了下来。为了做准备，专门比照我的身材，缝制了各种缎袍、彩靴和汉刀碗套。一切准备就绪后，在一个黄道吉日，拉鲁家派出上百名骑手和仆人来迎接我，他们也给我带来了整套的服装。我家给迎接我的人们摆了两天宴席。前往拉鲁家的那天，我全身盛装，穿着黄色缎袍，腰系大红绸腰带，腰上挂着汉刀碗套，脚穿彩靴，发辫上挂着黄金嘎乌，左耳戴索吉耳坠，右耳戴绿松石耳坠。骑在拉鲁家来迎接我的人专门为我牵来的一匹膘肥体壮的青骢马上，左右各有一人牵马，另有一人扶持着我。我的舅父平措旺秋带领四名仆人送我前去。我们一行约有十骑，来到拉鲁家。……我到达拉鲁宅第后，立即在楼下的大厅里举行了庆祝典礼。在大厅的中央为我安下一个小座位，我在那上面就座。在我座位的东面，安置着一个小座位，那是央宗次仁的座位。在那个座位的下首，依次坐管家、司库等一应仆人。大家坐定之后，便开始按顺序献麦穗酥糕、头道青稞酒，本宅人们献上祝贺哈达。本宅的人们贺礼之后，便由客人们献贺礼，拉鲁和龙厦两个家族的亲戚朋友们献上哈达，送礼品，庆贺活动盛况空前。第二天，我父母带领着家里人来到拉鲁家，大家一起兴高采烈地度过了几天喜庆的日子。……当时，我仅有十二岁。从外表上看，我只能是拉鲁家的义子，哪里算得上什么‘女婿’？我到拉鲁家以后，央宗次仁是家里的长者，我称呼她为‘夫人阁下’，她则称呼我为‘少爷’。我和央宗次仁之间年龄相差二十多岁，她除了等待几年之外，别无他法。”无论次旺多杰是作为养子还是作为丈夫来到拉鲁家的，但是有一点是相当明显的，那就是他的生活有了戏剧式变化，从而为后来的我们留下了追索、研究的余地。

龙厦（中坐者）和他即将带去英国读书的四个贵族少年

次旺多杰来到拉鲁家后过着平静的少年生活，他在新的家庭环境中逐渐接受新的教育和新的礼仪。尽管他在新家庭的身份不是很明确，但是作为拉鲁家惟一的男性继承人是没有任何异议的，因此他必须要在新的家庭内认真地学习和掌握大贵族家庭应具有的礼仪，并努力把自己培养成符合大家族身份的人物。相应的，凡是大贵族家庭所能创造的环境和条件，拉鲁家庭也为他创造了，他在这个优越的环境和条件下以继承者的身份使濒于消失的家族利益完全恢复了。他也很顺利地完成了学业并步入了仕途。就在这个时候，西藏连着发生了许多事，其中十三世达赖喇嘛的圆寂和由次旺多杰的父亲而起的“龙厦事件”，直接影响了他的生活，并且可能还改变了他的性格。

十三世达赖喇嘛的圆寂使西藏贵族虚浮与敷衍的制度暴露在阳光之下，诈伪百出的贵族政治中，通过个人的才能展示过人的能力取得成功的希望是非常艰难的。龙厦倡导的那场急进的改革运动直接牵涉到西藏地方政府最高机构——噶厦。他希望以四年一届的任期制来取代噶伦的终身制，而且，他还希望通过“民众大会”来选举噶伦，并且噶伦要向“民众大会”负责。尽管龙厦的改革思想在社会上能够引起一些热情，但是由于他的改革思想直接触犯了大贵族的利益，所以，最终他以绳索系颈，以求得政府的宽恕。在这次事件中，不仅龙厦个人被脱去官服、靴子，解散发结，挖取双目；同时，政府还宣布斩去他两个儿子的手脚各一。由于当时宗教界一些头面人物的说情，从而免去了斩断龙厦之子手脚各一的决定。不管怎么说，这个事件给西藏停滞的政治生活带来了些许的活力，与此同时，也给拉鲁和龙厦两个家族带来了哀愁与感伤。西藏地方政府不仅对龙厦实施了刑法，而且还宣布龙厦家族的后裔不得继承贵族地位，更不能进入官僚阶层。就在这个特殊关头，二十岁左右的青年拉鲁·次旺多杰和四十多岁的老夫人拉鲁·央宗次仁缔结了婚姻关系，婚姻使这位青年变成了名正言顺的拉鲁家的主人。然而，还需要解决一个问题，那就是如何使这位青年进入官僚阶层，关于这一点真可谓是一个很长的故事。我们不妨借助《喇嘛王国的覆灭》一书中的一段描写来叙述这段故事：“后来，龙厦之子拉鲁·次旺多杰通过请求恢复了政府官员的职位。他申辩说，自己实际上并不是龙厦的儿子，他声称自己的生父是另一位贵族协噶林巴，他的母亲和协噶林巴都发誓确实如此。他运用这种软弱无力的手段（以及大量的行贿），凭借拉鲁家族的名望，重新得到官职，被授予‘赛囊巴’（少爷）的职位，成为20世纪40年代西藏一位重要官员”。根据拉鲁老先生的自述，他是通过贿赂，在当时的噶伦赤门巴的帮助下受封为四品官的。亚豁·拉鲁家族虽然在延续，但这个家庭经过婚姻、死亡、入赘、离婚、再婚等形式后，血统不断地在改变，达赖喇嘛的直系、旁系血统在这个达赖喇嘛世家中不再发挥作用。然而在藏族人中，普遍都会同意这么一种看法：亚豁家庭是达赖喇嘛的父母家庭，家族的延续应该依靠达赖喇嘛家的后裔。但是，西藏贵族社会的等级内婚制使得人们在看待血统时非常不确定。所以，包括亚豁家庭在内的贵族为了家庭的延续，没有儿子的，采取收养养子或入赘的办法；丈夫死了的，迎进新的丈夫，由新丈夫成为亡夫的继承者。

由此可见，拉鲁·次旺多杰的经历并没有什么让人奇怪的，从某种程度上来讲，他是一个相当安分守己的贵族遗少，他为了贵族的声望，选择了与拉鲁·央宗次仁结为夫妇，并且最终借助婚姻，重新进入了贵族行列，而且在官僚阶梯的逐级运动中，成功地到达了高层。

总之，亚豁家庭是西藏地方贵族政治制度和宗教思想相调和的产物，由于达赖喇嘛的因素，每一个亚豁家庭都会显示出“高贵的血统”，并在封建社会中展现出自己令人尊敬的一面。尽管亚豁家庭的更新表现出复杂的政治斗争，但是亚豁家庭一经产生，便成了贵族社会中全新的因素。

第二章
血统高贵的“第本”家庭

贵族官员(20 世纪 40 年代)

意识形态和共同观念固定了人的等级，出生和血统变得谜一般扑朔迷离。西藏近代史上集中体现了贵族文化的价值，特别是高贵的血统成为贵族们一生热诚崇奉和最大的需要。贵族们自觉地通过想像，寻求家族历史那不朽的碑文，他们感谢那些令人激动的创造者给予的高贵血统。他们如同忠实的寻宝探秘者，尽管并不完全知道珠宝放置的地方，但是他们相信所有的珠宝都会发出光芒。就这样，血统成为彩色的诱惑。可以说这个时代，贵族文化得到了极大的体现：贵族们对自己的血统表现出极大的热诚，溯流寻找那让他们感激不尽的先祖，正是他们的伟业，给后人带来了高人一等的血统，并因此有了高人一等的生活。不知从什么时候开始，“第本米扎”以自己比较其他贵族高贵的血统找到了自己在贵族社会中的位置。他们的祖先曾经是出类拔萃的贵族成员，他们往昔的辉煌如同精美的雕刻，成为整个家族取之不尽的荣誉源泉。他们的后代从儿童开始就具备了良好的生活条件，祖先的荣誉成为绝对的遗产。事实上，这些特殊的血统遗产，成为西藏贵族们的珍奇特点，它告诉人们那个时代的价值趋向。

第一节　高贵的血统与骄人的家族

在西藏，代代相传的高贵血统、地位给贵族带来的特权是极大的。同样的贵族阶层，由于复杂的层化组织，使得个人拥有的社会地位和经济地位依世袭而有所区别。这种区别导致了固定模式的等级关系。等级模式对于深受宗教因果思想影响的藏族来讲，是极其平常的一件事情。而对于那些有着特权的西藏贵族成员来讲，从孩提时就开始接受自我、家族优越的观念习性，在成长过程中他们很自如地行使着符合其特权身份的权利。所以，他们对于特权的认识从来就不陌生。由于世袭继承而来的某种高贵身份，至少在理论上能够巩固其特权，西藏贵族们往往沉浸于辉煌的家族历史和高贵血统之中。在这种观念的影响之下，第本家族显然以世袭而来的高贵血统和悠久的家族历史在贵族社会中赢得了值得炫耀和令人仰慕的等级地位，与此同时，第本家族本身也认为其家族成员比别的贵族家族成员更为特殊。

“第本”一词从词义上来讲是一个不确定的概念。但能够肯定的是，所有的第本家族，在西藏贵族社会中都是拥有特殊权利的特殊阶层。正因为如此，第本家族在西藏贵族社会中成了除达赖喇嘛世家——亚谿 家庭之外的最为尊荣显贵者。其主要的原因前面已说过，他们的血统被社会公认为高贵，也高旧贵族一等。其现实的好处是，他们拥有诸多的政治特权，并且这种特权因血统而变得更为稳定。因此，第本家族不仅在贵族社会拥有稳固的地位，而且还成为贵族们攀附的对象。类似的因素使得理论上第本家族在西藏贵族社会中已经自成为一个体系，并且在当时表面停滞的贵族政治舞台上扮演了非常“关键”的角色。

第本家族作为极为特殊的贵族等级，在贵族社会群体中没有进退之虑、升降之说。因为，第本家族因袭而来的社会地位在西藏贵族社会中非常稳定。所以，第本家族可以说是西藏地方贵族群体中最没有变化的一个势力。这个势力又因代代相传、盘根错节，使得在官僚贵族统治网中拥有非常特殊的持久力，还不会因外部的影响而有太大的变化。可以说，第本家族本身是贵族政治分化之后的一种静态等级标准。这种静态等级标准也正是第本家族在贵族社会中

贵族家存放的酒和酒具

拥有优势权威的主要标志。有了这种明确的界定，西藏社会对于第本家族的认识也就显得简单而实用。毫无疑问，第本家族的优势权威不同于亚谿家庭，它的根基在于贵族社会认可和崇尚的与生俱来的高贵血统和拥有的大片土地。

对第本家族的认识应该是：既符合西藏宗教逻辑理论，也符合西藏人潜意识对现实的认识。当问及第本家族时，任何一个西藏人都会不假思索地告诉你，第本家族是有权势的、世世代代相传的大世家，尽管没有更多的理由来解释这种固定的观念。但这种固定观念已被欣然接受，毫无疑问这与宗教的因果理论有着密不可分的关系。也正是由于有了这种理论体系作为标榜，使得第本家族成为贵族中的贵族。很显然，第本家族在很大意义上说明了当时西藏贵族

社会极力标榜的“血而优则仕”，同样在某种意义上，它也是贵族精英地位得以确立的首要条件。当我们不断去了解第本家族并遵循藏族人的价值观念时，会产生一种强烈的感觉，第本家族的特权势力在整个贵族阶层中似乎显得超然独立。虽然这种感觉来自不断的认识，但是这种认识不能说就是对第本家族所下的比较确切的定义。然而，可以确定的是，第本家族是西藏贵族阶层中的中心秩序。我们把这一句话姑且作为第本家族定义的补充说明。

第二节　显赫的贵族家庭

在西藏，属于第本家族的贵族仅有五家：“多仁”（也称“噶锡哇”）、“吞巴”（也称“拉让宁巴”）、“热喀夏”（又称“多卡哇”）、“帕拉”（又称“仲孜哇”）、“拉嘉日”。其中，拉嘉日是一个非常特殊的贵族世家。拉嘉日家族尽管拥有世袭而来的社会地位和土地，但是其家族成员世代居住在西藏山南拉嘉日地区。该地区从西藏政治制度来讲，是一个比较自治的地方，整个区域由大贵族拉嘉日家族管理，也就是说该地区是贵族拉嘉日家族的领地，因此，整个区域被称之为“拉嘉日”（这个地区在古代被称为“埃”）。

拉嘉日家族：拉嘉日家族成员声称自己是吐蕃赞普的后裔，对此西藏人深信不疑。五世达赖喇嘛在《西藏王臣记》中写道：拉嘉日“自贡玛大司徒起，藏中尊卑之级尚未丧失，而权力又较高者，大多承受第斯帕木竹之眷顾，由贡玛赏赐封号及职位。惟邦主拉甲日巴，则未特获贡玛任命之职封，乃自成为边鄙之王也。王系出自吐蕃王纯净种嗣朗德沃松之子安达·白柯赞。其之后裔为察瓦·赤扎西孜巴。察瓦生三子中之沃德，又依次下传至沃基巴，生藏察六兄弟。当帕木竹巴多吉杰布之时，其家有藏布察瓦绒巴者，居丹萨提谷地，作米本。彼后数世，至浪所·达麦巴时，因艾堆之曲灿喀下，有山生草如须，须之藏名‘甲吾’，乃于此地建立庄园基业，于是始有甲日氏（须山氏）之名出焉”。据说，五世达赖喇嘛执政时期，拉嘉日家族的某一成员获得过“赤钦”（大法座）封号，从此，赤钦成了一种崇高的身份和领地自治的标志，被拉嘉日家族一代代继承下来。奇怪的是，拉嘉日家族没有为西藏地方政府的任何行政机构输送过任何一名家庭成员。但表面上的脱俗并不能掩盖实际上的政治失利。同样奇怪的是，这种政治失利并没有影响家庭本身具有的社会经济地位，这可能与已经消退的家族光辉有着密切的关系。通过家族成员对自己家族显赫史的口耳相传，和相关人物的文字记载，家族史和其中的优秀人物的辉煌，自然会给活着的家族成员带来引以为自豪的精神遗产，而这种精神遗产，就成了该家族成员在贵族社会中获得特殊地位的一种可塑性条件。

如果从字面上来解释，可以说，拉嘉日讲述的是“神”的后裔之故事。毫无例外，家族的命运和威望是与超自然的神连在一起的，正是因为神的因素，使得整个家族具备了高贵的血统。同样的理论，当拉嘉日家族在巩固和保障他们已经拥有的社会地位和威望的时候，他们拥有的神授权利可以在自己的领域中发号施令。同样，神授的权利使其在贵族社会中一直保持着家族优越的社会经济地位。拉嘉日家族在家庭内部机制的运转上，早已形成了父父子子的统属关系，长者为上，父亲掌管一切权利，并继承“赤钦”封号。“赤钦”在这里不仅仅是一种名称，在很大程度上它会让人联系到对神的膜拜。“赤钦”在这里不仅是家族内的一家之长，更重要的是，他是拉嘉日所属民众的家长。因此，“赤钦”及其家族成员在自己的领地上合乎习惯地设立了一个较为独立的行政管理机构“强佐康”。拉嘉日家族的这种世袭权利，在当时来讲，不受任何行政和道德上的影响。拉嘉日家族为了巩固自己早已确定的特权地位，在管理领域属民的同时，还在山南地区修建了引人注目的拉嘉日庄园。这座庄园不仅显示了居住者与众不同的地位，同时还强调了居住者对其领地享有行政权威的全部意义。

拉嘉日家族与其他贵族家族迥然不同，而且它具有的这种差异

马背上的官员和他的随从（20世纪40年代）

使得其与西藏地方政府的关系变得比较微妙。也许因为拉嘉日是吐蕃王的后裔，地方政府对其的态度从来都较为宽容，或者地方政府本身不具备驾驭该家族的能力？总之，政府对于拉嘉日的温和态度是值得探讨的。据说，每当拉嘉日“赤钦”及其家族成员到拉萨朝拜时，地方政府要派“孜准”①、“雪准”② 和“雪巴”③，率八名僧俗官员到拉萨河渡口相迎，仪式也较为隆重。同样每逢拉嘉日家族遇到婚丧等重大事件，地方政府都会派官员前去参加。总之，拉嘉日家族的各个活动，政府都会给予较为周密的关照。地方政府的这种温和态度反过来也得到了拉嘉日家族的信赖。实际上，拉嘉日家族也非常需要依靠西藏地方政府的这种“周密的关照”来巩固自己的社会地位和社会影响。虽然拉嘉日家族在其领地拥有极大的自治权，但是每遇到困难时，包括处理人的问题，由于他们缺乏如政府一般所具备的行政力量，因此不得不借助于政府。所以，为了与政府保持良好的关系并表现出一种深怀感激的从属性，拉嘉日家族也为政府承担了一些义务，其中包括为政府提供兵员。

无疑，拉嘉日家族在第本家族中非常特殊。虽然，包括“赤钦”在内的所有家族成员都几乎没有办法或者说没有理由挤进西藏地方政府的任何一个机构担任政治角色，但由于不成文的封建契约，使得西藏地方政府对其家族成员十分宽容。正因为这种非常特殊之礼遇，使拉嘉日家族成员一直拥有特殊的社会地位和充裕的生活条件。情况还不止于此，拉嘉日家族的特权有时还表现在政府权力之外，尤其在自己的所属地区不仅拥有完全能够控制的人民，而且还拥有独立于西藏地方政府的行政官吏。然而耐人寻味的是，拉嘉日家族成员随着时间的慢慢推移，他们为政府承担的义务也在不断增加，尤其在十三世达赖喇嘛执政时期更是如此。由此可见，拉嘉日家族世袭而来的自治权业已开始受到了威胁，而这种威胁会直接动摇拉嘉日家族在西藏社会中拥有的经济和政治地位。虽然拉嘉日家族为“神”之后裔，加上拉嘉日家族在西藏社会中确实享有的某种自治的权威，在理论上也是“神”授的，应该显得非常至高无

① 官名，为达赖喇嘛或摄政接待宾客者。
② 官名，为布达拉宫山脚行政区的接待宾客者。
③ 官名，布达拉宫山脚下的行政长官。

上，然而家族保护神经过了数百年，毕竟与现存家族离得太远，理论上的权威需要实践来体现，实际上的拉嘉日家族发展到了近代并没有像理论所演绎的那样拥有绝对的权势，尤其是在土地的拥有量上更是如此。因此，当政府的权力慢慢渗入时，家族因袭而来的对土地的永久性占有成为与履行政府义务相适应的交换条件。在这种背景之下，拉嘉日的生活中心开始有所转移。最耐人寻味的是，拉嘉日家族成员最终在 20 世纪 40 年代出现了一名为政府供职的官员。据说，拉嘉日家族为了这个成员能够顺利地进入政府官僚行列，不惜借助正常的和非正常的一切渠道，其中最为明显的是家族成员通过与当时的当权派“索康”家族联姻，进行贿赂。他们原本想取得噶伦的位置，但事与愿违，官场上的事情并没有拉嘉日家族成员设想得那么简单，最终，这位打算从政的家族成员只寻得一份“扎萨”官职。虽然扎萨官职没有真正的实权，但毕竟属于西藏地方政府的三品官职，更何况这一官职在官僚等级中可以世袭。扎萨的取得对于政府或者对于拉嘉日家族都是一件无害的事情。显然，这个爵位赠送行为带有很强的贵族利益和政治赌注的色彩。[①] 由于缺少确切的资料，作为研究者，也很难透彻地分析这种贵族之间利益交换的勾当。至于将某一官职作为一个礼物相“赠送”，对于当时的贵族政治制度来讲是一件习以为常的事情。拉嘉日家族成员最终选择置身政府官僚机构，被当时的贵族认为是一种“下马骑驴”的政治游戏。事实上也的确如此，拉嘉日家族同所有的吐蕃大贵族家族一样，尽管没有人怀疑其所因袭的家族地位之神圣，但是由于在现实政治中没有明确的契约，因此，家族的神圣历史并不能保证家族在现实生活中的实际运转。不仅如此，该家族如果继续陶醉于既往的历史，其家族的利益不但得不到，甚至还会影响家族地位的巩固。

多仁家族：“多仁”或“噶锡”这两个名词对于西藏人来讲并

---

① 笔者的调查笔记；参照毕达克《西藏的贵族和政府》。

不陌生，无论是在人们的谈论中，还是在档案文献资料中，这两个名词常常会同时出现，但是“多仁”更多的是常用名词。为了不至产生混淆，本书姑且使用“多仁”一名。

每当西藏人谈到多仁时，都会说：这是家大贵族呀！这就是多仁家族给西藏人的印象。毫无疑问，多仁是一个围着一圈光环的大贵族家庭。然而从档案资料中我们却发现，多仁家族负债累累，人丁稀少，而且许多家族事务需要外人来帮助解决。实际上，多仁家庭如同倚靠在锦衾绣榻上的一具干尸，在 20 世纪 40 年代，多仁家族已经失去了往日的生气。

“多仁”，是该家族位于拉萨宅第的名称，多仁家族在拉萨定居之前，家族名字一直沿用“噶锡哇”之名称。在贝尔的《西藏志》一书中有这么一段描述：“多仁大厦，堪称美轮美奂，为其祖先所建造，旁曰‘四乐’。多仁第一祖先，颇著声誉；乃辅佐大师帕地玛·桑巴之教长化身，大师曾作一预言曰，此教长必再生于一盐砂平原之所，其地有四乐，即北方鱼乐，南方人乐，东方鸟乐，西方兽乐。多仁家长，至多仁班智达时，始发迹致富，卓著令誉，西藏政府赐以田庄一大处，曰噶锡犹言四乐也。察其形式，颇与预言符合。其北方有河流，河中有鱼，东方有鸟雀业绩，南方之江孜平原，五谷丰富，足以养活人类，西方有山峦置立，盖野羊之渊薮也。”那么该家族建设者的业绩又如何呢?

关于该家族的渊源，笔者在调查时几乎没有得到较为满意的回答，对于贝尔在《西藏志》中提到的辅佐大师帕地玛·桑巴之教长更是知之甚少。但是在调查中众口一词地认为：多仁家族在其家族延续过程中曾有过一段引以为自豪的故事，这个故事始终围绕着一个与西藏历史有着密切关系的人物，此人就是与 1720 年（清康熙五十九年）驱逐准噶尔势力的大事件有着密切关系的赫赫有名的功臣康济鼐·索朗杰波。康济鼐·索朗杰波于 1721 年（康熙六十年），被皇帝降旨赐封为贝子，委任为平息准噶尔事件后的第一任总理西藏地方事务的首席噶伦。后来，康济鼐·索朗杰波凭借个人的才干、身价在西藏建立了一个叫“噶锡哇”的贵族大家族。① 能够翻阅到的文献赋予了他许多传奇色彩，从中能够感觉到此人是一位有胆识而又十分克己的英雄。尽管如此，最终他还是被同僚杀害了。然而，他个人的死并没有给当时兴起的家庭带来任何不良影响，像他这样有胆识，并能给家族带来幸运的家庭成员为数不少。很快，他的弟弟便继承了他的遗志并成为阿里总管。他与他的哥哥一样，也成为西藏历史上的一个显要人物。他的勇猛行为为他赢得了极高的声誉，特别是他在实际生活中表现出来的赤胆忠心更是为这个家族赢得了一等“台吉”的官衔，从而给家族成员创造了在政府机构飞黄腾达的机会。可以说有一段时期，噶锡哇完全成了西藏贵族的完美典范。从政治指标上来讲，他们兄弟俩在政治上所表现出来的才能使得家族后继者赢得了让人难以置信的荣誉——“辅国公”封号。1731 年（雍正九年）皇帝谕令：“……噶锡巴·铁尔衮盖台吉南杰次丹，你叔康济鼐从初未完成之事业诚心效力，始终不懈，朕应恩赐，其无子嗣，南杰次丹你不仅为康济鼐兄长之子，现在尤其是颇罗鼐将你多次效力之况上奏，朕念康济鼐之效力，予以赏赐，升尔为利益人民之公。……今将噶锡巴施恩，封为辅国公，世袭罔替。”② 从贵族社会的关系网来讲，该家族成员分别与西藏统治者颇罗鼐家族和达赖喇嘛家族以及有影响的贵族大家庭建立了婚姻关系。颇罗鼐把他的女儿德丹卓玛嫁给辅国公和他的弟弟，并且把“第本夏萨哇”家族的所有权授予了噶锡家族，而把噶锡家族提升到第本家族中。可见多仁家族由于当时的人和地利，在西藏社会中形成为富有、强大的第本家族。噶锡哇·根布欧珠诺丹是这个家族的另一个重要人物，他非凡的才能和卓越的教养使他成为诺颜班智达，且继承了辅国公的头衔，并成为当时的首席噶伦。无论作为一个政治家还是作为一个家长，根布欧珠诺丹的表现都超乎寻常的完美。

---

① 《噶锡哇世系传》，第 32 – 34 页；参照《西藏通史》，第 705 – 706 页。
② 《西藏通史》，第 696 页；《噶锡哇世系传》，第 29 – 30 页。

幸运和不幸有时非常有趣地连在一起。当噶锡哇·根布欧珠诺丹的个性得到高度表现的时候，他不慎从马背上摔下来，折断了两根肋骨。在这种情况下，他的儿子索朗丹增班觉自然成了他的继承者。关于这件事，《西藏通史》也有详细的记载："这一年，首席噶伦多仁班智达因坠马受伤，暂时请假疗养。他说：'如今年事已高，又因坠马受伤，行住困难。虽然三宝照应，也需适可而止。即使想做噶伦事，岁数也不饶人。现在孩子年轻有知识，如果父子能调换，我可以回家养老'"。《噶锡哇世系传》中描述道："……接到皇帝圣旨，谕曰：自班智达之父祖始，服务理事，彼乃老噶伦之后裔。尤其班智达长期勤于服务，如今念他年老体弱，应施以安乐，特嘉封为'达尔汗公'，凡遇重大事务，必经出面者应仍勤勉努力，过去赏赐的珠宝顶子和孔雀眼终身享用。"第二年，丹增班觉二十三岁，水兔年（1783 年）二月二日，在桑主康萨保大臣衙门宣读圣旨，敕封丹增班觉接替班智达的噶伦职务，并袭"扎萨克"名号。① 丹增班觉在他父亲出事后直接从父亲那儿接受了一个大贵族能够接受的一切荣誉：血统的高贵、生活的富有和政治的殊荣。他在没有任何阻力的情况下顺利地当上了噶伦，并很快获得辅国公的头衔和印章。大约在这个时候，家庭为他安排了一个具有政治意义的婚姻，当政达赖喇嘛的妹妹成了他的妻子。他在他的传记著作《多仁班智达传》中写道："我以前排在诸噶伦之后，战战兢兢地做好年轻人该做的工作，甚至紧张忙乱，但没有处理过重大事务。而从此以后，我虽比噶伦同僚们的年纪轻、才智低，却像被狗赶到头排的谚语所说，竟然继恩公班智达之后担任了首席噶伦。"有了这些前提条件，他开始有机会在西藏的政治舞台上展示自己。确实，在很多职务上，他都表现得深谋远虑。但遗憾的是，当他的青春和政治理想正走向炉火纯青时，一个政治事件把他骄傲的人生道路给切断了。文献记载，1791 年（清乾隆五十六年），噶伦多仁·索朗

① 《噶锡哇世系传》，第 443－447 页。

贵族远途装束（20 世纪 40 年代）

丹增班觉和噶伦宇妥·扎西顿珠被派到西藏边境聂拉木与廓尔喀（尼泊尔）进行会谈。在《多仁班智达传》一书中对此事进行了较为详细的描述：“两位驻藏大臣将廓尔喀军进犯来龙去脉的情况具奏奉天承运文殊大皇帝，折子八百里火速上呈。……不久，汉蒙金川的官兵们遵大皇帝谕旨，不顾疲劳，长途跋涉，相继而来。彼等大官中提督成德及其随从首先抵达拉萨。谓‘大皇帝有旨，务必痛歼尼泊尔贼’。如此一来，西藏黎民百姓先会受到尼泊尔的大肆蹂躏。故是战是和，可视情况而定。另外，军事上有经验，十分熟悉朝廷礼仪的，除公班智达外，西藏贵胄中再无他人。班智达最适合带兵打仗。但他年老体弱。大皇帝特加褒奖，赏封达尔汗公。怎能统率？你扎萨克·丹津班珠尔（丹增班觉）年纪虽轻，却聪明伶俐，有子承父教之传统根基。今可与我一同带兵打仗的非你莫属。故须立即出发。”此次事件中，虽然多仁·丹增班觉顺利地继承了父业并很威武地带兵赴边境，但是天有不测风云，多仁·丹增班觉和宇妥噶伦在西藏边境地区聂拉木被尼泊尔军队包围并活捉。庆幸的是，他能够保住性命与仆人安全地回到了拉萨。但是回到拉萨后，他的处境非常尴尬，他在《多仁班智达传》中也谈到了那时候的情景：“一天，我等噶伦四人面谒摄政诺们汗禀告公务，他对我等噶伦，就像上师玛尔巴对大汉力士一样，怒目而视，指手厉声斥责道：‘土猴年，区区一个廓尔喀野蛮之邦竟入侵卫藏佛法刹土，而你们这些乳汁喂养的白螺一样的噶伦代本等西藏贵胄，那时全无男子气概……’同时将身边盛满糌粑的糌粑盒摔到我和僧官噶伦·噶勒藏纳木扎勒的身上。……我像糌粑供佛塔似的，全身白扑扑。是日，只好回家。”不久，中央政府和地方政府都怀疑他与尼军有染，于是解除了他的噶伦职务。关于这一段历史在《噶锡哇世系传》中也有详细的描写：噶锡哇和宇妥巴由蓝大人监护，离开拉萨顺北道进京。抵京后，叩见中堂大臣时，首先问安，然后简单询问了有关廓尔喀动乱的前后起因，我（索朗丹增班觉）如实回答。由于各位中堂没有见过西藏俗人的装束，问我系在左右两耳上的不同装饰是哪儿的习俗，我在排头回答说：系璁玉是西藏古俗，系珍珠是原青海的固始汗王族作藏王时盛行的习俗。关于终审判决，各位中堂传令：多仁·丹增班觉和宇妥·扎西顿珠不念大皇帝圣恩，屈服廓尔喀贼匪，做违心之事，影响很大。现已查清，因力量微薄，被敌人俘虏，虽无罪过，但不适宜享受大皇帝敕封之公和达赖喇嘛的噶伦之职。要求派大军驱逐，担心侵扰汉、藏、尼泊尔之佛教众生。依部法规，你等有重罪，念不知此规，从轻处治，革去你二人噶伦之职。同时赐封丹增班觉承袭公之名号，享有以前赐的顶子、翎眼。

时间是平息政治风波的最好办法，偶然的一次机会，丹增班觉回到了西藏并再一次步入仕途，但是所拥有的职务远不及过去，丹增班觉和噶锡家庭对于辅国公头衔的失去始终寻找不到补救的办法。丹增班觉把所有的希望寄托在儿子身上，希望通过儿子的成长来继续噶锡哇家族的光荣历史。他的儿子米珠索朗班觉其时还是个孩子，正在当时较有影响的珠钦喇嘛门下学习，过着舒适的贵族孩子的生活。老噶锡哇·索朗丹增班觉引以为骄傲的是他有一个懂事的好儿子，他的儿子尽管拥有富裕的生活，但从不任意挥霍。他欣慰地从儿子身上看到了家族的希望，为此，他曾不止一次地安排儿子的生活计划，甚至利用阴谋和贿赂来为他大铺仕途之路。只可惜最终他的行为成了一幕可耻的政治喜剧，他儿子被他推向了极为可怕的政治纷争之中，成了如同陈列在街市上的物品，让人评说。在《西藏的贵族和政府》一书中写道：“1805 年，他（米珠索朗班觉）二十一岁时，他和其父一同大肆贿赂驻藏大臣策巴克，以便使他能进入噶厦。这一声名狼藉的阴谋活动引起了非议，拉萨出现了一些告发此事的墙报。结果皇帝派遣了两名特派员严密调查这一欺诈行为，策巴克罪行败露，被撤职查办。米珠索朗班觉的任命似乎也被废止。”① 然而，事情没有就此终结，人们很快原谅了他为儿子的前途所犯下的过错，还因祸得福，让贵族社会领略了他儿子那优雅的体态、高贵的举止。具备如此之多优点的贵族青年能够继承父业成为噶伦，似乎早已被贵族社会所认可。多仁·索朗班觉获得噶伦职位的同时，还非常幸运地继承了一等台吉的称号。贝尔在他的

① 毕达克《西藏的贵族和政府》，第 49 页。

《西藏志》一书中写道：他“年仅二十一，已封台吉，其品位已超过乃父矣。西藏人遵守品级，颇为严格，即父子之间，亦不容通融。余侪至江孜访其子，父迎候于门外，并依礼节引导余等参谒其子。”台吉头衔虽不及辅国公，但毕竟也算是一种政治资本。不管怎么说，多仁·索朗班觉没有辜负他父亲的期望，并且在其父的预料中成功地担负起了家族延续的重担。那么在文献中出现的，关于1822年（清道光二年），有担任孜仲的多仁·顿珠次旺，此人可能是他的兄弟。如此看来，后来多仁家族的延续可能是由他们两兄弟以及他们的儿子来完成的。尽管后来的多仁家族不断有男性成员在政府机构任职，但是，始终没有一个具有影响力的人物，因此后来的家族历史显得不很清晰。

如果以时段来看的话，多仁·米珠索朗班觉和他的父辈们生活的这段时间记录了多仁噶锡哇家族最辉煌的历史。家族的辉煌历史给其后继者带来了许多实际利益，其中还单享有特权一项。关于这一点，贝尔在他的《西藏志》中作了非常细致的描述：“多仁家庭，本属多难，但享有一种特权，可称独特。过拉萨平原向北行三里，有一大寺曰色拉，中供一降魔杵，名普巴，相传几百年前，自印度飞来。降魔杵大半用来杀魔，在西藏佛教之礼节中颇有较大之作用。而色拉之降魔杵，其法力犹在其他降魔杵之上。西藏官场年度终于阳历二月。在年度告终以前之某日，此杵自色拉寺中取出。每年只有此一日，可与降魔杵见面。1921年2月，余与上校金涅第曾在拉萨多仁私邸，获观此杵，真可称为荣幸之极。清晨时分，即将此杵送至达赖喇嘛前面，达赖当赐以一哈达，再又将杵送至布达拉宫摄政面前，而摄政也报以哈达，嗣以杵置其头上，是谓赐福。每以杵出示高级官吏，须一一经过同样礼节。此杵迎至多仁宅。迎杵者，毕恭毕敬，全杵包扎于上等丝绸中。相传杵不包裹，即将飞去。杵端为丝绸遮掩，余仅于网孔中，隐约窥见一二寸许”。这项由祖先而来的特权使后来的家族成员备感到地位的优越，伴随着这种优越感觉，家族成员十分陶醉。然而，伟大的祖先对于百孔千疮

贵族院落一景

的现实家庭生活却爱莫能助。多仁家族的后人在西藏的政治舞台上逐渐开始了极其平庸的生活。

西藏的历史进入近代以后，多仁家族由于祖先的功绩虽然在社会上拥有响当当的名号“多仁噶锡哇”，但是光耀门楣、提携子孙需要倚靠强硬的“权势”和丰厚的“财产”。而这两样都是多仁家族所缺乏的。所以，仅靠家族名号很难扭转和改变家族成员的命运。更为不幸的是，多仁噶锡哇家族与第穆活佛家族之间的婚姻关系成为1897年（清光绪二十三年）西藏当权者纷争中的一个靶子，致使该家族政治指数再一次下降，经济地位再一次动摇。政府罢免了该家族家长在政府里的职务，同时还没收了该家族在拉萨附近的最好的庄园。困难之际，内乱骤起，家族陷入了后继无人的恐慌中。不得已，多仁噶锡哇家族开始由小贵族“门措哇”家族实际掌管。在笔者涉及的多仁家族档案中有许多关于贵族门措哇家族的资料，这对研究者来讲是一个不容忽视的情况。如果大胆推理，从实用功能来讲，多仁噶锡哇家族的名称标志着一个十分明显的显贵遗

建筑一隅

迹。但是从社会意义上来讲，家族的威信和命运随着祖先的远去也在逐渐流失。在这种现实面前，家族成员千方百计寻求外部的保护而接受一些迫不得已的发号施令者也就不足为奇了。笔者在采访过程中发现了一个基本的事实：尽管贵族社会极力维护一些显贵家族，但是这种维护并非是绝对的。像多仁家族的血统从很早开始就已经很不纯正了，到了 1951 年，该家族的实际继承人既不是多仁家族纯正血统的后裔，也不是多仁家族的保护者门措哇家族的后代，而是贵族“阿沛”家族的一个儿子，此人以养子的身份成为该家族的实际继承人。

经历了风风雨雨后，大贵族多仁噶锡哇家族在赫赫然的贵族气氛中再也掩饰不住败落的寒碜了，生活让家族成员为自己的高贵血统自艾自怨，并不惜借用自己的高贵血统来博取贵族社会的一点同情。

据老人们回忆，从 20 世纪 30 年代开始，西藏贵族社会开始变得不可理喻，贵族们似乎不再在乎祖先遗留的“因”、“果”关系，传统的东西开始遭到破坏，要在一片浑浊和无系统中抓住真实的东西是徒劳的。多仁家族在这乱世中的表现尤其不平稳，家族祖先那显赫的气焰已被时间扑灭。每当有人路过多仁府第，透过窗孔就能看见忙碌的蜘蛛。尽管没有人确切地知道多仁府第是什么时候修建的，但是生活在当时的人们是不会忘记这座建筑所包含的太多太纷繁的家族故事的。可是那巨大的铁木门老是关着，挡住了人们的视线，也挡住了人们对于这个家族的联想。依旧热闹、奢华的贵族生活都在别处。多仁这幢建筑灰色的院墙，拒绝了邻近的喧嚣，多仁家族正在演绎着西藏贵族家庭的沉浮戏。

吞巴家族：吞巴是该家族在拉萨宅第的名称。该家族最大的庄园“吞米”位于拉萨市尼木县，据说该家族是吐蕃大臣吞米·桑布扎的传人。松赞干布执政时期，吐蕃出现了四个著名的“公伦”（大臣），吞米·桑布扎即是其中之一。吞米·桑布扎在当时来讲，是才干、毅力集于一身的人物。正当松赞干布在巩固疆域时，他非常幸运地成为藏文的创始者和传播者。关于他个人的故事在西藏显得生气勃勃、丰富多彩。但是，在西藏几乎没有人能够讲出他是如何建立其家族地位的，同样也没有人能够说明白他的后人是如何发展其家族并使其世代绵延不断的。虽然没有明确的事实来表明其家族的创立和延续，但是也没有理由来怀疑吞巴不是吞米·桑布扎的后裔。不管怎么说，从吞巴家族在西藏所能够享受到的政治和生活特权中，我们不能不再一次来认识这个拥有古老、高贵血统的家族。

“吞巴”，自称为“拉让宁巴”，① “吞巴”和“拉让宁巴”常常互换通用。如果要想进一步了解吞巴家族的发展史，在还没有获得档案资料的情况下，只能，也只有借助毕达克先生的《西藏的贵族和政府》一书。

尽管吞巴家族有一个值得让家族成员骄傲的祖先——吐蕃历史上的风云人物吞米·桑布扎，尽管吞巴家族在西藏贵族群中能够享用因祖先而获得的无数荣誉，但是吞巴家族的成员也跟其他西藏贵族成员一样，不能回避家族延续的责任。

一个家族能够在历史动荡中保持其高贵头衔，满意地享受着自

贵族家存放的缎子和服装

己的特权，还完全处于无所事事的状态里，确实也是一件不容易的事。吞巴家族自吞米·桑布扎之后，似乎再没有出现过一位有影响

① “拉让”为活佛居住地；“宁巴”为古旧。“拉让宁巴”也就是指古老的活佛居住地。贵族吞巴家族是吐蕃时期的贵族，其家族历史非常悠久，所以，自称家族名号为“拉让宁巴”。

的人物。1727 年（清雍正五年），噶伦内讧，吞巴家族中出现了一位给这个家族带来转机的人物，他就是后来在西藏地方史上有所记载的噶伦吞巴·色觉次丹。色觉次丹在噶伦内讧中投靠颇罗鼐而成为当时社会的风云人物。但对其极端的冒险行为有人认为过于荒唐自私。尽管如此，他在当时充满了阴谋的政治游戏中成了赢家，并为家族赢得了政治资本。他的儿子西热班多继承了他的事业。关于西热班多充任噶伦的时间是很不明确的，但是有一点，他确实继承了父业并成为当时的噶伦之一。在《八世达赖喇嘛传》中有这么一段描述：“敕封达赖喇嘛之兄为‘公’，赏赐礼品。……敕封达赖喇嘛的叔父‘阿齐图堪布’之名号；赐给热、吞二人顶子、翎眼，并给予赏赐。”这段话里提到的“热、吞”二人是指当时的噶伦热喀夏哇和吞巴哇。关于西热班多我们很难找到更多的记载，关于他的后代更是如此。通过推理，可以不排除该家族成员后来一直在政府机构供职，但是在政治上他们已经显得无足轻重了。毫无疑问，吞巴家族一代一代地生活着，并始终在权利阶梯上寻找着合适自己的位置，然而，吞巴家族再也没有一个成员有能力去影响贵族社会。随着时间的推移，一个事实摆在吞巴家族成员的面前：吞巴已不再是西藏政治生活中的活跃分子。同样，高贵血统也挽救不了即将消失的显赫家族了。“实际上，这个古老的家族似乎已经瓦解。流行着一种说法，吞巴家族的几位兄弟间的不和，使得家庭分裂，庄园解体。其中一位兄弟入赘贵族达吉林家族，但这桩婚姻未有子嗣。而吞巴家族掌门者，则从贵族乃却家族招进一名玛巴（女婿）。当今的吞巴即是这桩婚姻的传人。”① 从这条婚姻关系线来看，贵族吞巴已经丧失了祖先曾有的权威。

热喀夏家族：“热喀夏”也叫“多卡哇”。该家族引以为骄傲的同样是通过祖先而获得的高贵血统。据说多卡哇是达隆酋长的后裔，与拉嘉日家族一样是王室的后裔。家族祖先虽然系古代王室，

① 《西藏的贵族和政府》，第 56 页。

但如同粗线条勾勒出来的形象一般，在他身上没有什么引人入胜的故事，然而对于其家族来讲，他如同一个具体的瑰宝，是值得后人永久珍藏的和骄傲的。家族的安全似乎来自祖先的精心设计，不能不说家族拥有的特权正是由于人们对该家族祖先高贵血统的普遍信任而赢得的。“多亏了其祖先，该家族的族长在包括达赖喇嘛坐床的隆重场合中，才得到了世俗和宗教的荣誉。庄园的农民总是以对宗教名流和僧侣一样的卑屈礼节向该家族的族长致敬，以纪念家族的先人。达隆寺（它最初属于同名的宗派，现在则属于格鲁派）的僧侣每当多卡哇家族的男性成员来访时，总是致鞠躬礼……他们的遗体或骨灰也总是存放在该寺。达隆寺有三个活佛住持，一个是夏仲活佛，另一个是玛活佛，再一个是孜珠活佛。任何一个住持出缺，都由出家的多卡哇家族的男性孩童补上。”[①] “热喀夏”是该家族在拉萨宅第的名称，所以，在人们的日常谈话中热喀夏比多卡哇更为常用。

很显然，该家族一经产生，便平稳地生活在家族拥有的等级荣誉中，家族的荣誉浸透了每一个家族成员的成长过程。虽然，该家族从 18 世纪开始就活跃于西藏地方政治舞台上，并有数人担任过噶伦，但是其家族成员的群体形象，却显得模模糊糊。

家族的荣誉来自祖先，祖先是家族值得骄傲的荣誉象征。家族荣誉的名垂不朽、名随身灭或光芒四射或默默无闻都取决于家族的后继者。多卡哇家族从一开始就平平淡淡地依靠着家族荣誉这棵大树生活着，后继者一开始就不是西藏地方政治舞台上的风云人物，到了后来这种平淡状况也没有被改变。“18 世纪初，该家族的族长阿旺仓巴，他在历史上未发挥什么作用，卒于 1724 年”。[②] 阿旺仓巴是该家族能够具体指证的最早的家族成员，他的儿子次仁旺杰经历了坎坷的命运后，最终当上了噶伦，并获得了“扎萨克一等台吉”的头衔。次仁旺杰似乎恢复了该家族对政治的敏感度，他的经

① 《西藏的贵族和政府》，第 57 页。
② 《西藏的贵族和政府》，第 57 页。

藏军军官戎装（20世纪40年代）

历虽然没有什么耸人听闻的事迹，但是对于该家族的发展无疑影响很大。他的儿子还没有来得及继承父业就离开了人世，而他的孙子索朗旺扎从祖父那儿继承了一等台吉的头衔，并很顺利地成为当时最为年轻的噶伦。但后来由于一些政治风波，索朗旺扎在1788年（清乾隆五十三年）的某一天选择了自杀。从宗教观念来讲，自杀是一种因缘带来的习性，也是一种犯罪。他的儿子索朗旺堆在其父自杀的阴影下成为当时政治游戏中的输家，最终赔掉了先祖为家族赢得的“一等台吉”头衔，也失去了充任噶伦的资本。从理性上，很难说明其家族在政治上的失败是否与其成员自杀有直接的关系，但是从感性上来讲，人们往往把家族在政治上的失利归咎到宗教对于拥有官职的家庭成员选择自杀的惩治上。

伴随着索朗旺堆被政府罢免官职，第本·多卡哇家族的成员也自然失去了作为贵族所拥有的一些特权，其中包括做官的权利。可以设想，在封建极权制下，一个重要的贵族家族失去了做官的权利，对这个贵族世家不能不说是一个极大的打击。在这个打击面前，整个家族成员会感到无尽的落魄和孤独。尽管如此，家族成员并没有为此而气馁，他们谨小慎微，在无限的忍耐中寻找合适的机会，最终在1831年（清道光十一年），多卡哇·居美次旺班觉以孜本的身份再一次成为了政府官员。居美次旺班觉是该家族中兴人物之一，虽然他没有什么惊天动地的事迹，但是不能否认他的聪明才智。在他之前的一段时间，多卡哇家族已近乎于完全毁灭，他的出现是家族明天的希望。值得一提的是，政治上的失利虽然迫使家族的存在处于不安全状态，但是家族成员从未忘记作为一个贵族所能表现的分享特权的满足感，因此，家族成员从来都在等待机会，为家族寻找可能重新参政的机会。可见，居美次旺班觉的被任用，不仅赢得了个人的政治特权，最重要的是保障和恢复了家族曾经拥有的特权，并且促进了家族的发展。所以，从这一点来说，居美次旺班觉当之无愧地成为家族的救星，当然也应该是该家族的又一个建设者。

摄政热振（右二）会见外国军人（20世纪40年代）

西藏贵族制度中，最为明显的特点之一是：个人与家族共衰荣。索朗旺堆作为多卡哇家族的后继者，不管当时他个人是不是缺乏政治才能，还是由于当时贵族们的政治阴谋，他个人的不测命运险些把家族毁于一旦，这对家族来讲是一次极大的威胁，也是一次严厉的警告。不过，当时西藏贵族官僚的进身阶梯本身也非常不完善，其中充满着阴谋、贿赂、游戏。索朗旺堆和居美次旺班觉都是多卡哇家族的后继者，他们的命运及其给家族带来的直接影响展示了贵族社会求生存求发展的场景，而政治权力在这里显得非常重要。不言自明，政治权力会使家族的经济财富和社会声望趋于一体。所以，居美次旺班觉不仅为多卡哇家族拓宽了做官的道路，而且还提高和巩固了作为贵族家庭应该具备的社会、政治、经济的综合实力。

多卡哇家族的复苏，正好说明了一个事实：无论再强大的世家，它所拥有的真正实力不仅仅是经济基础和与生俱来的传统声望，更重要的还在于对政治权力的掌握。因为政治权力的限制直接会影响和钳制家族的发展，也就是说，只有掌握了政治权力，才能更好地保护家族的利益，只有经济、政治的共同提高才能使贵族家庭“保室宜家”。

对于强大的第本家族来讲，虽然父辈的功过会影响家族的社会、政治和经济地位，但是家族的代代相传才是该家族成员更为重视的根深蒂固的价值观念，因此，家族成员面对实在的生活，非常明白真正的利益所在。任何一个贵族家庭一旦经历了动荡，他们便会加倍重视来之不易的复苏。为此，最需要的是每一个成员在努力工作之外应该具备的立家发家思想。多卡哇作为第本家族，首先具备了家族能够安稳发展的好条件，这一好条件是建立在家族曾经可能具有的势力和声望上的。所以，当居美次旺班觉获得在政府机构担任职务的机会后，他很快也很顺利地便充任了噶伦这一实权官职。无疑，对于贵族社会乃至整个西藏，建立在长久时间上的传统观念在关键时刻发挥的力量是非常强大的。

具备了条件，还需要时运。多卡哇家族的命运似乎注定坎坷不定。虽然居美次旺班觉有幸成为当时社会的宠儿，但是他似乎没有掌握好自己的命运，所以对于后人，他并没有留下更多的故事。如果进行推测，设想居美次旺班觉是 1842 年（清道光二十二年）被地方政府派去参加抗击森巴拉达克军的噶伦多卡哇，那么他的故事就会比较明了。也就是说，如果 1842 年的噶伦·多卡哇和居美次旺班觉是同一个人，那么我们可以肯定在他还来不及充分展示个人的政治才华时，便战死了。关于多卡哇的死，说法很多，西藏地方政府肯定希望他是英勇就义，当然对于家族来讲，无论怎么死都是一样的悲痛，惟一的希望就是死人不要影响活人的利益，所以揭开居美次旺班觉的死亡之谜对于家族而言似乎显得无关紧要。他的儿子南杰旺堆多杰虽然没有能够很快地继承父亲的官职，但是也没有受到什么阻碍，因为地方政府希望并相信其父亲实属英勇就义。正因为如此，南杰旺堆多杰在进入官阶时并没有碰到什么麻烦。在《西藏的贵族和政府》一书中肯定地写道：多卡哇·南杰旺堆多杰在“1859 年被任命为噶伦，……是年，他陪同摄政前往扎什伦布出席班禅的坐床仪式。1862 年，寺院发生反对摄政热振活佛时，他和其他世俗官员支持将名义上的权力让给达赖喇嘛灵童，并且是其中的佼佼者”。这段话在其他文献中没有得到证实。但是关于这件事引发的摄政热振活佛逃亡内地、贵族夏扎·旺秋杰布充任摄政这一西藏地方政府掌权者之间的斗争事件，在《西藏通史》一书中作了非常详细的记述，其中几处值得注意：“……有一个时期，摄政热振活佛随便为许多请求封文、减税凭照、批示、证明文书的人加盖官印造成个人恩赏过滥，对噶厦等机构的职权不够重视，对地方政府的公务也有妨碍，当时担任噶伦的夏扎·旺秋杰布与噶伦扎西康萨私下商议，然后在噶伦会集办公时夏扎讲述了近来许多问题后提出，摄政这些做法使噶厦无法承担政府公务，他的说法得到了其他三位噶伦的赞同，噶伦们商议后由噶厦直接向摄政陈述这些问题的利害关系……”。“铁猴年七月一日，达赖喇嘛从罗布林卡格桑颇章前往布达拉宫时，骑马的随从中有‘达赖喇嘛的父亲公爵、噶伦四名’，这说明当时有四个噶伦。但是到了第二天即七月二日，‘仲科们吃完早饭后，即去森穷朵其寝殿侍候达赖喇嘛和摄政用餐，此时宣布了任命拉恰（拉章囊佐）波雪巴为噶伦的折子和批复，波雪巴即向达赖喇嘛和摄政献了祝愿美满的哈达，在用餐时达赖喇嘛赐给他护身结’。到举行十二世达赖喇嘛坐床仪式的日子即七月三日的早上，让波雪巴列入赐仲科茶饭之列，‘达赖喇嘛升上日光寝殿的宝座，噶伦波雪巴因新任噶伦，前来拜见，向达赖喇嘛献了哈达、曼遮、佛像、佛塔等礼品，达赖喇嘛给噶伦及其随从赐了常规的和额外的赏赐’。接着达赖喇嘛和摄政等到布达拉宫大殿，举行达赖喇嘛坐床仪式。从这些记载的情形看，是由于达赖喇嘛举行坐床仪式时四位噶伦数额不全不合常规，所以在两天之后发生了这样的变化，因此出现了这样匆忙地任命波雪巴为噶伦的宣布任命和引见谢恩的超出常规的事情。从这里推测，他大概是作为接替突然被免职放逐的夏扎噶伦而被任命的。”这两段描写虽然隐含了关于当时摄政与噶伦之间的权力之争，但遗憾的是，字里行间除了说明夏扎和扎西康萨两位噶伦以及接替夏扎噶伦的波雪巴噶伦三人的一些表层上的事情之外，并没有对另三位噶伦的名字和事迹做出任何解释或说明。也许在这次权力之争中，这三名噶伦并无典型事例，他们与上述三名噶伦比较可能显得微不足道，因此不值得去详述。如果这种可能是确实的，如果多卡哇·南杰旺堆多杰是这三名噶伦中的一位，那么可以肯定他在当时还不是一个有政治头脑的“佼佼者”。

如果说多卡哇·次旺诺布是他的儿子，那么他已经在政治才能上超出了前者。次旺诺布表现出来的性格显得更为贵族化——老谋深算、做事得体，他利用家族声誉，殷勤地往来于贵族中，最终在地方政府取得了显职。1862年（清同治元年），他被任命为前藏的“代本”，几年之后，皇帝赐给他三品顶戴和孔雀花翎。在《十二世达赖喇嘛传》中对于这件事也有记载：1866年（同治五年），大皇帝对达赖喇嘛和摄政以及诸噶伦和一些贵族官员进行褒奖，其中对前藏代本多卡哇·次旺诺布赐“三品顶戴、孔雀花翎”。虽然文献上很少记述关于这位多卡哇的优秀继承者的事迹，但是，通过他个人所承担的职务，可见他是多卡哇家族中值得骄傲的继承者，同样也是当时社会的宠儿。他得到皇帝奖赏后不久，也就是在1871年（同治十年）他被任命为噶伦后，他的表现显得非常抢眼，例如他负责十二世达赖喇嘛灵塔的修建工程，还参与了十三世达赖喇嘛免除金瓶掣签等重大事宜的组织工作。他一生都保持着非常大的权力。但是他把挥霍权力的条件留给了后继者，而给自己选择了绝对的宗教信仰，以消除死亡的阴影。1894年（清光绪二十年），他彻

通向布达拉宫的正面石梯

底辞去了噶伦这一要职并剃度为僧。他对生活的最终选择在西藏虽然不是独一无二的现象，但是他所属的家族、他所属的血统以及他所拥有的身份，使他的最终选择成为贵族阶层中不失尊严的值得仿效的行为。

他的后继者们虽然非常平凡，但是他们同样与其他贵族家庭的年轻人一样，其前途被家庭完美地设计着，同样通过勤奋学习逐渐在政府机构里获取了较高的职务。所以，这个家族始终不仅维持着高贵纯洁的血统，还保持着高贵的社会地位。1940年，多卡哇家族的后继者平措诺杰被任命为藏军司令和地方政府的噶伦。

第三节　精心设计的贵族榜样

西藏贵族家庭无论大小都是由世袭而来的，但是贵族身份的延续是由其成员对官职的充任来决定的。一般来讲，贵族家庭，尤其是大贵族家庭都是世代为官的官僚家庭。然而，在动荡的政治生活中，贵族的官职显得很不稳定，即使是祖先赢得的世袭爵位也常因一些政治因素而被撤销、免去，世袭等级也因此逐渐降低进而消失。所以，对一个贵族家庭来讲，家族的长期延续是非常艰难的。也许正是由于这个因素，有着高贵血统，又有着渊源历史的大贵族第本家族在西藏才只有五家，并且这五家的延续已经面临着诸多的问题。当然，第本在西藏贵族统治的社会中作为世袭世族，它拥有诸多的特权，通过这些特权，他们具备了与当时权贵家庭的通婚优先权，通过婚姻可以使家族的势力源远流长。因此，第本家族在延续过程中虽然付出了艰辛，但是，它拥有的特权是其他贵族所不能企及的。

贵族帕拉家庭是第本家庭乃至所有的贵族家庭中的一个典范。帕拉，也有人称其为“仲孜哇”，其全名为“帕觉拉康”，帕拉为该家族最大的庄园之一，位于后藏江孜地区。帕拉家族能够在贵族中间唤起对血统、富有的无限联想。一提起帕拉，人们立即会想到一座座华丽而又富有的庄园，这些庄园的建筑常常让周围的人惊羡不已。庄园以外，家族在拉萨还拥有豪华的居所，每逢礼仪活动，家族成员都会锦绣遍体、珠宝满身，尽情地炫耀自己的豪华生活，并借以显示自己那优越的社会地位。在贝尔的《西藏志》一书中有这么一段描述：“贵族家中，往往藏有年代悠远的衣服，非常名贵，为全区所艳羡。帕拉贵族，收藏此种衣服一袭，堪称独步；夏扎所收藏者，则次之。帕拉古服，系于数百年前，自皇帝宝库中移转而来……此衣极驰名，西藏人曾作一诗以咏之：‘一虹高映绿草原，溪上两虹状如前；帕拉袍服甚名贵，三虹共照彩色鲜。’此衣仅偶一著之。藏历正月，适值大祈祷节，在该节临终数日，且举行种种游戏以助兴。主其事者，有鸦锁两人，即‘司礼人’之谓。此二人由各贵族轮流供给，如已轮至帕拉贵族，应出鸦锁一人，则此人即可御其家藏之驰名衣服。此衣最名贵之部分，厥为袍与帽，帽以黑狐皮为之”。

贵族帕拉三兄弟（20世纪70年代）

西藏贵族，无论等级高低，都喜好追寻扑朔迷离的家族祖先，以通过祖先的“高贵品德”来装点家族的门面。在西藏，只要是贵族，都会迫切希望家族拥有一段动人的祖先故事，但是，贵族们都不会轻易地去触及祖先的故事，因为这对其家族来讲是非常困难和非常模糊的事情。实际上，贵族们所热衷的祖先故事对于他们个人来讲仅仅是一种非常陌生的抽象概念，而不是那种对充满活力、充满激情、充满思念、充满敬意的具体人物的追忆。因此，在热衷追忆祖先时不免会表现出无动于衷以至于在行为上显得有些实用主义。正因为如此，在我们了解某一贵族家族的祖先历史时，应该掌握一些机械的概念并把这些概念作为有生命的故事来进行上上下下的对照，否则，将会徒劳无益。

很多涉及大贵族帕拉家族的文献，都说明该家族是从不丹移居到西藏的。在笔者调查时，也证实了这点。根据该家族的传说，第本家族的成员是不丹帕觉拉康寺一个僧人的后代。这位僧人卷入西藏人干预的与其政府的纠纷中，遂逃出不丹，被赐以一座已故的后藏统治者的庄园。他无男嗣而仅有一女，该女与努玛哇家族的一员通婚，他们的孩子继续使用帕拉之名。[①] 贝尔在他的《西藏志》一书中也写到了帕拉家族的来源。他在书中写道："帕拉，考其始祖，实为一不丹僧人，来自不丹西部扎西卓庄地方之帕觉拉康寺。17世纪时，不丹国发生内讧，其第一世达磨王，乘时奋起，攫取大位，该僧人遂被迫出亡。及来至拉萨，遂弃僧还俗，投身于政界效力。嗣以劳绩升至最高参事会。此机关有僧人一名与俗人三四名组成，受达赖喇嘛或摄政者之监督，为参与地方行政之最高机关。政府又复赐予朋觉伦布土地，共计田庄一百三十处，去江孜仅一日路程。该僧人踌躇满志，遂取名帕拉，帕拉者帕觉拉康之简称也。简称习惯，在西藏颇盛行。死后，留一女，无子。"帕拉家族一开始就证明自己是不丹人，并且毫不犹豫地承认家族的奠基者是不丹帕觉拉康的一名僧人。但是除此之外，没有更多的事件让我们继续了解该家族的延续史。家族成员对于自己祖先所经历的生活并不去追究，虽然祖先的历史对于家族来讲是非常重要的环节，但是家族成员不会因此而付出极大的代价来整理那些令人眼花缭乱的祖先故事。因为，家族成员有充分的理由来说明和相信祖先的生活历史并

① 《西藏的贵族和政府》，第64页。

非一朝一夕能够建立的，所以，要想理清祖先的历史并非是一件容易的事情，何况祖先的隐秘史，对于周围来讲更显得神圣，而且还使人仰视。

帕拉家族的地位和威信并非完全由家族的奠基者一人所建，需要强调的是该家族在延续过程中先后出现了五个噶伦，这五个噶伦用不同的方式巩固和发展了家族的地位，不能不说他们都是家族势力得以强盛的根源和基础，也是家族的卓越建设者。因此，对于该家族成员来讲，他们同样与家族的奠基者一样，值得炫耀。

《多仁班智达传》中有这么一段记载：“政府驻昌都噶本来拉萨时，芒康地区三岩喀协巴人掠劫了皇帝赏赐达赖喇嘛的礼品茶叶等，汉藏僧俗官员协商把详情表奏大皇帝。皇帝闻奏立即下令派替换驻藏大臣保柱，四川成都府铁将军保泰大臣率领汉、满和嘉绒等地兵进藏，军队到芒康的消息传出后，命康区的政府官员和各地头人、德格藏军头领、我的有恩祖先公班智达带领后藏代本将洛坚巴扎西平措和帕拉丹增南杰、芒康原首领扎夏尔台吉、堆原噶本木嘉台吉接应”。文中的帕拉·丹增南杰似乎是帕拉家族能够在文献中寻找到的最早的、惟一的一个代表，虽然，文中没有对他更为详细的描写，但不难理解，帕拉家族已经有了自己的书写史。《西藏的贵族和政府》中有这样一句话：噶伦帕拉哇（丹增南杰）于 1801 年又被提及。如果帕拉·丹增南杰确实是帕拉家族第一个充任政府噶伦的人物，那么在我们多少承认丹增南杰个人的幸运的同时，应该衡量当时政策为他个人所铺平的道路。1792 年（清乾隆五十七年），中央政府派兵击退廓尔喀侵略军，紧接着中央政府在西藏地区制定了《钦定善后章程》二十九条，其中十一条是专门针对西藏地方政府的官员：“噶伦发生缺额需要补任时，从代本、孜本、强佐中考察各人的技能及工作成绩，由驻藏大臣和达赖喇嘛共同提出两个人名，呈报大皇帝选择任命。噶伦喇嘛之缺额，从大堪布中提名呈请委任。”此次对廓尔喀战役中，噶伦噶锡哇和噶伦宇妥受到了严厉的惩罚，他们的噶伦职务被剥夺。虽然没收、降职甚至免职对于西藏地方政府官员来讲并非稀奇，但噶伦的补任在这之前并没有明确的规定。在这种情况下，“二十九条”自然成了当时惟一执行的条例。就这样，当西藏地方政府缺少两名噶伦时，帕拉·丹增南杰作为在任代本，非常可能成为最为合适的接班人。为此，对于毕达克先生的提法虽然找不出更多的事实依据，然而也没有充分的理由来否定这一说法。如果帕拉·丹增南杰确实在1801年（清嘉庆六年）的时候已经是一名噶伦的话，那么毫无疑问，他是当时新政策的直接受益者，并肯定会对其整个家族带来完善的保护。

索朗杰波作为帕拉家族的后继者，在一些历史文献中第一次被提起时，已经是一个充满热情的贵族官员了。1830年（清道光十年），对西藏境内的前后藏各宗、谿进行了一次有史以来最大的普查登记工作，这就是后来形成的《铁虎清册》。这项工作主要由当时的首席噶伦夏扎·顿珠多杰负责，参与这项工作的有孜本帕拉哇、噶准格桑阿旺等官员。《清实录》记载：1831年（道光十一年）四月二十八日，皇帝降旨“以查办西藏商上地亩赋税出力，赏二品顶戴噶伦顿珠多杰二等台吉，四品孜本索朗杰波三品顶戴，曲本堪布格桑弥勒朗杰达尔汗堪布名号”。虽然，索朗杰波个人的事迹缺乏一种连贯性，但是能够肯定的是，他不断获得的荣耀，进一步维护和树立了家族的荣誉。1834年（道光十四年），他继承了原噶伦噶锡哇（死去）的职位，于1835年（道光十五年）三月十八日，接到皇帝的委任状。① 1837年（道光十七年），波密噶朗第巴又拒不交税支差，并像以前一样狂傲不驯，因此西藏地方政府又派出军队进讨，并在更大范围动员军队，分批派往，同时委任噶伦帕拉哇为军队统帅之一。在《十世达赖喇嘛传》中写道：达赖喇嘛多次给从军的孜和雪的仲科尔、指挥军队的如本、甲本、定本等前往后藏的官兵摩顶加持。噶伦帕拉哇也为此事前往康区办理，他和随从一起前来向达赖喇嘛敬礼辞行。噶伦索朗杰波“道光十五年木羊年三月

① 《西藏的贵族和政府》，第65－66页。

贵族官僚（20世纪30年代）

二十三日任命。因在完结波密乱事时出力，经驻藏大臣联名上奏，道光十六年火猴年八月十日降旨，加恩赏给孔雀花翎。又因在波密乱事在起时办事出力有功，加恩赏给二品顶戴。他辞去噶伦职务时，奏请委任乃细巴布达拉宫强佐萨雄诺金平措继任，皇帝降旨批准后，于道光二十三年水兔年十二月十五日就任"。[①] 这段文字可以说是帕拉·索朗杰波的入仕简历，它记载了索朗杰波个人的荣誉。

① 《西藏通史》，第818－821页；《十世达赖喇嘛传》，第288－334页。

他的儿子白玛杰布在1850年（道光三十年）担任政府四品官“孜本”。就在这个时候，一件令家族成员激动兴奋的事情发生了，命运垂青，第六世哲布尊丹巴的化身转世到帕拉的一个家臣的儿子身上。这件事不仅使那个孩子的父母一跃而成为高阶层的人物，同样对帕拉家族来讲也是值得庆贺的事情，因为在某种意义上这个幸运儿是帕拉家的成员之一。1860年（咸丰十年），孜本帕拉·白玛杰布已经是一名噶伦。按照这一说法，可以肯定的是，他以噶伦的身份参加了十二世达赖喇嘛的坐床仪式。1859年（咸丰九年）七月一日，达赖喇嘛从罗布林卡前往布达拉宫时，骑马的随从有“达赖喇嘛的父亲公爵、噶伦四名”，七月三日，举行了达赖喇嘛坐床仪式。① 十二世达赖喇嘛的坐床仪式当时在“奏响第三遍器乐时，由摄政热振呼图克图和噶伦等人手捧香炉引导，年老的噶伦和基巧堪布二人手捧礼物，由吹奏唢呐、捧香炉等诸宝的队伍开道，达赖喇嘛在众多侍从的簇拥下缓步来到布达拉宫司喜平措大殿，钦差驻藏大臣带着皇帝诏书来到，将大皇帝所赐的众多物品陈列在事先准备好的桌子上。此时达赖喇嘛和摄政呼图克图二人在坐垫上面朝东方下跪，公爵、噶伦等人也都恭敬下跪，由满文仲译和堪仲用满语和藏语朗声宣读大皇帝褒奖达赖喇嘛和摄政呼图克图的诏书。宣诏完毕，达赖喇嘛和摄政呼图克图等人都行三跪九叩大礼”②。虽然文字没有直接说明四个噶伦中其中一个是帕拉哇，但是我们根据1860年（咸丰十年）“噶伦帕拉哇”这一线索，和摄政热振与噶伦夏扎之间发生的权力之争这一历史线索，可以肯定摄政和噶伦之争时其中一个无名噶伦就是帕拉哇。那么同样可以设想，这位噶伦帕拉哇·白玛杰布可能是一个遇事冷静，并且在敌意中也能保持平静的人物，不能不说他在这个动荡的年代里确实做到了明哲保身。由于他个人的这种性格因素，他不可能在一些政治运动中冲锋陷阵，然而幸运总是跟随在他的左右。最为重要的例子是，1863年（同

① 《西藏通史》，第853－854页。
② 《十二世达赖喇嘛传》，第57页。

治二年），瞻对（新龙）地区发生了较大的部落之间的纠纷和战乱，瞻对贡布朗杰父子抢占邻里土地、抢夺财产、破坏道路桥梁，甚至

贵族们在比赛射响箭“碧秀”（20世纪30年代）

公然抢夺中央及地方政府的物品和信件。政府决定派噶伦普龙巴·次旺多杰、前藏代本赤门巴·其美多杰、前藏代本多卡哇·次旺诺布等前去征讨瞻对父子，以平息事乱。在这次平定瞻对之乱中，帕拉哇·白玛杰布虽然没有什么功，但是当皇帝于1866年（同治五年）对达赖喇嘛及其所有的噶厦官员进行褒奖时并没有漏掉他。① 《十二世达赖喇嘛传》中也有记载：“瞻对军事结束，其百姓归入达赖喇嘛管辖之下。十月一日，大皇帝对达赖喇嘛和摄政进行褒奖，赐给内库黄哈达、赐给摄政诺门罕（第珠活佛）以呼图克图名号的诏书……另有敕书颁下，赐给噶伦白玛杰布孔雀花翎，赐给噶伦多杰顿

① 《西藏通史》，第855－868页。

珠二品顶戴，赐给噶伦平措（普龙巴）·次旺多杰二品顶戴和孔雀花翎、世袭台吉爵位……”正如这段文字所提供的材料，帕拉哇·白玛杰布无论做事有无功过，他都成了那个时代的幸运儿。看起来，噶伦·白玛杰布能够得到皇帝的嘉奖，似乎有些超越常规。其实不然，因为对于当时的贵族来讲，他们的官职处境常常是变迁不定的。那么对于帕拉家族来说，白玛杰布能够得到皇帝的赏赐是一件令家人惊喜和骄傲的事情，家人对于这一看似莫名的赏赐并不感到意外，反而极大地增加了他们的骄傲感。

以上这段文字虽然为帕拉哇·白玛杰布的身世提供了一些证据，但是如果想通过这段文字来对帕拉哇·白玛杰布的身世作进一步的叙述，并无可能。因为个人及其家族历史的不连贯在西藏历史研究上已经是司空见惯的现象，西藏历史的叙述无论是关于人物还是关于事件都缺乏一条贯穿整体的线索，即使是达赖喇嘛，他们的个人经历及其家族的发展史也缺少连贯性。然而这种现象却不会影响家族后继者的想像力，他们可以依靠各自的想法来把这些不连贯的事情纵横连接起来，以让每一个孤立的祖先故事栩栩如生，即使这些故事相互矛盾或者冲突，也不会影响故事需要的结局。因为，家族成员都明白，故事的目的不在于说明故事本身，而在于通过故事引起对家族庇护者的无限热情。所以，每一个使家族成员引为骄傲的人物都在家族祖先这个大集体形象中放射出强烈的光芒。

依据这样的价值观念，如果我们再继续分析帕拉家族成员的事迹，自然会遇到许多困难。我们清楚该家族曾在西藏历史上出现过五个噶伦，也正因为这个缘故，才为家族的“高贵”增添了无限的魅力，同样噶伦引发的魅力始终与家族的光荣感联系在一起。

自从帕拉家族的成员第一次有机会获取较高职权后，该家族与所有的贵族大世家一样，努力维护和巩固已经获取的职权，这也是整个家族成员思想中惟一根深蒂固的信念。家长们以极度的热诚来劝告后继者，让后继者在有意或无意中形成一种“崇高的感情”，相信一切行为都要符合祖先立下的具有象征性的“光荣”事业：出任官职。正因为有这样的热情鼓动，家族成员都会非常自觉地调整自己的行为，而那些曾任噶伦要职、为家族获得荣光的成员都会自然地闪现在家族后继者的记忆中，并充溢着回忆者的主观热情，其结果常常会淹没历史的真相。那么，当我们审视和研究贵族家庭时，应该整理一下自己的思想，姑且去相信那些复杂的形形色色的家族成员们可能展现的面貌，别去惋惜没有得到也可能得不到的事件或人物的真实内核，如果这样，思索和感受都会显得轻松一些。

那么还是从帕拉·白玛杰布的后代说起吧。帕拉·白玛杰布的后人始终在政府机构供职，他的儿子扎西达杰同样也是家族的骄傲。1876 年（清光绪二年），他得到了奖赏，被赐以三品顶戴。1877 年（光绪三年），皇帝任命他为噶伦。1878 年（光绪四年）正月四日，八世班禅丹白旺久应西藏地方政府邀请来到拉萨，参加十三世达赖喇嘛剃发脱俗庆典仪式。“庆典开始以达擦·阿旺贝丹益西代表地方政府（给十三世达赖喇嘛灵童）献了哈达、曼遮、五宝、绫子绸缎等。接着由扎西（什）伦布寺（班禅拉章）代表知宾、各呼图克图、噶伦、公、扎萨、台吉、三大寺代表依次向达赖喇嘛敬献了哈达。”① 这段文字似乎没有说明有关帕拉哇的事情，但是，西藏地方政府为达赖喇嘛灵童所举行的一切事宜都是西藏的头等大事，而能够参加这些仪式的都是一些有头有脸的人物。同样，能够参加这些仪式也是贵族们现世最高的光荣，当然也是非常值得骄傲的事情。帕拉·扎西达杰作为当时的噶伦有幸参加了这一崇高的仪式，不能不说，帕拉·扎西达杰把父亲的“光辉”放射得更为强烈。正当中印边界紧张之际，帕拉家族无意犯下了一个严重的错误，帕拉拉姜② 无视政府法令，收留了一位伪装传教士的印度人萨热坚达斯，并为此人提供了潜入拉萨的帮助。关于这件事，贝尔在他的《西藏志》一书中也做了类似的描写。当帕拉夫人的行为被地方政府发现后，勒令帕拉家族每年要为政府交纳九千九百九十九藏克十

① 《西藏通史》，第 882 页。

② “拉姜”，为大贵族太太；帕拉夫人，据说她是帕拉·扎西达杰和他的兄弟的共同妻子。

九升五合青稞，并对帕拉拉姜的这一轻率行为给予流放七年的惩罚。[①]“帕拉家庭，亦遭不幸。先是孟加拉曾有一探险者曰沙拉特·旃陀罗·达斯潜往拉萨。帕拉夫人私下与此人缔交，被政府判罚大宗宝饰及财产。冬孜田土，为帕拉家最优良之财产，亦负担繁重之课税。1904 年，英兵侵藏，时帕拉在仲孜附近之房屋，为西藏军队所盘踞，旋被英兵攻下，遂纵火焚毁。1912 年的战乱中，帕拉在拉萨之大厦曰班觉厦，又被焚毁。”[②] 可以设想，帕拉拉姜的行为引发的家难和后来英军烧毁了帕拉建筑，这些一连串的事件给蒸蒸日上的家族及其成员带来了极端痛苦的打击。

尽管帕拉家族的成员用各种方式表现出对政治生活的热衷，然而并不等于其具有卓越的政治才能。事实上，帕拉家族开始逐渐在以实用为目的的贵族社会中变得微不足道了。不过祖先的遗产——第本这一显耀的家族名字却被因袭下来了。为此，当家族在政运上遇到困难时，便开始与当权者家族建立婚姻关系，婚姻不仅是家族与家族之间的最为有力的纽带，同时也是与当时的政要保持利益联系的最佳手段。通过这一手段巩固和加强了家族所拥有的社会地位和经济地位。帕拉家族不仅通晓西藏贵族社会的价值取向，还相信时间终究会使社会忘却家族曾有过的“错误”，有了这种信念足以使家族成员变得冷静、耐心。1865 年（清同治四年），帕拉家庭出生了一个当时看似极为平常的男孩，而就是这个男孩使家族曾经付出的努力得到了圆满的结果。帕拉·吉尊强巴确杰在逆境中表现出的政治才华使该家族得以脱离精神磨难。他于十八岁进入仕途成为一名“孜仲”（僧官），不久他很顺利地成为一名“堪琼”（小四品），有机会参与一些重大的仪式，成为十三世达赖喇嘛时代最有影响的僧官之一。很显然，他在实际上和理论上保持的权力，使家族成员重新在心里培养和增加了作为高等级贵族的荣誉。帕拉·吉尊强巴确杰曾经努力地奋斗于“噶伦喇嘛”这一终极目标，不知是

① 《西藏通史》，第 888 页。

② 《西藏志》，第 115 页。

什么原因，他最终没能实现这个愿望。然而幸运还是降临在他身上，他不久成了一名"基巧堪布"。[①] 实权的掌握，自然给家族带来了实际的利益，帕拉·吉尊强巴确杰的成绩无疑给帕拉家族的命运带来了深刻的影响，帕拉家族再一次显赫于贵族政治的范畴中。就在这个时代，帕拉·吉尊强巴确杰的兄弟也在仕途中积极努力，虽然他的兄弟没有能够像他一样尽展政治才华，也没有他幸运，但是他的兄弟还是成了世俗官僚阶层中的一员。

帕拉·吉尊强巴确杰以后的帕拉家族成员，直到 20 世纪 30 年代末，也没有再出现一个在政治才能上接近他的人物。正因为这样，帕拉家族的成员再一次未被列入历史记述的范畴。而对于帕拉家族在这段时间的生活延续，也只能凭借想像和推测。从表面上看，帕拉家族的黄金时代似乎又要过去了。其实不然。到了 20 世纪 40 年代，家族中的又一名成员成为家族的骄傲，也成了一个名副其实的家长。无论他做什么，即使他完全漠视家人的感受，总能得到家人的理解，并坚信他的所作所为是正确的，是对家庭有利的。这位颇具霸权意识的家长叫帕拉·土登沃丹。帕拉·土登沃丹因袭家族的荣誉，很好地利用了他所继承的所有权利，并且以积极主动的态度，巩固和加强了家族曾经拥有的社会地位并使之名传后世。要谈论这个人物，先得对他的父亲作一番追述。

土登沃丹的父亲名叫平措朗杰，20 世纪初，他是该家族惟一的继承者。毕达克先生在他的《西藏的贵族和政府》中写道："1918 年逝世的孜本生有三子，其中两子在 1910 年死于天花。幸存下的儿子名叫平措朗杰（生于 1891 年），1909 年步入仕途，他起先为噶雪，后为噶仲，再后来他被任命为江孜宗本，1924 年仍任该职。随后他还担任过雪尼、定结宗本、朵思麻的军需官以及仁蚌宗本。他死于摄政热振活佛时代，亦即 1934 年至 1941 年的某个时候。"笔者在调查中也了解到帕拉·平措朗杰起初担任过"雪巴"（布达拉

① 基巧堪布也就是总堪布，属于布达拉宫的官员，近似三品，管理达赖喇嘛私人印信。

十四世达赖喇嘛的姐姐和姐夫（20世纪40年代）

宫执事官），后来充任昌都“颇本”（相当于财政官），由于他身体不好，便向政府请求委派帕拉家族的高级仆人“强佐”（管家）替他到昌都行使其行政职务，政府同意了他的请求。这样，帕拉家族决定派强佐及其七位家庭仆人到昌都行使职权。这种由仆人替代主人行使职权的事情到了以后便成为贵族社会认可的一种风气，尤其是大家族更是变本加厉。在调查中，笔者还了解到，帕拉·平措朗杰的健康不仅成了当时该家庭成员最为担心的主要事情，而且正是由于健康原因，他过早地离开了人世，并留下几个尚不太懂事的孩子。

不容怀疑，帕拉·平措朗杰当时为政治权力做出的努力，但是也许正是由于健康因素，他的努力并没有得出什么结果，因此他的一生并没有给家族带来多少利益和深刻的影响。尽管如此，帕拉·平措朗杰作为该家族惟一的继承者，他自觉地成为撑门面的招牌，并且积极地延续着家族，通过与当时有影响、有权势的贵族夏扎家庭的联姻，加强和巩固了家族原有的社会地位。

在西藏，贵族所确立和认可的特权不仅仅表现在社会地位上，而且还表现在特权头衔上。由于物质和精神两方面的因素，任何一个贵族家族一旦创立，就会伴随着一个关键性的问题，即如何去巩固和延续家族的社会地位和头衔。对于一个贵族家庭来讲，创建头衔和地位要倚靠祖先，巩固和延续要依靠后继者。对于家族的后继者来讲，能够记住的家族历史并不很复杂，因为家族的历史往往是由祖先们偶然的一个或两个事迹来完成的。尽管每个贵族家族都缺少家族历史最为重要的家谱，但是这不会影响家族后继者对于祖先事迹的敬仰。每一个活着的家族成员都不需要进行回忆就能够讲出家族祖先们的“最好的”“最有影响的”“最具魅力的”故事，由于家族每一个成员都能够自觉地通过含蓄的想像来把这些祖先的故事贯串成合理的家族史，所以故事中的祖先们，会栩栩如生地现身在他们的生活现实中。对于活着的家族成员来讲，祖先们的故事往往一闪即逝，但是祖先们发出的光辉却永恒不变，尤其是随着时间的推移，故事中的祖先们越发显得神圣、伟大。而这正是故事的目的也是故事的效果。通过一个个祖先的故事，把家族的现实与过去调和起来，并使后者在现实生活中放射光芒。但是，正当家庭成员相信他们祖先的伟大并因此不断为自己的家族营造高贵时，负面影响也随之而来。活着的家族成员往往会在祖先的光环下背负着家族利益的沉重包袱，使得他们在生活历程中感觉到莫大的压力甚而喘不过气来。即便如此，没有一个贵族成员会主动放弃来自祖先的传说，在某种程度上，他们更乐意崇奉和接受这些可能存在或者根本不存在的超乎寻常的故事。

对于西藏贵族来讲，承认第本家族始终具有的高贵血统，是其一贯的认识。而第本家族为了显示其在贵族社会中的优势地位，也往往把祖先们的故事渲染得生气盎然、色彩丰富。家族的后继者们便在祖先故事的影响中，慢慢把自己放置在一个既定的枯燥无味的墨守成规的怪圈中生活。其实由祖先而引发的固定活法，也是第本家族因袭高贵血统而来的一种遗产。由于祖先的伟业，使得第本家族的成员在现实生活中有着强烈的个人抱负和家族虚荣心，然而在充满复杂的利益的社会里，仅仅依靠祖先的遗脉是成不了气候的，尤其是在以现实利益为基准的贵族社会里，如果不能为自己重塑一副面貌，高贵的出身也会变得不再完美。

以帕拉家族为例，看看家族后继者是如何在祖先的光环下努力展示个人的优点和能力，又如何去巩固和发展家族的利益的。从中不难明白，家族的不断巩固和发展要不断依靠家族所有成员的精心设计和努力。

帕拉·平措朗杰在其家族的精心安排下与大贵族夏扎家的女儿结婚，婚后他们生有三子三女。大儿子土登沃丹，生于 1911 年，是该家族后继者的典范，帕拉家族的最后历史也正是由他来完成的。土登沃丹是在他父亲病逝后继承的家业，同时也继承了家族延续的责任。年轻的他以坚定的家长心理来管理其家庭和成员，以冷静勤奋来处理周围发生的事情并在其中树立自己的家长威信。在他幼年时，他的父母决定把他送到“孜拉扎”（僧官学校）去学习，不言而喻，他的父母是在为这个家族培养一名僧官。家庭的条件和他个人的勤奋使他很快成为一名“孜仲”（僧官），“1929 年成为兴尼（意为木料管事），1932 年是雪仲，1935 年是后藏的颇本（意为谷物分配员），1939 年是孜仲，1942 年 8 月是堪琼及羌基（意为北部总督）。1947 年，他成为仲尼钦莫，这一职位使其能够与当政的达赖喇嘛之间建立密切的关系。1950 年，他跟随达赖喇嘛逃往亚东。1951 年他辞去仲尼钦莫一职，但仍伺奉于达赖喇嘛左右……”。[①]虽然这段话有一些矛盾，但基本上勾勒了帕拉·土登沃丹的官僚生涯。帕拉·土登沃丹在偶然的一次机会中有幸担任“羌基”[②]，他在担任羌基期间，成绩突出，赢得了地方政府的信任和提携，使他有幸成为当政达赖喇嘛身边的卓尼钦莫，这一职位的获得终于使他拥有了一个非常强硬和稳固的立足之地。由于这一非常特殊的职位，他很快成为贵族们极力巴结的对象，他的家庭也由于他而显得更加高贵。他和家族成员都应该感谢他所担任的公职，这一公职使他能够为所欲为，在政府所举行的一些重大的政教仪式上他的确充当了一个名副其实的执政官。由于贵族基本上置于达赖喇嘛直接统辖下，而卓尼钦莫一职专门在达赖喇嘛和贵族之间从事上传下达的事宜，是否会上传或者下达，自然成了贵族们担心的事，可见他的位置之关键。夸张点说，他处于凌驾于贵族之上的地位。正因为这点，他也在贵族当中成为非常有影响的联盟对象。

帕拉·土登沃丹在外有了一个令人钦羡的社会地位，在家庭内他又是一个比他父亲还要严格的家长。虽然他当时还年轻，但他毕竟是家庭的长子，在他下面有三个妹妹和两个弟弟，如果他不能担当起家长的角色，那么该家族将要接受他人接替家长的事实，所以无论如何他都要接受家庭所赋予的责任。他在帕拉·强佐[③] 的引导

---

① 《西藏的贵族和政府》，第 69 页。1951 年 5 月底，《和平解放西藏办法协议》传到拉萨，他和索康、夏格巴等反对《协议》。

② “羌”指现在西藏自治区那曲一带，“羌基”即藏北总管。

③ “强佐”本意为管事者。这里是指贵族帕拉家的主管者，他是家庭的高级仆人。

下开始熟悉管理一个大家庭。为了确保家族的利益，他重新调整了家族成员，并把他们控制在他的专制之下，他要求家族成员包括仆人在内都要慎重对待家族的每一项利益，他的威严在家庭里逐渐被

贵族妇女的装束（20世纪30年代）

树立，他在他的同胞姊妹兄弟眼里已经是个大人，是他们的保护伞。仆人也视他为威严的主人。对于他的兄弟姊妹的婚嫁，他非常明白，在贵族社会中，婚姻不外乎是进一步维护家族利益的机会，所以他的态度苛刻十分。他不失为一位精明能干的贵族家长，很快，帕拉家族的所有成员便被他的威严所征服。

在这种集权家长制管理下的家庭里，每一个家庭成员都会明白顺从将给个人带来某种利益上的好处，至少是贵族荣誉上的满足。相反，如果个人表现出一些叛逆行为，这不仅仅是对家长的背叛，而且是对整个家族的背叛。因此，个人不仅会受到家长的反对，而且还会受到整个家族的抵触。为了避免如此严重的后果，家族成员

在现实生活中都会或多或少地调节自己，甚至有时会做出一些必要的牺牲来维护家庭生活的和谐。对于贵族社会来讲，其极力推崇的德行是和谐的大家庭生活，在某种意义上说，和谐的大家庭生活是贵族家庭在贵族社会中树立威信和受到尊敬的条件之一。帕拉·土登沃丹的确是一个出色的贵族成员，他的思想以及行动从未超出过一个贵族应有的规范，一切言行都从维护家族荣誉出发。他把他的全部精力都消耗在巩固和发扬家族利益上，他孜孜不倦地从贵族社会中搜求家族所需的一切利益，并用高贵的血统来装点自己，进而不错过任何一个可能错过的机会。显然贵族的精神连同价值观深深地植根在帕拉·土登沃丹的心中，他从父母那儿得到的生命也没有比这种因袭的贵族精神更为重要。他本着贵族精神的要求，希望他的兄弟姐妹都是贵族社会认可的有教养的卓越人物，因为他个人在贵族社会中已经是一个名副其实的风云人物，而且在家族中也已经是一个人人看齐的榜样。他毫不掩饰他的行为，在他的积极努力下，帕拉家族确实成为贵族社会中的完美家庭之形象，它不仅拥有引以为自豪的家族历史，更为重要的是，他们“和谐的家庭生活”成为每一个贵族家庭都要看齐的完美和谐的典型。笔者在调查中发现，“和谐”二字在帕拉家族里具体地表现在帕拉·土登沃丹在处理弟弟、妹妹们的婚事和他的弟弟妹妹们对待兄长为他们安排的婚姻的态度上。

帕拉作为第本家族，历来是贵族们攀附的对象。但是在建立婚姻关系时，无论男婚还是女嫁对于贵族家庭来讲都是一次交易，帕拉家族也不例外。所以，帕拉家庭在建立婚姻关系时，必须考虑非常实际并带有许多功利的因素。这不仅对于帕拉家族如此，对于建立婚姻关系的对方也如此。因为，在很大程度上，贵族成员婚姻关系的被确立，于双方家庭而言，是在进行一次非常理智的交易。

20 世纪 40 年代，正当年轻的帕拉·土登沃丹继承并学习着管理家政时，他的弟弟妹妹们在不经意中长大成人了，也就是说到了谈婚论嫁的年龄。这不仅是对年轻家长的一次重大考验，也是古老

房屋建筑（20世纪30年代）

家族的一个非常时期。于是，儿女婚嫁这一重大的父母责任便直接落在帕拉·土登沃丹身上。帕拉·土登沃丹作为一名僧官，一般来讲，他的一生与婚姻无缘。但这并不影响他对弟妹婚事的经营。面对弟弟妹妹们即将要缔结的婚姻关系，对没有任何经验的他来讲是一次非常大的人生考验，他要为家族经历一次次婚姻冒险。为了能够在这些婚姻冒险活动中不至于跌倒，他以非常谨慎小心的态度与管家等家族高级世袭仆人中的长者一同商量。尽管他还很年轻，但是贵族社会和家庭使他比较早地了解到了“缔结婚姻关系”是非常棘手和非常重要的事情，婚嫁关系处理得是否得当，直接影响着家族的声誉和延续。虽然帕拉是个大家族，不怕没有好姻缘，但是年轻的家长并不因此而感到轻松。为了万无一失，他需要考虑的事情非常多，既要看对方的人品和家德，也要注重对方家庭现处的经济地位和社会地位。然而，婚姻缔结如同赌注，年轻的家长在这种现实面前虽然有赢的想法，但是不能确定有赢的可能。

帕拉兄妹（20世纪40年代）

所有的贵族家庭在确立成员婚姻关系时，并不看重婚姻双方的情感基础，而非常理智地看待婚姻双方在缔结婚姻关系时所能赢得的实际利益，婚姻的确立在这里已经是一种非常功利而无视情感的赤裸裸的交易。因此，在确立成员婚姻关系时所采取的谨小慎微的态度被贵族们认为是非常顺理成章的。婚姻所牵扯的方方面面使得每一个贵族家庭都要经历严格的测试，在这一测试中，最让当事人担心和当事人最想做得无可挑剔的是祖先留下来的财产——土地得以延续和扩大，因为婚姻的建立可能会使“祖先留下来的财产”很好地继承或者丧失。在西藏，贵族成员无论男女都有资格平均继承家族的财产，作为子女，他们有权在成家立业时赢得祖先留下来的一部分财产，其中包括土地。女子被嫁时从娘家带的“嫁妆”和男子入赘时家族分给他的“份”都是家族财产中的部分，如果婚姻双方的“嫁妆”和“份”不会涉及家族不动产“土地”的分割，“嫁妆”和“份”就不会影响整个家族的经济利益。如果相反，“嫁妆”和“份”当然会使家族的经济受到损失，更为严重的是，会使家族世代延续下来的土地被彻底瓜分，进而可能会使整个家族灭亡。所以，不能不说子女婚姻的确立是家族经济最为直接的潜在危险，因此，婚姻关系自然成为每个贵族家庭必须谨慎处理的一件大事。

贵族官僚（前排左起：索康札萨、云贡大喇嘛、仁岗赛。20世纪40年代）

当帕拉·土登沃丹继承父业成为该家庭的家长时，他还从父辈那儿继承了根深蒂固的家族观念，他确信贵族成员的婚姻缔结是家业变更的一个过程。所以，帕拉·土登沃丹借“手足之情”毫不费力地巩固甚而扩大了家业。为此，他可能会给自己的手足带来一些情感上的伤害，也可能会使自己的形象显得非常残忍，但他还是一意孤行。因为在家里，他是家长，一个担负家族利益的“深爱着自己弟弟妹妹及其家庭”的长兄。作为家长，他的身份不允许他对待事务姑息迁就；作为长兄，他有义务和责任管理好“祖先留下来的家产”和关心弟弟妹妹们的生活，正是由于这种根深蒂固的贵族家族观念，他的行为并不需要弟弟妹妹们的理解或谅解。贵族家族的价值观念对于贵族社会来讲如同卷帙浩繁的书籍，能够轻而易举地从中寻找到“应该行为”的依据。有了依据可循，即使是最为费解的行为也不会受到任何阻挠。正因为帕拉·土登沃丹有强大的家族准则背景，他的言行有了最为合理的解释依据，使他对待他的三个妹妹和两个弟弟的婚姻时没有显得束手无策。

首先，他把他的大妹妹央金卓嘎嫁到贵族“仁岗”家，成为仁岗家族后继者仁岗赛（仁岗少爷）的妻子。仁岗家族尽管不是个大贵族家族，但是从当时的情况来看，“仁岗赛”已经是“仁细”（四品官），这个品级对于官僚阶梯来讲是非常关键的，“四品和四品以下”是一个非常明显的高级和低级官僚等级的界限，也就是说，能够担任该品级的，在某种程度上已经证明了个人在政治权利上的能力或者运气。而能力和运气不仅能使个人飞黄腾达，也会使整个家族变得高贵。帕拉·土登沃丹以同样的心态把他的二妹妹次央嫁给后藏的大贵族“顿康”家族，成为顿康赛的妻子。顿康家族是班禅辖区的后藏大贵族，该家族与“德玉伦布”、“德瓦厦”、“德勒热丹”三家族并列形成了握有后藏实权的四大家族。虽然拉萨的贵族一般瞧不起后藏贵族，常常取笑他们，但是对于这四大家族，他们还是要礼让几分，因为贵族们对待生活的态度是非常实际的。顿康家族的势力通过班禅的转世不断在扩大，尤其在九世、十世班禅转世过程中该家族扮演的角色非常重要。因此帕拉家族能够与顿康家族建立婚姻关系不能不说也是一种策略。帕拉家族和顿康家族通过婚姻关系能够各得其所，这姻缘自然是个好买卖。

虽然帕拉·土登沃丹的思想和行为都被固定的贵族价值观念所支配，但是他作为一个活生生的人，他的身上也不乏手足之情。当他在对待他的第三个妹妹的婚事时，显然人情的成分多了许多。他把三妹妹阿旺白姆嫁给大贵族“吉普”家，成为吉普两位少爷的共同妻子。阿旺白姆与吉普两兄弟的婚姻正是贵族家族中普遍存在的一妻多夫制家庭结构的写照。这种婚姻形式不仅仅局限在贵族家庭，在整个西藏，都较常见。出现这种婚姻形式的原因很多，但最主要的原因是与西藏本身的生产力有着密切的关系。对于下层百姓来讲，一妻多夫制婚姻可以使家庭劳力不致分散；对于上层贵族而言，一妻多夫制婚姻可以使家庭的社会势力和经济势力不致削弱，所以无论是贵族还是百姓对待这种婚姻形式都是认同的。帕拉·土登沃丹把最小的妹妹嫁给吉普两兄弟，其感情的成分多于理性的成分，贵族吉普家族和帕拉家族原是“噶涅”（世交）关系。吉普家族的创始人也来自于不丹，也是由于同样的理由离开了不丹来到西藏并成为西藏贵族的。由于两个家族在延续过程中经历了类似的风风雨雨，所以，它们之间的关系很自然地建立在相互信赖的平等基础上。彼此有了这种难得的固定的平行关系，两个家族之间建立的婚姻关系，就包含了更多的人情因素，当然在这里也不能排除贵族家族之间所具有的通婚利益。尽管帕拉·土登沃丹出于人情，把小妹妹嫁给了吉普两兄弟，但是同样他也没有理会小妹妹个人对于这桩婚姻的感受。

三个妹妹先后被嫁，接踵而来的是两个弟弟的婚姻。对于帕拉·土登沃丹来讲，两个弟弟的婚姻比三个妹妹的要棘手得多。同样的婚姻形式代表着不同的内容，两个弟弟的婚姻会直接影响到整个家族的利益盛衰。帕拉作为大家族，它有自己的虚荣和浮夸，但也有非常实际的利益。而帕拉·土登沃丹作为这个大家族的家长，他要在虚荣浮夸和实际利益之间进行巧妙的融合，要占尽天时地利。对于帕拉·土登沃丹来讲，弟弟们的婚姻是一种赌注也是一种冒险，所以他超乎感情的行为在这时显得令人吃惊。然而从家族的利益来考虑，似乎又是合理的。

帕拉·旺久和帕拉·多杰旺久的婚姻一开始就被哥哥所操纵。他们的哥哥帕拉·土登沃丹经过深思熟虑后，从贵族“贡桑孜”家族娶了一个女子作为他们两人的共同妻子。在西藏，贡桑孜也称为“凯墨”，系大贵族家族，该家族源于第五世达赖喇嘛。从当时的情况来看，该家族的家长正是当时当权者噶伦索康的叔父，这位叔父

右为贵族热嘎夏夫人的特殊装束（20 世纪 30 年代）

入赘到凯墨家，成为凯墨家族的合法继承人。从某种意义上来讲，帕拉两个少爷的这桩婚事不仅使帕拉家族与凯墨家族建立了婚姻关系，同时前者还与当权者索康家族建立了婚姻关系。从贵族社会的价值观来看，这两个家族的婚姻关系也是最佳的利益选择。然而，当帕拉家族的婚姻受到贵族社会的赞赏时，不可避免的一些问题也随之出现。无疑，当事人的态度成为这桩婚事的问题症结。小弟弟帕拉·多杰旺久并不愿意接受与兄共娶一妻的婚姻事实，因此，他的心经常处于一种骚乱状态，他无法掩饰自己的态度，并且常常表现出“愚蠢”的举动。面对这种情况，他的哥哥——帕拉家族的一家之长并没有表现出他惯有的盛气凌人的态度，而是用兄弟们所珍视的“手足之情”来管教他这个“不明事理”的弟弟，来平抚他弟弟躁动的心，他希望他的弟弟能够慢慢地变得守规矩。帕拉·土登沃丹是一个非常聪明的贵族家长，他清楚如果小弟弟执迷不悟，帕拉家族将要面对无法回避的家业分配这一现实，为此，他显得非常小心，深恐小弟弟“一时糊涂”成千古憾。经过一番思索，他把小弟弟送到江孜帕拉庄园，让他有个新的环境来驱散自己的不满，他相信弟弟会明白自己的一番苦心的。帕拉·多杰旺久离开拉萨的家来到江孜帕拉庄园，在那里他成了庄园的核心人物，环境改变了，但是“血亲”和“姻亲”使他与拉萨的家连在一起。在庄园里，他有了一个女人，是庄园酿酒师“强玛”的女儿，他们俩人在庄园建起了一个“家”（这在当时来讲是一种跨阶层的性关系）。在庄园，帕拉·多杰旺久俨然是一个家长，而强玛的女儿也扮演起庄园主妇的角色。对于家族来讲，他们这种如同夫妻的关系带有一定的危险，所以，帕拉·多杰旺久面对他的哥哥和姐姐们时总有些惊恐。然而帕拉·土登沃丹没有被他弟弟的这种荒唐举动所震怒，他把弟弟的这种行为看成是一种时髦的游戏，借助社会认可的价值观念，让他弟弟逐渐去意识“贵族身份”所具备的美德及其生活态度。帕拉·土登沃丹的理智不仅使家族摆脱了分家所带来的家族经济动摇，同时也巧妙地避开了小弟弟荒唐举止可能带来的尴尬后果。哥哥理智的态度使弟弟在庄园尽情享受私人生活的同时，也使他放弃了可能为一己所愿所要做出的“傻事”。哥哥明智的行为保住了家业，也保住了家族的荣誉，更为重要的是，彻底地设定了弟弟的生活、感情以及理想。[①]

---

① 帕拉·次央访谈录。

一个存在的事实是，帕拉家族与所有的贵族家庭一样，在培养后继者时设置了一串串有着光环的圈套，用“爱护”来使家族后继者自愿入套。毫无疑问，在这方面帕拉家族是一个典范。所有的贵族家庭似乎都用一种模子来塑造它的后继者，家族会尽一切努力来引导他们，让他们在自觉不自觉中产生一种意识，这种意识会督促他们，使他们明白他们不再是个人，而是一个完整家族的希望。一旦在后继者心中培养了这一意识，他们个人的性格便很快被家族的利益所矫正，而家族历史因袭的道德荣誉也就自然地把个人的感情伪装在单纯的骄傲之中，进而对他们个人力量产生一种假象，个人的机智和家族的和谐成了他们标榜自我的美丽故事，这些美丽的故事到了后世越发显得美丽。帕拉·多杰旺久最终在哥哥及家人的努力下接受了家族的美丽故事，同时还一并接受了家族为他安排的生活。他从妻子身上获得了贵族家庭荣誉的满足，从情人身上获得了自我的满足。

通过帕拉家族的个案分析发现，作为贵族有着非常牢固和普遍的信念，为了家族的利益，为了土地的凝聚，要求个人强调“贵族身份”及与之相称的精神。尤其是帕拉这种第本家族更是如此。帕拉·多杰旺久虽然不满与兄共娶一妻的婚姻，但是在家族利益面前，他也只能妥协。作为大家族的后代，他不能做丢脸的事情，即使和情人生活在庄园，他也不能做出影响家族利益的事情，否则他的行为会受到社会的谴责及唾弃。

无疑，第本家族凭借土地和身份可以享有社会特权，这是一个明确的事实，也是神话般故事的延续。在这种传统的观念和事实基础上，第本家族的后继者应该具备强烈的封建等级感情，即如何保持、延续高贵身份所拥有的美德，并将这种美德当成一种能动的生命。但是，作为贵族家庭来说，每个成员都要为自己的生活付出代价。

第三章
权威来自“米扎”家庭

中为赤门，他的左边为擦绒·达桑占堆(20世纪30年代)

在讨论西藏贵族时，通常是用等级的概念来界定贵族的高低。等级的产生和存在在当时的贵族社会中显得如此的合理而又庄严，贵族继承下来的等级在人们的宗教实践中更牢固。贵族们即使不去接受社会的影响，他们生就拥有的封建产业和政治权力，也完全会成为他们培养等级观念的理由。事实上，人类可能具有的以实用为目的的观点在西藏社会中到处都存在着，并被当时的贵族社会所接受。当贵族们因袭等级，并仿效祖先时，就会发现等级的概念不能完全实用于现实社会，在重要的权利和享受面前，关键还得依靠个人的精神和力量。因此，等级观念有所淡化，米扎家族在这方面做出了巧妙的让步。

第一节　停滞社会中的等级变动

在20世纪初，西藏的贵族已经不再仅仅依靠土地来提高其家族的社会地位，他们在实际生活中还学会借助政治上的努力来提高其家族的社会地位，不能不承认这是社会对贵族制度进行疏导演进的结果，正是在这种社会背景下，出现了一批拥有特权的贵族阶层——米扎家庭。

成功地成为米扎家庭，其手段和机会各不相同，但是有一个明确的前提，必须与地方政府合作，使自己真正服从于政府的指挥和权威。对于西藏贵族家庭来讲，米扎是可以企及的，因为米扎所显示的条件和动力是有规律的，只要个人经过政治上的努力，并有机会成功地被授予噶伦一职，家族即刻便能进入米扎的行列。这种突变的社会地位，直接带来的是生活方式的变化，所以，自然会激起贵族们的狂热追求。贵族家庭在培养子女时，十分注重提高他们的政治敏感度，也就不难理解了。拉萨这个小小的城市，记录了贵族们的思想和愿望。每一个有为的青年贵族都想成为显赫的噶伦，所以，他们一经入仕，为达成这一目的，就会表现得很狂热，其中不乏可笑和奇怪的行为。然而，他们个人所做的努力仅仅是得到噶伦这一官职的基础，其关键在于机会的获得或者说在于当权者的发现和提携。而所谓的机会往往被大贵族所控制。因此，买官卖官开始大行其道，个人的能力和才干反而被吞食了，或显得极其有限。

"米扎"一词在藏文中是指"强悍勇猛"的人，同样也泛指所有的贵族。在西藏，人们通常把贵族称为"古扎"，但有时也把"古扎"、米扎这两个名称混合使用。对此，人们并不加以纠正。从字面去解释，古扎是指"强悍壮实"的身体，米扎是指"强悍勇猛"的人物。从字面上理解，两个词之间有一定的联系，但从严格意义上来讲，它们之间有一定的区别。古扎是指所有的贵族家庭，而米扎是指那些出现过噶伦一职的贵族家庭，为了区别起见，人们往往把那些出现过噶伦一职的贵族米扎家庭称之为“森厦钦噶”（大府第）。一旦被誉为“森厦钦噶”，就证明这个家庭曾经或者当今有成员充任噶伦官职。米扎家庭使人了解到，贵族个人的成功直接牵涉整个贵族家庭及其成员的盛衰，贵族社会如同遵循着重力法则，人和事情都往一个方面倾斜，而这个方面就是权利的获得。同样的条件，一跃变成米扎家庭后，会立刻受到这个封建社会的特殊礼遇。礼遇首先反映在他们的子女身上，尤其是儿子。所有贵族家庭的男孩被称之为“赛”（少爷），但是米扎、第本以及亚谿 家庭的男孩，在称谓上有些微妙的变化，人们称他们为“赛囊巴”（公子）。那些从一般贵族一跃而变成米扎的家庭，他们首先可以从自己儿子的称谓变化中发现家庭政治地位的变化。其实从藏文的字面上来理解“赛”与“赛囊巴”，就会发现这两个词之间没有严格的区别，只是“赛”为单数，“赛囊巴”则是复数。能够被称为“赛囊巴”是一种殊荣，也是一种家庭政治地位的标尺。

米扎家庭的产生对于贵族阶级内部固然有刺激作用，但是表现出来的矛盾也是显而易见的。历史证明，米扎家庭的不断增加，不仅能刺激贵族们的幻想，同样也使贵族们对政治的热情与日俱增，他们迷恋社交，变得虚荣，即使内心活动非常庸俗，但在外表上也要维持一种有节制的风度，他们要求自己在社交中成为有教养的完美的人物，成为典范，结下好人缘。因为他们明白他们都有可能获得进入米扎这一特殊阶层的机会，但是争取这种权力并能够生效，并非一件易事。所以，好的“人缘”可能会带来机会。

能够使个人成功地获得噶伦一职，家族一跃成为米扎家庭，这是一种政治游戏。由于个人的头衔和家族的特权在西藏地方政府内可以通过各种渠道获得，所以，个人和家庭都要付出诸多的努力。有一点是明确的：仅仅依靠个人在政治上的努力是不够的。为了配合个人在政治上的努力，他们无时无刻不在贵族社会中扮演一个美好的角色，为了配合这个角色，还需要诸多物质基础，所以，在仅获得闲职的时候行贿的事非常普遍。

四个噶伦(左起:札通、彭雪、札康、朗穷哇。20世纪30年代)

“头衔”的获得和“特权”的获取对于贵族个人和家族来讲是令人感兴趣的竞争,同样也是所有贵族家庭关注的重大事情。日复一日,年复一年,贵族们过着循规蹈矩、墨守成规的传统生活,只有在为噶伦头衔进行奋斗时才显示出较为极端的态度。贵族们相信,噶伦的获取是个人政治上进和家族身份升迁的一个契机,在这场戏剧式的活动中,每个贵族对自己将要扮演的“角色”都很注重,其中还有猜疑、忌妒及其对他人伤害所带来的强烈的排他性,因此,整个的“表演”显得跌宕起伏,充分展示了贵族生活的功利目的,一切都变得丑恶、赤裸裸,贵族的生活也不再是一种神话故事。

对于一般贵族家族来讲,它的幸运在于家族成员能否在政府内获得更高的头衔,噶伦是其中最为诱人的头衔。而获取过这一头衔的贵族,其机会、条件、原因并不相同。因此,作为米扎家庭,除了“家族中必须有一成员担任过或正在担任‘噶伦’一职”这一必然的条件之外,每一个米扎家庭在形成的过程中各有不同的生活历史。

20世纪40年代，在西藏被称为米扎或森厦钦噶的家庭约有三十多家，其中有不少是很有权势的贵族，他们基本上垄断了西藏地方的财政大权，同样也有一些家族显得岌岌可危。这里无法涉及每一个米扎家庭，仅选择具有典型性的几个家族来进行描述。

西藏的历史进入20世纪时，一个由贵族们建立权威的时期开始了。在这种背景下，由于某一个人的才识、身价和能力的展示，个人所属的家族变得比整个法律和习惯更为重要。在20世纪前半叶的西藏历史卷页中，最高的和最受瞩目的家族有“夏扎”、“擦绒”、“索康”、“赤门”、“噶雪巴”等，这些家族从阶层等级来讲，不像亚豀家庭那样神圣而特殊，也不像第本家族那样高贵而传统，然而这些家族比亚豀、第本更实际，具体来讲，当时贵族社会的政治和道德权力都集中在这些家族手中。

第二节 荣誉的实际概念

夏扎家族：关于贵族夏扎家族，可以借鉴夏扎·甘丹班觉老先生的回忆：“历史上，在前藏吉雪地区的一个叫拉萨囊的地方，有一户笃信佛法、礼敬僧人、乐善好施的名为‘囊索夏热霍巴’的贵族人家。……在历史发展过程中，‘囊索夏热霍巴’这一称谓因音变或经人音译而逐渐变为‘夏扎欧巴’”。关于“囊索夏热霍巴”这一名称，最早见于《五世达赖喇嘛传》一书。从其中提供的信息来看，该家族在五世达赖喇嘛时期已经是一个较有影响的贵族。同样在《白史》一书中有这样一段与该家族有关的可供参考的记载：“往昔，于边境地区派驻臣僚，以司守护及巡逻。此种人员分为警戒外敌之期索与警戒藏地本部之囊索二种。后者逐渐演变为一种官职，名称叫索伦。该名词可见诸处碑文。”① 以上记载中能够看出夏扎家族在历史上是一个

① 参考夏扎·甘丹班觉：《贵族噶丹夏扎家族的历史》，《西藏文史资料选辑》，第14辑。民族出版社，1992年。

较有影响的贵族，尤其是“囊索夏热霍巴”家族名称逐渐演变成“囊索”官职名称，多少也能想像该家族在当时社会上的地位和影响。然而，夏扎家族具有的引以为自豪的家族历史，在现实生活中显得有些微不足道。

夏扎家族中，个人历史较为全面的人物是夏扎·贡嘎班觉。他大约出生于1760年（清乾隆二十五年），他是夏扎公子和后藏昂仁宗朗措卓布地方名为“修龙萨玛瓦”的贵族家庭的小姐结婚所生的儿子。据说，达擦诺门罕丹白贡布摄理西藏地方政务时，夏扎·贡嘎班觉被任命为“噶仲”（噶厦机构内的秘书）。在这之前，他和贵族顶钦·次仁

贵族官僚（20世纪40年代）

旺堆共同担任协噶宗宗本。1779年（乾隆四十四年）十月，西藏发生了康区三岩人抢掠政府商人昌都噶本茶叶的事件。对此，驻藏大臣上奏皇帝，派兵进剿。《多仁班智达传》一书对这件事情有这么一段描述：“政府驻昌都噶本来拉萨时，芒康地区三岩喀协巴人掠劫了皇帝赏赐达赖喇嘛的礼品茶叶等，汉藏僧俗官员协商把详情表奏大皇

帝。皇帝闻奏,立即下令派驻藏大臣留保柱、四川成都铁大将军保泰大臣率领汉、满和嘉绒士兵等进藏,军队到芒康的消息传出后,命康区的政府官员和各地头人、德格藏军头领、我的有恩祖先公班智达带领后藏代本江洛坚巴扎西平措和帕拉丹增南杰、芒康原首领夏扎台吉、堆原噶本木嘉台吉接应。"可见在这个时候,夏扎·贡嘎班觉已经是一个身居高职的"台吉"。1791(乾隆五十六年)年,夏扎·贡嘎班觉随中堂大人驱逐廓尔喀侵略军后,被提升为噶伦,他的家族于1793年(乾隆五十八年)得到新的土地,即:"工布俄绒谿卡"。不管夏扎·贡嘎班觉是由于他所具有的贵族血统之因素,还是由于他个人在政治上的才华,他能够成为噶伦,不能不说他是当时社会政治舞台上的一名具有政治头脑的人物。

他的儿子,幸运的继承者夏扎·顿珠多杰和夏扎·贡嘎丹增相继出生。他们的幸运在于他们的命运,小儿子夏扎·贡嘎丹增显得有些任性,当家庭给他精心安排了出家的生活,并使他成为一名拥有名誉的僧人时,他背叛了家庭为他设计的生活,并最终还俗在政府部门内担任司库和孜本。这个时候,该家庭也获得了达赖喇嘛封给的一处谿卡。这个谿卡自然就成为该家庭作为贵族的标志,也成为世袭晋升的根基。

与小儿子相比,大儿子夏扎·顿珠多杰显得精明能干得多,同样也幸运得多。他有幸把家族所有的荣誉包括父亲的官职一并继承了下来。似乎是一种巧合,在他父亲去世的那一年,他有幸顶替了当时的噶伦其美喇嘛,出任噶伦职位。不管是什么原因,他和他的弟弟作为夏扎的后代,在名利上,他们都得到了完美的安排和照顾。后来,夏扎·顿珠多杰担任九世达赖喇嘛金塔营建总管,尽管他所建造的金塔在布达拉宫里的确算不上是最为壮丽、完美的建筑,但是,这项工程给他个人和家族带来了很大的利益。1813年(清嘉庆十八年),他再度担任大昭寺维修总管,他在三个月之内,便将诸事办妥,而且各项工程及器物制作得坚固耐用,因而得到了地方政府的极高嘉奖。不久,1829年(道光九年),噶伦夏扎·顿珠多杰因处理阿里地区事务

(调查阿里土地、人口等)有功,皇帝赏赐给他珊瑚顶戴。1830年(道光十年),为均衡前藏各宗、谿卡的地方政府、贵族、寺庙的土地徭役、差赋而进行核查、登记时,任命噶伦夏扎·顿珠多杰和达赖喇嘛的近侍堪布洛桑赤列朗杰为清册登录总管,办事人员有孜本帕拉、噶伦的摄政知宾格桑阿旺等。"……制定该册籍(又称《铁虎清册》)的官员为地方政府增收差税五千两白银,并呈达赖喇嘛过目。为此,噶伦夏扎·顿珠多杰等参与调查事务的官员均得升赏。达赖喇嘛还为主要官员及随从共四十多人摩顶。皇帝赏赐给总管噶伦夏扎·顿珠多杰头等台吉的封号"。① 在《西藏的贵族和政府》一书中对上述事件也有类似的描写。夏扎·顿珠多杰的忠诚表现使他得到了相称的地位,他成为当时的首席噶伦,与此同时,他的"台吉称号的世袭权又追加了一代",并得到了皇帝御赐的匾额"好善乐施"。御赐的匾额悬挂在夏扎府第大门上方,凡是得到皇帝敕封的官员从夏扎噶伦府前经过时,都必须下马步行而过。所以,很多贵族包括驻藏大臣在内,一般不从夏扎噶伦府前经过,很多时候他们绕贵族贡桑孜府第而过。②很明显,夏扎·顿珠多杰是个非常聪明的人物,他的一次次成功充分表现出其过人的能力。夏扎·顿珠多杰所得到的荣誉如同被精选的物品,令人叹羡。作为一名名副其实的高等级的贵族成员,他在贵族社会层面上表现出很高的教养,同时也表现出一种不同于他生活时代的贵族官僚的政治思想和道德品质,他把忠诚政府和权衡个人利弊奇怪地结合在一起。他除了按时礼佛、施舍额外增加的供养外,每月还为色拉寺、哲蚌寺、甘丹寺熬茶;给参加传大召的僧众熬茶、施粥一次;给桑浦寺的夏季大法会熬茶一次;每月向乃琼扎央寺、赤布次觉林寺各施供养一天。另外,还向夏俄谿卡附近各佛堂捐献常例供品,向佛堂管理人员发放固定薪俸。长年为甘丹寺金塔殿、三大寺的大经堂、查拉鲁固佛堂内天然形成的释迦牟尼像各奉一盏长明供灯。他所注重的广施乐善的行为不仅赢得了政府的信任,更为重要的是

① 参考《贵族噶丹夏扎家族历史》;笔者的调查记录。
② 参考《贵族噶丹夏扎家族历史》。

笼络了僧俗群众的心。然而，他发出来的光辉并不长久，他的身体开始变得不灵活，年老和各种病魔的侵袭，使他感到力不从心。在《西藏的贵族和政府》一书中有这样一段描述：“他无疑已经是太老了，艰苦的生活令其疲乏不堪，最糟糕的是，他的视力正在衰退。他双目失明，无法适应他的行政工作，于是提交了辞呈，驻藏大臣孟保于 1839 年 10 月 26 日，将他的辞呈交给皇帝。他死于 1840 年 11 月 29 日。”

对于整个家族来讲，夏扎·顿珠多杰显得非常精明，他对外应付自如，对家族的感情也非常强烈。他毫不迟疑地为家族建造了新的夏扎府第，并举行大张旗鼓的开光宴席。推究这样的做法，他的婚姻也是一种利益和权威的结果。他先后结了两次婚，生有两个儿子。可惜夏扎·顿珠多杰的功勋和显达只属于他个人，他的两个继承人在他的光环下显得较为平庸，他们中的一个继承了父亲毕生努力而赢得的台吉世袭权。

夏扎·顿珠多杰之续是由一个外人来完成的，一个在西藏历史上有影响的人物——旺秋杰布成为夏扎家族的延续者。旺秋杰布是贵族“贝喜”家庭的少爷，从小出家并在后藏扎什伦布寺接受寺庙教育，后来不知什么原因回到拉萨并在政府内求了一份职务。就在这时，他得到了夏扎家的老爷顿珠多杰的赏识，夏扎老爷让他充任自己的秘书，并有意识地让他还了俗，成为自己的养子，不久又让他与自己的女儿缔结了婚姻，从养子变成了女婿。老丈人的赏识使他变得高贵庄严，并且激发了他潜意识中具有的勃勃雄心、富于幻想的个性，他把丈人作为自己奋斗的榜样，有意识地参与各种政治活动。丈人去世以后，夏扎家族处于一种名大实虚的状态，家族的继承问题势必导致家族内部的矛盾。很显然，夏扎·顿珠多杰的两个儿子是该家族的合法继承人，可是实际上他们两人都没有多少能力担起家族的重担。恰恰相反，夏扎的女婿旺秋杰布在他们面前显得深谋远虑。家族可能出现的纷争我们不得而知，但事实是，女婿旺秋杰布最终成了夏扎家族的保护者。作为一个大家庭的保护者，他以强大的力量非常轻松地保护着他的小舅子们以及其他家族成员，不让他们在失去

不同的官员装束(20 世纪 30 年代)

贵族宅子

父亲后感到恐慌。他所拥有的尊严，使他不仅成为该家族的中心，而且也成为夏扎家族在外的形象代表。到了最后，不论从他的称谓"夏扎·旺秋杰布"来看，还是从该家族内部成员的意识来看，他已经是夏扎家族名副其实的家长。

我们对于夏扎家族在这段历史中的事情知道得并不多，尤其是关于夏扎·顿珠多杰的两个儿子的生活情况。在能够看到的文字材料和一些调查中，有许多关于夏扎·旺秋杰布的事迹。无疑，他是个非常复杂的人物。他成为夏扎家族成员的保护者，原因是他是该家族之女婿。他正是通过这一特殊的身份，逐渐变成该家族名正言顺的继承者，同样的原因和条件，使他的角色在贵族社会中逐渐变得合情合理。

对于夏扎·旺秋杰布的事迹可以拟出一个清单来统计，因为他的经历不仅对于该家族来讲，就是对于近代西藏社会来讲，都代表着一段历史，在很大意义上，他使夏扎家族的社会地位更加辉煌，同样从某种意义上来讲，他个人的实际地位超过了他的身份所限定的成功范围。因此,能够得出一个判断,他的个人经历代表着西藏贵族社会的一段历史。由于他个人的地位在家庭中不断地被提高,致使他做出了一些增强大家族力量的事情。其中,他把贵族贝喜家族成员合并到夏扎家族内,从而提高了贝喜家族的社会地位,并扩大了夏扎家族的力量。的确,到了后来,一个明确的事实是:所有的贝喜家族成员开始非常自如地沿用夏扎家族的名称。而名称的改变在某种程度上为原贝喜家族的成员提供了获取高官的机会。

夏扎·旺秋杰布在他丈人去世后的很长一段时间里,仍然充当原先的职务。1842年(清道光二十二年)前后,西藏发生了森巴军队入侵阿里三围的战乱,夏扎·旺秋杰布作为藏军代本参加了此次战争并在战争中保持了美好的形象,使他有幸擢升为噶伦。按照《西藏通史》记载:"1843年即藏历第十四饶迥的水兔年二月九日,代本夏扎哇台吉旺秋杰布就任噶伦前来拜见达赖喇嘛,达赖喇嘛设宴款待并赐给他护身结。……前藏代本夏扎旺秋杰布在抗击森巴拉达克军的战争中的功绩被奏报给道光皇帝,因而被提升为噶伦台吉……"1842年,噶厦重新编著"噶厦嘉帖"(噶厦汉书)时,重新记载了西藏地方政府的机构官职品级,其中噶伦贝喜(夏扎)旺秋杰布被记录在内。①

尽管夏扎·旺秋杰布很得赏识,但是统治集团不是一成不变的。1844年(清道光二十四年),摄政策墨林被道光皇帝免去职务,没收其"拉章"的财产。一段时间里,西藏地方政府变得非常敏感。无疑,贵族们要想很好地保持个人及家族的社会地位和尊严是很困难的。就在这个时候,没有一个贵族像夏扎·旺秋杰布那样经历了生气勃勃和丰富多彩的生活,同样也没有哪个人像他那样显示了复杂多变的性格,从他的经历和性格可以看出贵族生活中的反复无常。由于在一次噶伦密谋中被人出卖,大约在1859年(咸丰九年)的某月某日,夏扎·旺秋杰布丧失了官职。其原因似乎是得罪了当时担任摄政的热振活佛,据说摄政热振活佛借口一件小事,突然免去了夏扎·旺秋

① 参见《西藏通史》,第825页;参见《贵族噶丹夏扎家族的历史》;参见《西藏的贵族和政府》。

杰布的噶伦职务，并将其逐出官员之列。正当夏扎·旺秋杰布感到希望渺茫时，贵族“吞巴”代本的同情把他的命从死亡中保全了下来。后来的经历就是他竭尽全力去掉所有的障碍，使自己的政治生涯梅开二度。由于他身处逆境，所以这一次他表现的努力不仅仅是为了恢复官职，而且有了更大的野心，他在觊觎更高的职务。经过了风雨再次崛起后，他获得了个人的盛名。在西藏的近代史上，再也找不到像他这样的人物和经历，这是西藏贵族社会的一个特例，也是后世值得研究的重要对象。很难想像，一个像他那样从刀下捡了条命的人，是如何凭借精神力量战胜了命运的。总之，到了“同治元年水狗年年底，夏扎·旺秋杰布被任命为西藏主管（商上事务），经奏请封给诺门罕名号”[①]。与此同时，年仅七岁的十世达赖喇嘛表面上开始亲政，担负起政教两方面的重任，但实际上由卸任噶伦夏扎·旺秋杰布担任助手管事。皇帝赐给他诺门罕的名号，并委任为摄政。[②] 在《西藏的贵族和政府》一书中也有这么一段记载：“皇帝于 1854 年 5 月 28 日（可能是错误的记载），授予他辅国公的头衔和红宝石顶戴；将辅国公这一称号赐予一位既非达赖喇嘛或班禅亲戚，又非亚谿家族成员的人，还是破天荒第一次（也是最后一次），他的声望也相应地得到了加强”。总之，夏扎·旺秋杰布在很短的时间内掌握了西藏地方的最高权力，并且从中得到了最大的满足和荣誉。然而，这个荣誉对他个人来讲，没有延续多长时间，大概过了三年，他突然死去。

夏扎·旺秋杰布没有子女，他的侄子夏扎·次仁旺久成了他的继承人。虽然夏扎·次仁旺久也获得过噶伦一职，但是关于他的故事并不多，只是在与甘丹寺有关的一次事件中他受到牵连，被革职抄家。正因为这件事，原贝喜家族的成员和原夏扎家族的成员之间发生了矛盾并最终把夏扎·旺秋杰布开创的夏扎家族一分为二。一分为二的夏扎家族的家政由夏扎·居美旺秋来掌管。只可惜我们无从知道他是个什么样的人物，更不知道他在有生之年做了些什么样的事。

---

① 《印鉴清册》，第 22 页。
② 参考夏格巴·旺秋德丹《西藏政治史》；参考《西藏通史》。

通过一些零碎的记载,知道他膝下无子,仅有一女,名叫德吉。分家后的夏扎家庭成员为了很好地延续家脉,非常积极和努力地为夏扎家族惟一的继承人德吉寻找一个好的姻缘。通过努力,贵族"鲜喀哇"家族的少爷成了夏扎家族的婚配对象。鲜喀哇家族并非大贵族,但是该家族的掌门人颇本鲜喀哇·朗杰次仁在当时的贵族社会中拥

僧俗官僚(20世纪30年代)

有非常好的名声,在贵族社交场上得到广泛的尊敬,尤其受到过十二世达赖喇嘛的注意。也许是处于一种远见、也许是对品德的赞许,总之,夏扎家屈尊与小贵族鲜喀哇家缔结了姻缘关系。对于鲜喀哇家庭来讲,这个婚姻是千载难逢的好时机,只可惜该家族人丁稀少,所以在双方建立婚姻关系的同时,通过商议,当鲜喀哇少爷班觉多杰入赘到夏扎家时,两个家族合并为一家。合并之后的夏扎家政由鲜喀

哇·班觉多杰管理。鲜喀哇·班觉多杰与夏扎小姐德吉结为夫妻后，他以夏扎家公子的身份进入政界，所以，他又被称作夏扎·班觉多杰。后来当夏扎·居美旺秋去世后，他的两个夫人洛桑卓嘎和龙珍分别与鲜喀哇·班觉多杰和他的父亲朗杰次仁父子俩同居，年纪大一点的夫人洛桑卓嘎与鲜喀哇·朗杰次仁同居后生有一女，名叫央宗次仁，她就是后来与朗顿公子有着风流韵事的亚谿拉鲁夫人。

鲜喀哇父子俩凭借着与夏扎家族的婚姻，赢得了大家族的荣誉，这种荣誉给他们父子俩提供了外部的保障，从而还使得他们在政府内循序渐进地做官。平静地生活在夏扎府第内，他们父子俩似乎不期望什么奇迹发生，但是种种好运不期而降，夏扎家族的女婿班觉多杰在一次偶然的机会中被提升为噶伦。正当他们沉湎于身份带来的享乐时，由于他在1904年(清光绪三十年)不主张武力抗英，他和几个当政噶伦成为西藏地方政府的谋反者被审判、监禁、放逐，甚至险些丧命。1906年(光绪三十二年)，张荫棠经复审撤销原判，准其返回拉萨，并任命为“司伦”(比噶伦更高一级)，生活再一次给予了他补偿。戏剧化的生活使他成为戏剧性的人物，1910年(宣统二年)，川军入藏，他随十三世达赖喇嘛出逃印度。1913年，中英双方代表在印度召开的“西姆拉会议”上，夏扎·班觉多杰作为西藏地方政府的首席代表，成为“麦克马洪线”丧权辱国协议上的签字者。由此，他成了西藏近代史上争议性较大的人物。1918年，他带着这些争论走完了自己的一生。

夏扎·班觉多杰与第一夫人德吉结婚后生有三个子女，与第二夫人龙珍生有六个子女。正当夏扎·班觉多杰经历着戏剧性人生时，他的第一夫人德吉与他的弟弟私通，并怀有身孕。为了不致家丑外扬，夏扎家族通过内部磋商，决定第一夫人德吉和班觉多杰的弟弟以及班觉多杰和第一夫人的共同子女从现在的夏扎家分出去成立一个新的家庭，即“夏苏”。① 而夏扎·班觉多杰和他的第二夫人龙珍与他们

---

① 夏扎即贵族夏扎家族的旁系。在藏文中“苏”为边、旁。

的六个子女仍旧生活在原来的夏扎府第内，成为贵族夏扎家庭的正系。班觉多杰和他的第二夫人龙珍的长子班觉索朗旺秋继承其家业，而二儿子被认定为色拉寺麦扎仓工布康村夏尔巴拉章的转世灵

四品粮官夏扎赛(20世纪40年代)

童，三儿子同样也被认定为色拉寺麦扎仓特布康村觉布山寺活佛的转世灵童；长女伦丹旺姆与贵族“吞巴”家族的公子结为夫妻；二女儿拉云卓玛与贵族“恰巴”家的公子结为夫妻；三女儿次仁曲珍与贵族“萨琼”家的公子结为夫妻。

夏扎·班觉索朗旺秋是在其父的荣誉影响下成长的家族继承人，他像许多大贵族家的公子一样，从童年时就拥有"赛囊巴"的光荣称号。尽管如此，夏扎·班觉索朗旺秋并不像他的祖辈那样，通过不可动摇的气魄来护卫家族的荣誉；也不像他的父亲那样，顺应命运获取更大的荣誉。正因为这样，他的个人历史对于后世来讲，仅仅是一个生活在那个时代的人物而已。

与所有的贵族家族一样，夏扎家族在贵族社会中一如既往地延续着，尽管家族内再也没有出现过具有鲜明色彩的故事。然而，家族的每个成员并没有停止接受贵族家庭的教育，夏扎·班觉索朗正是在家庭教育的引导下产生的家族成员，他把他的一生非常自豪地献给了他的家庭，所以后人非常敬重他所表现出来的德行和义务。在他父亲作为西藏地方政府的代表去印度参加"西姆拉会议"时，他紧跟在其身边，并且毫不掩饰对于父亲的崇拜和热爱，同样他也得到了父亲的信赖，他的父亲带着他一同上西姆拉就是一个很好的见证。也许父亲的宠信和自己的热衷使他的命运成为一种定局，他的家族继承者身份成为当然的事情。在这种生存的目的和自己的理想没有冲突的平静生活中，他学会了如何适应贵族社会，并且如何将自己培养成为一名至少在行动上较为实际而不主观的人物。贵族社会的人际关系中有一条深刻的道理：一个贵族成员除了从家族继承下来的风范之外，还要努力从其他贵族身上学习相关的礼节，以规范自己的贵族派头。在这种人生观的基础上，他欣然接受了由父亲做主并安排的与贵族"萨隆巴"家族的小姐结为夫妇的婚姻生活。婚后的生活非常平静，但是由于他的妻子突发病症死去，他的第一次平静的婚姻生活告一段落。大约 1921 年，他再一次为了家族娶贵族"贡噶维布嘉措"的小姐为妻。婚后，他们的生活同样非常平静、安稳。事实上，他的心里早就有一爱慕的女子，在其子写的《贵族噶丹夏扎家族的历史》中并没有掩饰他的这种感情："我父亲跟随祖父去印度时，与锡金国王的公主曲英旺姆(后来噶伦堡地方不丹人扎效的夫人尼萨)彼此产生好感，双双坠入爱河，父亲想与她结成百年之好。当时，曲英旺姆送给我父亲一只高级怀表和几件纪念品作为信物，怀表的金链子上有一个心形相片盒，盒正面的玻璃盖内有曲英旺姆用英文写的'I LOVE YOU'的署名。记得我父亲曾拿出这些东西，跟我母亲开玩笑，'这是阿妞啦送给我的啊'，眉宇间流露出十分得意的神情。"

夏扎·班觉索朗一生虽然被家族荣誉观念所笼罩，但在仕途上他并没有把这种荣誉表现得淋漓尽致，同样家族的荣誉也没有给他个人带来更多的利益和声誉。为此，他除了像所有的贵族子弟一样在官场上亮相、走场外，并没有像他的祖辈那样做出令人称羡的事业。当他沉湎在家族荣誉中时，家庭成员的矛盾与日俱增，在这种没有梦想的环境里，他是没有办法找到一个使物质和精神世界联系在一起

正在待客的贵族擦绒(左一,20世纪40年代)

的生活途径的，他的生活失去了向导，最终他连作为一名大家族的贵族公子的单纯的骄傲也没有办法保持住，他失去了对家族和社会的热情和兴趣。到了后来夏扎家族成员的矛盾越来越大，以至于开始

借助法律来解决内部的矛盾。到了最后，家族矛盾成为三大寺堪布和噶厦之间亟待要解决的头等纠纷案。正因为涉及的面越来越大，使得夏扎家族的内部纠纷案经历了十八年，而这十八年成为家族历史上的污点，点点滴滴地伴随着家族。无疑，这件事使夏扎·班觉索朗非常不愉快，他怎么也没有想到家族予以的一切幻想被现实非常滑稽地摧毁在自己的眼前。虽然家族的感情支柱受到了动摇，但是事情不是一成不变的。1921 年，他的儿子甘丹班觉的出生使他看到了澄澈的碧空和宁静的生活，他把无限幻想寄托在他初生的儿子身上。

夏扎·甘丹班觉十四岁时进入仕途，他从最初级的官职“夏堆”开始逐级在政府机构内任职。虽然在任内他不遗余力，但是到了 1951 年时，他只是个粮台管理员，实际官职为五品。夏扎家族的历史翻到这一页时，人们不禁感到曾经演绎过美丽家族故事的家庭在历史的发展中失去了魅力。①

对于家族和个人来讲，最具特色的是甘丹班觉个人的婚姻。他的一生经历了两次婚姻，两次婚姻无论从内容到形式都有些雷同，但是两次婚姻呈现的差异也是比较明显的。他的第一次婚姻是在家庭的安排下进行的，其形式似乎显得比较仓促。当时，夏扎家决定从小贵族“玛伦巴”家为自己惟一的继承者选定姻缘，这种偏离贵族社会的行为准则也许是夏扎·班觉索朗对于现实中存在的大家族矛盾的一种回避，如夏扎老先生甘丹班觉回忆的“身体不好”所致。玛伦巴家的小姐嫁到夏扎家之后，生活比较平静，可惜她生下他们的儿子后得产褥症死去。夏扎·甘丹班觉的第二次婚姻确实符合贵族社会对于婚姻缔结的实际观念，夏扎家族合乎情理地与大贵族擦绒家缔结了婚事。显然，这次婚姻关系的确立，有利于夏扎家族的复苏和兴旺。

擦绒家族：至于擦绒家族在很长时间内是如何世代相传，或者说

① 笔者的调查笔记。

贵族擦绒和他的两个夫人(20 世纪 40 年代)

如何保持其家族势力的,无从知道。我们知道的只是这个家族的缘起是和其所认可的祖先、伟大的圣医宇妥·云丹贡布分不开的。可以推论,该家族也与所有古老的贵族家族一样,经历了风风雨雨,在长期的政治斗争中赢得了一席位置,并逐渐形成了自己的社会势力。

关于擦绒家族,其祖先最早可以追溯到 755 年。据说在藏王赤松德赞时期,有一个非常有名望的藏医宇妥·云丹贡布,他就是该家族引以为自豪的开创者。虽然如此,家族成员对这个引以为自豪的家族开创者及其创家立业的历史情况却知之甚少,当他们谈论他时,除了怀着深深的敬意之外,只能保持一种谨慎的态度,因为他们对他的了解仅仅停留在传说和史籍记载的故事上。

生活在八世达赖喇嘛时期的擦绒·格桑曲扎是一位僧官,可能在他生命的最后几年里担任了基巧堪布。从他之后,擦绒家族的成员都以自己的方式在政府内某得一职,并以此来不断谱写家族的历史。作为名医的后裔,家族成员一直在继承着祖业,在文献资料中常常能看到该家族成员多次以医生的身份出现在显赫人员的周围。从该家族缓慢发展的历史中,我们能够感到的是,该家族作为贵族家庭,缺少那种深谙政治、能力颇强的成员,因此家族势力一直处于平稳状态。抗击森巴拉达克军的战争给这个萎靡不振的家族带来了一定的机会,擦绒·丹增诺布成为后藏代本,并被授予五品顶戴和孔雀花翎。1856年(清咸丰六年),他参加了抗击廓尔喀侵藏战役。似乎从此以后擦绒家族开始了一种新的生活,但是很可惜,机会没有能够使该家族成员青云直上。不过这种不连贯的机会对家族的社会和政治地位自然带来了一定的影响。然而,家族成员并没有忘记在实际生活中以谨小慎微的态度来寻找对于家族和个人有益的机会和条件。

孜本·擦绒巴是该家族引以为自豪的成员,他的努力最终使该家族进入了米扎行列。大约从1886年(清光绪十二年)开始,西藏受到了大英帝国的威胁,西藏地方政府凭借贵族和人民的支持,进行了第一次抗英战争。1888年(光绪十四年)三月,噶伦拉鲁·益西诺布为藏军总管,下令僧俗执事、藏军、民兵一万多人开赴前线。就在这个时候,孜本·擦绒巴成为噶伦拉鲁·益西诺布的一名副官。此次战役中,孜本·擦绒获得了荣誉,1891年(光绪十七年),地方政府任命他为噶伦,可惜在他实际任职前便寿终正寝了。[①] 在查仁·仁增卓玛的《西藏的女儿》一书中也有这么一段描述:"我的祖父孜本·擦绒,他是那个时代西藏贵族中最为勇敢的一个人。在1886年,由于英国人带来了麻烦,他被政府指派到锡金边界去划定疆域。在他接受'夏拜'(噶伦)一职后,可惜他还没来得及举行庆贺仪式便死去。"他的儿子擦绒·旺秋杰布是西藏近代史上一个赫赫有名的人物,他完全屈从于地方政府,同样也以傲慢的态度来行使自己的职权。正因为他的复杂态度和手段使他成为一名功成名就的人物,并且成为那个时代最有影响的人物之一。同样的原因,使他最终在仕途中彻底失败,他的功名也被地方政府取缔。1903年(光绪二十九年),英国军官荣赫鹏

---

① 《西藏的贵族和政府》。

以与西藏地方取得联系为名，率二百名士兵越过边界，侵入西藏的岗巴宗。西藏地方政府派大仲译洛桑赤列、前藏代本擦绒·旺秋杰布等四名代表以及随从与驻藏帮办官员一同前往岗巴宗与荣赫鹏进行谈判。虽然谈判没有什么进展，但是代本擦绒·旺秋杰布还是成了一名赢家，他从岗巴宗回到拉萨后不久便被提升为噶伦。从表面上看，擦绒·旺秋杰布担任噶伦是在他去岗巴宗这个僻远地方滞留了很长时间后的一种报偿，其实际意义远非如此，他能够在这时担任噶伦是西藏地方政府官员更替的一种反应，达赖喇嘛以此为借口罢免了拥有实权的夏扎·班觉多杰、雪康·次丹旺久、羌庆·阿旺白桑活佛等噶伦的职权，与此同时，任命新的噶伦次丹明久为工商部门负责人，噶伦擦绒·旺秋杰布为督练、交通、盐茶三个部门的负责人，噶伦喇嘛洛桑赤列为财政、学务、巡警三个部门的负责人。就在擦绒·旺秋杰布官运亨通时，中央政府全权代表张荫棠来到西藏，他的言行立刻得到了张大人的赏识。1907 年(光绪三十三年)，当张荫棠遵照中央政府命令启程前往印度西姆拉地方时，张大人并没有忘记擦绒·旺秋杰布这位使他信赖的藏族官员。

政治权力方面日益得势的擦绒·旺秋杰布，在他的婚姻方面也非常美满，他有幸娶了十世达赖喇嘛家族亚豁·宇妥的后裔央金卓玛为妻，他的婚姻既满足了个人的虚荣，也达到了提高家族血统的目的。尽管婚姻中的实际利益很多，但是没有理由怀疑擦绒·旺秋杰布与宇妥·央金卓玛婚后的生活是非常和谐的。由他女儿写就的《西藏的女儿》书中有一段擦绒家庭生活的描写："我的父亲是个高个子、英俊的男人。他有很好的绘画能力，还能弹奏许多种乐器，像'扎年'(六弦琴)、'琵琶'和'林布'(长笛)。他最为喜欢的乐器是汉族的扬琴，扬琴和竖琴有相同的弦，并且还要用两根木棍来敲打。我父亲常常邀请孜本龙厦到家做客，因为他弹的一手好琵琶。而在家中数我哥哥桑珠次仁吹的笛子最好。每当他们吹、拉、弹奏时，我的母亲和着音乐的节拍跳起优美的舞蹈。"从这段文字描写中不难看到擦绒夫妇琴瑟相合的感情世界。当他们有了两个儿子和五个女儿之后，他们的美满婚姻已经达到了炉火纯青的地步。至于家庭的分量在擦绒·旺秋杰布的心中占据多大位置，我们无从知道，但有一点是非常具体、真实的，那就是擦绒·旺秋杰布的家庭在贵族社会中很令人羡慕。在拥有一个平静、完美的家庭生活的同时，他充分利用自己的时间，以更大的热情投入其政治生涯。

1910年(清宣统二年)，钟颖率川军经昌都向拉萨挺进。他们抵达拉萨后，"便开枪打死几名巡警，向拉萨传召大法会的总管彭康台吉射击，并捉拿台吉；彭康台吉的助手孜仲强央坚参和仆人被开枪打死；又向布达拉宫开枪射击，掠夺民众的财物，一时全城大乱，达赖喇嘛处境艰难。……于是当天下午太阳落山时，决定召见甘丹赤巴策墨林呼图克图来布达拉宫，任命他担任摄政，代理政教事务，任命柳霞·钦热平措为其助理。半夜时，(达赖一行)离开布达拉宫，前往罗布林卡。天亮前，达赖喇嘛、司伦夏扎·班觉多杰、雪康·次丹旺秋、强金巴·钦热白桑、代理噶伦次丹旺秋、噶伦桑颇、代理噶伦贡塘丹增旺布等人从热马岗过拉萨河，然后沿着拉萨河急驶而下，沿途未吃未喝，一天赶了两天的路程……"① 达赖喇嘛、司伦等噶厦官员逃往印度避乱，西藏地方政府的实际掌权者成了留在拉萨的擦绒·旺秋杰布。《西藏通史》中写道："西藏地方政府的噶伦擦绒·旺秋杰布、噶仲察厦巴、丹杰林等大力支持川军，使西藏的形势更加复杂化。"1912年，达赖喇嘛一行回到拉萨，这时的拉萨虽然在表面上显得很平静，但是上层统治者之间的矛盾变得非常尖锐。因此，达赖喇嘛回到拉萨以后首先要做的事情，就是整顿政府官员。期间，达赖喇嘛任命多麦办事员罗桑为大喇嘛、任命代理噶伦协噶林巴为噶伦、噶厦雪巴夏扎之公子为噶准、司轿首领索康公子为噶仲，并接见了许多寺庙的喇嘛、大师、活佛，各宗谿的官员代表、地方首领等。同时还晋升在护卫达赖喇嘛、反对川军的战斗中有功人员达桑占堆为军队总指挥。与此同时，没收了曾极力支持过川军的丹杰林寺的所有财产，遣返其僧

① 《西藏通史》，第917－918页。

侣。而与川军有染的擦绒·旺秋杰布及其公子噶准桑珠次仁先后被杀。据说,擦绒·旺秋杰布正在布达拉宫参加噶厦的一次会议时,色拉寺一群僧人闯进会场高呼:噶伦旺秋杰布是内奸!并且抓住他的发髻不放,把他从石阶推下,拖到多仁朗玛处(布达拉宫下边的石碑),将其杀死。紧接着在宇妥林卡(公园)内抓住了他的大儿子噶准桑珠次仁后,就地枪毙。擦绒·旺秋杰布的小儿子格桑拉旺在孩子时已经被认定为哲蚌寺果芒扎仓的活佛转世灵童,他的身份护佑了他,使他幸免于难。他和五个姐姐以及(桑珠次仁的妻子),在失去亲人的悲痛中,一个非常实际的问题也在等待着他们去面对,那就是"如何去生活?"一个已经出家的活佛是不可能为家庭的生活而奔波的,依靠一群女子来养家立业也同样不实际。为了生活,她们必须做出理智的选择。最终,她们作出了合乎贵族社会情理和贵族社会认可的选择。①

在拉萨城内,都在议论着擦绒·旺秋杰布父子被害一事。贵族们不会忘记,拉萨城奠基的主题是圣人故事;同样贵族们也能够感觉到,拉萨城并不是贵族们过激行动的温床。如果贵族成员希望把野心和幻想建筑在政府的事务之上,就要付出很高的代价。虽然成功者不乏其人,像夏扎·旺秋杰布这样的人是成功者的典范;然而引来杀身之祸者也不乏其人,擦绒·旺秋杰布就是后一种"典范"。无论擦绒家族成员有多大的痛苦萦绕在身边,但依然需要依靠政府来使"家族"延续,现实往往会将贵族们培养成表里不一的表演者。对于擦绒家族的成员来讲,这是一个具有无限悲剧色彩夹杂着戏剧性的难忘时期,而擦绒父子的被杀,真实地记录了原擦绒家族的崩溃解体和新的擦绒家庭的应运而生。

如同一个精制的钟表装置,在外部没有任何变化的情况下,新的擦绒家族及其家长便产生了。《西藏通史》记载:"擦绒·旺秋杰布及其公子噶准二人被枪杀后无继承官员,因而擦绒的田庄、百姓等完全

① 笔者的调查笔记。

赐予达桑占堆继承，后来呼他为擦绒·达桑占堆。”甘典在《我所了解的擦绒·达桑占堆其人》中写道：“擦绒父子被杀后，剩下五个女儿和噶准的妻子，无依无靠，债务沉重，处于困境。1912 年，十三世达赖喇嘛图丹嘉措从印度返藏。当时，他的一名近侍名叫达桑占堆，经达赖喇嘛的侍读擦珠活佛举荐，命其还俗，入赘于擦绒家族。达桑占堆后来任噶伦和藏军司令扎萨等职。擦绒·达桑占堆，彭波人。他原是彭波达桑普布觉寺卡果尔谿卡的一家差巴户之子。因差役太重，生活困难，在无可奈何的情况下，和其弟索朗旺堆逃奔他乡谋生。在夺得洛门谿卡帮人放羊。因为两只羊被狼吃掉了，怕受主人责打，又出逃到拉萨近郊那林卡，哀求管骆驼的头人留用。他在那里干了几个月后，被介绍到孜朗杰扎仓当喇嘛。”① 《喇嘛王国的覆灭》中写道：“达桑的父亲务农兼营铸箭，但是欠了许多地租和债务，非常贫困。因此，达桑同他的弟弟一道逃奔他乡谋生。经历多次险境之后，达桑到曾陪同达赖喇嘛到蒙古的朗杰扎仓的喇嘛那里当了僧人。达桑便逐渐成了达赖喇嘛的亲信近侍。1910 年，十三世达赖喇嘛逃亡印度时，在曲水渡口幸得达桑奋勇阻击清军，更加得到达赖喇嘛的器重。1912 年，在达赖喇嘛返回西藏后，达桑占堆被封为扎萨，成为贵族。他与贵族擦绒家的女儿结婚后取名擦绒”。达桑占堆“出生于一个很卑微的家庭，最早是主管罗布林卡宫殿和公园的僧官的一名贴身扈从。其后在宫廷医师帕拉强巴曲杰手下获取了官职，再后来他成了达赖喇嘛的贴身男仆之一，曾跟随达赖喇嘛到蒙古，以后又到了中原。后来，在 1910 年，他的勇敢使逃亡印度途中的达赖喇嘛免遭汉族骑兵劫持的时候，他深得其新主子的赏识。在那以后，他仍为达赖喇嘛的贴身扈从，跟随达赖在印度的佛教圣地观光朝圣。1911 年中期，他奉命回到拉萨组织一次反对川军的活动。为了这个目的，达赖喇嘛向他的臣民们发布了一个声明。在这年年底，他向他的主子送上一份关于他的行动的报告。他的似乎毫无希望的使命却由于内地

① 《西藏文史资料选辑》，第 5 辑。

擦绒·达桑占堆在他的拉萨府中(20世纪40年代)

的革命,君主制度与旧秩序的崩溃而很容易地完成了”①。如此微不

① 《西藏的贵族和政府》,第111页。

足道的一个小人物居然有机会成为一代风云人物，这在等级森严的社会里不能不说是一个非常奇怪的事情。他如此幸运，其基础自然是受到当时的当权者达赖喇嘛的赏识，同样，擦绒父子的相继被杀和当时西藏贵族社会内部的混乱也是他能够顺利地进入贵族阶层的另一基础。“他与旧擦绒家族之妇女的半强迫的婚姻使他变得高贵了，并加强了他在统治阶级小圈子内的地位”。[1] 可以设想，达桑占堆要适应一个他完全不熟悉的环境和培养一种只有贵族才具有的荣誉感，并非那么简单，他可能会有许多与环境抵触的奇怪言行，这些言行在他个人和周围贵族们的心里会有什么反应，永远是个谜。

藏军代本（左为宇托代本。20世纪40年代）

擦绒·达桑占堆是个奇迹，这是毫无疑问的事实。他不仅改变了自己的卑微出身，而且还不断地提高了自己的社会地位。1914年，西姆拉会议刚结束不久，地方政府对藏军进行了改编和充实，筹建人数达一万多名的藏军部队，擦绒·达桑占堆被任命为当时新组建藏军

① 《西藏的贵族和政府》，第111页。

的总指挥官(玛基)和政府噶伦。1925年,擦绒·达桑占堆兼任新成立的西藏银行行长。他不仅改革了西藏币制,同时也成了西藏的头号富翁。在西藏这样等级森严,又充斥着宗教气氛的社会里,擦绒·达桑占堆成了一个最富启示性的戏剧人物,在某种程度上,他已经成为一种宗教才能解释的传说人物,因为他的命运打破了当时西藏贵族和民众普遍认可的观念和规律。

生逢十三世达赖喇嘛时代的擦绒·达桑占堆,也许正因为他不是贵族出身,他的想法和手段都超出了贵族们遵守的规则,同样正因为他不是贵族,贵族社会往往忽略他在贵族权利角逐中隐怀的那份野心。

尽管达桑占堆出身卑微,但是他一经成为贵族擦绒家族的家长,他的言行在贵族社会中便显得格外出众。然而不容忽视的是,由于他的出身和他所接受的早期生活环境的潜在影响,使他最终也成不了一个具有贵族气质的贵族成员。而正是他的非贵族气,使他在贵族中显得因为没有包袱而轻松自在。同样他那种无所顾忌的言行,使他在贵族中的人缘很好。就这样,他成了社交场上的主角,他的豪爽和轻松常常使社交活动显得真实而富有人情味。对于贵族来讲,争妍斗奇是他们在社交场上喜好的"游戏",但是在进行这种"游戏"时,贵族们往往显得拘谨节制。作为贵族,无论在政界还是在社交上都会保持一种贵族应有的矜持,也就是贵族们常常标榜的"美德"。所谓美德是个人言行和祖先尊严合二为一的东西。因此,他们为确保自己作为贵族之"美德",即使在社交场合表现相互争艳的"游戏"时,也会非常节制地提醒自己所属的贵族身份,因为掌握不好"游戏"中的"度"或者说在"游戏"中显得忘形会受到周围的质疑。这些一连串的外在因素,对于没有贵族文化包袱的擦绒·达桑占堆却没有构成任何压力,也许他根本不清楚贵族们的"游戏"规则,也许是他的出身使然,反正他不去注意这些规则。总之,在某一天,他突然打扮得像一名洋人:他脱掉平日里的藏装,穿着长裤,穿着短衣,大摇大摆地在街上行走。这种短衣长裤在西藏尤其在西藏贵族生活圈内并不显得风雅。可是在西藏年轻人尤其是年轻的贵族眼中确是标新立异的一个创举。因此,擦绒·达桑占堆的这种新颖的着装方式给包括贵族在内的西藏社会带来了不小的震动。采访中总有人告诉我,他是个"胆大"的人物。正是由于这种"胆大",使他在政界中出类拔萃,他的言行似乎在强调一个事实,那就是要把西方的文化注入到西藏这个非常传统的社会中来。也许正是这种不完整的贵族观念,他才成为一个戏剧性的人物。不过,达桑占堆的介入,并没有给当时的为利益进行争斗的贵族社会带来些许变化。无疑,擦绒·达桑占堆的言行在给贵族社会带来新鲜空气的同时,也在破坏甚至在威胁贵族社会原有的基础,这不能不使他成为贵族社会共同排斥的对象。例如,当时有名望的一些贵族官员一直企图抹掉达赖喇嘛对擦绒·达桑占堆的信任,终于在1924年,达赖喇嘛免去了他的藏军司令一职,1930年,又免去了他的噶伦职务。擦绒·达桑占堆曾经以忠于达赖喇嘛而赢得了神话般的荣誉,同样以不忠诚达赖喇嘛的理由而失去了荣誉。可见荣誉本身对于贵族来讲并不是绝对的,它是以当权者的政治利益为转移的。尽管达桑占堆被解职了,并且失去了政治上的依靠,但是由于擦绒家族具有的经济实力,他的后半生如同他的前半生一样还是保持了一名要人的地位。他始终是贵族社交场合中的活跃分子,同时他还是一个满足贵族们好奇心的名高望重的人物。他的儿子在他的影响下接受西方现代教育,留洋在外,还给自己起了个洋名——乔治。这个名字在他回到西藏后仍然保留着,虽然人们更喜欢以米扎家族贵族公子的称号"赛囊巴"称呼他。这位贵公子在发辫上系上一枚金制的护身符,在言行中毫无顾忌地表现出对于西洋现代技术的喜好,诸如摄影、摄像等。①

索康家族:如果擦绒家族显得有些实际,那么索康家族却充满了神话故事,可以说神话演绎了索康家族的荣誉。索康家族成员声称自己是第四世达赖喇嘛的后裔,因此,这个家族也与亚谿家族一样是

① 笔者的调查笔记;参见《西藏的贵族和政府》。

个神圣的家族。索康家族的成员像西藏的许多贵族成员一样,家族的延续对于成员永远是个谜。与所有的贵族家庭一样,家族本身获取的荣誉和地位都可能来自某些家族成员的努力,也正是这些成员的努力使后人感到与生俱来的高贵。

在可供使用的文献资料中还未寻找到有关索康家族的一些早期活动。在1727年(清雍正五年),西藏社会内乱时,有一名叫"索康巴"的前藏贵族官员和朗索贝结等因失守江孜罪,被关押在桑珠孜监狱内。当颇罗鼐掌握了西藏地方政权之后,把他从监牢里放了出来。后来他住在扎什伦布寺,吃喝穿戴上也得到了优待。① 在他之后,索康家族的成员不断在政治上显示才干,并且为家族利益耗尽心力,但效果似乎不很明显。1804年(嘉庆九年),该家族终于出现了一位使家族成员引以为自豪的人物,他就是八世达赖喇嘛时期(1762—1804)最为安分守己的噶伦之一。这个人物虽然没有轰轰烈烈的身世,但他的忠诚不但给自己树立了权威,同样还使家族挤进了大贵族米扎等级的行列中。虽然该家族的后继者并不清楚这个依个人的努力提高了家族社会地位的人物在他的一生中经历了些什么,但在他的余荫下作为一个贵族,该享受的他们都享受到了,包括虚荣。他们知道的是:他几乎从不涉足城外,常常在城内盘桓,虽然他拥有非常耀眼的显职,但似乎从不滥用职权,他体态高大、容貌严肃、谈吐文雅,当他步入老年时,坦然地选择了出家生活,终致不失其作为贵族之尊严。但这一切描述可能出自家族后继者之手。

他的继承者是个精明能干的人物,他叫才旦多杰。索康·才旦多杰可能是老噶伦的儿子,他大约在1813年(清嘉庆十八年)左右步入仕途,他的幸运在于他的职务不断在升迁。不管他是不是老噶伦的儿子,但作为索康家族的后继者,他的行为足以让索康家的人津津乐道。索康·才旦多杰在仕途上几乎没有浪费时间,他在逐级升官过程中一直受到多方面的照应,作为大家族的子弟,他与生俱来的荣誉将

① 参考《颇罗鼐传》。

他塑造成了一个完美的形象。同样他依靠家族力量,他的雄心也能够自如地得以施展。索康·才旦多杰确实成了家族最为优秀的人物。在很大程度上可以说,他的一生记录了整个家族欣欣向荣的景象。在可供查阅的材料里很难找到他的仕途情况,但是我们在非常不经意中发现,他在1830年(清道光十年)时已经是一个噶伦了。虽然是噶伦,但是他的影响没有噶伦夏扎·顿珠多杰大。夏扎·顿珠多杰由于为顺利完成《铁虎清册》的编制做出了努力,得到了皇帝的封赐。1836年(道光十六年),因波窝(波密)的噶朗巴不照以前的例规按时向地方政府缴纳差税,地方政府派夏扎·顿珠多杰领兵前去征讨,与夏扎噶伦一同被派去的官员有索康·才旦多杰噶伦。波密事乱很快就平息了,为此,大皇帝对西藏的噶伦为首的贵族官员等赏给官爵、花翎等封赏,达赖喇嘛先后会见参战出力有功的人,并为他们摩顶赐福。[①] 从此之后,索康·才旦多杰名声大振。在"噶厦嘉帖"(噶厦汉书)中记录:"噶伦才旦多杰(索康巴),道光九年土牛年十二月受命前往查办藏北夹坝匪乱,捕获嘉德地方夹坝头目才旺雍仲,缚献汉藏官府,将其余违法之人就地管束,办理完结。又令雪、达尔、洛三地的嘉德部落负责支应过往官员物品驮马乌拉,管束部落出力,经两位驻藏大臣联名上奏,道光十二年水龙年十一月五日降旨,加恩赏给二品顶戴、孔雀花翎。"

1841年(清道光二十一年),即藏历第十四饶迥水虎年,索康·才旦多杰参加了反击森巴人入侵阿里的保卫战。但是数月后,"森巴军八千人进犯。西藏军与森巴拉达克联军又进行了多次战斗,有一次森巴军引水灌淹西藏军扎营处,因营地被淹,西藏军战败,西藏将领贝喜、索康及士兵五十余人被俘,监禁在拉达克的列城。……当年十二月十五日,了结拉达克、森巴军入侵事务的主管噶伦台吉索康巴及其助手前藏代本才旦、孜恰萨雄巴、尼塘喇嘛意希等人从阿里返回,向达赖喇嘛致礼和敬献物品。在宴席上,达赖喇嘛为他们摩顶赐福

① 《十世达赖喇嘛传》,第228页;参考《西藏通史》。

并赐给吉祥结，施恩加以款待。按此记载，最后谈判解决森巴拉达克战争的西藏的代表应是索康巴等人。……十三日，指挥阿里战事的两位噶伦、文武官员等在扎其兵营举行庆祝军功宴会，达赖喇嘛给他们摩顶，并赐给吉祥结、食物、用品等。索康和夏扎两位噶伦及其部下等从扎其兵营前来向达赖喇嘛请安时，达赖喇嘛在森浦寝殿宴请两位噶伦，并接受参加宴会的官员们敬献的哈达，并赐给他们护身结"[1]。由于这次巨大的成功，索康得到的报偿是，他的台吉爵号又可多因袭一代"[2]。人们能够感觉得到，从此之后他的权威得到了尊重，他的价值也因他的功劳而提高，他成为当时噶伦夏扎之外最有影响的噶伦。必须指出，他与九世达赖喇嘛妹妹的婚姻也是他政治计谋的结果，他的这桩婚姻确实能够掩盖和补救世俗权利的不足。

1844年（清道光二十四年），即藏历第十四饶迥木龙年七月，摄政策墨林诺门罕阿旺坚白楚臣嘉措任摄政二十五年后被道光皇帝免去摄政职务，并下令将他解送内地，查抄没收其拉章的财产，受到了严重处罚。策墨林拉章被查封时，卸任摄政策墨林活佛被监禁在法苑，策墨林的文书档册也被清查。索康才旦多杰是主管当时案子的官员，在《西藏通史》中明确写道：策墨林活佛僧籍属于色拉寺麦扎仓，此时忽有色拉寺麦扎仓的许多僧人涌入策墨林拉章，殴打噶伦索康等官员，放出策墨林活佛并将他带到色拉寺麦扎仓。由于这次事件，致使索康·才旦多杰含恨丧命。他的死，使得整个家族秩序紊乱不堪。他有两个儿子，平日里这两个儿子在大家族提供的保障下过着优越的生活，关于他们的仕途生活可以略过去不谈，因为他们都是些无能之辈。索康·才旦多杰的死给索康家族以迎头痛击，索康家族的生活开始大滑坡，最为关键的是该家族缺少承担家族延续不败的成员。索康·才旦多杰的女婿是当时大贵族"江洛坚"家族的公子，与索康两少爷相比较，他是一个较为精明的人，他的精明使他无可争辩地成为索康家族的中心。诚然，这位索康女婿为家族做过相当的努

① 《西藏通史》，第825页；参考《十世达赖喇嘛传》。
② 《西藏的贵族和政府》，第119页。

力，只可惜，我们还是不能清晰地描述他的性格和具体作为。虽然他可以依靠两个家族来提高其政治地位，但是他最终没有成为一名名垂久远的人物，当然我们不能因此推断他是一个平庸的人物，因为他为这个家族的延续付出了极大的努力，其努力盖过了他在仕途上的失意。值得注意的是，他可能是一个特别擅长运用贵族规则的人物，正因此，他后来通过自己儿女的婚姻来不断加强家族的社会地位。虽然免不了有些主观臆测，但可以确定的是，他是一个典型的克己的有才能的家长。他的儿女们的确在他的这种有意安排下轻松地生活着，他们游手好闲，尽情享受生活。

索康家族在这种迟缓的发展中，很难出现一个有作为的家庭成员。如此一来，家族生活犹如光亮的镜面一般毫无波澜。虽然，家族成员的血管里有着贵族的血液；虽然家族成员可以依靠继承来的产业生活着，但是如果他们不能像大贵族家族的成员一样担当一些高贵的职务，寻求政治地位上的提高，即使是最为坚固的贵族家族也会变得低级拙劣。家族面临了无生气的状况，使家族成员之间的凝聚力在消减，大约在 1928 年，索康家族出现了大贵族避之不及的分家动产的事，"索康苏巴"（旁系）产生了，这对于大贵族保持其社会地位不能不说是一个悲剧。但"塞翁失马，焉知非福"。的确如此，索康家族的分离，并没有给家族带来灭顶之灾，反而家族在发展中有了新的转机，结果索康家族的直系和旁系均出现了较为精明的人物。尽管索康直系、旁系的出现或多或少地给整个家族的经济地位带来了负面影响，但是家族直系和旁系如同胳膊和腿一样互相使劲，给家族的勃兴注入了活力，也让周围贵族称羡不已。

1910 年（清宣统二年）出生在索康直系家庭内的接班人旺钦格勒是该家族经济地位和政治地位的矫正者。旺钦格勒在他的父亲旺钦次丹的庇护和指导下接受了作为一名贵族青年应该接受的教育，正是他的父亲唤起了他作为大贵族后裔的荣誉和虚荣，同样也正是父亲使他看清了负债累累强撑门面度日的家庭悲哀。作为大贵族的荣誉和实际生活中的哀愁使他很小时就被培养成了一个"好孩子"。

他十八岁步入仕途并获得官职，与此同时他也继承了家业，成为一家之长。尽管家庭生活有些衰败，然而百足之虫死而不僵。他个人的官职虽然不是很显眼，但是对他来讲毕竟是个机会，而且也是晋升官职的基础。

通过调查和一些文献资料，能够看出索康·旺钦格勒并不满足于他所接任的公职，但是在命运尚未对他有所顾盼之时，他也只能在这个低职别上闲晃。他不满足，似乎一直在等待命运的转机。这个时候，他是否有过预感，自己将会成为西藏地方政府的一名高级官员？不得而知。不过，他每天表现出来的都是孜孜不倦的努力。也许生活让他在很小的时候，已经学会了审视周围的人际关系，可能就如一些被调查的人员告诉笔者的情况一样，他很小就幻想自己的将来，并且在菩萨面前虔诚地为自己的将来祈祷。总之，他后来确实成了西藏地方政府非常重要的官员，并且在西藏地方的政治活动中扮演着一个极其活跃的角色。

必须坦白地承认，西藏地方政治是建立在贵族官员之间的利益和阴谋纵横交织的网络之中的，索康·旺钦格勒的父亲就是其中的一个典型。由于他是擦绒·达桑占堆的人，因此地方政府在罢免擦绒·达桑占堆的职务时也没有忘记他，他最终以与一个女人私通为由而遭到降职处分。这对于本来不走运的索康家来讲是件雪上加霜的事情。然而，他的儿子索康·旺钦格勒扳正了该家族的前进方向。布满利益和阴谋的政治舞台上，索康·旺钦格勒费尽心机，对此没有什么值得惊奇的，因为当时西藏地方的政治策略常常给贵族以机会，在此情况下，索康·旺钦格勒交上了好运自然不足为奇。对于该家族来讲，这也是个非常实际的慰藉。

1933 年十月十三日，十三世达赖喇嘛圆寂，当日，布达拉宫哀乐回响，人们身着素装，悲伤之极，沉闷的空气萦绕着整个拉萨城。就在这时，贵族之间的权力斗争又一次来破坏人们根深蒂固的宗教感情和最为坚定的宗教意识。首先表现在十三世达赖喇嘛最为亲近的人物之间的离心上。朗顿·贡嘎旺秋，这位十三世达赖喇嘛的侄子，

索康·旺钦格勒（20 世纪 40 年代）

达赖喇嘛圆寂前地位最高的官员；土登贡培，这位十三世达赖喇嘛的心腹和亲信，达赖喇嘛圆寂之前权势最为显赫的人物，他们之间由于长时间缺乏制衡力量，相互间的不满日趋严重。当他们相互间的仇视已经到了没有人能够阻止之时，他们开始从暗斗转向了明争，但他们怎么也没有想到，他们的结局竟是两败俱伤。此外，达赖喇嘛圆寂之后的明争暗斗还表现在大贵族之间，他们使用各种手段结帮拉派，互相攻讦。当没有精神力量掩盖或补救世俗权力的不足时，整个社会陷入了混乱状态。贵族们非常精明地和非常慎重地进行选择，尤其是较小力量的贵族成员和家庭，他们希望在这种混乱的局势下能够交上好的官运。而索康·旺钦格勒可以说是其中的一个幸运者，在那混乱的时代里，他终于交上了好运。这也许是混乱时期的机会，也许就如人们介绍的一样，他的聪明使他在那样的时期里以自己的慎重和努力进行了恰当的选择。

十三世达赖喇嘛圆寂后，西藏地方政府以噶厦为主进行了商讨，最终抽签问卦，热振·土登强白益西呼图克图中签就任当时西藏地方政府的最高职务——摄政。国民政府特派参谋部次长黄慕松在他的《使藏纪程》中也有记录："闻此次达赖圆寂后，群拟前任甘丹赤巴尺苏为藏王，伊力辞不就，并由其制作糌粑三枚，将热振、现任甘丹赤巴及在色拉寺曾为达赖师傅之某堪布三人姓名书装糌粑之内，在叭叭卢布(喳啦鲁故)雪热(殿名)俸经拈出热振为藏王……"。热振这位年轻的被中央承认的摄政，在贵族社会动荡的人际关系中，凭借着自己崇高的地位和独特的思想，在很短的时间内树立了权威。到了1939年，摄政热振已经独揽了西藏的政教大权，他不仅成为西藏地方政府独一无二的统治者，而且把所有对手都铲除净了。[①] 作为摄政，他的重要功绩在于坚决维护中央对于西藏地方的领属关系和成功地寻找到了十三世达赖喇嘛的转世灵童，并且按照西藏的传统习俗，在布达拉宫成功地举行了十四世达赖喇嘛的坐床仪式，并邀请中央代表来主持这个重大的仪式。达赖喇嘛的圆寂及其灵童的转世对于西藏人来讲，是宗教信仰上非常重要的一件大事。黄慕松在他的《使藏纪程》一文中写道："中华民国二十二年十二月二十二日，西藏

① 参考《喇嘛王国的覆灭》。

达赖喇嘛圆寂。中央念其历年以来，宣扬佛化，保障西陲之功，兼为沟通中藏情感，回复原来关系起见，册封为‘护国弘化广慧大师’并致祭奠，特派慕松为专使，代表入藏，举行册封致祭典礼”。册封吊唁达赖喇嘛是大事，灵童转世坐床也同样是大事。所以，中央继黄慕松吊唁十三世达赖喇嘛之后，有蒙藏委员会委员长吴忠信入藏敕封十四世达赖喇嘛拉木登珠坐床典礼之事。关于这件事，吴忠信的《西藏纪要》有详细的记述。《西藏纪要》是一部内容非常丰富且纪实性很强的著作，它涵盖了西藏社会生活的方方面面，尤其是十四世达赖喇嘛转世及其坐床方面的描述。在《西藏纪要》一文中写道：“1.国民政府特派大员前往拉萨会同热振呼图克图主持第十四辈达赖喇嘛掣签事宜。2.国民政府特派大员，会同热振呼图克图主持十四辈达赖喇嘛掣签事宜，并得由该员指派代表就近办理之。3.国民政府特派蒙藏委员会委员长，会同热振呼图克图主持十四辈达赖喇嘛掣签事宜，并得由该委员长指派代表就近办理之。”《西藏纪要》一书中还有这样的一段描述：“最初西藏政府呈报中央，谓在青海选得灵儿一人，在西藏选得灵儿二人，拟集齐拉萨，降鸾掣签。迨中信抵藏后，始悉其所选得之灵儿，仅接得青海拉木登珠一人至拉萨，余二人则寂无所闻。此按之达赖喇嘛转世手续，或掣签或不掣签，均属可行，但必须呈请中央核定。热振以西藏僧俗官民，咸认拉木登珠为真正之达赖化身，希望免予掣签，乃于二十九年一月二十六日具文呈请。”当摄政热振履行摄政职权时，他所拥有的权力危机也随之而产生。他的反对者声称摄政热振滥用职权为自己的拉章（活佛居住地）谋私利，而摄政热振的亲信则借摄政之名进行招摇撞骗。更有甚者，他的反对者说摄政热振与一些贵族女子有染。很显然，这些反对者的攻击之词在西藏民众特别是上层贵族中引起了强烈的反响，并且动摇了民众的宗教感情，其结果迫使摄政热振以及追随者不得不采取一些补救措施，于是在1940年年底，摄政热振召集噶厦成员，违心地提出辞职，并要求召开“民众大会”通报辞职之事。与此同时，他还向噶厦建议：“自己在出任摄政期间，在迎请僧俗民众信赖的达赖转世灵童，并举行坐床典礼等重要事情上尽职尽责，没有误过事，边境安宁，政教事务也平顺，但卦签预示今年我有极大凶兆，故此我现在不得不辞去摄政职务和经师职务，也向达赖呈报了正当理由，诚心期望批准我的辞呈。建议在达赖幼年期间，由达札活佛出任新的摄政，这是因为达札活佛本是达赖喇嘛的副经师，达赖灵童也拜他为师，对他非常尊敬，前世

贵族官员在庆典中(20世纪40年代)

达赖亦非常器重，他对政教事务博学多识，因此，除了他以外再也没有合适的摄政人选，再说卦签也显示吉祥兆头，他出任摄政必将增辉。这样做完全是为了政教事业永久平安，没有夹杂任何私心杂念，希望与社会磋商摄政人选。"① 根据摄政热振的提议推荐达札·阿旺松绕图多为摄政，当时社会上流传着热达之间有密切的师徒关系，摄政之权交与年事已很高的达札，是为了将来便于收回来等之说。无疑，拉萨街上都在议论着热振活佛和达札活佛的轶事，这些轶事无论是否真实，都吸引着生活在当时的人们。1941年1月1日，当今达赖

① 《西藏通史》，第941页。

喇嘛的经师达札活佛接职上任。没有多久，达札活佛为了答谢热振活佛的信任，邀请热振活佛及近侍到拉萨公馆灵桑颇章，举行了盛大宴会，并赠送了许多礼品。此后不久，卸任摄政热振离开拉萨返回热振寺，临行时，以噶伦为首的西藏地方政府僧俗官员、三大寺堪布、藏军各营等按惯例隆重欢送热振活佛一行。①

正当外界因热达之事沸沸扬扬和内部人事骚乱时，达札活佛开始把热振留下来的势力视为自己的眼中钉。实际上，他不是人们想像中的一个慈祥的老活佛，他的想法和行为在一般的活佛中无人能及，他以执政者的姿态开始控制西藏地方政府的行政运转。首先，他把人们的注意力从沸沸扬扬的热达之事转移并集中到了西藏行政事务的运行上。最为大胆的行为表现在他以旁若无人的态度来处理所面临的一切事务，他排除异己，结党营私。比如说，当达赖喇嘛的父亲无视西藏地方政府法规、违背常理和常规时，他对此进行干预，并利用摄政之职权来约束新的亚豀家庭的出格行为。无疑，达札活佛是在杀鸡给猴看，以建立自己的秩序。接着，重拳出击，对官僚人事进行了精心调整，索康·旺钦格勒是当时应运而生的一个官僚典型。1943 年 10 月，年仅三十三岁的索康·旺钦格勒被达札任命为噶伦。关于索康·旺钦格勒被任命为噶伦一事，有很多传言，其中有很多人相信索康是用重金从摄政那里买的重职。不管怎么说，索康·旺钦格勒确实在这种复杂的形势下成为了幸运的人物。索康·旺钦格勒的幸运对于索康家族来讲是一次千载难逢的好时机，如果说他的重职确实是由家族买来的，也买得其所。如果说他是通过行贿登上噶伦位置的，那么西藏地方政府最高职位的买卖似乎正是从此时开始的。

对索康·旺钦格勒作一完整评述是非常困难的。在恰白·次丹平措老先生的《索康·旺钦格勒的一些轶闻琐事》一文中写道："索康，是原西藏地方政府的世俗贵族之一。19 世纪初叶，与九世达赖隆朵嘉措(1805—1815)之亚豀(父家庄园)合并，成为西藏农奴主中的一个

① 《西藏通史》，第 942 页。

大家族；又因上几代当过噶伦，其后嗣便被称为米扎（门第更高的贵族），世袭赛囊巴（副四品）官爵。……索康是一位深谙世事，老于世故的人，比如，他每天去噶厦或外出办事时，穿戴整齐，走出寝室后，总要到他的母亲跟前，道声：'阿妈啦，我要去噶厦了。'下班回家，也要去母亲寝室，又道声：'阿妈啦，我下班了。'然后才到自己的寝室换装。再如，据说他的父亲因与其母亲不和谐，分居后从未迈进本宅。但索康在举行噶伦任职典礼，以及在每年藏历年等节假日，总要去位于波林卡的父亲新寓所，向他拜节问安，一直十分恭敬。又如，他的伯父贡桑孜每当来到索康家时，他口称'阿古啦'（叔叔或者伯伯），恭请首座，殷勤伺奉，来去迎送。此外，即使一些年长的普通官员前来拜访，他也是给予礼遇。因而受到人们的称赞。……我任满噶巴，奉为江孜宗本（知县）后，向他辞行时，他对我做了这样一番开导：'到了

索康噶伦（20世纪40年代）

宗府后，不要随便收受老百姓的赠礼。他们送来的那么一点，对我们的家业，全然无济于事。还是宽厚待人，博得名声，日后才更有利。对那些富裕户，也要讲和睦。与其从他们手中直接索点财物，不如帮助那些人以做买卖、搞驮运、销土产为名，从中谋得好处。实际上，这样做进项更多'。末了，又颇为感慨地说：'世上无人不利己，但一定要善于盘算才行。若过分贪婪，会名利俱毁'。……索康还是一位善于逢迎而又势利的人物，并为此乐于慷慨解囊，颇能见机行事。我听说过这样一件事：索康未出任噶伦前，大约是1941年，噶厦聚宴的东道主轮到噶伦旦巴降央。尽管此人在噶厦说话颇有影响，但当时家底尚不雄厚。因此在筹措宴席的用费及各式器皿时遇到了麻烦。于是，索康乘机主动提出一切由他代办，负担了所有开销，事后也未收取分文。从此，两人便成为莫逆之交。据传，当索康谋求噶伦职位时，旦巴降央主动向达札说情，帮了索康很大的忙。……索康又是十分留心统治阶级内部矛盾的人。有桩事可以说明——事情发生在藏历木猴年(1944年)传召大法会后的赛马期间。赛马开始之前，要在布达拉宫后面进行预赛，发放赛马牌号(马鬃印号)。那年发牌时，噶伦旦巴降央的家佣与噶伦平康的家佣相互抢牌，发生争执。平康家人多势众，殴打了对方。几天后，在正式比赛时，旦巴降央便增派了佣人，又让一些哲蚌寺浪僧和藏军(该噶伦时任藏军司令)扎谿部的兵丁乔装观众前往赛马场。平康也增派了佣人。索康得悉此事后，说我们领牌子不能多派人，他派了三名年长的佣人，并特意吩咐他们：'拿牌时千万不能去挤，反正马背上都挂有名号。到底哪家抢领，拉萨市民看得很清楚。别人打起来，千万不要去干预，要站得远远的。'那天，赛马场地设在固朋塘，照例来了总管扎萨一人、助手雪仲四名，以及内勤差人等。虽然他们竭力维持赛场秩序，但赛马还未到，场上果然发生了抢牌争斗。这一次，旦巴降央手下一伙人仗着人多，用棍棒、石块殴打了平康家佣。由此，两位噶伦间的矛盾变得更加尖锐。平康要求对方交出打人的凶手，旦巴降央则要求交出预赛那天抢牌闹事的祸首。彼此相持不下，以致噶伦会议也有好几天未开成。……最后由彭雪和索康以调和人的身份,向对立双方各献去二十五品藏银及一条上等哈达,美其名曰'祝贺扬名',这场纠纷表面上得到了和解。然而两人的积怨未能化解,在以后的官场事务中彼此作梗作祟,一味钩心斗角。故而,曾一度使彭雪和索康赢得了从中渔利的良机。……索康尤其注重社会舆论。他平常喜欢把一些没有固定职业的人请到家来,闲聊玩耍,为他散心解闷。我记得当时的常客有:拉达克人班加布、蒙古人洛桑、回人马阿訇和马关阳、前孜本恰鲁以及桑颇旺钦等。索康通过他们了解当时拉萨的茶馆、酒店、赌场、商号里的各种议论,进行分析思考。若得知一些奇文趣事,便给下人小费,令其雇请人探明来龙去脉。"通过以上的文字描述,可见索康的身上集中体现了封建制度下贵族在政治上的老谋深算以及圆滑的处世态度。

能够确定的是,他是一位坚定的达札政权的支持者。他的噶伦职位来得不明不白,使他的行事也带有了一些特殊的晦暗色彩。"热振事件"是达札就任摄政之后相继发生的一系列事件中最为重要和突出的。关于这一事件的前因后果说法很多,随着热振的死亡,这一事件更成为一个离奇传说。但是在这一事件中引起我们注意的是,达札和热振之间微妙的关系以及这种关系危险的根源,其中包括利用宗教的伪装。在这一事件中,索康·旺钦格勒不负达札的提拔,为达札立下了汗马功劳。无论索康·旺钦格勒个人的宗教感情和道德观如何,他在这一事件中充当了达札的马前卒,他竭尽全力,为达札政权的稳定做出了贡献。因此,当达札坐稳摄政职位后,索康·旺钦格勒随之获得的荣誉源源不断,他成为达札政权的活跃人物。

虽然索康·旺钦格勒的政治地位是通过金钱和政治赌博获得的,但是坦率讲,作为当时西藏地方政府内最年轻的噶伦,他的政治谋略高于其他噶伦。三十三岁,一个很年轻的岁数,得到了噶伦的官职。与此同时,因为他会说一点英语,并且订阅英、美出版的各种刊物,接受西方的思想,沉湎于西方的生活方式,所以,被周围的人误以为他是当时四个噶伦中最为开明者。也正因为如此,人们对他褒贬不一。

笔者在调查中得出的较为一致的看法是：这位通过政局的不稳定脱颖而出的著名人物到后来给人们的印象仅仅是一个“聪明能干”（也可能指狡猾）的人。

第三节 在废墟上为自己树立铜像

在西藏，人们意识中的米扎家族似乎都在共同的纱幕下过着同样的日子，其实不然。透过其所拥有的政治地位来对米扎家族做客观的分析，就会惊讶地发现他们所追求的政治荣誉不是单一的，他们之所以如此渴求政治地位是为了进一步提高家族的经济地位。显然在西藏贵族社会中，软弱的家族经济很难满足和加强政治威权和势力。无疑，贵族个人为了维护和提高家族的经济地位，在政治阴谋中不惜丧失其道德标准，谋取政治职位成了一种半公开和半炫耀的行为。西藏的近代史不可能忽略一些人物，更不可能忽略一些家族，他们本不属于这个固定的阶层，然而他们却堂而皇之地在贵族群中表现其威严，甚至成为贵族群中名高望重的人物。由于这样或者那样的因素，因此我们不可能不对贵族曾经炫耀过的传说产生怀疑。在这些类似神话砌成的贵族荣誉殿堂里，就是这些特殊人物向人们讲述了贵族身份的取得未必是前后世之因果。在西藏的贵族社会中似乎再也找不到像“噶雪”家族的创始人曲结尼玛这样的人物和这样的经历，他同擦绒·达桑占堆一样也是一种非常的机遇创造出来的典型，与擦绒·达桑占堆不同的是，他开辟了一个崭新的大贵族家族。

噶雪巴家族：就噶雪·曲结尼玛本人而论，20 世纪 30 年代时，他还是一个很不起眼的小人物。在毕达克先生的《西藏的贵族和政府》一书中写道：“噶雪庄园位于江孜附近的喀尔卡。该家族严格来说并不属于贵族，而且在本世纪（指 20 世纪）30 年代以前一直无足轻重。因为曲结尼玛的缘故，该家族方脱颖而出。曲结尼玛生于 1903 年，1919 年开始做官，1924 年担任桑宗宗堆……1934 年担任四品官（仁细)……1935年他担任孜本，并于1945年擢升为噶伦。”即使这样，对于他的身世，还是众说纷纭。有很多人认为他是“丹杰林”“曲豁”(寺庙庄园)的一名管家，因为在“丹杰林”事件中他遇上了一次发迹的机会，后来他便以“丹杰林”的“喀卡”曲豁作为个人的“帕豁”(父亲之庄园)，为自己赢得了贵族称号并在政府机构内谋得一职。当然，对于这种说法也有持不同意见的，他们认为他起初只是达赖喇嘛在冬夏两季移居布达拉宫和罗布林卡时在前面开路的“噶巴”。一次，当达赖喇嘛在地方政府的各大官员以及三大寺僧众代表的陪同下，从布达拉宫出发，浩浩荡荡开进罗布林卡夏宫时，对面有一匹马不慎受惊直冲前面的队伍而来。这时，作为“噶巴”的曲结尼玛眼疾手快，非常果断地勒住了受惊的马。正因为他的英勇之举，十三世达赖喇嘛非常赏识他，并为了奖赏他的行为，封赐了土地并封了爵，使其成为一名贵族。不管事实究竟如何，总之，一次偶然的机会使他得到了令他意想不到的惊喜。这次机会使他彻底地摆脱了他原该属于的阶层，成为西藏贵族社会的一员，并且还成功地保持了他所获得的这一地位。噶雪巴·曲结尼玛在他所处的政治斗争极为复杂尖锐的年代里，是个非常让人难忘而略带有戏剧色彩的人物。客观一点讲，这个人物与西藏近代史有着千丝万缕的关系。的确，当我们翻开西藏近代史就会发现这样的例子：1934年，他卷入了龙厦事件——先是事件的参与者，后来成了告密者。因他向噶伦赤门告密，龙厦被擒。在以后的时间里，他又以同样的方式对待热振活佛。毫无疑问，龙厦的悲惨命运和热振活佛的死亡都与他有着直接的关系。固然，不能依据某些可能来断定曲结尼玛是一个缺少道德观的人，然而正是因为这些事实，人们对于他的认识和评价才变得不一样了。当时有不少人认为他可能是一个缺少贵族风度、在现代尊荣观念影响下非常重视个人利益的人。尽管有了这样不很确定的定论，但是客观地进行评述并非容易。因为对于贵族社会来讲，任何事情都可以借助毫不费力的言辞来为自己的行为进行辩解，诸如他的行为是为了维护他在不久前获得的社会地位。同样的理由出自反对者，他们称他的血管里没有贵族的血液，所以，他还不具备完美的贵族风度。无论是什么样的理由，对于人为因素很强的社会来讲，都是完全可以理解的，基于这点，历史和社会无法重新设计他的形象。无疑，当噶雪巴·曲结尼玛在做出选择的时候，其内心的感受也只有他个人最为清楚，也许他也是在惊恐的状态下来做这些危险而荒唐的事情的。其实，在一个恪守等级的年代里，如果想保持住所谓的贵族尊严，反而显得有些愚笨。尽管不能对噶雪巴·曲结尼玛的个人选择作出客观评述，但正是由于他这种不近情理的行为才保住了他千辛万苦赢得的贵族头衔，并且还使他拥有了不逊于大贵族的生活。最为可笑的是，人们在毫无情面地批评他的道德观时，也掩饰不住地赞叹他的"辉煌成就"。噶雪巴·曲结尼玛的一生虽然随时见风使舵，但他还是算计不过西藏地方政治暗含的游戏规则，在以后的岁月里他也因被人暗算而革职，并被套上了象征耻辱的白衣服逐出了拉萨。好在他的子女们有幸通过与大贵族家的联姻，毫不费力地延续着他万般辛苦创建的家族。

尽管噶雪巴·曲结尼玛在西藏地方历史舞台上创造了奇迹并引起了人们的关注，但他仅仅是一个较为特殊的人物，难以概述整个贵族社会的状况。虽然他的身世在某种程度上揭开了贵族神话世界的一角，然而仅靠他个人的生活和经历还是无法充分展现整个贵族社会的图景。

作为米扎家族，其特征要求是明确的，毫无疑问，家族内是否有或者有过成员充任噶伦一职，是成为米扎家族的真实核心所在。正因为如此，当深入研究米扎家族的外部特征时，不能不让人惊讶于其内部的区别。

米扎在西藏贵族社会中作为大贵族等级，其家族成员显得与众不同，也就是说可能更虚荣一些，虽然虚荣是各大贵族家族必需的标志。的确，米扎家族从社会政治地位来讲，无可非议属于大贵族，其子弟一生下来就被认定为"赛囊巴"（少爷的特别称呼），以示区别于其他贵族子弟。与身俱来的"赛囊巴"等级称谓，使其自然会在成长过程中受到很多的照应和青睐，从而更加深了其虚荣心。

不过，在了解米扎家族时，必须清楚米扎家族之间可能存在的经济地位上的不平等。土地的拥有量是米扎乃至整个西藏地方贵族衡量经济地位的惟一标准。由于米扎家族的形成仅仅借助于家庭成员个人在政治地位上的升迁，因此在实际生活中，各个米扎家庭不均匀的经济实力也是不可避免的。由于经济的不平等，往往使得拥有米扎头衔的家族各自延续的方法也各不相同。正因为如此，在西藏近代贵族社会中有擦绒、夏扎、索康这样名副其实的米扎家族，也有噶雪巴这样特殊的米扎家族，还有一些与上述二者不同的米扎家族，其中贵族"赤门"家族就是一个非常突出的例子。

赤门家族：赤门家族与西藏大部分贵族家族一样，也有一个值得追溯的历史。根据赤门·索朗班觉老先生的说法，该家族的创建与佛教大师莲花生的一些生平事迹有着一丝联系。赤门家族的帕豁位于山南地区一个叫"温"的地方。该地方有一座有名的山，叫"扎西赤康"。该山上有一法座，这法座曾是专门用来供莲花生大师在该地传法时享用的，因此，这座山前面的地方叫"赤东"(法座前)。"赤东"的地主最早与莲花生大师建立了密切的联系，至于这种联系是否掺杂着一些血缘因素，至今还是个谜。但是能够确定的是，"赤东"是"赤门"最早的名称。在长期的延续过程中，该家族的名称在不经意间发生了变化。

莲花生大师弘传佛教是在吐蕃赤松德赞时期，在《巴协》和《贤者喜宴》中对莲花生大师传法作了详细的描述。如果说"赤门"家族的创建与莲花生大师有一些联系，那么该家族的祖先肯定生活在赤松德赞时期。但是这仅仅是个推测，因为没有任何资料能够佐证。然而这不会影响家族后继者的信念，也不会影响周围人对于该家族的信任，因为除亚豁家族外，西藏贵族家族很少能够清晰地勾勒出自己家族的历史及其延续过程。在《西藏的贵族与政府》一书中写道："该家族直到 1754 年才第一次被提及，由于多尔济策楞(多杰次仁)，它才为人所瞩目。……他在 1801 年才擢升为噶伦"。毫无疑问，这位在 1801 年(清嘉庆六年)擢升为噶伦的赤门·多杰次仁把该家族带进了西藏大贵族米扎的行列，但是这个人物除了给该家族的后继者留下极端的骄傲感之外，并没有留下更多的故事。在缺少故事情节的家族延续史中，我们只有去揣测，设想赤门·多杰次仁之前和之后的家族成员有可能在很少敌意的环境中平静地生活，并在某个固定的时间里把家迁到了拉萨。即使这种设想可能是真实的，但是对于近代的赤门家族成员来讲，也没有什么实际的意义，他们生来就有的家族自豪感和政治上拥有的卓越地位，不会让他们去留心那些烦琐的历史。

如果把该家族的政治地位和经济地位结合起来看，赤门家族是一个幸运和不幸的结合体。

我们在此前提到过，对于贵族来讲，土地是家族延续壮大的基础，也就是说，土地拥有量的多少体现出家族的实际价值。在当时的西藏，土地集中体现了贵族社会的各种各样的关系，其中包括权势和人际关系。正因为如此，土地对于任何一个贵族家族来讲，都显得非常重要。作为古老贵族的赤门家族，对于土地的感觉同样如此。按照常规，几百年的家族历史，并且在政治事务上出现过一些杰出的人物，家族所属的土地可能会不少。然而令人惊讶的事实是，该家族一直是个贫穷的大贵族，甚至近代，家族竟没有固定的宅院。如果我们分析一下赤门家族，就能发现其古老美丽的家族史是如何在反反复复的逃避痛苦中延续的。

大约生活在19世纪后期的赤门巴·贡觉丹巴，没有为家族做出什么有实效的贡献，他个人的生活完全渗透在家族的历史中，他除了拥有家族的荣誉之外没有赢得个人的声誉，正因为如此，在他的政治生涯里没有获得较高的地位。作为一个父亲，赤门巴·贡觉丹巴同所有的父亲一样也要为自己的女儿寻找一门好的姻缘。终于，他对女儿次旺玉珍的婚姻作出了较为实际的考虑，将贵族"夏格巴"家族的"孜巴"（会计）的儿子诺布旺杰招赘到了家里。虽然诺布旺杰不是贵族出身，但作为大贵族夏格巴家的财务代理人的儿子，家庭的实际经济情况比赤门家强得多。对于赤门家族而言，诺布旺杰的入赘可能

建筑群

使自己在经济上获利，而对于夏格巴家的高级家奴而言，会在政治上得利。既然这桩婚事两家皆有利可图，虽然是跨阶层的婚姻，但何乐不为呢！

诺布旺杰入赘后，以赤门家族继承人的身份成为一名贵族官员。

1909年(清宣统元年),十三世达赖喇嘛离京返藏时,他已经是“噶伦来参巴”(五品俗官)。1913年,在印度北部的西姆拉地方召开了“西姆拉会议”,西藏地方政府派伦钦夏扎·班觉多杰、助理人员台吉赤门·诺布旺杰等与会。《西藏的贵族和政府》一书中这样写道:“1913年年初,他被任命为副司令,带台吉头衔,同年后期偕伦钦夏扎参加西姆拉会议,1914年成为噶伦。”显而易见,他是当时西藏不稳定局势的得利者。虽然诺布旺杰没有接受过严格的贵族教育,但是在近代西藏地方政治舞台上他却赢得了至高的地位和优厚的待遇。他能够在他的同时代人中获得功名,主要由于他把自己看作是赤门家族的真正后继者,他模仿贵族们的生活习性,把握机会,寻求并取得上层官员的欢心。正因为如此,他在同代人中显得生气勃勃。他获得的功名不仅加强了个人的傲气,同时也为赤门家族赢得了荣耀,增加了土地,提高了经济地位。

1934年,西藏地方发生了“龙厦事件”。受过西方社会影响的龙厦大胆地想通过自己掌握的西方知识来改良西藏地方传统的政治运行机制。他只是想作一些改革,而非改变封建的政治制度。但是,正如《喇嘛王国的覆灭》一书中所说:“龙厦所倡导的这场急进的改革运动牵涉到了噶厦。他希望以4年一届的任期制来取代噶伦的终身制,而且,他还希望由‘民众大会’来选举噶伦,因此使噶伦向‘民众大会’负责。”“龙厦事件”对于那些安于现状的贵族来讲,不是少年变成老年,而是男人变成女人的荒谬事件。不管这一事件是属于什么性质,赤门·诺布旺杰可是在这件事情上扮演了至关重要的角色,整个事件的起因和平定似乎都围绕着他。如果龙厦成功了,可能给他带来灭顶之灾;反之,将会加强他已经建立的尊严和掌握的权利。

“龙厦事件”为西藏枯燥乏味、墨守成规的政治制度,添加了一些刺激的内容。时间的流逝,无疑对了解事件的真实性带来了影响,但是我们可以从许多文献中发现一个值得信赖的故事,那就是赤门·诺布旺杰是这段历史故事的主角。无论活着还是死去,他都是西藏这段历史的风云人物。毕达克先生在他的《西藏的贵族和政府》中说他是一位“担任噶伦的时间在本世纪(指20世纪)西藏历史上是无与伦比的”。探测诺布旺杰,不能不承认他是20世纪噶伦中出类拔萃的人物,他的投机和聪明使他毫无保留地成为出人头地的人物。对于他的个人的成功,贵族们只能叹为观止。

据老人们回忆,赤门·诺布旺杰在担任噶伦期间,西藏地方政府的一切诉讼案件都由他处理,他以非常严肃而又不知疲倦的精神来处理这些案件。他的威严也因此建立了。闻名西藏的“龙厦事件”就是他一手处理的,事件的结果是挖去龙厦的双眼珠,当时还决定各砍去龙厦的两个儿子的手脚各一。后来由于西藏地方政府以及宗教界要人的求情,免去了对龙厦的两个儿子的处罚,但是附加了一个条件,即龙厦的后代再不能充任西藏地方政府官员。

“龙厦事件”是近代西藏地方政治史上非常重大的事件,是能反映当时西藏地方政治斗争的一面镜子。在这个事件中不仅表现了西藏地方政府的腐朽,也折射出了贵族间的人际关系和处世哲学。

根据赤门·索朗班觉的讲述,赤门·诺布旺杰是一名严肃、廉洁的政府官员,对于这段评语我们没有理由去怀疑。《西藏的贵族和政府》一书对他的最后评价是:“赤门不是政治家,而是西藏最出色的行政官员之一。”赤门·诺布旺杰的影响遍及整个西藏地方政府,但是,赤门家族并没有因此增加更多的土地,没有因此成为一个富有的大贵族家庭。这其中的缘由在哪里呢?是否可以归结为他的第二次婚姻呢?可以这样说,赤门·诺布旺杰的第二次婚姻不仅给正在兴旺的赤门家族带来了不幸,还给他一手处理的“龙厦事件”增添了一些喜剧色彩。

赤门·诺布旺杰作为一个人可能有的弱点,或者说一种生活习惯,或者说是威严之下的温柔,使他选择了第二次婚姻。这次婚姻,也许对于他个人来讲是一件明智而又聪明的选择,但在包括赤门家族成员在内的人们的眼中,显得笨拙而不完美。赤门·诺布旺杰的第二次婚姻迫使他从赤门家族分离出来,另立门户,成为“赤门苏巴”(赤门旁系)。赤门家族的一分为二,使得本不富裕的家族元气大伤。

饶有讽刺意味的是,他一手判定的关于"龙厦的后代不能充任地方政府官员"这一决定,因他的这次婚姻选择,也显得不那么绝对了。《喇嘛王国的覆灭》中有这么一段描述:"龙厦之子拉鲁·次旺多杰通过请求恢复了政府官员的职务。他申辩说,自己实际上并不是龙厦的儿子,他声称自己的生身父亲是另一位贵族协噶林巴,他的母亲和协噶林巴都发誓确实如此。他运用这种软弱无力的手段(以及大量的行贿),凭借拉鲁家族的名望,重新得到官职,被授予'色(赛)囊巴'的职位,成为20世纪40年代西藏的一位重要官员"。拉鲁·次旺多杰和赤门·索朗班觉两位老先生的回忆也证实了这段描述。这种简单的认父诡计,虽然显得勉强又不自然,但这都是赤门·诺布旺杰为拉鲁·次旺多杰做官寻找的理由,而这一理由的寻找与他的第二次婚姻有极大的人情关系。同时,这一理由也使他原先的决定不至于显得尴尬。

赤门·诺布旺杰家族的分离,不但是家族成员之间的分离,更为重要的是家族共有财产——土地的分离。土地的分配使赤门家族逐渐濒于衰竭。分家后的赤门家庭由他的大儿子赤门·索朗诺布、二儿子赤门巴·旺堆两兄弟支撑。为了家庭能够渡过难关,他们两个兄弟共同娶贵族"朽贵巴"家族的女儿为妻。尽管如此,家族的经济并不因为他们兄弟的婚姻而有所改观,家族面临的问题越来越多,最为实际的是家族成员如何适当地扮演各自的角色并为家族尽力。家族成员之间的关系显得非常亲密,他们都想为家族做点事,因此,该家族在20世纪时为寺庙提供了不少成员。其中大女儿格尼在家剃度为尼;三儿子土丹德西、四儿子土丹朗桑、五儿子强巴曲达、六儿子乌坚朗增都出家为僧。只有小女儿曲增卓嘎嫁到贵族"朽贵巴"家。①

如果说赤门·诺布旺杰曾经为该家族创造了极高的声誉,但是他给家族带来的破坏也是极大的。他的第二次婚姻,实际上造成了家族共有土地的重新分配,而土地的分配彻底改写了一个家族的历史。

① 笔者的调查笔记。

他的行为对于家族来讲十分无情，也使贵族们清醒地意识到惟有土地才能营造自己的生活。

一个动人的爱情故事摧毁了一个家族的盛名，而且是这个家族正在平稳地向前发展的时候。家族本身以及周围的贵族社会并不会因这么一个美丽的爱情故事而改变固有的道德观念。从此，赤门家成了其他贵族引以为戒的一个教训，老一辈的人总是以此来教育继承者不要迷失方向。

赤门家族正如西藏的一句俚语：窗户被糌粑涂满了。这句俚语形容的是那些家资空虚可还要硬充面子的人和事。纵观西藏贵族社会，类似的例子不仅仅是赤门一家。

第四章
一般贵族家庭

赛马场上(20世纪40年代)

在西藏，通过宗教的解释，贵族被认为是享有天赐之福的阶层，其现世里的身份、地位，在轮回中因前世因缘就已确定。有了这种佛教的解释，贵族们自然完全不需要理清自己的生活何以如此与众不同了。既然一切的权利来自于前世因缘，贵族们自然也不会进行徒劳的努力来改变自己的命运。不过，佛教思想并没有使贵族们变得温和并安于现状，他们不断地向佛祈祷，最终，高尚的佛教思想合理地被多变的权力欲和利益得失所取代。尽管如此，辉煌并不属于所有的贵族，刹那间的欢乐和悲哀凸现出贵族之间的不平等。

第一节　渴求权力，热衷声誉

贵族政权的建立经历了长期逐步形成的过程，在这一过程中，亚谿、第本、米扎以政治特权、经济优势、声望卓著而成为贵族社会的中心，他们以外的贵族阶层，被称为“古扎基当”，即，一般贵族。一般来讲，这些贵族既没有祖先遗留下来的传统威严，也没有传承下来的爵位，当然其中也有一些不乏拥有高贵血统的古老家族。尽管如此，他们仍是“一般”的贵族，对于他们来讲，个人的手腕和家族的运气是最为重要的生存条件。

关于一般贵族，很难做出一种概念性的定义。从字面上去理解，一般贵族显然不同于占支配地位的贵族家族。没有理由怀疑，他们和那些占支配地位的大贵族一样，也在接受贵族必须接受的教育。同样，他们也与那些大贵族家族的成员一样，把大部分的时间和经历都消耗在政治、宗教、经济等活动上了。有些“一般”贵族所拥有的土地甚至比一些大贵族还多。因此，他们之间的等级差异并没有表现在经济上，而是在政治上。正是由于这一点，一般贵族把家族的全部收入基本上用于确保家族的安全和其成员的政治机会上。某种意义上，他们的幻想多于大贵族，如果从他们一年四季所付出的劳作来看，他们很多时候是以幻想来替代现实的。因此，一般贵族成员在对待生活时，以表面的安稳严谨来掩盖自己的雄心壮志。

在西藏，一般贵族与大贵族一样都被称为“古扎”或“格巴”。关于这一定义，西藏人似乎没有进行过严格的区分，但是大贵族并不甘心于古扎或格巴这一称呼，他们更希望也更喜欢人们称他们为“森厦钦卡”（大家族）或者直呼亚谿、第本、米扎等区别等级的名称。对于大贵族的这种心态，并没有什么值得奇怪的。在整个西藏封建制度中，地方政府的权威正是建立在这些大贵族的权威之上的，他们在多数情况下控制着政府和宗教的运转。而一般贵族除了

贵族住宅

强调其作为政府的基本组成部分外，就是如何去迎合大贵族们，只有这样，自己才不会遭到某些非常权力的惩处。

大约自元代开始，西藏地方已经是一个贵族占优势地位的农奴制社会，而达赖喇嘛统治下的政治制度以其鲜明的特点，进一步体现了贵族的权力。在这样一个有利于贵族利益的社会里，必然的结果就是贵族地位的不断巩固和贵族队伍的不断扩大。由此就不难理解一般贵族在西藏能够滋长的原因了。到了十三世达赖喇嘛时期，西藏地方政府买卖官职风气大盛。与此相适应的是，贵族们也变得不那么安分了，人们开始以有些轻蔑的态度来对待他们，尤其是那些用贿赂而获得爵位的家族。随着时间的推移，他们的特权不仅成为一种笑料，而且其本身也不被贵族社会所看重。

如果撩开贵族社会的帷幕，就会发现被称之为一般贵族的家族在不同的经济条件下为获得高一点的荣誉而进行的不懈的努力。他们的不朽，表现在对声誉的无限渴望、追求之中。他们谨慎地维护着家族祖先可能有的脆弱的等级荣誉，并且在此基础上用与更高等级的联姻来达到更高的等级荣誉。每一个年庆和节日都是他们馈送礼品和与高一级的贵族家族联系的好时机。

在西藏贵族社会，尽管一般贵族付出了许多，但是他们的付出却很容易被历史所遗忘。当然，这不是绝对的。至今，西藏民间仍流传着一般贵族的许多轶闻趣事。不能不承认，在那种以祖先的遗骨遗物而骄傲的贵族社会里，一般贵族同样也有自己的荣誉。

在这些主要堆砌在人们记忆中的故事里，一般贵族像更高等级的贵族成员一样，给自己勾勒了最为出类拔萃的画像，其中一些一般贵族在强调荣誉的贵族社会里因而也变得名垂不朽。例如："唐麦"、"强俄巴"、"琼让巴"、"吉普"、"囊色林"、"夏格巴"、"门措哇"、"松托"、"鲁康哇"、"邦达仓"、"桑独仓"等。在采访中，通过对所采访人员的记忆进行的梳理，涉及的一般贵族有一百多家，虽然每一个家庭的故事不多也不十分清晰。

大贵族家族的后继者，在祖先既定的光环下，无拘无束地享受着生活，幻想着未来，对自己的能力从不去加以评估，因为他们确信自己的身上天生就有祖先遗留下来的种种能力和美德。与之相反，一般贵族的家族成员却要竭力展示自己的美德，其中不乏沉重的付出。尽管如此，一般贵族对于事务的兴趣和态度，在表面上却显得和大贵族一样漫不经心，他们与大贵族一样，也喜好各种社交游戏。惟一不同的是，一般贵族通过游戏以接近高一级的家族或官员。如果一般贵族在乎政治地位并有决心"往上爬"，或者想与更高一级家族建立婚姻关系，都可以通过贵族间的游戏轻松地做到。此外，他们也与大贵族一样，把金钱花在女人们的饰品上，因为女人是男人地位的直接表现者，女人之间的争妍斗奇在某种程度上其实是在表现男人的能力，同样，对于女人的肯定在某种程度上也是对男人的一种肯定。

第二节　执著地寻找更多的机会

唐麦家族：唐麦家也是古老的贵族世家，无论该家族是否真的在吐蕃时期形成，但是有一点是比较清楚的，在历史上该家族没有出现过较为有影响的人物。对于这点，该家族的成员并不感到悲观失望。尽管唐麦家族的后继者无法炫耀祖先们创造的家族荣誉，但他们一点都不缺乏贵族气质，生活中也都处处散发出浓厚的贵族气息。其成员都接受过充足的贵族教育，在社交上尽量按合格的贵族标准来行事。以贵族的精神装点自己，并且依照贵族的思想认可自己的存在，所以，唐麦家族延续到近代时，在贵族社会中仍拥有较高的声誉。

唐麦·旺堆次仁出生在一个富有仁爱的狭小的贵族家庭里，他从小接受贵族社会的私塾教育，与其他贵族家庭的子弟一样进入"孜康"① 接受进入仕途前的训练。与此同时，他还接受过西方教育，据说唐麦家族曾经把他送到印度加尔各答接受西方教育。在哈勒所著的《西藏七年》中有这样一段描述："忽然听见有人用标准的英语喊我们。虽光线微弱，我们一抬头就看出这位同我们说话、衣着考究的西藏人，必是位极威重的人物。惊喜交集的我们问他是否系奉派前去罗格比留学的四位年轻贵族之一。他答否，但他曾在印度待过许多年。"这人就是旺堆次仁。私塾教育和孜康训练使他明白了贵族社会的生存之道，同时也有机会接触了许多大贵族子弟。从中，他认识到贵族社会的等级所带来的特殊荣誉。在他进入仕途初始，开始天真而有意识地模仿大贵族子弟的言谈举止，尽量使自己的言行多一点贵族味道。因此，他很小时就已具备了较为清醒的对于贵族等级荣誉的认识。贵族等级荣誉不仅来自于祖先，同

① "孜康"，为噶厦所属一机构。所有贵族子弟在进入仕途前一定要在该机构内接受换算及文字运用的训练。进入孜康就读的贵族子弟，被称为"孜珠巴"。

样也来自于个人完美的行为举止。唐麦·旺堆次仁正是后者的实际体现者。笔者在调查中得知，唐麦·旺堆次仁是唐麦家族中贵族味最足的人物，也是该家族中引以为自豪的聪明人物，他懂得如何利用已经拥有的“贵族”这一具有魅力的标志，他不骄傲也不尚浮夸，而是以深思熟虑的言行来进一步取得更高的荣誉。在人们的记忆中，他的每一天都过得很精心，在设计自我方面，他不遗余力。同样在人们的记忆中，他总是以合乎贵族礼仪的言谈举止来影响他人。在1951年之前，唐麦·旺堆次仁仅仅是西藏地方政府的一个四品官，主管拉萨发电厂，但是从贵族唐麦家族本身拥有的地位来看，这个地位则来之不易。而且，唐麦家族自创建以来，从未出现过一个像他一样担任过如此起眼的职务的人物。

唐麦·旺堆次仁的婚姻生活也是该家族向更高等级迈进的一次机会。该家庭并没有忘记婚姻作为等级递进的重要性，唐麦家族非常成功地与七世达赖喇嘛家族亚谿·桑颇建立了婚姻关系，这一婚姻关系重新调整了唐麦家族的生活进程。正是通过这次联姻，唐麦·旺堆次仁顺顺当当地调整了原有的角色并与大贵族家庭建立了轻松的私人关系。此次联姻对于唐麦家族来讲，是一个光荣的时刻，因为他们从来没有像现在这样离“权力”如此之近。

唐麦·旺堆次仁成功地成为亚谿·桑颇之女婿，自有他优越的条件。对于大贵族来讲，婚姻标准就低其原因是多方面的，其中，对方家族的经济条件、人缘关系以及婚姻当事人的人品才智都是与低等级贵族家庭建立婚姻关系要考虑的重要依据。关于唐麦·旺堆次仁，给人们的印象是衣着考究，处处显示着他的贵族身份。可以肯定，他是一个外表极显精神力量的人物。所以，不管唐麦·旺堆次仁个人的道德品质如何，他个人所表现出来的外在魅力自然会引起更高等级贵族家庭的注意，而这种注意可能会发展成为与更高等级贵族建立婚姻关系的主要因素。同样，亚谿·桑颇家族在与唐麦家族建立婚姻关系时，双方肯定都会考虑等级荣誉带来的面子和贵族家庭所强调的“家族利益”。无可置疑，唐麦·旺堆次仁从外表上看，非常适合做大贵族家庭的女婿，他的形象不仅能维护亚谿·桑颇家族的高贵“面子”，同样也能满足亚谿·桑颇家族借婚姻关系想赢得的“家族利益”。

毫无疑问，唐麦·旺堆次仁的婚姻建立在家族利益的基础上，因此，对于自己能够成为亚谿·桑颇的女婿，他不会认为这仅仅是西藏人常说的“姻缘”。在某种程度上，一般贵族有幸能与更高等级贵族家族建立婚姻关系是一种运气，而唐麦家族对此不会没有感觉。对于唐麦·旺堆次仁来讲，幸运的不仅仅是他能够成为亚谿·桑颇家的女婿，更为重要的是亚谿·桑颇的长女，也就是他的妻子是一个非常明理的聪明女人。这个女人与其他贵族妇女不一样之处在于，她也曾经在印度接受过西方教育，懂得现代女性之意义。因此，她在实际生活中很善于交际，言行落落大方，衣着整洁考究，化妆优雅精致，当然也少不了贵族女子共有的虚荣心和享受欲。哈勒的《西藏七年》一书中描述道：“唐麦夫人不吝与我们谈心，且最爱听我们赞美她的好容貌、好品味。有一回她邀请我们进她房间看她的珠宝。一个大匣子里装满了首饰，或收在小珠宝盒里，或搁于细致的绒布上。她的收藏颇可观。除了一副由珊瑚、土耳其玉及珍珠串成的头饰外，还有许多戒指、钻石耳环和一些西藏小佛盒(她用条珊瑚链子吊起佛盒挂在脖子上)。……我们赞美她的珠宝，她听了飘飘然。据她说，每个男人都有义务按身份地位贡献珠宝给自己的妻子。地位的晋升带来珠宝的提升，光有钱还不够，戴珠宝并不只是在较劲财富而已，得有身份、地位才行。……唐麦夫人的珠宝起码值数千镑，据她说，她从不会在无侍从相随的情形下出门，因为窃贼最爱找社交界名女人下手。”婚姻的美满提高了唐麦·旺堆次仁在贵族社会中的身份，也给他带来了极高的荣誉。婚后他的权威和势力得到了最大的满足，他很快被提升为四品官。虽然他还属于一般贵族等级出身，但婚姻使他有机会洞穿一般贵族的纱幕。当他感到这层纱幕变得如同烟云时，他开始享受生活，他的生活变得丰富多彩和生气勃勃，他开始成为一般贵族攀附的对象，也

器 具

成了大贵族乐于交际的对象。而他们的五个孩子更是点缀了这个美满的婚姻生活。

强俄巴家族：贵族强俄巴家族与其他贵族家族一样，同样有值得炫耀的家族业绩。《五世达赖喇嘛传》中记载：在五世达赖喇嘛身患疾病时，“经过医生强俄巴兄弟二人的精心治疗”。以此可以推测强俄巴家族在五世达赖喇嘛时期已经是一个有名有姓的家族了，并且还可以推测该家族与藏医有着密切的联系，然而该家族在当时是否属于贵族阶层，还不能妄下结论。但可以肯定的是，强俄巴家族从五世达赖喇嘛开始就有了一定的社会地位。强俄巴·多吉欧珠老先生在他的《先父点燃了西藏第一盏电灯》一文中写道：“强俄巴的祖先是藏医鼻祖宇妥·云丹贡布弟子中的名徒，到了数代后的孙辈时，已成为当世达赖喇嘛的随侍医生，曾随同五世达赖喇嘛去过北京。”通过这段文字可以肯定，强俄巴两兄弟是五世达赖喇嘛的私人医生，而且该家族可能以“名医家世”之名过着平静而安稳的生活。尽管从五世达赖喇嘛开始，该家族在西藏历史进程中再没有出现过影响极大的人物，但是在看似平淡的生活中，该家族能够

做客的官员
(20世纪40年代)

长久地延续并在这一过程中建立稳定的经济和社会地位，不能不说是一件了不起的事情。

强俄巴家族虽然缺少大贵族家庭应有的权威，但是不失生气。尽管后人很难讲清楚该家族是如何延续到近代的，也不清楚该家族从创业以来经历了多少代，但是在20世纪30—40年代时，该家族已经是一个经济较为富裕的中等贵族了。

很显然，强俄巴·仁增多杰是作为值得骄傲的优秀人物活在家族后继者的记忆中的。事实上，强俄巴·仁增多杰并不是贵族强俄巴家族的直系后裔，他是入赘到强俄巴家，以女婿的身份而逐渐成为该家族的继承人的。毫不夸张地讲，没有他的不懈努力，很难确保强俄巴家族的延续以及维持强俄巴家族固有的经济基础。同样，没有他的不断付出，很难肯定该家族在近代贵族社会中还能够保持如此平静的生活。

强俄巴·仁增多杰出生在堆龙德庆一家中等贵族仁岗巴家中，原名仁岗·仁增多杰。他的父亲是噶厦孜康列空（相当于审计局）的一名孜巴（相当于审计员），其母亲是贵族霍康家的姑娘。他的父母共同有八个子女，他排行第三。后来他入赘到强俄巴家，所以改名为强俄巴·仁增多杰。仁增多杰的父亲在政府机构内一直担任六品官职。虽然官小权微，但他却以惊人的乐观和远见来教育、培养他的八个孩子，使得每一个孩子都养成了乐观的生活态度。在仁岗家族平静生活中最为光辉的事情是，他们在毫无心理准备的情况下接受了一道政府指令：让他们十三岁的儿子仁增多杰留洋学习去。这一道指令不仅改变了仁增多杰自己的命运，也改变了仁岗家族的命运。1913 年，西藏地方政府决定派遣一批贵族子弟去伦敦学习，起初拟在大贵族中选派，但因赴英国求学需远涉重洋，恐去后难以回返，大贵族们都不肯送子女前往。这样，改为从中小贵族子弟中选派。于是，西藏地方政府决定派仁岗巴·仁增多杰、门仲·钦绕古桑、吉普·旺堆罗布、朗卡哇·索朗贡布四人去英国伦敦学习。① 尽管仁岗家族送儿子到英国学习是出于无奈，但让他们感到慰藉的是，儿子仁增多杰不仅安全地回到了家，还掌握了一门令所有西藏贵族感到惊叹的现代知识——电机专业。对于当时的西藏地方来讲，远渡重洋并不是一件幸运的事，在某种意义上还包含着“不安全”的因素，尤其对于大贵族而言更是如此。可以设想，当

① 强俄巴·仁增多杰的儿子强俄巴·多吉欧珠的回忆。

这种虽然有些荣耀但不很安全的事情落在中小贵族家庭时，他们的心情是非常矛盾的。我们可以从这件事的前因后果中感觉到，当时西藏地方政府所处的拉萨城是一个充满权力争斗和政治斗争的地方。也正是在这个地方，大贵族们以君子之礼仪，来建造利己主义的温床。

仁岗家族得知自己的儿子将要远渡重洋时，家庭内部的骚动不可能没有，他们分不清这突如其来的“指令”是荣誉还是阴谋？即使在这种诚惶诚恐的感觉下，他们还要向政府感恩，因为在西藏贵族社会里任何一项恩惠的赐予都无不如此。仁增多杰的父亲虽然是一个仅任六品官的小人物，可是一生的经验告诉他，要想在大贵族集权的封建社会里改变一项指令，是要付出众多积聚起来的财物的，这对一个几乎不能自保的中小贵族家庭来讲是很困难的事情。明智的办法是顺风寻找实际可行的办法。仁岗家族的家长正是以这种态度来处理这件事的。尽管外面的世界给人不安全感，但是机遇也是存在的，这也算是无奈之中一个良好愿望吧。然而由于这个机遇是与自己心爱的儿子的命运紧密联系在一起的，因此家族成员不会也不可能在当时观念的影响下显得喜形于色。但他们不曾想到会由此而因祸得福。就这样，仁岗家族成了地方政府第一次送贵族子弟出外接受教育的家族之一。

尽管当时西藏地方政府的政策是保护大贵族利益的，但总有一些空隙能够使中小贵族寻找到一些机会，这些机会如果把握得当，可能会改变整个家族或个人的命运。当四个小贵族家庭的青年学习归来后，拉萨城里都在讲述着他们在外国的故事。而回到拉萨的四个各有专长的青年，他们的决心很大，他们想用其所长。在他们尚未请求任职之前，每个场合，他们露面时都穿西服、打领带，这给拉萨城带来了不小的热闹。而仁岗巴·仁增多杰作为留洋学生中年龄最小的成员，受到的关注更多。在学习期间，他没有保护好眼睛，成了近视眼。当时在公众场合是不允许戴眼镜的，但是作为特例，准许他戴眼镜。按惯例，新上任的俗官都必须进行骑射操练和

仁岗赛（20世纪30年代）

竞赛，而达赖喇嘛特准仁岗巴·仁增多杰免于此例。在噶厦大小僧俗官员在任命和晋升前，都必须按礼节献礼，以示求助，方能如愿以偿，对此，他也可以例外。在他还没有给任何人送礼，就被达赖喇嘛授予七品俗官"夏堆"的职务。三年后改任拉萨"涅仓"（管粮机构官员），还准备要他任"孜恰"（负责达赖喇嘛冬宫——布达拉宫的总务和财政收支），可他却请辞了。[①]

当仁岗巴·仁增多杰刚从伦敦回到拉萨时，十三世达赖喇嘛就要他尽快修建拉萨水力发电站。仁岗巴·仁增多杰认为自己责无旁贷，把所掌握的现代知识全用在了发电业上，并且毫不动摇地专心从事发电事业。拉萨电站从设计、施工、安装到发电，除他一人外，别无第二个工程技术人员。他历尽艰辛，不分昼夜地巡视在工地上，既是工程师，又是技术工人，为了建成西藏高原第一个水力发电站，他废寝忘食，常常连休息、吃饭的时间都牺牲了。经过五年的努力，电站终于在 1928 年竣工发电。[②] 仁岗巴·仁增多杰终于赢得了他的家族祖先所不能给予他的荣誉，就这样，他很快成了当时贵族社会中的风流人物。在以后的年代里，他通过现代知识赢得了更多的荣誉，而这些荣誉不仅给予了他也给予了他所属的家族。正是通过仁增多杰的不懈努力和运气，仁岗和强俄巴两个家族才得以在贵族社会中成为令其他贵族瞩目的家族。

仁增多杰入赘到强俄巴家族后，强俄巴家族在他的热情之下显得生气勃勃和丰富多彩。他们在贵族社会中虽然不能以等级或者财富来竞争，但仁增多杰拥有的现代化知识却成了家族的资本，也成为贵族社交场上的一个话题。强俄巴·仁增多杰借教英语、翻译、发电、修电之机，非常顺利地建立了与高一等级贵族家庭的关系。仁增多杰入赘后，先后与强俄巴家族的二女儿和三女儿结婚，有了三个孩子，生活变得有暇、舒展。强俄巴·仁增多杰作为西藏第一代留学生，他不仅成为当时贵族社会中的现代派人物的标志，同时

---

① 强俄巴·多吉欧珠的回忆。
② 强俄巴·多吉欧珠的回忆。

也成了当时贵族社会中具有现代知识的人物。正因为他的身份和标签，使他成了强俄巴家族的精神权威。仁增多杰入赘后的强俄巴家以其洋派作风和现代知识掩盖和补救了自身固有的世俗权力的不足。具有讽刺意味的是，正当强俄巴·仁增多杰不断在贵族社会中赢得个人荣誉、增加家族威望的时候，强俄巴家族内部开始显示出分离的迹象。对于极具虚荣心的贵族来讲，家族成员的分离是一件让人非常尴尬而又非常难为情的事情。事情起因于强俄巴·仁增多杰的岳父，他为一个自己所爱慕的女人，把整个家族成员弄得非常不愉快。①

强俄巴·仁增多杰的岳父原是贵族夏格巴家族的成员，后来入赘强俄巴家，成为一家之长。不管仁增多杰的岳父私人道德怎么样，但能够肯定的是，他是一位沉湎于享受的极端个人主义者。他后来不仅与自己的结发妻子离了婚，丢下了自己的亲生骨肉，还把强俄巴家族最好的土地也给占了去。他的这种极端的不受拘束的行为，给整个家族带来了极大的危害。在西藏，贵族社会的政治指标是由土地来决定的，土地的流失自然会使整个家族在贵族社会中显得寒酸不堪。

面对现实，强俄巴·仁增多杰的价值体现出来了，他致力于家族势力的恢复。强俄巴家族内部起了骚乱，他在家庭内要做的不仅是处理骚乱，更为重要的是消除家丑在外部社会的影响。要做到这一点并非说说而已，是需要坚强的外援的。外援需要外交手段来完成，土地的增加是最好的援助。土地如何去获得？由上恩赐，需要被恩赐的理由；如果通过姻亲关系，需要有坚实的经济基础的姻亲家族。两个援助因素在强俄巴家族的实际面前是无法实现的。正当援助的希望十分渺茫时，他的现代意识、现代知识以及所掌握的英文——并不很精通，都成为他控制整个家族局势的武器。仁增多杰的努力如愿以偿，在他去世前，已竭尽全力为强俄巴家族赢得了荣

① 强俄巴·多吉欧珠的回忆。档案资料。

誉。他的儿女们在他们父亲的这种精神感召下，踏上了人生的旅途。

强俄巴家族的继承者，受其家父仁增多杰的影响很深。与所有的贵族子弟一样，除在私塾和政府官员必须进修的孜康内学习、锻炼外，他们还在家里由父亲教授西方知识和英文。仁增多杰毕生对西方现代知识表现出来的热情，成了家族的美好记忆永存在其后人的心里。

20世纪40年代，对于西藏贵族社会来说，是一个追求时尚的年代，许多贵族尤其是年轻的贵族成员，都争先恐后地说英语，以示精神生活和物质生活的优越。生活在远离那个时代的我们，不清楚当时的年轻贵族是否有意识地追求这种来自西方的时髦，但是通过采访，我们能确定，当时年轻贵族追求的这种时尚，无疑使拉萨城内到处洋溢着对于西方现代知识的渴求。许多贵族家庭，包括大贵族家庭和中小贵族家庭的年轻成员，都以能够运用英语进行交谈而自豪。有些大贵族家庭甚至照搬西式生活，以示自家生活质量的优良。上面提到过的大贵族擦绒家，就是其中学习西洋生活最为彻底的一家。据说，在擦绒家有一间大房子，里边全是欧洲家具，有餐桌、摇椅、床及地毯等。旁边有间小盥洗室。而且擦绒阔绰到能请得起好几位厨子。他的男厨子曾在加尔各答最好的饭店掌过几年勺，比较熟悉欧式菜肴。据说他的烤牛肉做得尤其好。此外，他还很会做糕点。类似于这种对西方饮食文化的追求，也如同学英语一样成了当时贵族社会的时尚。当这种时尚和新型的文化知识结合在一起时，那些留过洋的贵族青年自然就成了众人钦羡的“多才多艺”的人物。强俄巴家族的后继者就是这样从其父的身上，获得家族的荣誉和满足的，而这种荣誉和满足正是该家族的精神所在。

强俄巴·仁增多杰死后，家族的整个担子落在他的儿子强俄巴·多吉欧珠的身上。强俄巴·多吉欧珠经历了私塾和孜康的教育后，大概在他十六岁时当上了西藏地方政府的一般官员。也许是他的运气，也许是他的心智使然，他一步入仕途就交上了好运，他有幸在

仁岗赛（20 世纪 40 年代）

噶伦彭雪处担任了传令官。这是一个轻松舒适的工作。可惜好景不长，在他任职不久，噶伦彭雪便死了。噶伦彭雪的死或多或少对他的仕途带来了一些影响。虽然他不断地在政府内升职，但是，他的情绪始终处在一种不良的状态当中。

自十三世达赖喇嘛执政开始，西藏地方政府的贵族们有了充分展示自己才能的机会。在此前提下，贵族们不仅可以欣赏外来文化，也开始探测自己所处的社会。正是在贵族可以借助多方面发展的时代，出现了一些真正称得上是聪明精干的人物，尤其在政治观

贵族琼让和他的夫人（20世纪40年代）

念上，其中，贵族琼让·顿珠杰布就是这个时代的代表。

琼让家族：贵族琼让是一家世袭贵族，该家族是在何时确立贵族爵位的，已无法定论。有一点可以确定，那就是该家族是一个安分守己的小贵族。在强调等级荣誉的贵族社会里，琼让家族的成员过着简单朴素的生活。尽管不能肯定，但是也不能怀疑该家族的祖先有可能是一个盖世英雄，甚至可能是一个名噪一时的大人物。不管该家族的祖先怎么样，又有什么样的伟大传说，对于后世的琼让家族并没有留下什么影响。作为琼让家族的成员，与所有的贵族一样，他们也相信家族祖先神话般的传说历史。尽管琼让家族的后人，从对祖先的追溯中寻找不到让他们引以为自豪的可靠的精神支柱，但是作为贵族，他们全然生活在传自祖先的精神传统中，并且世代为政府效力。不过，从能够记述的家族历史看，该家族从未产生过一个能为其家族扬名的较高级别的官吏。

事实上，琼让家族在顿珠杰布出现之前，竟从没有一个家族成员在政府中担任过四品以上的官职。琼让·顿珠杰布从他儿童时代起，就显示出不同于其他家族成员的个性。他个性强硬，甚至可以说是桀骜不驯。他还非常在意自己的贵族形象。虽然脾气暴躁，但是他尽可能地表现出大家子弟的优雅风范。同样，他也非常在意贵族社会对自己的看法，时刻让自己的行为表现得尽善尽美。他对自己的严格要求的确换来了仕途的平坦。这对一个没有家族势力的子弟来讲是非常不易的事，尤其在那充满阴谋、贿赂、联盟的贵族社会里。1939 年，当摄政热振活佛掌握西藏地方政教大权后，作为热振活佛的支持者，琼让·顿珠杰布很快就得到了热振的宠信，并在不久之后，被任命为那曲总管（羌基），位居四品官职。在他担任该职期间，毫无保留地把自己的忠诚奉献给了摄政热振。同样，摄政热振对他的宠爱，也增加了他和家族新的荣誉。

他所获得的令人惊羡的荣誉、地位，包括他在内的所有贵族都清楚，是由当政的热振活佛所恩赐的。因此，他和执政者的关系是一种类似于朋友又关乎于政治利益的关系。正是有了与热振活佛的这种亲密的关系，他开始变得更加傲慢和自信了。就在这时，一些逐渐发生的事情，再一次戏剧性地改变了他的命运。1938 年，掌握重权的噶伦扎通·居美嘉措去世，这个显要位子成了贵族晋升的一次机会。显然，这个机会是琼让·顿珠杰布的。当时包括他在内的许多贵族成员都为摄政和他的关系所迷惑，都认为他是噶伦扎通的当然的继承者。然而，结果并非如此。戈尔斯坦在他的《喇嘛王国的覆灭》中写道："热振的宠幸者僧官彭康杰尊却竭力劝说热振任命他的父亲填补了噶伦的空缺，使得琼让及大批高级官员非常不满。"这件事对于一向忠实于摄政热振的琼让·顿珠杰布来讲，无疑是极大的打击。他的不满引起了贵族们的共鸣，摄政热振似乎成了众矢之的。琼让·顿珠杰布被一种对摄政的不满情绪所驱使，他的行为开始表现得非常过激。显然这一切都被摄政热振看在眼里，为此，灾难接踵而至。

1939 年，十三世达赖喇嘛的转世灵童到达拉萨后不久，噶厦召开了"机要扩大会议"（"春都什堆杰措"），会上讨论：1. 在拉萨提供一幢房屋供达赖喇嘛全家居住；2. 禁止民众和官员私下去拜见达赖喇嘛；3. 向达赖喇嘛的父母授予庄园和农奴，他们全家升为贵族，采用"达孜"作为家族名；4. 提升和奖赏寻访达赖喇嘛转世灵童有功之臣。前三个问题在三天内得到了解决，但是最后一项议题始终得不到圆满的解决。所谓的有功之臣，当然非摄政莫属。理论上讲，这个会议将保护与会官员的所有权利，包括他们可能有的过激言语。可以说是言者无罪。正因为如此，参加这个会议的官员们才大胆地说出了自己的见解。有些官员正好利用此次会议，毫无顾忌和掩饰地讨好摄政热振，极力主张以大量的土地来奖励摄政。但是也有一些稍有头脑的贵族官员认为，给摄政热振以太多土地的做法有失规矩。在这反对声中，琼让·顿珠杰布尤为激烈。他在会上言行放任，显然难以控制自己的情绪。笔者采访获得的信息是：过去的西藏官场上，很少有人直言不讳地表明自己的观点。所以，人们被琼让·顿珠杰布令人吃惊的直白给镇住了，他因此成

藏军（20世纪40年代）

了当时贵族官场上的亮点，他的话也被人在交际场合反复引用。①戈尔斯坦在《喇嘛王国答覆灭》中写道：“尽管大多数人都同意奖赏热振，但是由于有那样的争论，特别是琼让的言论使摄政丢了面子。而且，琼让马上成了政府官员集团的英雄。他站出来诘难热振摄政和他的堪布代表，并且还公开地表示了其他人不敢流露的情绪。”琼让·顿珠杰布显然忘记了自己的身份，也忘记了当时实权是掌握在摄政热振的手上的。很快，琼让·顿珠杰布成了被控告的罪犯，这个结果来得很自然。藏北三十九族联合向噶厦递交了一份“控诉书”，控告台吉琼让·顿珠杰布在出任那曲总管时，对蒙古后裔进行了“空前未有过的苛待”②。这里所指控的“苛待”，只不过是指乱派差役，任意挥霍等，这在当时来讲，并不是什么重大的罪行。但是噶厦一接到诉状，马上成立了审查委员会专门对此立案调

① 笔者的调查笔记。
② 参考拉乌达热·土丹旦达遗作《台吉琼让·顿珠杰布被贬官充军之原委》。

摄政热振活佛
(20世纪40年代)

查审理。当时的审查委员会由两名仲译钦莫和两名孜本组成，其中，噶雪巴·曲结尼玛也在其中。在这次审查中，琼让·顿珠杰布确实成了倒霉者，许多贵族包括琼让在内都认为这是噶雪巴一手捏造的阴谋。接下来如同精心安排的一样，琼让·顿珠杰布的“罪行”在预知中定型。尽管他为自己的无罪辩护多方寻找帮助，但还是无济于事，最终，他还是被政府判为“犯官”，并且他的家人也都遭到了非常严厉的惩罚。他的庄园被没收，财产被拍卖；他的两个妻子都被遣送回原籍；更为严重的是，噶厦禁止他的后代再次进入政府内供职；而他本人则被当众责打一百皮鞭后流放到偏远的阿里日土宗的一座寺庙，终身不得返回原籍。琼让·顿珠杰布遭到如此巨大的灾难，引起了众多贵族的同情。虽然他们改变不了噶厦对琼让一家的判决，对于摄政热振等随员的行为也不敢表示愤怒，但是他们对于噶雪巴“两面派”的做法感到非常痛恨和反感。后来的事态是：琼让家族倒霉了，摄政热振却颇有收获。“1940 年 9 月，‘民众大会’（春都什堆杰措）在此召开会议，特意封赏摄政及其他有关人员。这一次再没有人反对向热振封赏厚礼，他得到了五个庄园，即贡嘎卓嘎庄园、江孜附近的朗玛庄园、日喀则附近的帕东扎仓庄园以及尼木地区的朵宗庄园和整个朗如宗地区。”①

其实在西藏，类似于琼让·顿珠杰布这样的命运随处可见。贵族社会如同巨大的市场，滑稽和丑闻是该“市场”进行交易的重要内容。对此，拉萨街头有许多歌谣在流行：“大鹏的翅膀被折断了，黑熊的胆已被去除。”“如果触犯了水龙，脸上会出现疙瘩。”这些歌谣都在影射当时的情景。虽然，贵族们从情理上和道德上都非常明白事情的正反，但在为猎取官职和获得荣誉的现实里，谎言一开始就成为了他们的习惯。而那些不习惯生活于谎言中的贵族，为了保护自己和家族的切身利益，对人间的不平事不是充耳不闻，就是隐蔽在自己的巢穴下过自己逍遥自在的生活。为了显示自己的清高和正直，他们对于正确的和错误的事情都抱着蔑视的态度，也以此来装饰和保护自己。显然，在这种社会里，琼让巴的遭遇势在必然。尽管，琼让巴的命运当时引起了许多贵族的同情，但是这种怜悯对于该家族来讲，起不了些许作用。实际上，在这种贵族家族的命运被置于统治者保护之下的社会里，琼让巴的言行必然会遭到掌权贵族集团的反击。琼让家族仅仅是当时社会制度下贵族内部权力斗争一个例子，对于贵族社会来讲这是一个普遍的和引以为戒的事例。

由此可见，贵族社会充满了降职和没收的情况。掌权集团的更

① 《喇嘛王国的覆灭》，第 356 页。

摄政热振活佛的新宫（20世纪30年代）

迭，权力自然也要再分配。在这种权力不断更替的现实中，琼让家族的倒霉命运并不令人奇怪。通过琼让家族，较为明显地看出当时的西藏贵族是由上而封的集团，当贵族模式能够顺利持续时，他们拥有的特权就表现得非常充分，但是当他们的模式受到破坏时，其拥有的特权就将受到限制。所以，当贵族在延续自己的生活时，如果把握不好时运，那么他们所占的优势地位就绝无发展的余地。贵族权力的被限制，某种意义上显示了集权的威力以及集权下的无序。

第三节　苍茫变幻中的一点平静

纵观近代西藏贵族社会，能够清晰地看出这是一个诈伪百出的社会。在这样一个社会里，没有靠山和没有实际背景的一般贵族常常处在危险的境地中，任何一个政治风波和大贵族之间的权利争斗都有可能对他们造成致命的伤害，因此，用“如履薄冰”一词来形容他们的实际情况并不过分，当然，因“识时务者”而为“不倒翁”式的家族也不乏其人。形形色色的一般贵族，能够有机会使自己挤进高一层的贵族等级是他们最为企盼的事情。为此，他们起劲地寻找一切可能寻找到的机会，并谨慎地选择好靠山。如果没有一个能够提携自己的靠山，那么个人即便拥有很高的能力和才识也很难找到充分展示的舞台。寻找机会往更高的政治地位扩张几乎成了所有一般贵族家庭的共同点，所以，与大贵族的结交在某种程度上成为一种手段，也成为他们施展政治才能的舞台。即便付出了这样或者那样的代价，一般贵族家庭在这种无底深渊般的人际关系中能否保持升平态势，他们个人的抉择和意识未必能够左右。但从整体来讲，行贿、联盟、阴谋以及背叛构成了一般贵族的处事方式。

吉普家族：关于贵族吉普家族的历史，可以追溯到五世达赖喇嘛时期。但这并不能证明吉普家族的贵族生涯是从五世达赖喇嘛时期开始的。据说该家族和第本·帕拉家族原是家寺寺主和施主的关系，同样，他们都是由于与不丹王族的分歧逃到西藏并完全置于西藏地方政府管制之下，进而获得政府一官半职服务于政府的。毫无疑问，该家族是移居来的世袭贵族。

吉普家族刚移居西藏时，并没有像帕拉家族那样被西藏地方政府立刻任命为贵族，同样，该家族的运气也没有帕拉家族那样好。该家族起初在西藏地方政府允许下，生活在后藏仁布宗的洛根牧区。该家族的祖先在移居西藏之前，以他们原是帕拉家族创始人所属寺庙的施主这一点来推测，他们可能是不丹的显贵，但是逃到西藏后的吉普家族却变得虚弱，及至微不足道了。可以确定地讲，如果没有西藏地方政府的庇护，该家族就会彻底失去作为“贵族”应具备的土地以及特权。一种可能的设想是，在牧区讨生活的吉普家族为了使自己能够回到原有的特权行列，并没有浪费机会，而且还周密地照顾和管理着每一个政府给予的细小恩赐。经过了一段艰辛的岁月和热忱的追求，该家族的气势已有了轻微的喜剧性变化。犹堪自慰的是，该家族逐渐变成了一个人多畜多的牧主。尽管该家族在整体上，已经有了明显的变化，但是要重整旗鼓，进入西藏的贵族社会，他们还需要贵族之所以成为贵族的首要条件——封建土地。与此同时，还要有家族成员为政府服役。或许这对于人多财茂的吉普家族来讲，并不是一件困难的事。然而，在西藏要成为一名为政府服役的官僚，重要的也是惟一的条件是个人所属的家庭必须具备所谓的帕豁（父袭土地）。为此，吉普家族在提高家族地位的同时，必然要寻求一切可能的机会来谋得所谓的帕豁。无疑，对于一个急切要进入贵族阶层的家族来讲，“机会”是必要的和值得花时间来努力赢得的。所以，聪明的吉普家族，不会忽略寻求机会的一切可能。1903 年（清光绪二十九年）11 月，英帝国发动了侵略西藏地方的战争并且组织了锡克人的步兵一千四百多名、廓尔喀人的步兵七百名和骑兵一百人，另外由炮兵、机枪纵队、战地医院、后勤供给纵队等组成的一支部队，总人数达一万多，其中英军人数只有一百多人。这支由英国将军麦克唐纳任总指挥，由上校军官荣赫鹏率领的军队于是年 12 月 10 日集中在纳塘，然后越过札来拉山，逐步向亚东仁庆岗、帕里堆拉山、古如等地方推进。此时，来自康区雪、达、洛、芒尔、左、桑、日、恰布、巴等地的民兵和志愿兵，以及塔工八宗、前藏七宗、山南十八宗、那仓六部落、藏北四部的民兵和志愿兵约三千多人也陆续抵达帕里，同侵略军展开了

藏军（20世纪40年代）

反帝爱国的阻击战。[①] 这场战争对于虔诚的信徒来讲，是一次无法预计的恐怖战事，在这场战争中，不仅平民伤亡很大，贵族同样也有很大的伤亡。大敌当前，为了祖国领土不受侵犯，为了民族的尊严，为了宗教不受到危害，迫使跨阶层之间的贵族平民组成一体。尽管食物等供给和分配有所不同，但是反侵略战争使他们有了一个共同的荣誉，就是努力去赢得这场战争的胜利。这场战争和其结果给吉普家族带来了家族为命运活动的机会。这场战争初始，据说吉普组织了五百多名牧民参加了战斗，并且由家族成员索朗旺堆自行担任这五百牧民志愿兵的“如本”。在战争中该家族无私地贡献了大部分牧业收入，但也得到了相应的补偿，吉普在这场战争之后便成为一个有功绩的“贵族”家庭。没有理由去怀疑吉普家族积极参加这场战争的爱国之心，该家族在这场战争中所采取的爱国行动无疑是正确的。这场反侵略的战争不仅使得该家族在民众中赢得了声

① 《西藏通史》，第903页。

誉，更重要的是，该家族从此以后获得了政治上的特权。关于这场战争，《西藏通史》有较为详细的记述：1904 年正月，“……代本拉顶色、囊色林巴、江孜如本吉普巴、康夏尔、班禅大师代表苏本堪布苏尔康努和三大寺代表等接到探子报来的情报之后即刻举行秘密商议，并决定先派人同英军进行和谈，争取以和平方式解决英藏之间的纠纷，如和谈不能协调双方之关系，就应为了我政教大业保持刚强不屈的气概，英勇阻击来犯者，并命令全体官兵分守战壕，点燃土枪的火绳，充分准备好刀、矛、投石带等武器，严防出现因忙乱而走火，惊动敌人等不必要的事情等。此后经英藏双方交涉，代本拉顶色、囊色林巴、江孜如本吉普、班禅大师的代表苏本堪布苏尔康努等藏方代表和荣赫鹏为首的英方代表会合在曲眉仙果中央一处石堆墙内，双方介绍各自代表的官衔地位之后，英国军官荣赫鹏便提出，‘既然要议和，应有和谈的条件。因此，藏军熄灭火枪的点火绳，我军也会将子弹退出枪膛的。’当时藏军中定本以上的军人才有一支新式枪，而普通兵只配备一支土枪和一把长腰刀。藏军方面未能识破敌人的阴谋，相信了敌人的花言巧语，果然将土枪点火的火绳熄灭，毫无警觉地幻想和谈解决英藏之间的纠纷。可阴险凶狠的侵略军惯用诡计，他们暗地里把部队埋伏在藏军周围，并在枪托装匣中暗藏子弹，当和谈进行到十五分钟时，英方一位军官突然掏出手枪向拉顶色、囊色林巴等藏方代表开了枪，站在远处的仆人们听见枪声以后，拉顶色的仆人占堆一声怒吼：‘我们的人被杀了！’从拉顶色坐骑上拔出长刀，连带喊杀声直扑向敌军，当场砍杀英军一名如本、一名甲本、一名定本等十余名官兵，这时在四周的藏军犹如断手攀悬崖奈何不得，西藏方面的代表囊色林巴、班禅大师代表苏本堪布苏尔康努、三大寺代表一人、如本康萨尔瓦等当场被英侵略军打死，另外打死藏军五百多人，打伤了二百多人，并缴走了死伤藏军的全部武器。当时代本拉顶色因受伤而佯死在死尸堆中，当夜幕降临之际，那些英军的搬运夫到死尸中搜寻耳环、戒指等时，一个锡金妇女发现拉顶色手指上的金戒指后取出匕首准

吉普夫妇（20世纪30年代）

备砍手指，拉顶色见此就对她一再恳求说，我可以把这枚戒指送给你，我俩信仰同一个宗教，故请不要告诉英军等。可这个女人拿了戒指就直奔英军营地，说一名藏军军官佯装死在死尸中。英军即来搜捕。拉顶色见情后骑着旁边的一匹白马往曲眉仙果东面的山上跑过去时中了英军的炮弹而壮烈牺牲。当夜幕笼罩大地时，佯死的其他藏军开始逃离此地。如本吉普因脚部受伤不能跑动被仆人发现后背着他逃遁，另一个受伤的如本登巴也被一个兵舍死救出阵地，一路上被兵士轮番背着逃走。当他们抵达吉普所属庄园恰鲁后，如本吉普急忙派信差向噶厦报告了事情的前后经过，同时，向各路藏军发出通告，要他们做好御敌的一切战斗准备。藏军撤退途中与英军发生了多次的遭遇战，藏军再次死伤七百多人。”战后，吉普·索朗旺堆作为社会地位较低的新军官，被政府安插在重要的位置上，与代本拉顶巴一道担负起重任。在战争结束的时候，他以这场战争的英雄而被任命为“卓莫基巧”（亚东总管），该家族也依他而获得“丹增新帮”（证明）及土地，即白朗宗的“白岗谿卡”和“彭果谿卡”。

关于吉普·索朗旺堆，在历史上没有更多的记载，据吉普·顿珠平措老先生讲述，吉普·索朗旺堆后来定居江孜，并在江孜担任“冲基”（贸易官），管理地方政府的对外贸易。吉普·索朗旺堆作为显赫一时的人物，对于他所属的家族来讲，无疑是一个开拓者。他的性格和他的事迹，常常被家族的后继者以一种半传说的故事来加以讲述，他们以他而自豪。生逢十三世达赖喇嘛时代的吉普·索朗旺堆，意外地创立了吉普这一贵族家族，因此他拥有的家族创立者的身份，对于家族的影响自然也非比寻常。

吉普·索朗旺堆被地方政府任命为冲基官职后，他来到江孜开始经营贸易项目。虽然没有办法确定该家族是否由于他的工作原因迁居到江孜，但是在后来的时间里，吉普已经是江孜地区的特权阶级，他们作为政府的贵族在江孜这块地方上建立了自己的特权天地。尽管该家族再没有一个成员在政府机构内生气勃勃地施展自己的才能，但是在远离拉萨的这个地方，吉普家族显然能够轻松自如地在自己的管辖范围内充分展示自己的尊严和丰富多彩的生活旨趣。也许吉普家族正是由于没有生活在贵族之间竞争和夸耀的中心地方拉萨，其成员对于政治显得有些漠不关心，反而更热衷享受生活。他们在这种相对闭塞的生活环境里，由于拥有特权而显得位高权重。也正因为如此，他们成为江孜这个区域的人们的生活中心。在这种特殊的环境里，该家族成员极大地满足和加强了他们作为贵族的尊严和荣誉。①

对于吉普家族来讲，与闲暇的生活相协调的是吉普·索朗旺堆三个儿子和两个女儿给家庭带来的天伦之乐。尽管孩子们生活在乡村，但是他们在大人的引导下已经具备了贵族的品德。尽管他们几乎没有机会像拉萨的贵族子女那样参加贵族举办的各种社交活动，但是由于大人的行为榜样，使他们完全自然地学会了贵族社交中的

① 吉普·顿珠平措访谈。

建筑一角

种种礼仪，学会了以谦和的态度进行亲切的谈话，也学会了追寻高贵的物品来装点自己。孩子们逐渐在长大，由于他们生活在乡村，他们都没有意识到作为贵族应该从事什么样的事业。但是，有他们的父亲为他们，尤其是三个儿子打算。经过商议，家长们决定把三个儿子送到拉萨接受私塾教育，这也是贵族子弟接受初期教育的第一步骤。就在这时，政府的一个决定打破了吉普·索朗旺堆的计划。他的三个儿子中的一个，名叫旺堆平措的，被政府选派到英国接受西方教育。虽然有幸成为1915年西藏第一批留洋学生之一，但是对没有经验的家庭来讲，无法预测政府决定的好坏结果。所以，吉普·索朗旺堆在接受指令的同时，把另外两个儿子索南达杰和伦珠平措带回到江孜，以“豀朽”（驻庄园）之名义留在身边。让留在身边的儿子们过着与自己一样拥有地域性特权的乡村贵族生活。

吉普·旺堆平措在英国留洋近九年，回到西藏后，担任了西藏地方政府创建的“邮电局”的“局长”。留洋归来的他成为拉萨贵族社交场上的贵宾，他的留洋经历给贵族们的社交带来了新鲜的话题。并因此很快成为大贵族家族招婿对象。不久，他成为大贵族“车仁”家族的女婿。经车仁和吉普两家家长商议，选择良辰，共同操办了儿女的婚事。由于车仁家族本身有后继者，所以，吉普·旺堆平措不可能入赘到女方家，但是由于吉普家在拉萨无居室，加上家庭内又有两个儿子，因此，大人们经过商议，寻找了一个折中的办法，即不嫁也不入赘，而是另立新的门户，新家族的财产由双方家族共同承担，新成立的贵族家族的名称为“吉苏”，意为吉普家族之旁系。

旺堆平措是吉苏的创建人。婚姻得意的同时，他有幸又成为了拉萨的“米本”，类似于拉萨市市长。但是遗憾的是，他没有很好地发挥从外国学习来的新知识，因此当他青春年华一过，留洋对于贵族社会又不再神秘后，他风光不再，成为无足轻重的人物。大约在1949年时，他时年六十，但是充任的官职仅仅是个五品“拉恰”，具体是在西藏新组建的外交机构中担任一个办事人员。吉苏家族的创始人在贵族社会中表现得显然不是很出色，这不能不说是件令人沮丧的事。尽管他有了较为理想的婚姻，然而在他的仕途生涯中婚姻似乎没有给予他什么实质性的帮助。

由于婚姻，吉普·旺堆平措很快脱离了吉普家族，并成为吉苏家族的创始人。那么，对于吉普家族来讲，非常实际的问题是，须在家族成员内寻找一个能够替代旺堆平措，为吉普家族撑起门面的人物。经过商量，旺堆平措的兄弟索朗多杰成为最佳人选。因为在这之前索朗多杰到印度修习过现代军事，学来的理论使他成为当时西藏贵族社会中难能可贵的人才。他的官阶基础是从“Police”（新组建的警察局）开始起步的。十三世达赖喇嘛圆寂后，他被地方政

吉普画像（20世纪40年代）

府派到康区担任“代本”，回来后担任十四世达赖喇嘛的“陪强果巴”（轿子领头人）。虽然吉普·索朗多杰没有惊人的业绩，但是对于家族来讲，他无疑是一个值得骄傲的人，他那种非常切合实际的地位保持了家族固有的社会地位和贵族荣誉。他的兄弟伦珠平措，由于兄弟们的相继做官，使他有意识地生活在僻静的吉普家族的帕谿庄园内，平静地过着一种由高贵出身而带来的不从事任何正规职业的乡村贵族生活。[①]

贵族社会的规则是，每一个家族为了保存其家族的世袭特权，都要为政府输送一名成员为政府服役，这是从“古”制定的义务，也是作为贵族的职责。一般来讲，一个贵族家族如果有三个儿子在家，必定要求将其中的一个孩子送到寺庙当一名僧人或者送到布达拉宫“孜拉扎”培养成一名僧官，同样还要求将其中的一个孩子培养成服役于地方政府的俗官，剩下的那个孩子要以“谿朽巴”（呆在庄园内的人）身份居住在家里或者在庄园内管理家族的土地。吉普家族既然有三个儿子，结局自然应该是既定的。然而贵族社会里，一切定制都显得很松动，吉普家族也一样。首先，吉普·旺堆平措的婚姻打破了这种既定的生活方式；其次，是第二个儿子充任了政府官职（俗官），在家中仅剩最小的儿子。所以这个儿子的生活既可以是僧人、僧官，也可以是管理家族土地的谿朽巴。在这种生活选择面前，吉普家长成为关键。在家长的决定之下，吉普·伦珠平措成为家族内的谿朽巴。虽然，该家族没有为政府输送僧官或者为寺庙输送僧人，但是这并不影响该家族在贵族社会中拥有的地位和印象。就这样，吉普·伦珠平措在家长的精心安排下生活在远离政治中心的江孜。尽管这样，他在庄园内拥有的名誉上和经济上的特权与他的兄弟一样崇高。他在自己权力所及的庄园内，满意地享受着自己的生活。当然乡村的生活也有些无聊寂寞，但也不是不能寻找到消磨时间的好游戏，其中，上层等级的互相聚会在乡村显

① 吉普·顿珠平措访谈。

得非常普遍。

与乡村生活相适应的是，吉普·伦珠平措的婚姻对于该家族和个人来讲是非常完美和荣耀的一件事。同样在家长们的一手安排下，他娶大贵族宇妥家族的小姐为妻。婚后，他们仍然生活在庄园内，有时夫妇双双到拉萨在妻子的娘家小住一些日子，生活倒是很惬意。由于庄园内的生活和整个家族的生活都由管家操心着，因此婚后的吉普·伦珠平措和他的妻子之间的关系依然浪漫。他们婚后很快有了四个儿子。儿子们的出世，盖过了他们在乡下拥有的所有荣誉，他们像对待花冠一样用全部精力来养育儿子们，希望他们成为品行兼优、出类拔萃的贵族青年。在所有为儿子将来获得荣誉所做的努力中，隐含了贵族尤其是乡村贵族对于子女的期待。为了这一期待，吉普·伦珠平措把大儿子平措次丹和二儿子顿珠平措送到妻子在拉萨的娘家，由他们的姥姥、姥爷及其他宇妥家族的成员来监护，当然这种监护并非法律性的。三儿子贡嘎居美和四儿子洛桑曲培由于年幼，继续留在庄园内，接受乡村贵族家庭教育。

吉普家族的两个大儿子在父母的精心安排下，离开了熟悉的乡间住宅和熟悉的人们。作为贵族子弟，他们从小就被要求接受贵族的私塾教育。据吉普·平措次丹老先生回忆，当他们兄弟俩就要被父亲送到拉萨时，似乎明白此次远行的目的，因此在他们离开家的顷刻之间，他们调整好心态，在家人面前没有流露出丝毫的留恋之情，尽管这是他们第一次离开家人独立面对社会，但是他们的确是“懂事的孩子”。

宇妥作为大贵族家族，气势的确与吉普有所不同。宇妥的管家已经为两兄弟准备了一间雅致、舒适的房子，作为他们的卧室。尽管他们远离家乡和父母，但是在宇妥家里他们时刻受到大人们的关怀和照顾。虽然他们两兄弟有些思念家乡和父母，但是宇妥家丰盛的食品、来来往往的客人、玩不尽的游戏以及拉萨纷繁熙攘的生活和结识新朋友，使得两兄弟没有时间让大脑停留在过去。就这样，两兄弟在周而复始的热闹和兴奋当中读完了私塾。很幸运，两兄弟共同进入了政府机构“孜康列空”（换算单位），成为“孜珠巴”（统计生）。成为孜珠巴后，兄弟俩的眼前展现出一条安全而灿烂的仕途之路。有一段时期，连他们自己都相信他们都会是政府官员。而如果不是他们父亲的一个决定，他们的想法将会成为现实。

吉普·伦珠平措作为父亲，没有很理智地对待两个儿子，更没有看出两个儿子之间的优劣。他凭着自己的直觉，武断地让大儿子平措次丹继续留在拉萨走仕途之路，而把二儿子顿珠平措带回庄园，让他过悠闲的乡村贵族生活。

吉普·平措次丹十七岁时从私塾毕业，通过了习字诵文，顺利地进入了孜康列空，成为孜珠巴，也许年龄偏大，他在孜康列空内仅呆了两三个月便成为“夏堆巴”（最低的官职，为七品），不久他便被提升为“噶厦噶巴”。噶厦噶巴的职责是为噶伦服务的，具体一点讲，专门为噶伦清除每一天的路途障碍，帮助收拾噶伦们上班的用具，并且在噶伦们上班时，为他们续茶等。尽管该职务很低，但是这是一个好差事。因为有机会担任这个差事，自然就有机会接近噶伦们，也有机会给噶伦们留下深刻的印象。吉普·平措次丹当了三年的噶巴后，从七品一跃成为五品江孜宗的宗堆。江孜宗堆虽然官小职低，许多拉萨出生的贵族子弟并不愿意接受这个职位，但是对于出生在江孜的吉普·平措次丹来讲，无疑是一次如鱼得水的好机会。江孜地区有他的家，家肯定会给他以平静安全的生活，同样江孜的家也会因他而变得更加稳固。

吉普·平措次丹回到江孜以后，与他的兄弟顿珠平措一起共同与大贵族帕拉家最小的女儿帕拉·阿旺白姆结为夫妇，建立了一妻多夫式的婚姻家庭。此次婚姻关系的建立，某种程度上加强了吉普家族的社会经济实力，并且通过年轻人的婚姻生活，使得家族显得朝气蓬勃、生机盎然。

第四节　守旧与放任

充满等级观念的社会里，要搜索众多的一般贵族的生活是非常

贵族官像（20世纪40年代）

困难的。他们的共同之处是在同样程度上享受做官的特权，尽管如此，他们并不是在同一个水平线上生活。诸如家族固有的经济上的差异，以及通过婚姻而带来的社会关系上的差异。但是这些差异不会是绝对的，因为他们的地位随时可能会有变化，不是下降就是上升。与此同时，作为贵族阶层，他们同样有神话般的家族故事。通过这些神话般的不完整的家族故事，他们感受到的多是祖辈们的卓越才能。祖辈们的业绩对于他们来讲，即使是一块撼不动的古董，也是现实生活中的一个观照。有了祖辈们的荣誉，即使濒于衰竭的家族，心中也存有一丝幻想，幻想着有一天重整旗鼓，再度辉煌。既然有了动因，自然也会有一些使人兴奋的效果。一个一般贵族，突然因为某个机遇，命运在瞬息之间发生了戏剧般的变化，成了一个有名望的人物，其个人和家族的社会关系也会随之发生变化。这

达札摄政（20世纪40年代）

个人及其家族成员可能会有机会在等级森严的贵族社会接近盛极一时的当权派，并且有机会接受当权者的恩惠以及随之而来的特殊荣誉和地位。但是作为一般贵族家庭的成员，无论他们在现实中的生活发生了多大的变化，他们必须牢记的是，他们的一切变化均来源于统治者及其政府。例如，活跃在十四世达赖喇嘛时代的“鲁康哇”、“囊色林”、“夏格巴”，他们都属于极小的贵族世家，但是因为他们所拥有的官僚特权，使他们在社会中成为人人敬畏的政府权力的延伸部分。

夏格巴家族：夏格巴家族可能是西藏山南地区的一个小贵族世家。其家族的历史，相对于其他家族而言，有些云遮雾罩。即使是敏锐的观察家，也难清楚地探明该家族的历史。夏格巴家族的成员几乎很少在其他贵族面前谈及家族历史，也许该家族有什么难言之隐。尽管如此，夏格巴家族一直以贵族的步伐平稳地行进着。作为贵族，虽然向往着等级荣誉，但是家族早期留下来的政治及经济斑痕，使得家族成员对等级荣誉不敢有更多的奢望。作为贵族家庭的成员，他们妥善地保持着贵族的尊严，实际上，因为政治和经济的因素，尊严对他们来讲也已经失去了本身的含义。也许正是由于家族地位微小，家族成员们都意识到谨慎地生活才会避免随时可能发生的不测，因此他们很少去幻想那种不着边际的生活。正因为如此，他们对于贵族社会所进行的政治游戏和政治赌博，一直显得无动于衷。从夏格巴家族生活的表面上能够感觉到，即使是贵族，如果没有政治实力和产业装点，生活是很可悲的。当然在西藏，当一切事务似乎停滞而毫无变化时，贵族们的生活常常应时应事而会有一些大的变动，奇迹可能随时出现在贵族生活中。不能不承认，当时的现实本身就是一个让贵族施展才能的社会。

所有的西藏贵族家庭都有自己的家族史，这些历史如果作一些整理而进行描述，自然是一些很好的故事。而这些好的故事中，可能常常会有一些笨拙的假想成分，这些假想往往显得滑稽可笑。可以说，他们那种充满虚妄的自信盖过了事实本身。那么，对于夏格巴家族来讲没有这种让他们飘飘然的故事来装点自己，不能不说是一件令家族成员们不愉快的事情。尽管夏格巴家族处于衰弱之中，但是家族只要有后继者，就可能出现机会。从这点来讲，夏格巴家族是幸运的。在20世纪，夏格巴家族共有四个兄弟，最大的遗憾是家族无法给这四个兄弟提供良好的教育。尽管四个兄弟在幼小时，受到过父母无微不至的关怀，但是当他们要面对社会时，父母却没有能力给予更多的关照。为了家族，也为了个人，夏格巴家庭的家长不得不通过深思熟虑来决定四个兄弟的生活，夏格巴家庭的四个兄弟几乎同时进入哲蚌寺成了“贝恰哇”（读书人）。寺庙的生活虽然是平静的，但也比较单调和无聊。好在他们出身贵族，使他们在出家生活中能获得较高的礼遇。

在寺庙，他们各自遵循寺庙的规律，天刚亮就开始寻找一块僻静之地，诵读经文，到了晚上，又在微弱的蜡烛光下复读经文，几乎把每一天的时间都花费在学经做法上。尽管生活非常单调乏味，但是寺庙所提供的优良条件使他们能够在寂静中寻找到满足其作为贵族的虚荣，寺庙给予他们的生活条件也充分使他们意识到自己的高贵血统。也许正是因为这一点，他们开始有了贵族应有的政治野心。虽然他们身为出家人，但是他们意识到宗教是拯救不了其家族地位的，如果家族要在贵族社会中占有一席之地，就必须有成员角逐世俗政治权力，只有通过权力家族才能获得永久的保障。在这种意识推动下，夏格巴·罗桑顿珠和夏格巴·旺秋德丹分别还俗并很走运地在政府机构内担任了公职。

夏格巴·罗桑顿珠在热振活佛担任摄政时期，有幸充任了一个很不起眼的官僚角色，即：聂朗宗宗本——一个贵族官员不愿涉足的官职。与此同时，他的弟弟夏格巴·旺秋德丹还俗后，有幸在政府的孜康内谋得了最低的孜巴（换算员）职务。这时，人们几乎忘记了兄弟俩曾是僧人，人们对他们因为什么原因还俗没有什么印象。人们只记得他们现在在干什么。这种对往事的模糊记忆，在某种程度上也说明了贵族社会的现状。夏格巴·罗桑顿珠虽然也常从聂朗宗回拉萨，但是更多的时间要在穷乡僻壤的宗镇上渡过，尽管他在当地过着虽不豪华但拥有特权的生活，然而，他常常会感到一种人在旅途那种被遗弃的淡淡哀愁。乡下的生活不活跃，也没有像拉萨一样热闹的市场和真真假假的人际关系。既没有什么事情能让

布达拉宫僧官办公室译仓外观

人感到恐惧，也没有什么事情能让人惊喜，一切都在平静中滋长，同样一切都在平静中消沉。因此，夏格巴·罗桑顿珠觉得自己快要被抛弃了。为了证明自己的存在，他利用一切机会回到拉萨，建立一些关系。拉萨，对于他来讲，不仅是贵族们生活游戏的乐园，更重要的是他生长的地方，每当他在作决定回到宗镇时，止不住回眸，拉萨留下了他的每一段记忆，他对这块地方流连忘返。当他在拉萨热闹的街上踽踽独行时，他有过幻想，想抓住点什么，即使是徒劳的。现实的破碎，使他与拉萨这个贵族生活和政治中心地带有了距离，就在这段时间里拉萨发生着奇奇怪怪的事情，他成了一个完全的局外人，也许他可能会在乡下老死，即使是这样的结局，对于一个毫无势力的小贵族家庭的子弟来讲也并不为奇。至于他的弟弟们虽然在拉萨生活，但同样被隔绝在了功名之外。因此，夏格巴家族在这个充满诱惑的贵族社会里常常感到自己的寒碜和可怜，只有表面上的潇洒言行，才能自我安慰，也才能引起贵族社会的一点注意。

夏格巴兄弟们的年龄开始在增长，结婚、生孩子，避免不了的固定生活伴随着他们。婚姻对于夏格巴兄弟来讲，是对那混沌、没有秩序、最拿不准的现实的一种对抗。然而，作为贵族子弟，没有功名，婚姻生活就是苍凉的、寂寞的。行行复行行，半辈子就这么过去了。如果不是一次偶然的机会，他们兄弟的生活就将这么维持下去。

摄政热振（坐者，20 世纪 40 年代）

1941 年，热振活佛把摄政的位置让给了他的经师、年迈的达札活佛。达札还没有被热振活佛提携为摄政时，在寺庙内仅仅是一个不太起眼的小活佛。即使是这样，夏格巴家族一直是他最为慷慨的施主，尽管夏格巴家并不富有。夏格巴兄弟的运气被人们用各种故事解释着、演绎着。但是有一点是可以确定的，当夏格巴家作为达札活佛的施主时，他们肯定不会想到地位较低的活佛达札将来会有什么起色，更不会想到达札活佛将会给夏格巴家带来什么好处，更何况达札活佛是一个上了年纪的老人。无疑，他们之间的关系纯属宗教关系。然而在这场热振活佛让位给达札活佛的政治大赌博中，后者从一个地位较低的活佛变成了一个人人都想攀附的摄政。

扶摇直上的达札在成为摄政后很顾念私情。在对官职人员进行调整时，许多曾对达札有过恩惠的家族都在这时得到了好处，其中就有夏格巴。有一天，夏格巴·罗桑顿珠在乡下突然接到了噶厦的指令，任命他为地方政府的四品官。这突如其来的喜讯如同命运之神射出的一支利箭，让他来不及有半点思索，只感到万分惊喜。他终于能够带着他的家眷回到日思夜想的拉萨了。与这个喜讯同时而来的好事是，他的弟弟夏格巴·旺秋德丹更是平步青云，从一个无名的“孜巴”成为“孜康”的“孜本”（四品官）之一。拉萨街上流行的讽刺歌谣，就有专门讲述夏格巴兄弟的这段人事升迁的。显然，夏格巴家族的地位在两个兄弟的飞黄腾达中得到了巨大的提高。从那一天开始，兄弟俩成了贵族社交场上的活跃人物。由于他们跳过了自己祖先的头顶，他们的走路、骑马、说话等姿势都有了极大的变化，可以说在短短的时间里，他们就拥有了华贵的风度和惬意的生活。[①]

十三世达赖喇嘛圆寂后，热振、达札先后担任摄政，他们之间的政治较量，是无法用正常思维所能理解的事。在《喇嘛王国的覆灭》一书中对这一事件提出了看法：“西藏现代史上最大的谜之一，便是热振和达札之间的权力交接的本质。”热振和达札两个活佛之间权力交接后不久，他们之间的关系从一个亲近的师徒关系演变成两个政治派别之间的关系。热振活佛的支持者们认为达札应该“守信用”把政权交还给热振；达札活佛的支持者们也以同样的理由认为热振没有权力索回他原来放弃的职权。热振和达札两个活佛之间究竟有什么政治交易，对于西藏人来讲是个永久的谜，对此好奇的西藏人只能猜猜而已。尽管这件事情是一个解不开的谜，但是双方争夺权力的事却是非常清楚的。这场斗争突出地表现在两派的首领及其支持者身上。这段时期的西藏，整个政治活动充满着阴谋和联盟，的确在这场政治大斗争中出现了许多有政治心机的人物，并逐

① 笔者的调查笔记。

渐形成了势力范围，对社会也有了相当的震慑力。其中，代理司伦的鲁康哇就是个很具典型的人物。

鲁康哇：他是一个性格与外貌极其标致的人物，他身材高大、头发花白，十分引人注目。与相貌相适应的是他的固执性格以及顽固的守旧观念。正因为如此，他在西藏的贵族和平民两个截然不同的阶层里，有着很好的人缘和影响。恰白·次旦平措老先生在《索康·旺钦格勒的一些轶闻琐事》一文中对鲁康哇有这样的描写：“鲁康哇一向自诩为地方幕僚中的正直忠良。外界也传说他软硬不吃，敢于向任何权贵进言冒犯。因此，无论是达赖亚豁、诸噶伦，还是各大拉章（活佛寝殿），对他都存有戒心。总之，此人赢得名声的权术与众不同，是一个从不攀龙附凤的人物”。鲁康哇出生于一个世袭的小贵族家族，对此人们似乎没有什么怀疑，但是讲究祖先荣誉的贵族社会对于他的家族出身仍然不知底细。据说，他出生在后藏“德卡若”地方的一个小贵族家庭里，但也有人认为他出生在拉萨曲水宗的一个小贵族家庭里，不论出生在什么地方，他能够成为贵族社会的一般官员，应该是出生在一个拥有“帕豁”名号的贵族家庭里。也许正是因为他那很不起眼的家族，他刚开始成为一般官吏时，并没有给贵族社会以任何影响。但是作为贵族子弟，即使出生在一个非常不起眼的贵族家庭，他都有权利成为一名“来参巴”（一般贵族官员）。当他成为一名来参巴时，他也就背负起了恢复其家族荣耀的义务和责任。鲁康哇不同于其他贵族，他感觉不到家族神话般花环的辉映，所以他的性格与其他的贵族相比，有极大的不同。他不懂得贵族之所以为贵族，在于生活中必须谨慎行事和工于心计，以及必须加倍努力以赢得舆论的重视等。他的身上看不到贵族固有的一些痕迹，人们在他身上所能看到的是因个人胆大而带来的声望。也可能正是由于他的大胆性格，使他获得了飞黄腾达的机会。这不能不说他在贵族社会中是个例外，像他这种性格，不耗尽自己的心力，也不借助什么超人的才智，仅仅依靠所谓的不畏权贵的胆量就能获得成功，这的确在贵族社会中是令人难于理解的事情。

鲁康哇在自己的整个政治活动中是一个喜剧扮演者。正当热振担任摄政时，一个偶然的机会，他成为“孜本”（四品官）。这个机会的获得有很多可能，首先，他和达札摄政同属于色拉寺果芒扎仓的僧人，其次他们之间的关系一直非常密切。因此，当达札担任摄政后，他被几次拟定提升为噶伦，但最终没能实现，其原因不得而知。虽然他没有成为噶伦，但他在地方政府官员中有一定的影响。平日里，他显得大大咧咧、不拘小节，有时甚至还不矜虚荣、不尚浮夸，有时难以控制个人的情绪。毫无疑问，他对当时的贵族政治保持着很强的主观性。然而在他任意放纵个人的时候，他也能够理性地待人处世。在他的思想深处早已建立了非常守旧的政治观念，正是由于他的这种政治观念，他对于不同于西藏传统的一些政治行为缺乏热情，甚至表现出强烈的不让步姿态。而他那过分的守旧的思想在当时西藏贵族社会里，竟能找到非常多的支持者。①

实在说来，西藏贵族社会的内部构成，在某种程度上是贵族们深思熟虑后精心设计的结果。因此在政府内的政治行为和政治见解，很少能采取激烈的态度，如果出现一些过激的行为，常常会受到来自权威的抑制。所以，西藏贵族的政治如同一块装饰用的钟表，分针秒针始终保持在同一点上，不会有任何变化。如此的静止状态中，一些敢言敢怒的人物就显得十分打眼。鲁康哇就是其中之一。无论鲁康哇的政治观是建立在什么样的思想基础上，无论鲁康哇个人的道德观是建立在什么样的标准上，他的这种无视条律的敢言敢怒的态度，不仅给死气沉沉的贵族政治生活带来了一些生气，同样也给西藏的民众带来了一种错觉，也正因为如此，他成为当时西藏社会的风云人物。

1900 —1951 年这段不平静的时间里，在西藏贵族社会中出现了许多类似于鲁康哇这样有着所谓不同个性的贵族成员。在西藏近代史上制造了许多事件。他们借助宗教和世俗的权威，巧妙地分割

① 笔者的调查笔记。

和分配权力，并通过自己的政治主张，在富人和穷人之中建立自己的影响，他们把最为复杂的政治斗争变成一般性的个性斗争。鲁康哇正是那种把政治游戏变成个性斗争的最佳人物，并且他在这种个性斗争中常常扮演着胜利者的角色。在西藏曾经流传着这么一首歌谣："钱可以买到官，可买不到鲁康哇的心。"这首歌谣更多的反映的是鲁康哇的强悍个性。不过，尽管他能坦言贵族政治的不足，也能对贵族政治做出较为客观的评判，但是他绝不会冒丢失权势之危险去否定贵族政治。另外，虽然西藏人把他看成是一个敢说敢做的人物，但他更是一个不折不扣的贵族官僚。他的一切言行包括较为放任的言行，都建立在维护原有的贵族政治的基础上。实际上，鲁康哇根本不是当时贵族政治的不安定因素。然而由于他的强硬，当时的西藏人对他还存有幻想。应该说他是聪明的，也是精明的，他很成功地混淆了人们的视线，并在混乱的贵族政治活动中，成功地给自己扩大了影响。

因为与三大寺的关系，以及与当时当权者摄政达札的交情，鲁康哇几乎就要获得噶伦官职了，但可能是由于家庭的经济因素，这个幸运始终没有落到他的头上。1950 年 10 月至 11 月，西藏权力核心有了大的转移。噶厦召开民众大会，通过护法神乃琼预言，要求十四世达赖喇嘛亲政。1950 年 12 月，为了对抗中央解放西藏，摄政达札及噶厦再一次决定达赖喇嘛及其众官转移到西藏南部亚东，留下鲁康哇和罗桑扎西坐镇拉萨，任命他们两人为"司曹"（代理司伦）。对所获得的令人惊羡的地位和权势，鲁康哇并没有感到什么殊荣。据说他常常为此而发牢骚说：这个肥缺在平时是轮不到我的，现在是性命攸关的时候，怕死的人都跑了，让我们留在这里收拾残局，当牺牲品。

当时的西藏社会在一片谎言的掩盖下，以惊人的天真表现出对鲁康哇的偏爱，人们从没有怀疑过他是一个明智、公正的人物，即使在他升职为代理司伦后，人们也试图从一个完全不同的角度来审视这个怀着阴谋野心的政治活动者。当鲁康哇像所有的贵族一样没完没了地游走在政治游戏之中时，周围的人还是宁愿把他设想成一个公正、乐观的人物。事实上，鲁康哇本人也没有意识到自己的一些情绪化的率直态度，竟会轻易地给人们留下这样的好印象，而这种印象还在不断加强。

鲁康哇可以说是在西藏地方政权交替的时期里出现的一个特殊的人物。在那个时期，许多人还开始觊觎贵族的社会地位，“出身的高贵”不再显得重要，人缘和经济实力成为高贵的一种基础。许多人开始为自己能够成为贵族的一员而精心设计和积极努力。他们为了使自己成为一名贵族官员，毫无顾忌地大玩宗教上和世俗上的一切可行的手段，整个拉萨充满着政治交易，新型的贵族开始在政治舞台上活跃起来了。像“松托”家族和“邦达仓”家族就是其中典型的例子。

松托家族：松托·绛占林登出身平民，哲蚌寺乃琼降神大喇嘛罗桑朗杰是他值得骄傲的同父异母兄弟。绛占林登从儿童时代就表现出较为出众的天分，虽然缺少家庭和社会的教育，但是人们惊讶地发现，他对文字的记忆是超常的，因此，他的父母决定把他送到哲蚌寺接受文化教育。通过同父异母哥哥的帮助，他入寺后没有花费多少时间就顺利地成为一名“贝恰哇”。经过了近二十年的寺庙生活，他掌握了寺庙内的许多技艺，他的聪明也备受寺庙僧众的赞赏。寺庙在满足他作为僧人的虚荣的同时，也迫使他接受严格的禁欲生活。尽管一入寺做僧人，就会接受严格的“禁欲”教育，但每个僧人都要做到这一点是非常困难的，尤其是对那些还没有绝断红尘的僧人更是如此。当然在这里不敢断言绛占林登是一个没有绝断红尘的僧人，但是由于他常常有机会与哥哥一起穿梭于贵族社会，由此而对世俗生活耳熟能详，就在这个时候，他的眼神和一个女人的碰撞到了一起，随即便情不自禁地与那女子有了肌肤之亲。一切都过去之后，忧愁和烦恼也相伴而来，他清楚这件事对于一个僧人来讲是一件可怕的事故，他如同负债累累的商人一样，不顾脸面地脱离了寺庙。①

僧人所要遵循的规矩，被他破坏了，为此他有一种强烈的犯罪感，陷入了深深的矛盾之中。尽管如此，最终他还是毅然地离开了寺庙，并决定和那女子结婚。婚后的生活并不像寺庙那样轻松，他要养活自己，也要养活妻子，将来还要养活子女。寺庙生活使他没有学会谋生的技巧，一切都得从头开始。虽然免不了惆怅，但拉萨这么大又这么热闹，肯定能找到谋生的路子。他再一次得到了同父异母兄长的帮助，他用他哥哥的钱来经营小本生意。凭借着他的聪明，生意越做越大，他往返于印度和拉萨之间，资金逐年积聚。资金的积累给他带来了无限的希望，他利用哥哥的权势开始往来于各大世家之间，尤其是与擦绒、索康、帕拉等有权势的家族建立了密切的关系。金钱使他成为一个有教养的人物，同样也使他高贵起来。在交往中，贵族们几乎想不起他的实际出身，他开始扮演高贵的角色。然而，他不是贵族，这一事实常使他感到自己在贵族群里像个滑稽可笑的人物，也因此有了改变实际身份的想法。尽管这种想法非常幼稚，但在当时那种人治的社会里一切都有可能发生。1934 年，由于他的贵族朋友们的帮助，他被任命为帕里税务代表，并与一僧官共同前往帕里处理政府委派的事务。1938 年，摄政热振封他为“来参巴”（相当于政府的五品官职）。1939 年，西藏地方政府寻得十三世达赖喇嘛转世灵童欲接回拉萨，但遭到青海军阀马步芳勒索大洋四十六万元。于是，藏政府派他去印度取款。1940 年，达赖喇嘛的转世灵童回到拉萨后，摄政热振因其有功遂封其为贵族，编成发髻，并赠以播种种子一百藏克（一藏克相当于十四公斤）之土地。1942 年，他担任西藏藏北那曲宗宗本，任政府“仁细”（四品官职）。②

关于绛占林登如何获得“松托”这一贵族家族名号的，说法很多，普遍认为松托谿卡（土地）原是大贵族帕拉的一个庄园，后来

① 调查笔记；参考档案资料。
② 调查笔记；档案资料；参考《西藏通史》。

帕拉家长卓尼钦莫把这一庄园“送给”了绛占林登。前面所述，贵族之能成为贵族，很大的程度上是依据其拥有的“帕谿”。如果没有这块被称为帕谿的土地，谁也没有办法挤进贵族行列。那么，能够断言的是，1940 年摄政热振把绛占林登封为贵族时，他已经拥有了所谓的帕谿。

贵族晋身的条件到了 20 世纪 30 年代后期显得弊端重重，虽然邦达仓不能与松托相提并论，但是该家族同样也是通过种种“手段”挤进贵族行列中，并成为一代风流家族的。

邦达仓家族：该家族是西藏最大的商家。该家族的创始人是邦达·布意将，他的少年时代是在家乡西康度过的，后来与当地头人发生争执，只好逃到拉萨谋生。初到拉萨，为了生存，他做过贵族的侍从，也做过许多出力气的活儿。慢慢的，他从一个不起眼的侍从成为一个独立的小生意人。他头脑精明，精打细算，很快，在这个没有经商概念的贵族社会里，他获得了巨大数目的资金。生意的顺畅对他是一个极大的鼓舞，他开始在印度和拉萨两地之间进行批量买卖，并成为当时引人注目的生意人。1909 年（清宣统元年），赵尔丰的军队进驻拉萨，在“途中对藏族人民苦虐不堪，乱杀无辜，抢夺民财，对僧侣尤为仇视……赵尔丰的军队一抵拉萨，便乱了全城秩序，直接危及达赖喇嘛的安全。因此，西藏地方政府的主要僧俗官员商定并敬谏达赖喇嘛暂往他处避难”①。达赖喇嘛逃到印度后得到了正在印度进货的邦达·布意将经济上的援助。由于布意将常年在印度做生意，在印度有很好的人缘和财力，因此他倾力帮助外逃的达赖喇嘛一行，并在达赖喇嘛一行返回拉萨时一直陪送在旁。达赖喇嘛返回到拉萨后，调整了政府官员，其中擦绒·达桑占堆是一个突出的例子。与此同时，许多人由于达赖喇嘛出走时有功劳，给予了奖赏，其中包括邦达·布意将。尽管布意将不是贵族出身，达赖喇嘛仍以忠诚为名赐给他以五品“来参巴”官职，并许

① 《西藏通史》，第 918 页。

以有不受普通法令限制之经商特权。邦达·布意将拥有的特权使他成为商人中的佼佼者。令人惊羡的地位带来了周围的妒忌，甚至暗算，最后，他遇刺身亡。他的儿子邦达·扬培继承了父亲的事业。①

邦达·扬培与父亲一样，也是个精明能干的生意人，他的生意在他父亲原有的基础上更其兴隆。由于财力极盛，他与大贵族来往更加密切，还成了后者仰仗的对象。他的仕途生涯比其父亲也来得自然而顺利。在热振活佛担任摄政时期，邦达仓与“热振拉章”和“桑独仓”成为西藏最大的商号，并称为“热、邦、桑松”。由于经营上的不断扩大，使其权限范围也在增加，他总揽了西藏的羊毛、黄金出口以及购买军火等进出口生意。很显然，地方政府成了他生意上的同盟军。他的富有成为他交际贵族社会的资本，他的权力在他的财富基础上成倍增长，他开始贿买更高的官职，缔结自己的人缘网。他还与一些大贵族建立了姻亲关系。与此同时，他在当时的西藏社会中享有乐善好施的美名，他与三大寺以及西藏许多寺庙建立了密切的关系，他是三大寺所有“康参”的施主。②

在讨论一般贵族时，最大的困难是没有一个定性，因为这一等级的贵族没有共同的标志，而且他们在贵族社会中所表现的由内而外的特点也不尽相同。加上当时充满动荡的贵族社会，有可能随时改变他们的社会地位和经济地位，他们的生活与统治者的每一个计划实施有着紧密的关系，他们可能由于某种巧合突然获得不朽的荣誉，从而挤进大贵族等级之中；同样也由于某种不测，被弄得一无所有。很明显，处于这个等级的贵族，他们的政治生活是不稳定的。因此，他们大多数人明显地对政治表示出厌恶情绪。尽管他们没有像大贵族一样有着很高的经济和政治上的地位，但是他们同大贵族一样属于一个阶层，他们的内省和对外界的观察是相同的。

① 调查笔记；档案资料。
② 调查笔记；档案资料。

第二部分

强调“场所”的西藏贵族

第五章
“家庭”
——坚实的厚墙

"家庭"的概念植根于西藏的每一个角落，而"家庭"的具体象征通常是一所固定的持久的住所。因此，在住所和家庭的概念理解上，藏族人显得有些混乱。西藏贵族的"家庭"标志，也表现在住所的建筑上。形式上的精致和内容上的严谨是贵族家庭显示其高贵等级的标志。豪华坚固的建筑，与之相适应的房屋设计和布置，把家庭的形式表现得尽善尽美。而形式之下，贵族家庭涵盖的内容是很多的。通过血统而联系在一起的亲情关系，通过契约而建立起来的主仆关系，以及通过婚姻而建立的姻亲关系等，在"家庭"中都有合理的配置。家庭给每一个个体带来了巨大的利益，同时，家庭还为每一个个体提供了隔绝社会、宣泄情感的场所。家庭对于贵族来讲，比现实社会显得仁慈而忠实，贵族成员从出生开始就从家庭中获取无穷的快乐和希望，也获取了对贵族社会最高价值的认识和理解。乡村庄园建筑，再一次扩展了家庭所具有的场所概念。清新的空气和让人心旷神怡的景象，以及突出于环境的城堡般的建筑，都在讲述着贵族家庭的生活故事。

第一节 贵族社会的成分及其荣誉

通常来讲，家庭是一个相对静止的和稳定的实体，它是以婚姻关系为基础，以血缘关系为纽带的共同生活、共同消费的场所。随着私有制及阶级的产生，所谓家庭又具有了阶级的属性。在西藏封建农奴制社会里，这种现象尤为突出。

在西藏，“家庭”这一概念含义是比较多的，诸如“米仓”（人巢）、“钦仓”（户穴）、“囊”（内部或里面）、“庭巴”（门槛）等。通过这些众多的称谓，不能不惊叹藏族对于家庭的理解之恰当和深刻。

尽管家庭的含义很多，但西藏人很少同时使用家庭的这些不同称谓。然而，藏族在生活中无论使用家庭的哪一个含义，都充分显示了“家庭”是作为家庭内部的人们生活的居所，所谓内部的人，包括父母与子女和再生子女相连续的一代又一代。当然对于“内部关系”的理解还可以更扩大一点，其中可以包括有血缘关系的和超出血缘关系的一种更广泛的关系，也就是指那些同居一处的所有成员。毫无疑问，“家庭”对于藏族是“内部”的人们的聚合场所。

虽然藏族对于“家庭”的概念有了共同认识，但必须承认的是，从 1900 年至 1951 年期间，由于西藏还处于等级森严的封建社会，各阶层所体现的“家庭”结构、“家庭”规模、“家庭”功能以及“家庭”本身所赋予的意义是各不相同的。对于处在社会底层的藏族百姓来讲，“家庭”主要是一种生产单位，而对于那些处在社会上层的贵族来讲，“家庭”已经被赋予了一些与财产或者权力相关的意义。正是由于财产、权力引发的贵族家庭的继承和延续问题，使得西藏的贵族家庭具有了强烈的祖传色彩。

在西藏，贵族家庭都有它自己所属的家族的名称，这些家族名称不仅代表着这个固定的家庭，更为重要的是，家族的名称能够使

住 宅

生活在同一个家庭内的成员联想到自祖先下传上承的权力特点。由于世袭而来的权力是授受的，因此，权力的大小也需要通过家族的祖先传给其后人。授受而来的权力主要表现在该家族的帕谿拥有量和贵族头衔上。帕谿的拥有量和贵族爵位头衔，对于贵族家族来讲是非常重要的，也是区分大小贵族家族的主要标志之一。正因为如此，西藏贵族社会存在着亚谿、第本、米扎等不同名称的家族等级概念。其中亚谿和米扎家庭是由于贵族爵位“头衔的修饰”而获得的家族名字，而第本家庭则是以世袭来的帕谿拥有量所获得的家族名字。由于贵族家族的名称能够代表一个固定的贵族家庭，并相应形成贵族家庭观念，因此，生活在同一个家庭内的贵族成员，其主要任务之一便是继承和巩固由祖先传下来的家族名称。家族名称不仅能够唤起每一个家庭成员与最久远的家族祖先之间的亲密感，更重要的是，它能够使每一个家庭成员通过祖先的事迹而在现实生活中获得引以为自豪的精神力量。只要是贵族成员，为了各种利益的获得，都会自觉不自觉地为自己和家庭追溯某一个具体的闪耀着光辉的历史人物。但是，对于那些不是贵族的西藏人来讲，了解某一个固定的贵族家族的世系家谱或者了解某一个固定家族的祖先历史，并不是什么重要的或实际的问题。人们在实际生活中往往把贵族看成是一阶级群体。尽管在现实中，贵族阶层本身存在着亚豁、第本、米扎等等级差异，但对于普通的藏族百姓来讲，这种等级差异只是早就存在的一种具体事实，没有多少实际的意义。从某种程度上来讲，造成这种含混意识的因素有可能是：由于当时生活在封建制度下的藏族农奴阶级成员各有各的领主归属，所以，他们的意识中，“主人”是最高的、最直接的贵族。正因为这种意识使然，藏族人很少通过等级区别来分别称呼“大”、“中”、“小”贵族家庭，他们在生活中，对于不同等级的贵族家庭的称谓是共通的。一般来讲，人们用“米仓钦布”（大的人巢）或者“森厦”（公馆）来称呼所有的贵族家庭。①

在西藏，虽然早已是父系为主的社会，但是在贵族社会中父系血统和母系血统这两条线是平行发展的。对于贵族家庭的成员来讲，无论是父系血统还是母系血统都是一样的重要。所以，家族的成员能够很自然地、对称地列出父母双方所属家族的祖先历史。对于家族成员来讲，无论是父系的祖先故事还是母系的祖先故事，都会引起他们强烈的幻想和崇敬。无疑，家族成员能够从父系的祖先故事和母系的祖先故事中获得同样的精神力量。然而奇怪的是，贵族家庭的成员在极力崇拜祖先的同时，并不会有意识地去敬拜祖先，因为从某种意义上讲，两条平行线所表现出来的祖先的形象，只活在家庭成员心中，而且其形象即不确定也不具体。贵族社会提倡和强调与生俱来的高贵，而这种高贵只能通过寻求祖先的遗迹才能获得。一个贵族，只要相信家族的祖先曾经是一个极具“高贵品德”的人物，就足以从中得到贵族社会强调的高贵出身以及随之而来的令成员取之不尽的精神源泉。

① 调查笔记。

以西藏第一个亚豁家族桑颇家庭为例。桑颇家族在西藏社会中经历了两百年的延续之后，1910 年至 1951 年这段时期，该家族的家长名叫次旺仁增。

桑颇·次旺仁增生于 1905 年，他是在该家族最受贵族社会赞扬之时出生的。家族具有的特权来自于七世达赖喇嘛。就在次旺仁增出生时，该家族仍然完好无损地保持着原有的产业和荣誉。尤其是次旺仁增的父亲，一个实际上没有多少政治能力的人物，曾被皇帝封为“一等台吉”。藏族人通过单纯的思维来推断，该家族似乎再一次经历了七世达赖喇嘛时代的辉煌。尽管现实并非如此，但是亚豁·桑颇家族的成员仍雄心勃勃地期待家族的复苏。在这个充满幻想的家庭环境里，次旺仁增度过了自己的童年。他经过了家庭、私塾、“孜康”三块贵族成员社会化的教育后，正巧赶上了贵族社会流行贵族子弟留洋学习新知识的机会。该家庭没有抗拒流行，毫不犹豫地把他送到印度学习炮兵技术。回到西藏不久，大约在 1919 年，他顺利地步入了仕途生涯。在家庭和官僚机构内，父辈们给他们这些年轻的一代作出了榜样，他们有意无意地模仿着父辈们做官和做人的言语行为。很显然，他的仕途生涯在既定的模式中运行着。尽管没有丰富多彩的仕途生活，但是当他有意识地模仿父辈们的言行举止以及陶醉于其中时，他的生活目的也就自然达到了。1924 年开始，他的官职不断升迁，从一个基层的官职逐渐发展到“雪第巴”（主管布达拉宫山下居民）、“代本”、“孜本”，并且极其顺利地继承了父亲的一等台吉的头衔。他的运气在很大程度上可以归咎于一个普通的理由：作为亚豁家庭的后裔可能遇到的机遇。年轻的桑颇·次旺仁增在这种特权阶级官运亨通的时代里，可能错误地估计了自己的能力，为此也可能产生了对于政务的冲动，于是乎，在他没有多少心理准备的情况下，被免去了他从父亲处因袭的一等台吉的头衔。据说，他得罪了当政达赖喇嘛的宠臣龙厦·多吉次杰，所以他的头衔被免去了。尽管这件事并没有影响家族的社会地位，但是还是伤害了次旺仁增的自尊和家族的荣誉。在这之后，桑颇·次旺仁增再无激情可言。后来（1937年）由于“龙厦事件”的彻底被解决，一等台吉的头衔再一次降临到他的身上，他的生活似乎又有了一些生气。此后的时间里，他还有担任更高职务的机会。他恢复台吉头衔之后最为扬名的事情是，他以台吉之身份参加了西藏僧俗会议。之后，他积极为自己寻找更高的发展机会，曾几次活动噶伦职务，但是都没有能够成功。①

1950年，十四世达赖喇嘛和随从逃到边境亚东时，桑颇·次旺仁增被西藏地方政府任命替代擦绒·达桑占堆担任“扎萨”（三品俗官）职务。他先后与贵族“贡桑孜”家族和大商贾邦达仓家族建立了婚姻关系，他的前妻是贵族贡桑孜·孜本·次旺顿珠的妹妹。贡桑孜家族在当时的贵族社会中，被认为是“一门五贵”之一。所谓的一门五贵是指索康扎萨和他的三个儿子再加上贡桑孜·索朗旺堆。

在这里需要简单地对贡桑孜家族作一介绍。贡桑孜又名“凯墨”，“贡桑孜”其实是该家族在拉萨府第的名称，而“凯墨”是该家族重要谿卡的名称。凯墨家族的名称在《五世达赖喇嘛传》一书中提到过。该家族中，最早被文字记述的、较为清晰的人物是凯墨·热丹林巴，他在七世达赖喇嘛时期曾担任宗本一职。虽然该家族有着较为悠久的家族历史，但是我们很难在文献中再发现该家族的历史业绩。由此可以设想，该家族在18世纪至19世纪的西藏地方政治活动中，可能已变得很不起眼。凯墨·仁钦旺杰是该家族永远都会记住的一个特殊的人物，因为正是他，使得凯墨家族有幸进入西藏大贵族米扎行列，同样是他，使得该家族险些丢掉贵族的头衔。凯墨·仁钦旺杰步入仕途不久，便被地方政府提升为孜本。同样的幸运不久再一次降临到他身上，1914年，他被地方政府提升为噶伦，并且处处受到当政达赖喇嘛的袒护。大约在1921年，以擦绒·达桑占堆为首的藏军军官和以三大寺以及一些噶伦为代表的保守势力之间发生了西藏近代史上的第一次正面冲突。以擦绒为代

① 调查笔记；档案资料；参考《西藏的贵族和政府》。

表的藏军军官要求地方政府扩增三倍的藏军，而这种提议很快遭到了三大寺以及保守势力的抗议和反对。三大寺认为扩充军队，结果会给社会带来危害宗教的思想；而代表地方政府保守势力的官员在反对过分扩大寺院集团权利的同时，也担心建立一支强大的藏军给自己造成经济困难，担心这些年轻、激进，并崇尚西方生活的少壮

派官员一旦得势，将会打破西藏的权利平衡。① 当时担任噶伦的凯墨·仁钦旺杰是保守势力中的中坚力量。此次冲突最后以双方都做出让步而告终，冲突平息了，但是凯墨·仁钦旺杰因此而成了冲突的牺牲品。地方政府免去了他的噶伦职务，虽然在以后的时间里他有了重新做官的机会，但是没有再被任命较高的职务，他死时仅仅是一个微不足道的代本。②

贡桑孜·次旺顿珠是该家族的直系继承人。他与所有的大贵族子弟一样非常顺利地继承了赛囊巴（少爷）的称谓，同样也很顺利地步入了仕途。但是在人生的道路上他经历了与他父亲一样的遭遇，甚至比他父亲的遭遇更惨。贡桑孜·次旺顿珠在热振活佛担任摄政的初期，得到的恩宠和信任在官职上均有所体现，但是由于他个人毫无顾忌的处世方式得罪了摄政，摄政为此不仅罢免了他的"拉恰"职务，并且还把他降为平民并放逐在外。如此坎坷的命运，除了对他和他的家族带来了一些波动外，在西藏的贵族社会中并没有留下任何痕迹。达札活佛担任摄政之后，该家族以重金贿赂，他才得以返回拉萨。不幸的是，他没有了公职，而且还只能身着布衣闲散地待在家中。不过，家族的幸运并没有受到影响。他姐姐的婚姻彻底改变了该家族动荡不宁的命运。

贡桑孜·索朗旺堆是贵族索康家族后裔，是当时的噶伦索康·旺钦格勒的叔叔。他是一个极其严格遵守贵族道德规范的人物。正因为如此，他对于家庭安排的婚姻毫不介意。对于背运的贡桑孜家庭来讲，他的到来简直是一次家族复兴的希望。1919 年，他非常顺利地步入了仕途，担任"噶准"（噶厦传令官），不久之后分别担任"雪第巴"、"协邦"（拉萨司法处的干事）。大约在 1921 年，前往印度学习军事，回来后先后担任"浪子厦米本"（拉萨市长）、"羌基"（那曲总管）和藏军代本。以后的一段时间，他是在军队中度过的。1935 年，大金寺发生骚乱，他和贵族琼让以代本的身份率藏军平

① 调查笔记；参考《喇嘛王国的覆灭》。
② 《西藏的贵族和政府》一书中却提到他在后来的时间里获得过"扎萨"的头衔。

贵族官吏（20世纪40年代）

定骚乱，由于琼让控告他不战而退，被地方政府解职。被解职的这段时间对于他而言，是个痛苦的经历，他仅仅以“雪尼”这一低级官员身份，整日在家庭和政府之间周旋。1936年，他随同色拉寺活佛格乌仓赴青海寻访十三世达赖喇嘛的转世灵童。1939年，回到拉萨并担任“捏相”（外宾接待长）。大约在1946年，他被任命为“扎萨”并主管地方政府的茶盐机构。大约在1949年，担任“马基”（藏军司令），负责指挥以拉萨为中心的约三千人的藏军。

索朗旺堆入赘到贡桑孜家后，以贡桑孜少爷自居。由于他本人是索康家族的后裔，仅凭这条社会关系，他就能很轻松地在贵族社会中成为中心人物。他的优势不仅于此，谨慎，并善于筹谋，这不仅为他个人带来了不断的荣誉，而且也给凯墨家族带来了复苏。对于贡桑孜家庭来讲，他确实是一个恩人。因为，是他有计划地用重金把小叔子带回到拉萨，又经过有计划的活动使这位被沦为平民的小叔子恢复了贵族身份，并且还谋得了低级官职。而贡桑孜·次旺顿珠在其姐夫和兄长赤江活佛（十四世达赖喇嘛的首席“村效”，即侍读）的帮助下，再一次有机会从一个低级官阶爬到了“孜本”职务。贡桑孜·次旺顿珠是否有过婚姻，没有记载，也没有人谈论过。①

言归正传，桑颇·次旺仁增的第一次婚姻给他带来的利益是可想而知的。同样他的第二次婚姻的利益也不逊于第一次婚姻。两次婚姻，不仅对于本人是一次值得炫耀的经历，同样对亚谿·桑颇家族，也是能带来更加丰厚而实际的社会关系，尤其是他的孩子们，更能感受到这点。桑颇·次旺仁增的两次婚姻给家族留下了四个女儿和两个儿子。长女嫁给贵族唐麦家族的家长，次女嫁给贵族“热噶厦”家族的少爷，三女儿嫁给贵族“占东”家族的少爷，最小的女儿也与某一地方土司的儿子结了婚；大儿子丹增顿珠继承家业，娶大商贾邦达仓家族邦达·多杰的长女，婚后有一男一女，他们之间的婚姻由于感情不和而结束。的确，从这个家族成员的婚姻生活关系网中，能够清晰地看到这是个被特权所包围的家庭。正是由于这样强大的社会关系，使得这个家庭不仅拥有很高的政治地位，而且也拥有极强的经济地位。②

在西藏，尤其是在贵族社会中存在着一种普遍的认识：一个贵族家庭如果没有高贵的祖先，个人的地位也会因此而降低。也就是说，一个贵族家庭如果没有祖先留下来的“高贵品质”，那么他在

---

① 调查笔记；参考《西藏的贵族和政府》。
② 调查笔记；参考《西藏的贵族和政府》。

现实生活中，想维持完美的尊严和风度是不可能的。如果桑颇家族没有因祖先世袭而来的亚豁·桑颇的光环，家庭成员的身份相对地就会黯淡不少。因此，桑颇家族的家长们非常明白，如何用高贵的祖先之名来尽善尽美地发挥家族成员的优势。因为祖先可以提高家族成员的尊严，同时也能够对于家族成员所表现出来的一些荒唐事情予以开脱。所以，祖先遗留给子女的不仅仅是物质财富，最为重要的是精神财富。

桑颇·次旺仁增作为该家族的直系继承者，在他童年时，就已知道家族的祖先叫索朗达杰，同样也知道了家族祖先很不一般的生活经历和命运，其中最让他自豪的是，他的家族中曾经出现过达赖喇嘛。正是由于达赖喇嘛，该家族有幸成为西藏贵族社会中的第一个亚豁家庭。每当他在聆听长辈们讲述家族史时，都能从长辈们的脸上看到对家族旧日的辉煌的向往，而长辈们的这种骄傲会直接影响听故事的他和每一个家族成员。

当桑颇·次旺仁增继承家业并成为该家族的家长时，他也像他的父亲一样，不厌其烦地把那些不那么确定的祖先故事讲给后人听。也像父亲一样，他常常在讲述中为旧日家族的辉煌历史激动不已，听故事的年轻人虽然有些不经意，虽然有些不在乎，但是这些年轻人的情绪，不会影响讲故事的他，他知道，这些故事总会在这些年轻人的心中激起崇敬祖先的涟漪的。事实的确如此，家族祖先的辉煌历史使得桑颇家的成员，非常自然地在现实生活中寻找到快乐的精神源泉和对家族精神的坚守，并且还能激发他们对新生活的创造力。

第二节　家庭成员及其附庸构成的小社会

贵族，作为一种头衔，它并不属于某个个体，它属于家庭及其家族。因此，家族的开创者——祖先以及他的历史常常被置于家族历史的中心。尽管家族的祖先史在贵族家庭的生活中占据着举足轻重的位置，但是，仅仅依靠这种纵向的联系，一个家庭是不可能在贵族社会中维持优势地位的。尤其在这种随时都在争权夺利的贵族社会里，想成为一个强大的贵族家庭，其过程是非常复杂烦琐的。正因为如此，每一个贵族家庭一经产生就要学会适应进攻、背叛、倒戈等策略、手段。如果能够自如地运用这些所谓的策略和手段，那么该家庭的成员就会在遭遇不测时不至惊惶失措。换一种说法，某个贵族家庭的权势，如果已经得到了基本的稳定，那么，除了依靠纵向的家族关系之外，还需要依靠家庭的横向联系才能使其发扬光大。当某个贵族家庭，如果进行横向联系时，自然会涉及该家庭的家族（纵向引起的横向）、亲属（包括姻亲引起的横向，和横向引起的纵向）以及家庭的社会关系（纵向、横向同时进行）。通过这些横向和纵向的复杂的社会关系，为家庭铸造一个较为高级的保护网。正是由于这一点，每一个贵族家庭，在其内部非常强调合族而居。要做到合族而居，必须处理好生活在同一个家庭内的人际关系，包括与家仆、家奴以及属民的关系。无论是主人还是仆人或者是属民，都需为共同的家庭恪守本位。所以，对于贵族家的仆人来讲，对主人的忠心，向来被认为是一种应该和必须遵循的美德。而对于子女来讲，听从父母之言，向来是儿女的本分，也是被社会所称羡的行为。强调家庭成员的一致，是贵族社会所遵奉的规矩，也是贵族家庭所认准的价值观。在这种价值观的引导下，贵族成员有意识地强调扩大式或者联合式的家庭规模和家庭结构。贵族社会一般认为，一个家庭如果成员相处和睦，自然就意味着家族的兴旺。①

有了既定的标志，对于贵族家庭来讲，扩大式家庭和联合式家庭自然就成了非常理想的家庭结构。在西藏，一个普遍的现象是对于“家庭概念”的模糊认识，贵族家庭更是如此。如果想比较清晰

① 调查笔记。

地了解“贵族家庭概念”的含义，就必须在认识和分析过程中有一种简单的方法。对于西藏贵族社会来讲，“贵族家庭”有内外之分，家庭内部结构由生活在同一个家庭中有着血亲或者姻亲关系的直系和旁系成员构成，这种家庭结构是贵族家庭的基本细胞。其表现形式是一座历时弥久的巨大的宅院，也就是说，在这里，家庭和居住房屋明显地联系在一起。那么家庭外部结构不仅包括生活在同一个家庭中的有着血亲和姻亲关系的直系和旁系成员，还包括那些寄居在同一所宅院里的有着血亲和姻亲关系的远房亲戚、附庸、朋友、仆人等进进出出的外来人，还包括与该核心家庭有着密切关系的所属属民（依附于该家庭所属土地的农奴和奴隶）。从这个意义上讲，居住房屋和家庭的概念是分开的。然而值得注意的是，这两种家庭的观念在西藏社会中并没有被严格地进行区别，“昂措”（我们）是公认的一种词义，也是较为混淆的概念，主人和仆人共同使用“昂措囊”（我们的家）这样的统一词句，来表示说话人和听话人之间的关系和说话人对听话人的一种亲近中略带的尊重态度。

家族的兴旺是每个贵族家庭体现于社会的最高价值，因此对于一个贵族家庭来讲，所谓的亲戚关系及构成的因素是比较复杂的。即使是这样，只要称其为亲戚，那么无疑对于外人来讲就属于一家人。追溯历史，“亲戚关系”的构成是双线的，父系的和母系的，无论是父系的还是母系的亲戚关系，互相能够认同的都是一些很久以前的共同的祖先，在这种共同条件下，他们彼此很顽固地相信，在自己和自己的亲戚身上流淌着同一个祖先的血液。有了这种稳固的亲戚关系来源，无论是父系的还是母系的亲戚从亲戚的关系来讲，两者之间并没有哪个占绝对的优势。因为每一个生活在贵族家庭中的成员，他肯定会有父系或者母系的亲戚关系，所以寄居在该家庭的贵族亲戚其身份也有着双重性。双重的亲戚关系给每一代家庭成员构成了固定的亲戚圈，而这些圈内的亲戚们相对于贵族社会自然变成了一家人。但是当遇到继承财产等涉及一些关于家庭经济纠纷问题时，这些父系的或是母系的亲戚们都不能和家人一起共同

享受同等的继承权利，除非立有遗嘱。但是这种立遗嘱的举动，在近代西藏贵族社会中几乎不会出现。除了这一关键性的家庭继承内容外，平日里亲戚们和家人往往共同分享生活中的一切喜怒哀乐。当然亲戚之间反目的情况也不少，造成这种情况是多方面的。那么对于一个古老的世家来讲，如果家庭成员热情地接纳一个寄居的亲戚并且能够平等互爱地生活在同一个宅院里，不仅会增加大家庭的气氛，而且还能巩固血缘的延伸。一般来讲，寄居在亲戚家里的人，其出身等级肯定低于主人，但是作为亲戚的他们自然也有贵族血统。由于他们的家庭可能在政治上或者在经济上低于寄居家庭，因此，他们几乎不能为寄居的家庭带来实质性的贡献。尽管寄居亲戚的增多会给家庭增加人气，但是仅依靠这样的人气，不能成为贵族社会极力追求的那种大家庭气氛。大家庭的主要内容，实际上是直系的延传，因此，需要进行人口的再生产。无疑人口的再生产需要依靠成员的婚姻关系，婚姻关系带来的新的成员的出世是家庭人口再生产的主要途径，当然还有一些特殊原因也会给家庭带来新的成员，其中养子是家庭增加人口的一个重要途径。

每一个贵族家庭都需要利用血亲的、姻亲的以及各种各样的亲戚关系。为此，每一个贵族家庭都会做出相应的努力。由这种努力而引发的直接产物，是一妻多夫和一夫多妻式的特殊的家庭结构。当然，一妻多夫或者一夫多妻式的家庭结构不仅仅存在于贵族阶层中，从某种程度上讲，还普遍存在于西藏社会。通过西藏社会对于这种家庭结构的认识和认可的态度来分析，它的产生肯定经历了很长时间。贵族，包括所有阶层的人在内，对于这种家庭结构的存在从没有产生过多的想法，只是明确地知道这种家庭结构直接关系着家庭的政治、经济利益。在近代，贵族社会对于这种一妻多夫式家庭的热衷在贵族帕拉家表现得比较明显，也是每个贵族家庭参照的理想的家庭结构。

前面已述及的帕拉家族延续了近三百年，家庭仍然还处在兴旺发达的状态，这不能不说是一件极不容易的事情，也是该家族在贵

拉萨街景（20世纪40年代）

族社会中值得炫耀和自豪的事情。帕拉·土登沃丹是帕拉家族经历了近三百年沧桑之后的家长，由于他的精明，以及具有的政治技巧，使他在热振和达札两个活佛分别担任摄政期间，都得到了他们的宠信。尤其是后来达札活佛彻底掌握了西藏地方政府的政权并成为一个威严的摄政时，他一味亲英的政治态度表现得淋漓尽致，也因此得到了摄政达札活佛的赏识，为此，他的权势依托达札活佛而达到了极致。

天赋的政治才能和后天的贵族家庭教养，使帕拉·土登沃丹具备了一个出身高贵的贵族成员所应该具有的种种贵族气质。他的语言、行动都说明他是一个彻头彻尾的贵族。尽管当时他仅仅是地方政府的四品僧官"卓尼钦莫"，但是他的实际权势已经超过了这个职权应有的权力。因此他的眼神和腔调，充溢着对于自己所处地位的优越感。他那种过于贵族化的言行举止在当时的贵族社会中，很少有人能够与之匹敌。正当他在外面展示自己的权势时，家族内的责任也落在了他的身上。他在父亲死后立刻成了帕拉家族的家长，这个时候的他仅仅是一个二十多岁的年轻人。贵族社会对于这个大贵族家庭的年轻家长充满了恭维，也许正是由于他的经历，他显得过于成熟。也因此，他成为当时贵族社会的模范人物，也成为该家族当之无愧的家长。他的身上缺少年轻人的热情和朝气，这也许是因为他是一名剃度的僧人，也许是因为他是大贵族帕拉家庭的家长。他以家长身份不仅竭尽全力处理家庭以外的政务，同时在处理所有家政时，更以一种老年人的心态引导和影响每一个生活在这个大家庭的成员。很显然，他理智的处世态度，为他树立了一种家长的威严，他的弟弟妹妹以及仆人们都完全置于他的保护之下。①

一个年轻的家长以老练的处事态度周旋在复杂的贵族人际关系之中，用不太激烈的言辞谈论本不该属于他这个年龄的话题，也许是由于他较早地接受了贵族的家庭教育，也许是父母的早亡这样一种残酷的命运培养了他，总之他在家庭乃至整个贵族社会中留下了深刻的印象。他是该家庭行为准则的制定者，而且是他牵引着弟弟们走向仕途。也正是由于他理智的言谈，善于处理周围的烦琐事情，他的弟弟和妹妹们在他的保护之下过着奢侈而平稳的生活。但是随着时间的推移，这种生活开始有了一些变动。弟弟妹妹们的长大，伴随着他们的婚姻以及婚姻可能带来的家族延续问题，开始破坏家族成员之间原有的那种较为温馨的关系。弟弟妹妹虽然从心底里承认哥哥的家长权威，但他毕竟不是他们的父母，因此他们对于他的服从是有一定条件的。

帕拉·土登沃丹作为政府的僧官，虽然自己一生未婚，而且他似乎从来也没有放纵过自己的感情，他一贯的谨言慎行也给家族带来了独特的骄傲，但是家族的不断延续必须要依靠人口的再生产。为此，他不能以对待自己的生活态度来要求他的弟弟妹妹们。终于，帕拉·土登沃丹不得不去正视弟弟妹妹们的婚事，尤其是弟弟

① 帕拉·次央访谈。

僧俗众官员（20世纪40年代）

们的婚事了。因为，他弟弟们的婚姻直接会影响该家族将来的整个命运。所以，帕拉·土登沃丹按照贵族社会的习惯，决定为他的两个弟弟合娶一个妻子。可就在具体的实施中，他遇到了一个棘手的问题，那就是他的小弟弟对于这个婚姻的强烈反应。也就是说帕拉·多杰旺久并不愿意接受由他大哥做主，与他二哥共娶一妻的婚姻。事实上，他的这种想法得到了大家的同情。他的大哥——帕拉家族的家长并没有被他的任性举动所触怒，他在殷切劝告弟弟的同时，并没有忽略弟弟的感觉，反而显得很理解，但他告诫弟弟：贵族家庭面临的一切危险中最大的危险就是家族的分崩离析。家族的分离首先面临的是土地的再分配，土地的再分配自然会引起家族经济势力的削弱，而家族经济是家族政治地位的基础。如果家族经济分离，对于永久保持祖先开创的家族正统世袭会有很大甚至致命的影响。因此，如果控制不好个人的情绪，将有可能导致家族命运的转变。在这种带有半强迫但是基于“爱家”的思想引导下，帕拉·多杰旺久万般无奈。严格的贵族家庭教育使帕拉·多杰旺久在很小的时候就已经养成了习惯于接受教导的品质，不难想像他最终接受了哥哥的劝导。①

其实，帕拉·多杰旺久最后还是表现了贵族社会的一种人生价

① 调查笔记。

贵族少妇（20世纪40年代）

值观。因为明显的事实是，如果帕拉·多杰旺久对于自己的婚姻自主抉择的话，必定会给家族带来极大的麻烦，这种麻烦在某种程度上可能会遭到贵族社会的不容、不齿。相反，如果接受哥哥为自己安排的婚姻，尽管有些平淡和委屈，但是这种平淡和委屈的感情，将会在贵族社会赋予个人和家族的荣誉中得到补偿和平复。在贵族精神深深影响下的家庭里，帕拉·多杰旺久想采取一种抗争的行为并不是一件容易的事情。面对既成事实的婚姻，帕拉·多杰旺久显然有些无奈，但是在以后时间里，他几乎没有正面表示过对于自己这桩婚姻的不满情绪。尽管在解决他的感情问题上，他的哥哥帕拉·土登沃丹似乎显得有些跋扈。然而作为一名贵族家庭的家长，他那种暴君式的举动得到了弟弟在内的贵族社会的理解。至于他的小弟弟最终被哥哥说服，正是贵族子弟因袭贵族传统所致。到了后来，帕拉·多杰旺久对于这桩令他非常烦恼的婚姻也逐渐变得逆来顺受了。

终于，帕拉·旺久和帕拉·多杰旺久在他们哥哥的一手安排下共同娶了大贵族贡桑孜家族的女儿索朗白姆为妻。关于“贡桑孜”家族，在前面已经作了介绍，毋庸多说。帕拉两兄弟的婚姻不仅加强了家族经济的凝聚，而且还加强了家庭外部的贵族等级荣誉。

帕拉两兄弟的婚姻生活就这么开始了，婚后他们共同有了八个子女，如同一部歌功颂德的颂词一样，帕拉两兄弟的婚姻生活给贵族社会展示了一幅令人钦羡的画面。然而，画面表层的美丽并不能彻底地平复和掩盖家庭内部的骚动。尽管帕拉·多杰旺久非常理智地接受了这桩他不是主角的婚姻，但他却不能认可自己在婚姻生活中的配角地位，为此，他怨恨日增，陷入极端的苦闷。帕拉·土登沃丹作为家长和兄弟，并没有忽视他弟弟的这种情绪上的变化，尽管他能够从情理上理解和接受弟弟所表现出来的情绪波动，但是他并不愿意为此而破坏他一向热诚崇奉的价值观念，他的理智让他承认家族的利益是一切利益包括亲情关系中的最大利益。为了这一最大的利益，他要排除小弟弟身上隐含的破坏家族利益的行为或者想法。

据说帕拉·土登沃丹是一个处事精明、遇事圆通的人物，所以很多事情到了他手里自然就顺畅了。他可能是一个能说会道的人物，据说他与别人交谈时，能很好地控制语音的抑扬顿挫，致使听话的对象能够在他温和的语调中感觉到一种威力。他和他的小弟弟的又一次严肃交谈开始了。这时他声音里充满了关怀，并且毫不掩饰地表现出一种强烈的亲情。这让帕拉·多杰旺久对自己的哥哥产生了由衷的热爱，他认为他的哥哥是一个仁慈的家长。他承认一切的不幸都是自己的错误，他把最终的错误归结为自己太年轻太不懂事，进而受到了社会上不良生活的影响。

贵族所属家奴在庄园内劳作（20世纪40年代）

帕拉·多杰旺久表现出来的不满情绪，被哥哥充满爱心的语言给消除了，但是他的哥哥并没有因此而放弃“关心”他的生活。他哥哥为了防止他以后再出现这种情绪，把他作为家族内的“谿朽”（庄园管事）送到离拉萨二百多公里的江孜“帕谿”（世袭庄园）居住，并借管理庄园为名给他以充分的自由。这一决定使帕拉·多杰旺久忘记了自己的不幸，只关心将要开始的新生活。就这样，他离开了生长的土地和家庭，带着仆人来到江孜帕拉庄园。来到帕拉庄园后的他，完全避开了在拉萨的那种难堪的与兄共妻的生活，心情轻松，生活也愉快了。

贵族官员在庄园内（20世纪30年代）

帕拉·多杰旺久作为帕拉家族的后代，他一到江孜自己家的世袭庄园后，便感到了从未有过的解脱，过度的自由显然伴随着私生活的放任。他来到乡下，离开了哥哥的羁绊，一切都由自己做主。尽管他是有妇之夫，但这不妨碍他在祖先的领地上放纵，“强玛”（酿酒师）的年轻美丽的女儿成了他宠爱的情妇。帕拉·多杰旺久把强玛的女儿收留在精美的小房子内，让她充当半个主人，并且为他生儿育女。而强玛的女儿从此不再需要劳动，整天在精美的建筑内陪着年轻的主人，学着作高贵的女人。庄园内的生活似乎显得平静而轻松，但是这种只能掩藏在庄园中的生活很快就被拉萨的哥哥和家族成员知晓了。帕拉·多杰旺久的这一婚外情一开始就成为整个家族的重大事情。作为家长的帕拉·土登沃丹，非常清楚这件事如果处理不当，势必会引起家族的分裂，进而还可能给贵族社交界带去不光彩的传闻。因此，他必须要在很短的时间内慎重而又得体地处理这件他未料到的棘手事情。

帕拉·土登沃丹的行为让人看到了这样一个例子："家"是家庭成员们生活的中心，同样"家"也会给每一个家庭成员带来安全和保障。相对应的是生活在同一个家庭中的全体成员也都要毫无条件地归顺、服从于家庭。由此，帕拉·土登沃丹作为一个专制家长的威信也就可以想见的了。

帕拉·土登沃丹极其严格地遵守着贵族社会的道德规范，而且他个人就是被这种道德规范培养出来的。作为僧人的他，不会侵犯任何一位女性，尽管与朋友们聚会时，有可能开些毫不忌讳的玩笑，但是他在实际生活中完全遵奉佛教教义上的禁忌。由此可以设想，当弟弟的事情发生并摆在帕拉·土登沃丹面前时，他的思绪肯定很不稳定，他对于弟弟的行为可能感到惊愕，也可能感到不理解，也可能感到气愤，同样也有可能无所谓。不管什么样的感觉，但是有一点，作为大贵族家庭的一家之长，他的道德观念是绝对不容许这件事情变得顺理成章的。为此，他要做出的决定即要合情于弟弟又要合理于家庭。要做到合乎情理并非易事，他知道如果以家长的盛气凌人的态度去对待这件事可能会把弟弟推出家门，其后果不言而喻会在家庭内部引起兄弟之间的疏远，进而会使祖先积累的家族财产四散而去。类似这种事情，在贵族社会中不乏其例。为了避免这类事情的发生，帕拉·土登沃丹用真诚的言语给弟弟讲述贵族家庭具有的种种礼仪、规范、禁忌等，让他在这些抽象的辞令中树立作为大贵族家庭成员的荣誉感，与此同时，还使他的弟弟自觉产生一种如背弃家庭会产生的犯罪感。帕拉·土登沃丹最终非常顺利又切合实际地处理了这件事情，既让弟弟不损面子，允许弟弟在不破坏家庭利益的前提下可以与强玛的女儿或者与其他女子有暧昧

左：索康·旺钦格勒；中：凯墨；右：计晋美（20世纪40年代）

关系，同样的条件是要求弟弟永远要接受家庭给予他的婚姻，也就是他的嫂子永远是他的妻子。对于哥哥的处理方式，帕拉·多杰旺久有些激动，他没有想到这件因他而给家庭带来的“丑事”竟然被哥哥以及他所依附的家庭所默许，他在激动之余感到由衷的慰藉。正是由于家庭对于他荒诞行为的包容，他才继续得以在贵族社会中容身。①

帕拉家庭在某种程度上可以说是当时西藏贵族家庭的一个缩影，对于贵族家庭来讲，个人的感情仅仅是一件无足轻重的事情。出身带来的家族利益，是祖先赋予每一个家庭成员的。虽然家庭成员们在理论上可以保持个人的权力，但是对于家庭公共利益的一致行为，是个人参与政治生活、参加公共社交，以及家族不断兴旺的

① 调查笔记。

先决条件。为此，对于贵族家庭的成员来讲，尽管祖先的形象是很模糊的，但是祖先延续下来的家族共有财产却是千真万确的，为进一步延续家族共有的财产，家庭成员在一种潜移默化的思想下会自觉产生一种“一体”的感觉，并将这种感觉付诸行动。

帕拉作为第本家族，在贵族社会中以其高贵而拥有崇高的威望，他们从祖先继承而来的遗产中最为值得骄傲的是“第本”的头衔，因为家庭成员们在贵族社会中的特权正是源于这个不同寻常的出身属性。对于第本·帕拉家族的每一代成员来讲，都是延续不断壮大的家族神话的受托人和传播者。家庭的凝聚力，是家庭神话的基石，每一代成员安全出生、美好成长、和睦永恒地繁衍，正是贵族家庭精神所在。在家庭利益面前，帕拉·多杰旺久的行为无非是一个没有涟漪的插曲。帕拉·多杰旺久的生活中有过妻子以外的一个女人，这个事实在具体的家庭生活中如同帕拉·多杰旺久喜欢过一只小狗或者一只小猫。家庭的逻辑，使得帕拉·多杰旺久与他的哥哥们形成了坚强的联盟。帕拉家庭似乎在帕拉·土登沃丹的竭尽全力的掌管中恢复了平静，在这里，家庭再一次显示了最为坚固的抵御能力。帕拉·多杰旺久在与哥哥的对比中深深感到自己给家庭带来了不良影响，他和他的哥哥们一样在这个充满荣誉感的贵族家庭里，不仅要继承由祖先积累下来的物质财富，更为重要的在于能够继承由祖先遗留下来的精神财富。为了家庭的共同目的，他和哥哥之间进行了妥协，尽管他把自己的情感当作一种活的资本出卖给哥哥和以哥哥为代表的家庭，但是贵族家庭的荣誉感使他平复了内心的骚乱，精神再一次活跃起来。

帕拉家庭很快恢复了原有的秩序，贵族社会对于帕拉小少爷的荒诞行为也嗤之以鼻。在这件事情的处理中，帕拉·土登沃丹显示了他强有力的性格，“一个厉害家长”的形象树立在家庭成员及其周围环境中。实际上，他的这种性格正是贵族家庭内成功家长的外部征象。

揭开贵族家庭的帷幕，就会发现贵族成员们非常严肃地为家族

亚豀·朗顿庄园（20世纪40年代）

的利益努力铸造自己，为维护极端的家族荣誉，压制个人的欲望，包括意志的屈服。而一妻多夫的家庭形式尽管在贵族家庭中显得如此笨拙、无情，并且家庭成员的关系也常常因此而受到破坏。但是，它如同一部充满戏谑的故事一样，萦绕在每个贵族家庭之中。因此，一妻多夫现象往往出现在众多的贵族家庭之中。其中索康、吉普是很典型的例子。

贵族索康、吉普虽然在共妻形式上有些区别，但在共妻的内容上是相同的。索康家族，尽管曾经有过炫耀一时的历史，但是到了近代，其继承人旺钦次丹却给该家庭带来了一些麻烦。他的毫无掩饰的感情游戏，给这个古老的家族蒙上了耻辱。1936年，索康·旺钦次丹被政府调遣到昌都，并任命为“扎萨”，这对于古老的家族来讲自然是最为理想的事情，丰富的装备和完美的启程仪式表达着索康·旺钦次丹高兴的心情和索康家庭成员的自豪感。然而令人啼笑皆非的是，当索康家族成员尚沉浸在家族的富贵与豪华的气氛里时，索康·旺钦次丹正与一位杨姓汉族女子经历着风风火火的感情历程。由于昌都远离贵族社会的中心拉萨，这段男女私情少了许多拘谨和障碍。索康·旺钦次丹不顾一切，心甘情愿地听从感情的驱使。双方的感情带来了回避不了的问题，杨女士成了他第四个儿子的母亲。儿子的出世使索康·旺钦次丹生活中忘乎所以的感情片断即刻成为他无法推卸的责任。尽管贵族社会中的老爷少爷们常常沉迷于风花雪月，甚至玩物丧志者也并不少，但是索康·旺钦次丹的原配夫人，这位血统比索康高贵的“拉嘉日”王族后裔对自己的丈夫却始终没有宽宥之心，夫妻之间的争执必然给家庭涂上黯淡的色彩。尽管索康·旺钦次丹是一家之长，在家庭内享有特别重要的地位，对于家庭拥有非常具体的控制权，但是这种控制权是建立在他完美形象的基础之上的，如果这一形象一旦被破坏，他的控制权也就失去了效应。与此相同的是，家庭成员逐渐与他对立，彼此对立的僵局迫使索康家庭最后分裂成两个。无奈中，索康·旺钦次丹与他的情人建立了新的“索康苏巴”（旁系）家庭。索康苏巴的建立无疑给古老的索康家族带来了诸多的麻烦，虽然家庭所属土地的分割和物质财产的分配对于富有的索康家族没有予以致命的打击，但是却明显地影响了家族的社会利益和政治声望。

父亲的荒诞行为使得继承来的家族的煊赫成为过去，家庭的面子还需要三个兄弟来维系。索康·旺钦格勒、索康·拉旺多杰、索康·钦热旺久三兄弟在他们母亲的安排下与贵族宇妥家族的小姐德吉结为一妻多夫的家庭，三兄弟组成的共妻家庭多少弥补了父亲离去后留下的荒凉，三兄弟共妻的新一代索康家庭，从外表上来看，与原来的索康家庭一样绮丽华靡。①

至于贵族吉普家族，延续到20世纪时，其家庭的继承者是年轻的吉普·平措次丹。尽管吉普家族并非显赫贵族，但是他们同样在西藏社会中拥有作为贵族等级的优越条件。由于家族的后继者均为男性，在建立婚姻关系时，不得不面对一个严峻的现实问题，即：要么兄弟们分别建立婚姻关系，进而分配家族的财产；要么兄弟们与一个固定的对象建立婚姻关系，进而巩固和凝聚家族的共有财产。在这种非常实际的现实面前，吉普兄弟的态度是非常理性的，经商量，决定兄弟俩（吉普·平措次丹、吉普·顿珠平措）共同娶贵族帕拉家最小的千金为妻。就这样，吉普家非常顺利地组建了一妻多夫的家庭。也许是因为他们两个兄弟常常不在一起生活的原因，也许是兄弟俩能够默契地处理与妻子之间的关系，也许年轻的妻子有魅力驾驭两个兄弟，总之，吉普兄弟俩共妻之后，并没像帕拉家庭一样出现一些兄弟之间彼此尴尬的事情。②

与一妻多夫式家庭结构不同的是一夫多妻式的家庭结构，这种婚姻结构中最为明显和最具特点的是近代新型的贵族擦绒家庭。新型的擦绒家庭完全由新的主人擦绒·达桑占堆控制。关于擦绒·达桑占堆，他是西藏近代贵族社会中的一个传奇般的人物。尽管西藏贵族社会等级森严，层层叠叠的世俗权威和宗教权威全面控制着人们的命运，但是出身卑微的达桑占堆一跃而成为非常有权力的显贵人物。他有幸与原擦绒少爷桑珠次仁的遗孀结婚，直接入赘到擦绒家，并成为该家庭名副其实的家长。时过不久，原擦绒老爷旺秋杰布的三个女儿由于他的诚恳态度以及他在家庭内日益重要的作用，她们自动取悦于他，成为他的妻子。对于古老的擦绒家族来讲，一夫多妻的家庭形式还是第一次出现。③

在传统的西藏贵族家庭里，一夫多妻的家庭形式并不是一种典

---

① 调查笔记。
② 调查笔记。
③ 调查笔记。

擦绒·达桑占堆和他的妻子白玛卓嘎（20世纪40年代）

型。尽管社会对于那些拥有特权的男子给予分外的宽容和慷慨，但是由于贵族社会强调家室安宁是贵族男人能够在功名事业中取得成功之要素，从而极大地杜绝了男人们的娶妾行为。正因为如此，一夫多妻式的家庭结构在西藏贵族社会中所占比例并不多。一个在法律上承认男人享有特别地位的社会里，女人总是低下的。无可否认，一个完全承认男人特殊地位的社会自然会包容“一夫多妻”的现象，只是在西藏贵族社会中表现得有些含蓄罢了。正因为如此，擦绒家庭内出现的这种一夫多妻式婚姻形式和家庭结构，对于贵族社会来讲并没有什么奇怪的。同样对于擦绒家庭来讲，由于当时家庭内生活的成员均为女性，缺少一个男性，所以这种婚姻形式和家庭结构可能是最适宜发展该家族的好办法。因为这种家庭结构保证了成员们在原有的财富上和精神上的夸耀，并且最大限度地满足了这些夸耀所带来的虚荣。然而，承认这些现实的同时无疑失去了原家族成员的个人尊严。毋庸赘述也能够设想，在没有失去父亲、丈夫的擦绒家庭里，女人们是如何在优越的生活条件下编织各自绮丽的梦想的。然而突如其来的变化，生离死别瞬间发生，女人们身不由己，在不明不白的现实中失去了往日生活的既定目标。让她们感到一种巨大的落差，她们不得不以理性的态度来对待自己心中可能存有的情感。何况她们在优越的家庭生活里，从小养成了对物质财富的喜爱，物质的满足会给她们带来喜悦，所以在家庭动荡的年代里，她们仍然不避讳对于物质的喜爱和追求。很显然，她们能够接受达桑占堆并与其从容地建立婚姻关系，不能不说是与此相关。

一夫多妻的家庭关系给擦绒家庭的每个成员都带来了各自的利益，达桑占堆通过与擦绒女儿们的婚姻关系，巩固了他的家长地位。与此同时，他还把家族的全部物质的和精神的财富合理地集中在自己手中，在充分地给予家庭每个成员以豪华排扬的同时，把挥霍的权利合理地留给了自己。①

对于贵族社会来讲，人情和政治上的因素使他们能够接受擦绒家的婚姻关系。至于家庭成员内部在缔结这种家庭关系，并确立各自在家庭内所承担的身份或者角色时，可能会有一些考虑和要求，那就不是他们的兴趣范围了。在以后的时间里，达桑占堆的身份已无可置疑地成为擦绒家庭的一种象征，同样，他的妻子们也安分地过着共夫的生活。

从理论上来讲，西藏贵族为了能够更好地继承和延续家族及其利益，一妻多夫和一夫多妻在他们眼中一样完美。但是揭开其表皮，可能会发现许多意想不到的问题，妒忌、怀疑以及排他性，自然使人与人之间的关系变得复杂而麻烦。类似这样的情感活动，虽然没有可供分析的数据，但是从调查中能够感到正是类似的情感活动而引起的一些矛盾，常常使家庭成员之间的关系变得功利而无情。也正是因为这样，大家庭在近代西藏贵族社会中不断收缩，与此相对应的是以夫妇为核心的小家庭在不断增多。毫无疑问，从20世纪30年代初始，贵族社会中出现了一批"苏巴"（旁系）家庭，由于苏巴家庭的出现，使得贵族权杖的契约规则也开始改变。

① 调查笔记。

所以，一夫一妻在近代西藏贵族社会中已经成为最基础的和最主要的婚姻形式。

第三节　本来意义上的家庭利益及其核心框架

无论一夫多妻、一妻多夫还是一夫一妻式家庭结构，都可能会使家庭成员之间出现明显的隔阂。这种隔阂或能使他们之间的关系破裂。而家庭成员之间关系的破裂常常引起家庭本身的裂变，因此，为了避免家庭破裂，每个贵族家庭一定会有一个家庭成员公认的家长。这个家长可能是一个男人，也可能是一个女人；可能是一个长者，也可能是一个年轻人。如果家里尚有长者，基本上以长者为家长。同样，由于贵族男性往往要承担家庭并负有延续责任，因此男人充当家长的情况比较多。当然在很多情况下，男人并不是家庭内的固定家长，所以是儿子就得遵奉孝道，是兄弟就得学会尊长爱幼。总之，贵族家庭强调和主张的是家庭内依长嗣继承来恪守各自的本分。同样，贵族社会强调和希望的事是，每个贵族家庭的成员都要做到长慈子孝、同侪友爱、夫义妻顺。

家长地位的认同源于从祖先继承而来的权威，西藏贵族社会对于家长的特权给予了极大的肯定。实际上，家长与家庭的创业者之间并不一定有直接的血统关系。在西藏贵族社会中，我们随处可以看到入赘者（“玛巴”）或者养子（“普查”）的事例。如果一个贵族家没有儿子继承家业，可以通过为女儿招赘夫婿来完成。女婿一入赘就用妻子家的家名，并且以妻子家的名字为自己在贵族社会中谋得地位，以便延续妻子家族的历史。同样的理论，当这位女婿在贵族社会中能力卓著，也可能成为其妻子家庭内的家长。当然，这种为女儿招赘夫婿的情况并不都因为没有儿子。在有些情况下，由于婚姻双方的需要或者一种策略，这家的男子入赘给对方，而从其他家庭中寻找一名男子为留在家中的女儿招赘夫婿。如果无子女，做父母的以同样的理由会从众多的贵族家庭内寻找一名男孩或女孩作为养子（女），让其来完成家族的延续。

每一个贵族家庭的家长，其权威的树立不必依靠法律形式。即使这样，家长的认定还是需要一种潜在的世袭制。由于贵族家庭的每个成员在成长过程中都必须遵守一定的礼仪规则，因此在家庭成员中对于家长的认定不会产生极端的对立情绪。要成为拥有权威的家长，往往依仗于个人的经历和年龄，虽然这两个因素不是惟一的条件，但是一般来讲，做了父亲或母亲的人才具有家长的资格。一旦成为拥有特权的家长，他有权把个人意志强加给家庭内的每一个成员。家长所拥有的特权经过家族世袭的传统意识不断加强，并在家庭内形成一种规范。而成员们在这个固定家长的教导下，遵循传统的家族观念，不会产生冲出樊篱的念头。正因为如此，家长在家庭中是有身份的人物，他个人在家庭内要担负起许多礼仪角色。

虽然贵族社会对家长给予了极大的特权，但是家长和家庭的从属成员一般来讲都不是很喜欢那种非常郑重的关系，成员们在大部分时间里与家长的关系显得比较融洽，除非有极端的例外，成员们的行为在家庭和社会都拥有较为充分的自由。一个充满温馨的家庭，其家长往往显得宽厚、温和，因为继承而来的权威并不需要依靠呼来叱去的言行。

家长在家庭内担负起家族兴旺的责任。如果家长是一名男子，他不仅要教育好家庭成员、管理好家庭运转，同时还要在贵族社会中制造某种影响来使家庭和社会之间进行沟通或隔绝。如果家长是一名女子，她所承担的职责比担任家长的男子要轻松得多，一般来讲，女子完全不承担社会角色。也许是由于这个因素，作为家长的女子可能会把全部精力放在家庭的后勤上。然而担任家长的女子，虽然不涉足社会公务，也不担任社会角色，但是她的言行，尤其对于孩子的教育、管理家庭事务（包括对于家仆的管理），以及处理社会上形形色色的人际关系等方面都会成为人们评论的对象。

尽管家长在家庭成员的意识中，是一个既定的角色，但是家长这一角色地位的牢固，还得依靠个人的力量和家庭成员们之间亲密度的系数。至于家长，他不仅是该家庭的中心，同时也是成员们感情寄托的纽带。一般来讲，这种纽带是比较牢固的，但是纽带被割断的情况也屡见不鲜，其原因基本上都是由于成员个人情感爆发所致。除了这些因感情因素引起的纷争之外，在最正常的情况下，贵族家庭的成员能够与家长保持一致。贵族帕拉家是一个典型的例子，正是由于这种因袭的观念，姊妹兄弟几个都能够对作为家长的哥哥言听计从。相反，贵族索康家则因为家庭成员各执一端，最终迫使原有的大家庭分裂成两个。

毫无疑问，家长的权威在某种程度上对家庭起着制衡的作用。而家庭成员在其制衡下，有秩序地生活着，因此不难理解他们对家长所表现出来的屈从和尊重。

家长的权威是无可争议的。不过在强调家长作用的同时，家庭内还处处强调兄弟姐妹之间的整体意识。整体意识的不断增加，能够使家庭成员在没有家长的情况下，牢固地维护家庭生活的正常运行。在西藏，尽管每个贵族家庭各行其是，但是，每个贵族家庭都有一个共通的“家”训。虽然这些家训的形成没有法律依据可寻，但它的形成并注入到贵族成员的意识之中却是长期的。进而演变成了西藏贵族家庭遵奉的道德伦理条规。正因为如此，家庭对于每一个贵族成员来讲，都是他们生活的中心，同样每一个贵族成员对家庭的实际和感情投入，也都能够从家庭生活中得到回报。所以，从理论上来讲，贵族成员对于家庭的价值概念是认同的，但是从实际上来讲，家庭的价值并非永恒，子女的婚姻、成员的生离死别以及偶然发生的一些事情都可能导致家庭陷入危机，甚至完全破裂。

家庭的完整性还表现在贵族成员对于居所的认识，房屋的建筑对于贵族社会来讲，是永久性的至关重要的问题。不知从什么时候开始，在拉萨出现了很多贵族的房子。这些从外观上看差异不大的平顶三层楼建筑，默默地围绕着拉萨城的中心建筑大昭寺而展开。这些建筑虽然高度有限，但是对于平民来讲，依然有种居高临下的

拉鲁小夫人（20世纪40年代）

感觉。这些房子从外形设计来讲，显得拘泥而秩序井然。每一座建筑的主要材料都是花岗石，外加泥土和木料，每一个建筑都有近乎相同厚度的墙壁，有类似的院落和房门，然而正是那些密闭的窗户显示出贵族社会不同的等级。对于西藏贵族社会来讲，房屋似乎是家庭的价值取向，所以贵族成员们非常在意房屋的建筑。由于西藏地方政府早已有规定，任何一座私人建筑的高度不能高于三层，否则被认为是企图要与大昭寺和布达拉宫比高。并且还进一步规定，如果不依从规定就被看成是对神的不敬。既然有了定制，贵族们自然会很乖巧。然而当夏季悄悄来临时，许多贵族的房顶上便出现了一些非常简易的木制阁楼，这些式样不一的小阁楼在拉萨温暖的夏季中显得生气盎然。可是当遇到地方政府举行重大仪式时，这些充满生气的小阁楼会很快被拆掉。①

在西藏，每一个贵族家庭都是在分封土地后才获得贵族等级和特权的。因此，每一个贵族家庭都非常看重被分封的土地。为了妥善管理这些分封来的土地，贵族们不仅分派人员进行管理，同时还在本地修建高大的房屋，以供主人亲临时居住。从这点上来讲，西藏贵族的住房有两个或两个以上。但是作为永久性的和最为重要的房屋，无疑坐落在贵族社会活动的中心拉萨。坐落在拉萨的这些房屋，称为“森厦”，而那些坐落在各自属地上的房屋群体通常称为“谿卡”（庄园）。②

无论是“森厦”，还是“谿卡”，都会有响亮的装饰名字，而这些装饰名字在贵族社会中比贵族个人的名字显得更为重要。因为在贵族社会，个人的名字毫无社会意义，更谈不上具有特权意义。相反，家庭居住的房子森厦或谿卡的装饰名字则被赋予了特殊的与其社会和经济地位相关的意义。正因为这样，每一个贵族成员都极少单独使用个人的名字。与此相应的是，贵族社会往往把家庭居住的森厦或谿卡的名字放在贵族个人的名字之前，以示贵族个人的身份和地位。

房名的来源没有什么既定的规律。一般来讲，依据家族祖先第一次建立其居所环境的自然标记以及与此而联系到的吉祥的字句加在一起而构成。例如亚谿·拉鲁家族的房名来历，充分说明了这一

① 调查笔记。
② 调查笔记。

朗色林庄园

点。该家族的重要居住地森厦位于布达拉宫北面约二里处。该地日照良好，温度适中，春天来得早。古时，那里树林茂密，大小池沼星罗棋布，绿草如茵，风光秀丽，令人赏心悦目，所以被人们称为“龙与神的少男少女们游乐嬉戏的林苑”，简称为“拉鲁嘎彩”。“拉”在藏文中是表示神的字意，“鲁”则在藏文中表示龙的字意，神和龙加在一起叫“拉鲁”；“嘎”在藏文中是表示快乐的字义，“彩”的字义在藏文中是表示自然形成的林苑，这几个字义加在一起便形成了这个美妙的名字。后来，第六世达赖喇嘛在这个地方修建了一座三层楼高的宫殿，以作休暇之地。为此，拉萨流传着一首歌谣："拉萨呀拉萨美，拉鲁比她还要美。拉萨与拉鲁之间的宗角禄康更美丽。"1763 年，第八世达赖喇嘛在布达拉宫举行坐床典礼，依照惯例，地方政府须选择吉祥之地，为达赖喇嘛家族安排祖业。第六世达赖喇嘛仓央嘉措在该地所建宫殿以东有一座当地头人的小宅，名叫"喜康"。于是，将该宅拆平，新建屋宇，并以地名作为家族名，叫做"达赖祖业拉鲁嘎彩"。① 类似这样的情况，在西藏贵族社会中比比皆是，他们的家族名称在很大程度上来自祖先首次建立其家族成员居住时的自然环境。当然这并不是西藏贵族成员居住房名的惟一来源，在西藏还有一些其他因素构成了贵族成员居住房名的来源。例如：第本·帕拉家族。帕拉这个古老的贵族家族的开创者起初并不是一个西藏人，大约在 1644 年之前，这位帕拉家族的祖先还在不丹一座叫帕觉拉康的寺庙当僧人。同样也是在一个不确定的时间里，由于与不丹国王发生冲突，逃到西藏寻求保护。幸运的是，这位不知名的帕拉祖先得到了西藏地方政府的极大帮助，他也为自己和家庭建立了荣誉。也许就在这个时候他为政府立下了功劳，使他得到了封地，成为西藏地方政府的贵族。这位不知名的帕拉祖先为了其荣誉能够延续，用个人简单的行动来建立家族永久不变的特权秩序。首先，他排除了崇高的宗教感情，还俗娶妻建立了家庭；其次，他把自己原从属的帕觉拉康寺庙的名字改作自己新建立的家族名称，并且根据这个房名，使家庭自如地出没于贵族社会中。② 可见房名的出现，使得原没有社会意义的房屋建筑变得复杂而重要。与此同时，家庭成员之间的关系也更紧密了。

西藏贵族家庭，无论处在哪一个等级，都会拥有一个非常响亮而又吉祥的名字，新生的贵族家庭也不例外。对于贵族成员来讲，房名就是标签。在西藏同名的个人是非常多的。例如：次旺多杰、

① 拉鲁·次旺多杰访谈录。
② 调查笔记。

拉鲁老夫人（左二）和龙厦夫妇及孩子（20世纪40年代）

顿珠平措等。可以说，个人的名字在西藏社会中是个不固定的标签，既可以是他的，也可以是你的；既可以是贵族成员的，也可以是非贵族成员的。从这个意义上讲，个人名字只是一种完完全全的符号，如果在个人的名字上加上固定的家族名字，立刻便有了特殊的指向。例如“拉鲁·次旺多杰”，这个名字的实际社会意义表现在“拉鲁”这个固定的房名上，有了“拉鲁”这个修饰语，“次旺多杰”在贵族社会中所具有的实际的等级意义便自然显示了出来。正是这种房名带来的实际社会效益，致使贵族社会非常看重房名的拥有和使用。尽管如此，房名的获得在贵族社会中却并没有固定的格式。一般来讲，共同生活在具有同样固定房名的家庭内的成员，有权利分享同一个房名。近代帕拉家庭的六个兄弟姐妹，在他们共同生活在一个家里时，都共同享用着同一个房名。然而，当帕拉家庭的三姐妹先后出嫁后，虽然她们的子女与帕拉有着血缘上的亲属关系，但从他们个人名字之前修饰的房名上，绝对看不出他们的母亲给他们带来的血缘关系。

在近代西藏贵族社会，已经没有氏族概念，而贵族社会看重的世系也是一种比较含混的概念。正因为如此，亲属之间没有一个共同的姓氏。相反，居住在一所固定房子里的成员，即使他们之间缺少亲情关系，但是他们也同样享用共同的房名。共同的房名，常常使那些有血缘关系或者没有血缘关系、生活在同一个家庭内的成员联合在一起。简言之，房名连同它所带来的社会地位都被占有人所拥有。像拉鲁·次旺多杰就是一个例子。

次旺多杰一出生就被宣布是一个非常小的贵族家庭“龙厦”的后裔，一直到十二岁，他的名字前面都由他的祖先创建的房名“龙厦”修饰着。突然间，他被认定为拉鲁家庭的成员，他的名字前不再由龙厦房名来修饰，而是由拉鲁房名来修饰。这种修饰语的变化直接给当事人带来了社会利益上的变化。拉鲁·次旺多杰成了大贵族亚谿·拉鲁的后继者，他从一个一般的贵族少爷变成了一个拥有赛囊巴称号的贵族公子。由此可见，房名在贵族社会里不仅仅是一种符号，它已经被赋予了许多复杂的社会意义，对于贵族家庭来讲，房名是该家庭在社会上政治地位和经济地位的一种间接的代名词。

毋庸置疑，每一个贵族家庭都有房名。同样，每一个贵族成员的名字和职务都被这固定的房名限制着。然而，无论大小贵族家庭内部，其家庭成员都不会用房名来炫耀自己。但是在外面，无论是在贵族社会还是在非贵族社会里，房名总是挂在人们的嘴上。当人们谈论某一个贵族时，常常在这个被谈论的对象的名字前加上他家的房名。拉鲁·次旺多杰同样是一个比较典型的例子。在他还没有到拉鲁家之前，他是龙厦家的成员之一。后来他离开了父母，作为拉鲁家的惟一的男性继承人，这时候他名字前面的修饰语已经有了变化，而这种变化在西藏贵族社会中是极自然的。拉鲁·次旺多杰正是他从龙厦家融合到“拉鲁”家之后的一种外在标志。

同样的例子是擦绒·达桑占堆，虽然这个个案并不是西藏贵族社会和贵族家庭中的典型范例，但毕竟是一个存在于现实的真实事情。当达桑占堆正式成为擦绒家庭的夫婿入赘其家中并成为该家庭惟一的男性继承人时，他的身份有了明显的变化，他不再是那个出生卑微的很不起眼的人物，他已经融入到擦绒家了。擦绒·达桑占堆这一名称不仅是由贵族社会而且还是由与他生活在一起的妻子们和他自己赋予的。有了这一响亮的名称，不仅是贵族社会，就连他的妻子们和他自己都把他原有的出身地位给忘掉了。当然在一些偶然的场合，可能会有人提到他原先的出身，但是这种经意或者不经意的做法在贵族社会乃至整个西藏，显然已没有什么实际的意义了。

房名的重要性是与贵族社会的地位直接联系在一起的。因为每个贵族家庭在追溯祖先时，房名都是一个极重要的线索。当贵族成员们需要追溯父系或者母系亲属关系时，只要追溯一下贵族成员各自所拥有的房名就可以得到答案。而由于房名，贵族成员之间的亲属关系的远近显得模糊不清，对此，贵族成员乃至整个社会并不介意。从某种程度上讲，他们只要互相明白“我们是亲戚”就足够了，至于是属于什么关系上的亲戚并不很重要。在西藏，贵族社会中常常会发现众多的“亲属”。贵族，尤其是那些低等级的贵族，喜欢在更高的等级中寻找亲属，以此来提高自己所属的家庭地位。寻求亲戚关系，似乎是贵族们的一大乐趣，也是一种习惯和时尚。所以，房名是贵族家庭表达自己的社会地位、经济实力的最重要的一个代名词。

可见，房名对于贵族社会有着深刻的意义。贵族社会表面上停滞了的等级关系，正是由于房名的不断变动而有了变化的机会，这类例子在贵族社会中随处可见。

与房名相呼应的是贵族家庭所属的帕豁（祖业地）。事实上，许多贵族家庭居住的房名常常依附于家庭所属的帕豁。例如帕拉、擦绒、吉普、赤门等房名的来源，无一例外都是通过世袭传承的帕豁而获得的。通常，帕豁是贵族家庭房名的重要依据，但是在一些情况下，房名在使用帕豁名称的同时也使用其他的名字。像多仁家就是一个比较典型的例子。

adongshar front elevation

Yadongshat front elevation

多仁家的帕豁位于江孜地区，名为噶豁。那么，对于生活在拉萨的多仁家成员来讲，不仅可以使用噶锡这一帕豁名称，同时也可以使用新的居住名字多仁（也有说法：住地在大昭寺唐蕃会盟碑前，藏语称“碑”为“多仁”)。两种名称的使用在实际上表达着同一种意义，对于该家庭的成员来讲，两个不同名称的使用不会带来实际生活上的区别，然而无论使用哪一个名称，对于家庭成员都显得很重要。

尽管房名在贵族社会中占据着重要的位置，但是显示其家庭的价值不仅仅是房名。因为房名是继承而来的，它如同稳定不变的装置，只要后人有能力继承，房名就可以无限期地使用。然而在涉及贵族家庭的具体的社会地位时，房屋的建筑以及室内的设施显得尤为重要。

贵族家庭在贵族社会中显示其经济地位时，居住房子的精心构筑是一个能让外人看得见的标记，也是贵族家庭繁荣富裕的标志。所以，房屋建造成了贵族家庭之间“活动扩张”的竞赛。

几乎所有的贵族家庭都希望拥有一套完美的房子，因为完美的房子会增加和培养作为该家庭成员的荣誉感。大约在 20 世纪 30 年代末，贵族家庭大规模的建房活动接踵而至，许多贵族家庭大讲排场。尽管如此，贵族们在拉萨城里建新的房屋时，不能不顾及一系列的传统成见和宗教道德上的忌讳。

如果说房子的建筑式样是贵族家庭展示给外界的最为理想的形式，那么工匠们在设计修建一座房屋时所付出的努力应该也是精心而艰苦的。任何一座房屋都要经过宗教上和习俗上的一系列仪式，这之后家庭成员才能找出一块使其成员投入所有感情的象征地段，再之后才能表现出对建筑新房屋的热情。

当贵族在修建新房屋时，首先要进行一种宗教仪式，即“沙锹”，意为破土仪式。在西藏，所有的人都相信一切自然存在物都有自己的归属，就像土地由“神”（拉）和“龙”（鲁）来主宰。如果一个人或者一个集体，不经过神和龙的“允许”，而私自破土盖

诵　经

房将会遭到神和龙的报复。这种报复是非常惨重的，轻者破财，重者则会家破人亡。因此，某些贵族家庭对于破土盖房是心存不安的。而“沙锹”仪式的顺利举行，可以消灾免灾，从而使心灵得到安宁。在没有得到神和龙的允许之前，即便是掌握大权的贵族官员也不敢冒失地“破土”。至于破土仪式，主要是由家庭的管家寻找一位颇为灵验的活佛或者高僧，经过他们的卜卦，算出该土地是否适合该家族长期居住，之后还要供养各大寺庙的主供佛等，总之，要进行一些非常琐碎的宗教仪式。在这之后由家长亲自率领家庭成员来到建房点，与工匠们一起举行庄严的破土仪式，即：石匠头领（“钦莫”）让他手下的四个石匠各人手拿一石块放在建房点的东、南、西、北四角。接着，该家庭的家长给这位石匠头领献上一条哈达，并在四周的石块上各放一条哈达，以示吉祥。哈达献毕，由家庭的女仆给工匠们送酒和茶，当天主人家还会以较为丰盛的食物招待工匠们，整个一天热闹非凡。第二天，正式建房。在挖筑地基时，家长再一次率领其家庭成员来到建房现场，给地基献上哈达，

大昭寺正门（20世纪30年代）

同时分别给工匠们献上哈达，之后举行一个叫“组顿”（筑基）的仪式，给工匠们分发食品和礼物，并放一天的假。当新房一层封顶时，家长又一次率领家庭成员来到工地，给落成的半成品房献上哈达，给工匠们献上哈达并送上上等的青稞酒，放半天假。这之后在不定的一个时间里要进行一个叫“帕顿”（半成）的仪式，以示工程进展到一半，并犒劳工匠，给工匠食物、酒和一些礼物，这个仪

式家长并不一定参加。新房彻底落成后，则要举行“卓顿”（吉祥），给新房献上哈达，又给每个工匠献上哈达，用好酒好饭款待工匠，并结算其酬劳费用。至于调动所属农奴为其干活，“酬劳”则另当别论了。

对于修建房屋一事，贵族家庭的所有成员都会倾注无限的热情。因为，房子是他们向社会炫耀的永久性展品，也是用来交流成员之间的“内部话”、行使其“内部事务”的地方。因此，每一个贵族家庭的房屋都是一种依城墙般的后墙而修建的半开放式的建筑，每一座主建筑的正面有一个大门，正是这个大门使得生活在其中的成员与外部社会联系在一起。

同样，贵族成员把极大的热情倾注到家庭所属豁卡的附属建筑上，因为各个豁卡的附属建筑更显示出其家庭在拉萨贵族社会中的地位和身份。位于各处豁卡里的贵族宅子，其高耸而霸气的外在形式与空旷的环境及农奴们住的低矮的房子相比，给人一种孤零零的感觉。然而正是这种孤零零的凸出的建筑，显示其主人的社会和政治地位，向人们讲述着其家庭的故事，甚至神话。这种孤零零的建筑，对于主人来讲还有着非常实际的现实意义。主人可以通过这座矗立在自己属民前的建筑尽情地炫耀自己的特殊身份和高贵血统。尽管这样，贵族家庭的主要成员还是更喜欢住在喧闹的拉萨城里。就这样，豁卡内的建筑，在光阴的更替中变得黯淡了。贵族成员的行为由于受到宗教的和社会的各种各样定制的限制，其个性都很模糊，连他们的房屋建筑也如此。从拉萨的贵族家的建筑来看，极少能够发现明显的个性，风格划一是它们鲜明的特点，即使是那些位于乡村豁卡里的建筑，也看不见有什么张扬的个性。可以说，人们很难从建筑的外形上确切地认识某个贵族家庭的社会等级。也因为这样，贵族成员们把极大的热情放在住房（包括豁卡里的宅子）内部的布局和设施上，这既能美化房屋，也能巧妙地反映其家庭的经济实力，更重要的是能够满足作为一个贵族的虚荣心。

在西藏，建筑中特别引人注目的除了寺庙建筑外，就是那些风格上朴素和单一的贵族房屋建筑了。虽然外表朴素单一，内部的装潢和陈列却多姿多彩。在大多数情况下，每个贵族家庭都不会掩饰自己对房屋内部的装饰热情，这也许正是贵族家庭在严格的建房规定下所表现出的张扬的个性吧。然而，也许是习俗也许是因袭的观念也许是共同的审美感，总之，许多贵族家的布局和装饰品与房屋的外形一样显得过于相似。由此，也足见贵族社会所崇尚的“不偏不倚、谨小慎微”的精神涵义。

总之，贵族的身份和家庭的社会地位常常通过房屋内部的设施反映出来。在这里，我们不妨通过档案将贵族帕拉家所属的另一个不太重要的谿卡——琼结本顿卓嘎谿卡的房屋作一介绍：“本顿卓嘎谿卡”（房子）是一所三层楼的建筑，顺着厚实的墙壁，朝南开着一个大门，在门墙上细心地垒着一排作为门檐的石板。石板和门顶之间挂着表示吉祥的蓝白相间的饰布。镶铁的沉重木门上饰有一个铁制门环，用来敲门。门上涂以棕色的漆。门上还挂着一个巨大的扣吊用来锁门。在门后有两个木制的门闩用来闭门。整个房屋建筑如同碉堡，被厚厚的围墙保护着。门槛内，首先是一个铺着石块的大院子，高耸的房子就建在院子的两边和后部，呈“凹”字形。

当人们进入院子，首先要经过的是一个半间屋大小的门廊。通过门廊才能到达该建筑的第一层。从第一层来看：西面有一间门朝东的是饲养牛羊等家畜的房圈；往里进去有一个面朝南的阳台，阳台由三个特大的脊梁支撑着；阳台旁边是一间马厩，门朝南开；东面是一排装粮食的库房；南面是羊圈；这两处房门口的空地专门用来拴马；往北就到了存放成年旧粮的“嘎康”房屋，这是比较特别的房子，方方正正的，套间，门朝西开，窗子非常小。从这儿往南便是走廊。通过这个走廊再往西就到了放债收息的“租康”房屋。“租康”的门是朝东开的，面积较大。从这间房子往南又是一个走廊，通过这个走廊就到了炒青稞磨青稞面的房屋“味仓”，挨着这间房子的便是酿制青稞酒的房屋“强康”，这几间房屋的门窗都很狭窄。离开“强康”又是一个阳台，这个阳台与前一个阳台没有多少区别。整个一层没有讲究的设施。贵族谿卡的建筑内，一般把第一层中的部分房子留给牲畜，另一部分留做库房和作坊。这种统一的形式是否属于一种习惯或者定制，无从考证。不过以藏族人的心理而言，是把那些与自己家庭有关系的物品和牲畜都看成是家庭的一员的。可见，这一点连谿卡内的贵族宅子也不例外。

第二层楼要从东面上去，通过楼梯往北是一个近三十平方米的阳台。通过阳台首先能够看到的是主人的卧室“平措德吉”（圆满幸福）。当步入该卧室时，人们还要通过一个相当于客厅的房子，其面积为两个柱子①，该房子的门面朝西，门两边涂有两竖黑漆。这间房子是通向主人卧室“平措德吉”的必经之地，它是一间过厅，没有什么实际意义，而主人的卧室面积为一柱。挨着主人卧室的房屋是该建筑的主客厅，该客厅的门窗都是面朝南的，门窗是精心设计而成的，三排连着的大窗户加上玻璃，使得整间房子具有很好的采光效果。由于这间房子的窗户非常显眼,所以称这间房子为“擦琳”(窗格子)。这几间房屋的地面都是由“阿嘎”② 制成，而整个墙壁则由一种黄白两色相间的矿物颜色涂抹。往东是门朝西的“穗托”（厨房），面积为四个柱子。一进厨房，一块大木板隔开了房门外面的视线，但是两排无玻璃的大窗子给厨房带来了光明。厨房内有一个五个火眼并有出灰口的精制土灶，这个精致的土灶旁边是供仆人使用的一般土灶。两个灶的烟灰通过一个朝南开的口子排放到房外，厨房往北进到里头便是放燃料（牛粪、木块）的屋子。厨房旁边是被锁着的一间两个柱子的“涅仓”（仓库），这间房子有三排小格子窗。“涅仓”里头又有一小间挂房，专门用来挂东西。出了“涅仓”就是一个小阳台。小阳台旁边又有一间门朝西的房子，由于该房子有些建筑上的问题，房间内的柱子由另一个类似于柱子的木头支撑着，所以这间房子的名字叫“拈嘎”（助柱）。这个房子旁边又是一间小房子，其门面朝西。过了这间房子是一间三排

① 藏族以“柱子”来丈量房屋的规格，一般来讲，一个柱子相当于十六平方米。
② 一种坚硬的黏土，铺地用非常光洁。

后藏贵族一家（20世纪30年代）

窗子连着的房子，但是其窗子的设计与其他房子有些不一样，是一种上下齐开的窗户，并且由一种叫“嘎孜孔朽玛”的特制窗布糊在窗棂上。这旁边又有一间“挂房”。之后是一个大阳台，通过阳台就到了厕所。过了厕所下一个台阶便是仆人们住的几间相同的房子，叫“厦栖康”（仆人屋）。这些被称为“厦栖康”的房子，其窗户和门的构成都很相似，均为木板制成，只是门窗之间有着大小不一的区别。过了“厦栖康”，墙壁上画有表示吉祥的图案，先进入眼帘的是“索布达赤”（画面是一个蒙古人手牵一只老虎），之后是

"次仁纳初"（山、水、树、土、人、兽六寿星），再之后是"结司涅顿"（政教上的护法神）。这些壁画虽然是用来祈福免灾的，但是丰富的色彩给单调的建筑增色不少。经过这些色彩斑斓的壁画后，就到了主人的另一间卧室，叫"齐美顿丹"（形美内实之意）。卧室门朝东，面积为两个柱子，其墙壁、地面都与前一个卧室相同。出了这间卧室是一个小阳台，阳台过后是一间佛像齐全的房子"嘎康"（存放陈年旧物）。紧挨着这间卧室的是另一间被称为"旺堆"（聚权）卧室。一切又与前两个卧室相似。出了这间卧室是一个小回廊，穿过这个小回廊便有一楼梯可供上楼。一上楼层，经过一个阳台便到了"朗色颇章"（晴天宫殿），"朗色颇章"是供家庭护法神的经堂，家庭成员也用来做佛事，这间房子对于这所建筑和其拉萨的主人来讲都有至关重要的意义，所以这间房子的香火是永远不会断的。该房子门朝东，墙壁、地面都与主人的卧室和客厅一样。主人对这间房子寄予了非常丰富的感情，被供的佛像价值连城，供品丰富多样，有齐全的佛像、经书，还有金银制作的佛塔、佛龛，以及供佛用具。周围摆放着豪华坐垫、精制的茶座等。这些物品不仅表达了主人们对于信仰的虔诚，而且展示了与其家庭地位相符的财富状况。走出这间内容丰富的房屋就会看到一个没有护栏的阳台。

除了这间意义非常的佛堂以外，所有的主人用房都供有或多或少的佛像。一般来讲，每一间房子里都要展示一些较为昂贵的物品，而且摆放在每一间房子中的柜子内。这些装有玻璃的柜子既能够装饰房间，又能够存放昂贵的饰品。一般来讲，锁在柜子里的是一些金银器皿、珠宝、价值昂贵的香料等。这些物品静静地躺在柜子里，等到需要展示的时候会出来亮相。所有的房子都摆放着床垫。卧室的两个床垫并头摆放，似乎表示着亲密。而客厅的床垫则依顺序并排摆放，表示的似乎是距离。每一个房间里都摆放着瓷器茶杯并配有银制杯座杯盖，以便于主人或着比较重要的客人来了能方便使用。同样在每一个房子里或多或少地放着佛像及佛龛，以示主人不定时地进行佛事活动。[①]

其实贵族家庭的成员很少在谿卡的建筑内居住，许多谿卡里的房子，从没有迎接过主人的巡视。尽管如此，喜欢虚荣和炫耀的贵族家庭并不会因此而不重视谿卡内的房屋建筑和其中的装潢。不过作为拉萨主建筑的附属，谿卡里的房子很少有机会重修或翻盖。

而贵族对于自己在拉萨的房子却非常留意。

再以贵族擦绒家在拉萨的房子为例来加以说明。查仁·仁钦卓玛在她的《西藏的女儿》一书中对擦绒家的房子有较为清楚的描写："擦绒是一座三层楼的石头建筑，我们所有的孩子都出生在这里。二层楼东面是我母亲的祈祷室、起居室、卧室、化妆室、卫生间和一间服侍她的仆人们住的屋子。从化妆室顺着一条秘密楼梯就能到库房。中间的房子正对着南面，像所有的藏族（贵族）房子一样采光很好。这既是我父亲的经房，也是常常用来接待客人的地方。在西面又有一套房子，其中有'郭康'（神的住所）、客厅和一间小屋。通过这个小屋可以到上一层的楼梯口。通过第三层的楼梯是两边分叉的，上面有一些客房和仆人们的住房，以及一间做饭的厨房和一间打茶的茶房。之外还有一些储藏室和一个很大的名叫'措钦'的大厅，厅内挂着一幅巨大的宗喀巴画像。新年仪式、结婚仪式和一些重大的仪式都在这所厅里举行。……在我父亲的经堂内有一座很大的佛龛靠着墙正对着窗户，佛龛的中央有一尊释迦牟尼像，佛像前每时每刻都会燃着香。佛龛两侧是摆满经书的书架，佛龛前面是一张雕刻精致的桃木桌子，桌子上放着一百零八个银制的净水碗和一些银制的酥油灯具。靠着墙、对着门有我父亲的两英尺高的坐台。上面盖着非常漂亮的长方形藏垫，垫子的中间部分是缎子。座台的前面有一张雕刻精美的漆木桌子，上面放着一个银制净水壶、杵铃和一个玉石茶杯。茶杯的座底和盖子都是银制的。所有的这些物品都放在一块白色的布垫上。在边桌上放着我父亲的银

① 档案资料；调查笔记。

制墨水壶和漆木的笔筒。沿着墙的窗户下面，有一个大约一英尺高、三英尺宽和十八英尺长的坐垫，垫子内装有鹿茸毛，上面铺着漂亮的毯子和缎子做成的腊肠形靠背。坐垫前面放着三张漆木小桌，每个小桌上至少放着一个有着银制杯座和杯盖的茶杯，以便客人们来了很快能倒茶。在墙上有漂亮的唐卡画，地面是特殊石块铺成的。由于每天擦拭地面，地面总是闪闪发光，地面中间铺了地毯。……隔壁有一间供佣人们随时等待主人吩咐的小厅，在这间小厅里佣人头领时刻准备着，铃声一响马上就要进去听差。”

无论是位于拉萨的“森厦”还是位于乡下的谿卡，除了在建筑外形和内部布局上有所区别外，它们各自表达的内容是相同的。无疑，华丽的房屋建筑和富裕的房屋布局极大地满足了贵族成员渴望炫耀的虚荣心，同样通过房屋建筑的不断更新和修建，寄托了他们对生活的幻想。在拉萨，一个个房子被固定的院墙包围着，形成了一个个贵族家庭。在这些家庭里每天都发生着千奇百怪的事情，家庭通过房子能够守护一个个秘密，也能够把每一个成员聚集在一起。住房不再是无生命的一种形式，它完全置于家族的生活和历史中。对于贵族成员来讲成为遗迹的房子是家庭本身的历史，也是家庭成员们的崇拜对象。成员们在这个遗迹上能够联想到自己的祖先，同样也在这个遗迹上炫耀祖先的历史。

住房是贵族家庭的一种无言的标志。耸立在拉萨的贵族建筑虽然都被一道道很高的墙壁围绕着，但是等级的标志并不会在这些无言的建筑群中沉没。一般被称为“森厦钦卡”（大家族——“噶伦”以上贵族等级的官员家族）的房子，在其主建筑楼顶上的东南角或者西北角开着一个显示等级标志的边窗，藏语叫“热色”（向阳窗），而接待贵客的主客厅内的柱子是四个，顶梁是八个，藏语叫“嘎析疆解”。这种建筑设计上的细小差异，虽然不能推测这是高等级贵族挖空心思琢磨出来的炫耀办法，但是这种差异的确给贵族社会带来了极大的影响。随着等级的不断变动，房屋建筑也有了变动。[①]

第四节 家庭主要成员和附属者的情感关系

宏伟壮丽的建筑在保证祖先遗留的财富聚合的同时，也真实可靠地保障了贵族家庭成员合族而居。每个贵族成员都在称之为“家”的固定建筑中成长并被培养成具有贵族等级意识的人物。同样，坚固厚实的建筑，也增加了每一个家庭成员的安全感。“全家聚会”（谈论大事小事、说说闲话、晒太阳等）使得厚墙包围的“家”显得极其富有人情，爷爷（姥爷）、奶奶（姥姥）、父亲、母亲、叔叔（可能是亲生父亲，一妻多夫家庭的子女称大的为父亲，小的为叔叔）、姨姨（也可能是母亲。一夫多妻家庭的子女称大的为母亲，小的为姨姨）形成了牢固的家庭“血亲”或“姻亲”网。

“血亲”和“姻亲”关系对于贵族家庭来讲显得同样重要，也受到了家庭成员们的重视。无论是“血亲”还是“姻亲”，都被称之为“本家”（亲戚）。贵族社会对于被称之为“本家”的贵族家庭，很少理会他们之间存在着什么样的亲戚关系。其实对于家庭成员本身来讲，了解什么样的亲戚关系并不很重要。从某种意义上讲，血缘的远近对于那些有着亲戚关系的贵族成员来讲似乎没有什么意义，而重要的是要搞清楚他们之间是否存在着亲戚关系。因为，亲戚关系包含了家庭内部的伦理道德因素。对于整个藏民族来讲，最起码亲戚之间不能有婚姻关系，即使是远亲，只要互相知道有亲戚关系，就不能有婚姻关系存在。从理论上讲，父系亲戚过了九代、母系亲戚过了五代才可以建立婚姻关系，但是现实中很少能找出这样的婚姻例子。当相互间知道双方有了亲戚关系，即使是远

---

① 调查笔记。

亲，不仅相互之间不会建立婚姻关系，即使那些带有两性关系色彩的玩笑也会自觉地加以避讳。

“血亲”和“姻亲”关系，都是以家庭成员为中心而确定的，它包括了父亲的亲戚、母亲的亲戚。正因为包含了如此广泛的亲戚网，所以家庭成员很少能够精确地理清楚每一个亲戚关系。也正因为如此，对于贵族家庭来讲，血缘纽带显得极为脆弱。

因为父系亲戚关系和母系亲戚关系都遵循着同样的模式，所以贵族家庭的亲戚关系在实际生活中显得有些模糊而庞杂。当贵族成员在计算亲戚关系时，虽然有“父亲方面”或“母亲方面”等作为指南，但是由于贵族家庭存在着养子继承家业的情况，并且这种情况在贵族社会中比较普遍，一些本无血缘关系的成员因此形成了相互间的亲戚关系。

例如拉鲁家庭。早期拉鲁家族是由第八世达赖喇嘛而形成的家庭，到了后期的拉鲁家族则是由第十二世达赖喇嘛而形成的。八世达赖喇嘛家庭和十二世达赖喇嘛家庭之间并没有血缘关系，只是后来两个家庭的成员生活在同一个家庭内，是家庭的观念使他们之间产生了亲戚关系。同样到了近代，拉鲁家庭的继承者既不是八世达赖喇嘛的后裔，也不是十二世达赖喇嘛的后裔，而是一个与这两个家庭没有丝毫关系的龙厦家的后裔。当他成为拉鲁家的一名成员后，由于“家庭”之观念，在他继承拉鲁家业的同时，还一并继承了两个拉鲁家族合并后的所有的亲戚关系，同时也保持了他自己的生身父系和母系的所有亲戚关系。①

又例如“阿沛”家庭。阿沛家有名字的祖先可以追溯到18世纪驱逐准噶尔势力出西藏的多吉杰布。他当时去“迎接达赖喇嘛和皇帝的军队，为大军带路，详细报告了准噶尔兵占据西藏的情况”，为此他被皇帝降旨，“赦封阿尔布巴（阿沛）·多吉杰布为贝子”。“从此至公元1727年的六年中，摄政使用的印玺上写着：‘贝子康

① 调查笔记。

济翦总理，贝子阿尔布巴辅助’”①。后来首席噶伦康济鼐被暗杀，他“成为掌握大权的三头政治中的首要成员”②。他的儿子阿沛·洛桑诺布依靠着父亲的势力，也得到了要职。1728年（雍正六年），由于他参与并主使暗杀康济鼐事件而被降职并处死，他的三个儿子也被一同处死。当时的阿沛家遭受了满门抄斩的巨大灾难，阿沛的宅子内空无一物。1733年（雍正十一年），整个阿沛建筑被毁，而阿沛的祖业被颇罗鼐家庭的旁系继承，但他们沿用了阿沛这一名称。到了近代，贵族“涅绒”家的一名成员入赘到阿沛家。但不知在什么时候他的妻子死去，他再娶贵族宇妥家的女儿次丹卓嘎为妻。后来他以阿沛家族的继承者成为噶伦，到昌都担任总管，1930—1932年，昌都地区发生汉藏纠纷，他率领的藏兵与西康汉军交战，最终兵败而抑郁死去。他的妻子年轻漂亮，许多贵族子弟都希望能继承原阿沛噶伦的位置，成为这位美丽夫人的丈夫。就在这时，幸运落在贵族霍康家的一名年轻成员身上，这位年轻的成员就是霍康·阿旺晋美，他入赘到阿沛家后改名为“阿沛·阿旺晋美”③。由此可见，阿沛家的亲戚关系十分庞杂，没有头绪。

对于贵族家庭来讲，一切的亲戚关系主要源于血统观念，但是不能忽视其家庭观念。所不同的是有着血缘关系的亲戚，基本上是禁止产生婚姻关系的，而仅有家庭关系而无血缘关系的亲戚方允许缔结婚姻关系。然而，无论属于什么样的亲戚关系，从家庭成员和贵族们的对话中很难反映出其差别，“本家”实际上是一种简单的亲戚界定，也是一种与家庭有着特殊社会关系的纽带。这种模糊的亲戚概念充分体现在亲戚之间的称谓上。

---

① 《西藏通史》，第678页；参考《颇罗鼐传》。
② 《西藏的贵族和政府》，第80页。
③ 调查笔记；档案资料；《西藏的贵族和政府》。

贵族家庭的亲属称谓

波啦 莫啦	父亲的父亲 母亲的父亲 父亲的母亲 母亲的母亲	在西藏,无论是贵族还是平民都会把那些与自己毫无关系的老人称为“波啦”或者“莫啦”,这种称谓至今沿用。 某种意义上来讲,“波啦”和“莫啦”是所有藏族老人的共同称谓
巴啦	父亲	同样用来称父亲辈的男人
阿库啦	父亲的兄弟	既是用来称父亲的亲兄弟,同样也用来称父亲的堂表兄弟
阿尼啦	父亲的姐妹	既是用来称父亲的亲姐妹,同样也用来称父亲的堂表姐妹
阿妈啦	母亲	同样用来称母亲辈的女人
阿香啦	母亲的兄弟	既是母亲的亲兄弟,同样也是母亲的堂表兄弟
苏莫啦	母亲的姐妹	既是母亲的亲姐妹,同样也是母亲的堂表姐妹
觉啦	哥哥	亲哥哥、堂表哥以及亲姐夫、堂表姐夫的共同称谓
阿佳啦	姐姐	亲姐姐、堂表姐以及亲嫂子、堂表嫂子的共同称谓
沃啦	弟弟、妹妹	同样称所有贵族家庭的任何一个小孩子

从亲属称谓表中看，贵族家庭内成员之间的称谓显得极其简单，但是它包括了父系亲属称谓和与之平行的母系亲戚称谓。这个亲属称谓表的基础是建立在以“我”为中心的亲戚关系之上的，也就是与“我”相比较而形成的称谓方面的区别，其中包括性别上的差异。尽管如此，亲属称谓仍然显得有些模糊，旁观者很难从字面上分清楚成员之间的固定关系，包括血缘的远近关系。但家庭内的成员却不会因此混淆彼此之间的关系。与亲属称谓相一致的是贵族社会中普遍使用的人称称谓，这些称谓按照一种潜在的逻辑模式不仅能体现家庭、个人的身份等级，也能够体现家庭、个人的经济和政治等级。

贵族社会生活交往中的称谓

亚 雍	父亲 母亲	谈论高一等级家庭的父母时使用的尊称。尤指达赖喇嘛和班禅喇嘛的父母，也指等级高的活佛的父母
拉将古朽 将古朽 将琼古朽 古顿托 古琼玛	太太	“拉将古朽”专指亚豁、“第本”家庭的老夫人 “将古朽”四品官以上的贵族妻室的称呼 “将琼古朽”中等贵族夫人的尊称 “将”、“古顿托”、“古琼玛”第三人称，当人们在谈论“某某太太”时应用
古俄	老爷	所有贵族等级的当家男人的称谓；仆人用来称呼自己的主人或者其他贵族家庭的男主人
赛姆古朽 赛姆	小姐 小姐	任何一家贵族家庭的小姐都可以用“赛姆古朽”或者“赛姆”来称呼
赛古朽 赛	少爷 少爷	也同样用来称呼任何一家贵族家庭的少爷
厦中 吉中		任何贵族家庭的子女，一旦出家便被称为“厦中”或者“吉中”
尼尼啦	小姑娘	一种爱称。一般指等级较低的贵族家庭的小女孩
贡达	夫妇	第三人称
厦栖	男仆	任何贵族家庭的男仆。也是佣人的总称
厦达玛	女仆	任何贵族家庭的女仆

贵族社会严格遵循这种符合他们等级的称谓法则，尽管有时可能会出现一些矛盾，但这些矛盾不会破坏已经形成了的固有称谓。周而复始的礼俗使得许多称谓上的不足得到了弥补，无论在家庭还是在贵族之间的交往中，贵族成员会自然地按照彼此的地位选择不同的敬语措辞和行为礼让。他们有时虽然很平等地坐在一起谈笑风生，但是地位低的贵族不会因此而得意地忘记了自己的等级，同样他们的言行也不会越出自己的等级。等级秩序的社会习尚和恪守本位的个人习性，都是各个家庭直接灌输给每一个成员的结果。

虽然贵族社会的等级秩序给贵族成员带来思想上的矛盾，但是长期凝聚的家族观念，又促使每个贵族成员在家庭内以适当的度相互礼让，以致形成为有效的家庭契约，使家庭成员之间的关系更加协调。可见“家”对于每个贵族成员来讲，是永远的避风港，成员们在这个避风港里能够有目的地为家庭、为家族做贡献，并从这个属于自己的家里获取个人应有的等级荣誉。

第六章 婚姻契约和妇女的地位

贵族妇女和儿童(20世纪30年代)

近代西藏，贵族家庭的婚姻不仅遵循因袭的制度和礼仪，更重要的是，它是一桩需要以谨慎的态度进行昂贵投资的行为，特别是为政治和经济利益。正因为如此，当时的贵族社会流行着等级内婚制。这种内婚制，杜绝了个人的情感冲动。基于这种情况，贵族的婚姻很少顾及个人的性格和感情倾向，不过在公认的婚姻道德观之下，无所顾忌的利己的生活方式比比皆是，可能有的私通、婚外情似乎是这种婚姻道德的补充。而出身高贵的有教养的妇女，在婚姻契约和丈夫可能有的不忠实情感的生活里，积攒着美丽的梦境碎片。

第一节 不同的婚姻关系

婚姻对于整个西藏社会来讲，是社会肯定男女之间性关系的固定形式，并定义了男女之间的社会地位和社会关系。藏族对于婚姻这一概念的解释并不多，一般称其为“拈赤”（两个家庭以婚姻建立的亲戚关系），在口语中称其为“强沙”。从字面上去理解“强”为“酒”，“沙”为“地”，顾名思义，婚姻是与酒联系在一起的。从字面的理解进而推理的话，西藏的婚礼上肯定少不了“喝喜酒”这个项目，而且酒贯穿在婚姻的全过程。与此同时，婚姻对于藏族来讲，也是一件非常重要的社交活动。尽管婚礼的仪式非常复杂，婚姻的意义也很重要，但是婚姻的目的却是比较简单的生育问题。

20 世纪 30 年代，生活在重重矛盾中的西藏贵族们，仍然苟安于喧嚣的热闹环境中，其中如同戏剧般的婚姻常常在贵族们的生活中不断上演。贵族的婚姻，理所当然地包括了所有人具有的自然属性：男女两性之结合；但是更重要的是，西藏贵族的婚姻包括了随着婚姻而带来的种种人际关系和社会关系。从这个意义上说，贵族婚姻关系所确立的不仅仅是男女当事人之间的两性结合，并且与贵族社会和贵族家庭的秩序稳定也有着直接而又紧密的关系。

在贵族社会中，婚姻的适宜与可行性受到贵族社会习俗的限制。贵族家庭相互间通过婚姻关系，开始和已经形成庞杂的亲戚关系。而贵族家庭之间所奉行的内婚准则，是在贵族家族本位支配的影响下产生的。贵族家庭相互间通过婚姻，在一定程度上加强了彼此之间的血亲纽带，进而平衡了彼此之间在错综复杂的社会政治力量中的地位。正因为如此，贵族的婚姻直接导致了贵族家庭的社会力量的加强和亲属组织的整合，所以贵族家庭彼此之间盛行的内婚形态，在贵族社会中有着很强的吸引力。

在贵族家庭的婚姻中，往往把婚姻主体的男女配偶降到次要的

三位在俗官夏游时盛装充任敬酒女的民女。后为保镖，专管饰品（20世纪30年代）

位置，相反把彼此之间的家庭利益和地位放在首位。贵族男女成员之间的婚姻是建立在父母之命、媒妁之言的基础上的。婚姻的形成，都从属于家庭乃至整个家族的利益。

既然贵族的婚姻内容包含了如此多的社会、道德、经济和家庭的因素，所以贵族的婚姻如同一个混合物，对于当事人来讲显得有些莫名其妙。年轻的贵族男女成员是以什么样的方式来体验这种婚姻生活的，确实是一件不易得到答复的难题。极大的可能是，由于社会道德和贵族等级的荣誉促使年轻的贵族男女抑制情爱，接受平淡的婚姻安排。

无疑，贵族婚姻中存在的这种契约得到了当时贵族社会的认可。因此，贵族家庭在冠冕堂皇地议定婚约时，直截了当地对于双方的家庭地位、经济条件、家庭声望等进行合乎情理的讨价还价。这种赤裸裸的讨价还价是贵族家庭门当户对内婚观念的最直接的体现。对于这种能够给予贵族家庭以种种好处的婚姻形式和契约，自然会受到贵族家庭由衷的拥护。毫无疑问，所有的贵族家庭都在竭尽全力维护这种给他们带来种种好处的婚姻形式和契约。

与社会地位、经济地位相适宜的贵族婚姻，在加强稳定贵族家庭利益的同时，也限定了贵族社会的流动和扩充，进而也阻止了贵族成员和家庭对于社会的创造和奉献。

为了进一步说明一些问题，仍以帕拉家族为例。贵族帕拉是从不丹移居过来的贵族，这个家庭最早与当地贵族“努玛”家庭联姻。严格地说来，努玛家的一名男子入赘到帕拉家。这位男子在入赘不久便成为名副其实的帕拉家的继承人。由于帕拉家本身资料不全，无法确定其在以后的时间里又与哪些贵族家庭缔结过婚姻关系。但是能够确定的是，作为贵族的帕拉家在贵族集权的社会里，不会忽视与其他贵族家庭的联系。正因为帕拉家的发展和强大需要依靠与其他贵族家庭的联系或者说联盟，因此，帕拉家在不断加强和巩固家庭地位的同时，与西藏的显赫家庭索康、夏格巴、扎康也建立了婚姻关系。在 20 世纪初，帕拉家的继承人平措朗杰在其家庭的精心安排下隆重地迎娶了贵族夏扎家的小姐。就这样，帕拉家和夏扎家建立了正式的姻亲关系。自从帕拉家与显贵夏扎家建立了婚姻关系之后，不但扩充了家庭的亲属关系，而且还扩大了其在贵族社会中的人际关系，进而巩固和加强了该家庭在政治和经济上的地位。

贵族帕拉家先与贵族夏扎家建立了姻亲关系，接着又扩展至拉鲁（拉鲁夫人为夏扎之女）、“吞巴”（吞巴夫人为夏扎之女）、擦绒（夏扎夫人为擦绒之女）等在贵族社会中显赫一时的贵族家庭。帕拉家与这些豪门家庭有了姻亲关系，社会效益马上显现出来了。通过这些姻亲关系，帕拉家的荣誉在当时的贵族社会中几乎达到了神话般的地步。与此同时，帕拉家通过婚姻而形成的社会关系网，使得家族原有的社会地位更进一层。同样的原因，贵族社会视帕拉家为名高望重的家庭。帕拉·平措朗杰婚后有了三个儿子和三个女儿，有了如此过硬的社会关系和亲戚关系，帕拉家的六个子女自然不怕没有好姻缘。在此条件下，平措朗杰和他的妻子看着自己的儿女逐渐在成长，他们开始策划着儿女们的未来生活图景。正当平措朗杰和他年轻的妻子幻想着儿女们的生活时，不幸相继降临，他们夫妇相继病故，离开了这个显赫的家庭，也离开了这些可爱的儿女。帕拉家的生活由于主人的离去而变得苍凉。

拉萨澄澈的碧空如同帕拉儿女们空寂的心。他们眺望贵族社会，看到的是无不为日常生活和政治事务奔波着的贵族成员。足下的地面使他们想起父母，也联想到整个家族的未来。正是在这样的情势下，平措朗杰的大儿子土登沃丹毅然决然地担当起了这个涣散家庭的家长。帕拉·土登沃丹是这个家族在最后的岁月里最为重要的人物。在他担负起家庭重担时，他还是一个非常年轻的僧人。也许因为是僧人，他身上几乎看不到年轻人的活力。但是与一般僧人不一样的是，他还为尘事而劳心劳力。作为大家族的后代，从小他就学会了处理信仰和实际利益之间的关系。我们没有理由怀疑他对于宗教表现出来的热衷是出于真心。同样，我们看到的是，他对于世俗事务的迷恋并不亚于宗教事务。环境和经历，培养了他双重的性格。他确实是一个非常难以琢磨的人物。

帕拉·土登沃丹在很小时，家庭和社会环境就使他熟悉了贵族社会的运转规则。当他步入青年时，他把自己的全部精力和时间消耗在家庭实际利益的获取上，他确实是个人人称赞的懂事孩子。①也许正是因为他很小就已经熟悉了贵族家庭的治理方式，所以他在双亲过世后，能自如和成功地承担起家庭的重担，在贵族社会很自然地显示了一个杰出家长的风范。毫无疑问，贵族荣誉概念下成长的他，非常清楚如何才能保持其家庭长盛不衰，也知道如何做才能进一步盖过或者越过已经具有的荣誉。因此，当他的弟弟妹妹们要面对婚姻时，他以极其冷静和理智的态度，按照贵族社会的婚姻准则，不辞辛苦地为他的弟弟妹妹安排了适宜于家族利益的婚姻。大妹妹成为贵族仁岗家的夫人；二妹妹成为后藏班禅喇嘛辖区贵族顿康家的夫人；三妹妹成为贵族吉普家的夫人。衡量三个妹妹的婚姻，真正的价值表现在其完全遵循了贵族社会所强调的内婚准则。但是其中微妙的差别也表现在三个妹妹先后下嫁给了等级较低的贵族家庭。这是否显示大贵族无限崇奉的门第观念受到了动摇？或者说这种有意识的婚姻安排是不是在降低帕拉家的等级荣誉？其实不然。必须记住，年轻的帕拉·土登沃丹非常熟悉贵族社会的游戏，他清楚只有在不同等级的贵族家庭之间有了平衡关系，才能在贵族社会中保持其占上风的等级地位。从这点来看，三个妹妹的婚姻也是一种精心策划的结果。帕拉·土登沃丹在促进这些低等级贵族家庭的社会地位变化的同时，扩大了帕拉家族的保护网。这位满腔热情的家长，确信帕拉家族的高贵，并且确信如果高贵的帕拉家族周围有一批低等级的家庭护卫，那么高贵的帕拉家族将更加高贵。实际上，这就是大贵族家庭在贵族社会中生存发展的一种手段。

帕拉·土登沃丹以同样的热情来安排他两个弟弟的婚姻。他的两个弟弟同样在贵族婚姻准则下，与贵族贡桑孜家庭建立了婚姻关系。

帕拉兄弟俩的婚姻正是贵族社会盛行的兄弟共妻的一妻多夫的婚姻形式，这种婚姻形式在西藏被称为“洒松玛”（意为“三口

① 调查笔记。

子”)。“洒松玛”婚姻形式虽然已经成为包括贵族在内的西藏社会的一种婚姻形态，但是帕拉两兄弟的婚姻并不是他们婚姻的必然形态，而是他们的兄长，一个从小就懂得循规蹈矩的人，一手安排的结果。

贵族社会对于这种一妻多夫的婚姻形式，表现出积极的推崇态度。因为贵族社会在承认它合法的同时已经宣布了贵族婚姻的价值，这种价值体现在非常实际的利益需求上，诸如家庭财产的不离析、土地的不分散，以及固有家族地位的延续等。所以，每一个贵族家庭在适应社会时都会自觉承认这些实际利益是家庭最大的需要。因此，婚姻不再是两个当事人的事情，而是家庭与家庭之间的一种交易、一种契约。当然在这种交易和契约中，不可避免地掺杂着许多人情因素。

对于贵族家庭来讲，家族等级的延续是家庭生活的核心。作为家庭的后继者，必须为家庭的利益着想。尽管有些利益直接与个人的要求相冲突，但是作为子女，必须学会屈服。而一妻多夫的婚姻形式，正是一种屈服行为。家庭成员在家族延续的过程中，都有继承家业的同等权利。也就是说，他们都有权继承同一个祖先遗留给家庭的物质上的和精神上的一切财产。但是需要说明的是，每一个贵族成员在拥有这种共同权利时，同样在这种权利的基础上培养了共同的一种潜在的意识，那就是家族的物质和精神上的一切财富在共同分享的同时还要担负起繁荣和发展的重任。家族给予成员一个明确的道理：只有在家庭拥有的物质和精神的财富凝聚在一起时，才可能有繁荣和发展的机会。为此，实际的家族利益迫使成员生活在同一个屋檐下。但是如果所有的家庭成员，无论男女都生活在同一个屋檐下，难免会出现一些问题。可能在非常平常的事情上，会暴露各自的自私，慢慢地在琐碎的磕磕碰碰中失去了亲情、爱情。正因为人性的这些弱点，贵族社会和贵族家庭有意识地强调有着共同血缘的成员生活在同一个屋檐下的重要性。姐妹共夫、兄弟共妻，都是在一种相对保障亲情的基础上存在的婚姻家庭形式。如果在某个贵族家庭中有了平稳的姐妹共夫、兄弟共妻的婚姻家庭关系，巩固和加强家族社会经济地位和所有的家族荣誉也就成为一种可能。正是贵族社会强调和推崇的家道繁荣、荣誉巩固的观念影响，帕拉家才会出现兄弟共妻这一婚姻家庭形式，同时也成为贵族社会称羡的对象。

有了贵族社会的承认，一妻多夫式的婚姻安排显得非常容易，但是这种婚姻能否持续，就要依靠婚姻当事人，尤其是作为共同妻子的女人。一般来讲，一妻多夫的婚姻形成并不是兄弟几个在同一个时间里与这位他们共同的妻子结婚，而是做哥哥的以新郎身份在一个特定的时间里先行娶妻，等到妻子娶进家门，作为弟弟的也在一个被安排的时间里与嫂子同居，就这样，一妻多夫式婚姻家庭诞生了。共妻后合理的性要求可能导致兄弟之间的不和，这时候妻子的作用是非常大的，她要以女人应有的柔情来消除兄弟之间的嫉妒，并且以巧妙的办法来调节兄弟之间可能产生的仇视心理，同时还要以自己的聪慧让兄弟之间学会谦让。所以，妻子是兄弟共妻家庭中的重心，重心的倾斜可能导致家庭的分散。一般来讲，表面上兄弟在共妻过程中极少表现出忌妒和仇视，尤其是贵族成员。由于他们背负着家族的重托，在共妻过程中对于性的要求表现出成熟的服从和谦让。与此同时，一妻多夫的贵族成员在与妻子肌肤相亲的同时，可能在外面追求浪漫的爱情或者纯粹肉体的享受。如果这种行为没有威胁到家庭的利益和家庭的生活，那么不会给自己招致任何麻烦。

如果在共妻过程中，兄弟们不能做到互相谦让和服从，可能会导致分家。如果在兄弟共妻过程中出现一个兄弟坚持要另找配偶的话，那么该家庭所有的成员（包括家长、他的兄弟和他的妻子）都会想办法压制他的这种念头。尽管他们中的有些成员包括他的妻子都可能非常理解他的感受，但是为了家族的利益，他们会用冷酷的方式来对付那焦渴的心。最好的办法就是给这位不冷静的兄弟在家庭外寻找一件能够让他称心的或者能够使他分心的事情，当然还可以让他暂时成为妻子受宠的丈夫。诚然，对于这类事情，家庭成员有足够的耐心并会精心处理。只要这位不太安分的兄弟平静下来了，事情就有了头绪，同样也达到了目的。如果这样还不能解决问题，那么家庭只好为他安排新的婚姻。在让他组建新家庭的同时，允许他带走一部分财产，这已经成了一种继承上的习惯。一部分财产没有数量上的规定，但是财产分配时一定要包含土地，如果没有土地，那么分出去的成员就没有权利获取贵族头衔。正因为土地成了分家的主要财产，所以贵族家庭一般来讲，既然建立了共妻的婚姻家庭，就极力想办法阻止分家现象的出现。帕拉家正是这种观念的典型例子。当帕拉·土登沃丹等家庭成员发现他们的小弟弟在乡下有了一个女人，并在他自己的权利管辖范围内组成了一个临时家庭时，帕拉家的整个气氛顿时变得紧张起来。为了能够及时地制止弟弟这种荒诞行为，首先让其回到拉萨。然后，帕拉·土登沃丹和帕拉·旺久在弟弟面前演了一出蓄谋已久的“戏”。他们在与弟弟共同谈论乡下的悠闲生活的同时，不失时机地唤起弟弟对于家族祖先创业的追忆，以非常优美和富于技巧的语言讲述着周围贵族家庭的运转情况。的确，这种富有兄弟亲情的语言有着很强的感染力，他们的小弟弟帕拉·多杰旺久在本来就难为情的基础上更增加了一种犯罪的感觉。最终，帕拉·土登沃丹的这位任性的弟弟在哥哥们的精心劝导下接受继续共妻的事实。但是他为了摆脱共妻带来的一些莫名而琐碎的烦恼，要求继续留在乡下的谿卡生活。帕拉·多杰旺久这一合乎于情理的要求很快得到了同意。帕拉·多杰旺久再一次回到他梦萦魂绕的谿卡和他的女人的身边。从他回去的那一天开始，他在乡下的婚外情成为家庭内外公开的秘密，对此，帕拉家并没有做出强烈的反应，反过来还对其行为做出了让步。“家里人”之间所进行的让步和调节，在很大程度上避免了帕拉家的分崩离析，也避免了家庭成员之间的尴尬关系的出现。[1]

① 调查笔记。

由于婚姻和与此有关联的情感都涉及个人最为深奥的内心世界，所以笔者在叙述时自然欠缺准确的把握，更何况笔墨是无法把深深的情感表达清楚的，尤其是人最为微妙的感情变化是旁观者难以探寻的。

根据贵族社会的观念，帕拉·多杰旺久的婚外情不会受到包括家人在内的人们的谴责。如果帕拉·多杰旺久与他的情人有了孩子，那么这个孩子自然会成为帕拉家名正言顺的一名成员。而这个新成员在帕拉家中的地位如同正妻所生的儿女，拥有一样的权利。也就是说他的孩子们，无论是妻子生的孩子，还是情人生的孩子，在家庭经济的继承权方面都处于同等的地位。这种现象是非常有趣的，尽管母亲的地位不一样，但作为同一个父亲的孩子，他们的地位却是平等的。

与共妻现象相一致的是共夫现象。一夫多妻的婚姻和一妻多夫的婚姻一样，也被贵族社会所承认。共夫和共妻婚姻一样都是为了家庭的利益，但是共夫的现象在贵族社会中并不多见，这也许是女人的感情过分清晰和脆弱的原因所致吧？

与共妻婚姻现象不一样在于，共夫的婚姻一般是从一夫一妻的婚姻形式转变而成的，当然也有例外。近代贵族擦绒家是一个非常具有典型性的例子。达桑占堆这位出身极其卑微的人物，天赐之福，使他成为大贵族擦绒家的家长。他刚开始因为得到当政达赖喇嘛的宠信，才被贵族社会所关注。但是，卑微的出身使他很难挤进贵族社会，更难建立一个立足于贵族社会的家庭。虽然达桑占堆遇到了一个千载难逢的机会，但按他的出身，再好的机会，他也不会有权力去抓住。不知他使用了什么样的手段使当政的达赖喇嘛做出了如此不符合贵族社会准则的事情：让他与原擦绒公子桑珠次仁的遗孀建立了婚姻关系。通过这个婚姻关系，他堂而皇之地进入了擦绒家。作为擦绒家复兴的惟一男性，他付出了很大的努力，地位因此也有所提高、巩固，很快他又有了一个巩固地位的机会。那就是原擦绒家的女孩们到了结婚的年龄。就这样，达桑占堆又与原擦绒家的女儿们分别建立了婚姻关系。从此，达桑占堆名正言顺地以原擦绒家的女婿身份活跃在贵族社会中。当然，贵族擦绒家在近代西藏地方史上展示的一夫多妻之婚姻家庭，不能说明贵族家庭存在的共夫之婚姻现象的普遍。毫无疑问，原擦绒家的女子们之所以接受共夫这一婚姻事实，极大的可能是为了延续不连贯的家族体系而做出的婚姻选择。

在多数情况下，姐妹共夫是由双方家庭商量后拟定的一种婚姻形式。无论女子出嫁还是女婿入赘，如果实行的是共夫之婚姻形式，那么有可能姐妹们同时与丈夫建立婚姻关系，也有可能姐妹们先后与丈夫建立婚姻关系。如果细心阅读西藏的历史，就能发现这方面的一些例子。为了清晰起见，还是以贵族拉鲁家为例子加以描述。

亚谿·拉鲁家是两辈达赖喇嘛家庭混合而形成的家庭。很难设想，前期的拉鲁家是如何延续到十二世达赖喇嘛时期的，只是在复杂的情况下，八世达赖喇嘛的家族后裔最后和十二世达赖喇嘛家族的成员共同生活在了一个家庭中。至于两个家庭之间是否有婚姻关系作为纽带，这只能让后人去猜测了。没有足够的文献说明这个关键性的问题。对于近代的拉鲁家族的后裔来讲，两个家庭相互间存在的这种不确定的关系并不会影响仍然继续的现实生活。从某种程度上讲，两个家庭都是“达赖喇嘛的家庭”，相互之间是否存在婚姻关系都不会影响因“达赖喇嘛”而获得的家族荣誉。正因为这样，我们只能通过拉鲁家的大概发展来看该家庭的延续历史。

婚姻尽管是家族延续的重要因素，但是由于文献中很少涉及这类问题，所以我们很难准确估计贵族家庭延续中遇到的某些实质性的问题。在写作过程中，虽然通过调查搜取到了一些有关这方面的零星但可贵的情况，但是由于缺少统一的认识，不能把获取的材料作为最为敏锐的细节来加以描述。但有幸的是，笔者在调查采访中获取到了一些有关拉鲁家族近代生活中的婚姻信息。虽然美中不足的是这些信息不能完全说明拉鲁家所有成员的整个婚姻情况，但用

亚豁·朗顿·贡噶旺秋和他的妻子、女儿（20世纪40年代）

来解释拉鲁家存在的一妻多夫婚姻形式却足矣。我们首先把注意力放在十二世达赖喇嘛家族的最后一个后裔晋美朗杰的生活时代，然后再循序渐进。拉鲁·晋美朗杰生活在19世纪末20世纪初的西藏贵族社会之中。晋美朗杰承袭“公”的爵位不久，贵族夏扎家的两姐妹便同时成为他的太太，两个太太既没有名分上的差异，也没有地位上的区别。由于她们之间存在着血缘关系，所以她们两人来到拉鲁家后互相还是以姐妹相称。姐妹之间在夫家的权利和分工没有多大的差异，也由于是姐妹，她们在夫家处理家政上也显得比较灵活。按照惯例，姐姐掌管家政，对此作为妹妹的毫无怨言。婚后的生活，十分平静。但是，姐姐的突然去世给这个共夫的家庭带来了轻度的变异。突然间一个共夫的家庭结构一下子变成了一个一夫一妻式的家庭。如果他们之间有孩子，那么这种家庭结构可能继续存在下去。然而，作为惟一妻子的妹妹并没有为晋美朗杰增添一子半女（姐姐也没有）。没有孩子，家庭的延续成了非常严重的问题。建立新的婚姻关系，或者领养他人的孩子作为继子，这些问题成为家庭的头等大事。经过审时度量，晋美朗杰再一次向妻子的娘家夏扎家求婚，并获准与妻子的妹妹成婚。就这样，共夫现象再一次在拉鲁家中出现。晋美朗杰的第三个妻子叫央宗次仁，起初她是一个在家尼姑，后来与十三世达赖喇嘛兄弟朗顿之间有了暧昧关系，并且她为这位当政达赖喇嘛的兄弟生下了一个儿子。他们的关系暴露在光天化日之下后，宗教上的戒律迫使她立即还俗并在家中等待与人婚配。由于她不便成为朗顿的妻子，就只好在家庭的安排下接受了姐夫的求婚并与姐姐共同拥有一个丈夫。她来到拉鲁家后，也没有能够为晋美朗杰生儿育女。就在这种现实面前，她和朗顿的儿子顺理成章地成为晋美朗杰的养子。这位养子以他个人拥有的高贵血统毫不费力地在贵族社会中赢得了认可。但是不久，父子俩和央宗次仁的姐姐相继死去，父子俩的死给家庭造成了极大的麻烦。如果贵族家庭无男性袭位（无论亲子、养子，还是女婿），家庭的延续将会面临极大的威胁。为了不致陷入困境，拉鲁夫人央宗次仁匆忙与贵族“然巴”家的二少爷成婚，但是这桩婚姻因然巴少爷的不忠实而结束。大约在1926年，十三世达赖喇嘛的宠臣龙厦·多吉次杰的儿子次旺多杰突然成为拉鲁家的惟一的男性继承人。至于龙厦·次旺多杰为何从一个极其普通的贵族家的儿子一跃成为大贵族亚豀·拉鲁家的成员，贵族社会乃至整个拉萨都流传着众说纷纭的说法，印证这些说法的真伪是一件非常困难的事。根据拉鲁·次旺多杰老先生的回忆：十三世达赖喇嘛为了表示对龙厦·多吉次杰的宠信，将他的儿子封为“拉鲁”家庭的继承人。当然对于这件事拉萨流行着另外一种说法，认为龙厦老爷和拉鲁遗孀之间曾有过暧昧关系。但是这种说法是建立在揣测上的，所以在没有找到一个合理的解释之前，拉鲁老先生的回忆不能不说是一个令人信服的解释。依据拉鲁老先生的回忆：他初到拉鲁家时刚好十二岁，当时拉鲁夫人央宗次仁已经是三十多岁的中年妇人，岁数的悬殊自然隔断了他们之间作为夫妻的缘分，何况贵族社会乃至整个西藏社会都没有“小丈夫”一说。然而奇怪的是他们之间所使用的称谓，又使拉鲁家的成员以及周围的人们无法把他们的关系当成养母子。拉鲁夫人把这位新来的家庭小成员称之为“赛古朽”①。与此相同的是，幼年的次旺多杰来到新的家庭之后并没有贸然地称拉鲁夫人为母亲，而是极其谨慎地以略带有尊敬的词来称拉鲁夫人为“将古朽”②。含糊笼统的称谓表明他们的身份在外人眼里并非为母子关系，诚然，只要他们之间有一方做出超越这种称谓的行为，那么外人的看法随之就会有改变。但不知什么原因他们之间的称谓一直没有改变。也许正是由于这种称谓给外人造成的含混感，因此，有人大胆地认为他们之间是夫妇关系，当然也有人认为他们之间是母子关系，总之，各说各的。不论他们之间究竟是什么关系，有一点是肯定的：这次偶然的机会确定了次旺多杰作为亚豁·拉鲁家庭继承人的地位。

1934年西藏发生了龙厦事件，这一事件的直接受害者是次旺多杰的父亲。由于父子关系，他也受到了牵连，并被降为平民。这时他得到了拉鲁夫人的保护。的确，拉鲁夫人央宗次仁是一个颇具眼光的妇人，首先她决定与这位未来的拉鲁家的年轻继承人结为夫妇，其次努力使次旺多杰再一次成为贵族。龙厦事件发生以后，拉

① “赛古朽”，即少爷。一般来讲，贵族家庭内部成员之间很少直呼“少爷”或者“小姐”，当然与第三者谈论此人的时候有可能使用“少爷”、“小姐”等表示等级的尊称。

② “将古朽”，即太太。无论任何一个贵族家庭对于自己母亲的称呼只有一种，即“阿妈啦”。“将古朽”是贵族社会对于所有亚豁家庭和第本家庭的太太们的统称，该名词表示高一等级的太太。

鲁·次旺多杰和拉鲁老夫人央宗次仁的婚姻关系正式成立，在某种程度上印证了拉萨曾经有过的流行说法。随着时间的流逝，一切又都变得风平浪静，这时候拉鲁·次旺多杰及其整个拉鲁家都需要审视自己的生活。当家庭一切转入正轨时，“家族如何延续”成为家庭成员需要关心和解决的问题。在拉鲁·次旺多杰老先生的回忆录中有这么一段记载：“在我 26 岁时，有一天我和央宗次仁正在家中，拉鲁随员们谈了他们的想法，‘我们拉鲁家势单力薄，将来若无后嗣不行。为此，如能迎请一年轻姑娘就好了。就此请央宗次仁予以三思’。央宗次仁问道，若迎娶她亲戚的姑娘吞巴·德吉怎么样？我念及她是央宗次仁的外甥女，且体态、容貌各方面皆好，便表示同意。”就这样，在拉鲁家再一次顺利地出现了符合于贵族社会观念的一夫多妻的婚姻形式。

像所有成功的一夫多妻的婚姻家庭一样，拉鲁夫人对新的年轻的拉鲁夫人表现出宽容的态度，她以主妇的态度对待自己的外甥女，并把她的两个孩子当成自己的孩子。而新的年轻的夫人的到来，对于拉鲁家本身来讲并没有多少震动，吞巴·德吉嫁进拉鲁家后无论是家庭内部成员还是外部成员都称她为“将古朽”（太太）。人们在承认吞巴·德吉为拉鲁夫人时，并没有忘记拉鲁老夫人应该拥有的身份。也就是说，年轻美貌的拉鲁小夫人并没有破坏和剥夺央宗次仁也作为拉鲁夫人的身份和地位。

尽管共夫和共妻的婚姻生活得到贵族社会的认可，出现了一些共夫和共妻的婚姻家庭结构，但是根据调查而获得的不完全数据统计，共夫和共妻的婚姻生活在贵族家庭中所占比例并不多。从贵族成员个体来讲，对于一夫一妻的婚姻形式表现出更多的向往和热情。

第二节　狭窄的婚姻范围及其界限

在西藏，由于贵族社会流行和崇尚内婚制，所以在贵族婚姻中极少或者说基本上没有跨阶级的婚姻。像近代贵族擦绒家出现的婚姻现象是极其个别和偶然的，不能作为贵族婚姻中的典型例子。近代擦绒家所表现出来的这种跨阶级的婚姻对于处于社会优势地位的贵族家庭来讲，是一种非常无奈的选择。这种婚姻现象出现的重要原因是家庭的经济状况拮据，当然贵族擦绒又是一个例外。但是贵族赤门家却充分印证了这种婚姻现象出现的原因。与所有的贵族家庭一样，赤门家也有它引以为自豪的家族传说。作为贵族社会中米扎家庭的一分子，该家庭如同表演一部轻喜剧一样，艰难地生活在贵族社会的舞台上。不过 20 世纪初，该家庭中出现了一个“西藏历史上无与伦比”的噶伦，这位噶伦正是赤门家的女婿诺布旺杰。

诺布旺杰本人并非贵族出生，他是贵族夏格巴家孜巴（钱、粮统计员）的二儿子，从小与本家少爷一同学习藏文，又跟随父亲学习数字计算，从小就跟其他贵族子女一样有机会接受良好的文化教育。孩提时，他常常与夏格巴家的小少爷一同玩耍、生活，因而对贵族社会所崇尚的一切礼仪十分熟悉。由于他天资聪慧，加上主人的激赏，使得他很小时，在言行举止上就已经充满了贵族味，然而这些并不能改变他的仆人出身。由于他父亲的不懈努力和主人对其重视等因素，他们家的实际生活超过了仆人甚至一般小贵族家庭的水平。与此相反，赤门家，虽为大贵族家庭，但是家庭内部面临的问题非常多。从家庭的社会政治地位而言，家庭内已经没有男性在政府内供职；从家庭的社会经济地位上讲，该家族仅仅依靠两个庄园（土地）的地租过日子。事实上，赤门家已经濒临破落。就在这时，一个非常现实的婚姻契机出现在这个家庭。这个婚姻关系的建立有可能经过了夏格巴家长的出面，当然这只是一种猜测。总之，贵族赤门家与夏格巴家之间进行了一次行之有效的婚姻交易。这位出身卑微，但是经济条件相当、具有贵族气质的诺布旺杰有幸成为贵族赤门家的未来继承人，同样也有幸以该家族之名称顺利地获得了官职。与此相应的是，赤门家不仅获得了一位能干的女婿，更重要的是该婚姻的建立，赤门家不仅没有破费任何钱财，还得到了相

十三世达赖喇嘛（20 世纪 30 年代）

当可观的财物。

在这桩婚姻中，双方家庭都获得了利益，夏格巴家的“孜巴”家通过儿子的婚姻一跃而变成了一个贵族官僚家庭。使一个原来没有任何名分的家庭很快在贵族社会中找到了众多的社会关系。同样，对于赤门家来讲，这位女婿惟一缺少的只是一个贵族头衔而已。一个贵族头衔的获得，对于赤门家来讲，是轻而易举的事。既然已经成了赤门家的男性继承人，也就自然拥有了贵族的头衔。

赤门家的婚姻线条在当时的贵族社会中显得非常清晰，因为这种跨阶级通婚的网状结构，在贵族社会中并没有广阔的市场。虽然诺布旺杰在以后的日子里以贵族赤门的头衔，成为一个颇具贵族气质的盛气凌人的人物，但是，贵族社会并不因对他的接纳而赞赏或提倡类似的婚姻。如果不是政治上的或者经济上的原因，贵族家庭是绝不会与非贵族家庭联姻的。

高攀虽然普遍存在于西藏社会，但是对于贵族社会来讲，高攀仅局限在不同等级的阶层内部。在西藏贵族社会中，贵族家庭及其成员在维护内婚观念上做过相当的努力。正因为如此，贵族社会才存在着同一个阶层的不同等级之间的婚姻现象。而这种跨等级的婚姻现象，将会导致贵族家庭在贵族社会的政治地位和经济地位的变动。

从贵族婚姻来看，贵族社会既讲究实际、又敏感于荣誉的作为暴露无遗。贵族的婚姻体系如同贵族家庭的延续一样是经过几代贵族的努力而传承下来的，因此，非常实际的婚姻契约被神话般的色彩掩盖了。我们可以从流行于贵族社会乃至整个西藏社会的《朗莎文巴》、《卓娃桑姆》等戏剧中看到美化了的婚姻形式。这两出戏剧尽管主要歌颂了年轻人忠贞不渝的爱情生活，但是透过这种真情挚爱，理想的王公贵族与仙人的爱情、婚姻也尽现其中。

有了神话般的婚姻故事作为基础，贵族社会不需要再为婚姻的准则做出明确的说明。既然内婚制已经是贵族社会认可的合乎情理的婚姻，那么贵族阶层内部出现跨等级的婚姻关系就如呼吸一样正常了。婚姻关系的建立中，同等级中的高攀心理成为贵族社会中普遍存在的一种婚姻观念。在这类婚姻中，大贵族家庭的权力所起的作用和主动性是显而易见的。低等级的贵族家庭在这类婚姻中扮演的是等待机会和寻找运气的配角。因为低等级的贵族家庭虽然渴望高攀，但却缺少高攀婚姻对象的主动权，所以一旦有这类婚姻机遇，就会紧紧地抓住这一机会。在很大程度上，低等级的贵族家庭可以通过姻亲关系，把对方家族的辉煌历史和高贵血统牵引到自己的家族里，并且通过对方家族荣誉满足自己的虚荣心。如果低等级贵族家庭的婚姻当事人有机会变成对方家庭的一员，当事人常常愿意摆脱原有的家族称谓（类似于姓氏），并且毫不犹豫地接受对方家庭给予的家族称谓。当然这种称谓的改变不仅仅局限在低等级贵族成员之中。通过婚姻改变自己原属家族称谓时，基本上都会或多或少地希望能够拥有一个强过自己出身家族的称谓。由于这种事情是贵族社会中的普遍习俗，所以藏族人对此几乎不会有人表示异议。一般来讲，贵族家庭更希望在同等级的家庭中寻求婚姻关系，因为“门户相当”是他们固有的根深蒂固的观念，但是在大多数情况下，没有办法实现其愿望，更何况高等级的贵族在贵族社会中屈指可数，如果相互间不停地进行通婚，必然会导致道德观念的破坏。因此，他们在现实面前往往会放弃单方面的热情。更何况他们还能够从与低等级贵族家庭之间建立的婚姻关系中，获得精神上的奢侈享受。

不管怎样，跨等级的婚姻关系在贵族社会中较为普遍地存在着。但是这类婚姻的产生并没有规律可寻，也没有规则可查。诸如因高等级家庭子女多，高等级家庭的经济拮据或者低等级家庭的人缘好等，都可能是造就这类婚姻的原因。但是这种可能性并不能作为这类婚姻的整体原因，在实际生活中，可能会发现很多相同或不相同的尺度。

贵族帕拉家的婚姻是这种跨等级婚姻的一个例子。作为第本家族的帕拉家，其等级地位仅次于历辈达赖喇嘛的亚谿家庭，家族的荣誉足以使每一个成员在贵族社会里展示其等级魅力。光彩夺目的家族头衔，使得每一个成员有足够的时间来寻求个人在贵族社会中的发展。尽管有首屈一指的出身地位，又是贵族社会中的翘楚，但是，帕拉家如果不去理会上上下下的等级关系，那么他们拥有的光辉将会黯然失色。所以，婚姻是该家庭扩展这种上上下下网络关系的最好办法。

20 世纪 40 年代帕拉家三个女儿的婚姻，正是贵族跨等级婚姻的实例。帕拉·央金卓嘎下嫁到贵族仁岗家；帕拉·次央更是如此，她在哥哥的一手安排下屈尊嫁到后藏班禅所属大贵族顿康家;[①] 帕拉·阿旺白姆下嫁到贵族吉普家。三个女儿的下嫁，尽管不能排除人情因素，但是不能不怀疑婚姻双方家庭存在的利益交易，如果没有这一点，帕拉作为大贵族家庭，自然不会把下嫁看成是一件可喜的姻缘。帕拉三姐妹分别下嫁到三个低等级的贵族家后，帕拉家自然成为这三个家庭神圣的庇护者。同样的道理，婚姻对于她们个人来讲，并没有带来多少变化，与所有的贵族女儿面临结婚后称谓的改变一样，她们不再是帕拉家的小姐，而是仁岗、顿康、吉普太太。但是这种称谓的变化，并没有改变她们从家族祖先那儿继承的高贵的血统和尊贵的头衔。尽管她们已经下嫁到低等级的贵族家庭,但是当人们发表议论时，仍然把她们和她们的父母家庭联系在一起。人们相互谈论时，常常还是用原有的“帕拉的普姆”（帕拉家庭的女儿）来代表“仁岗”或者“吉普”或者“顿康”家庭的媳妇，这种谈论方式对于谈论者本身来讲是非常清楚的合乎逻辑的一种表达方式。同样对于低等级的贵族家庭来讲，能够与高等级的贵族家庭建立婚姻关系，将会带来政治的、经济的、社会的以及心理的种种影响。正因为如此，低等级的贵族家庭常常把媳妇带来的高贵头衔挂在嘴上，从而标识与高等级贵族家庭的婚姻关系。

“高攀”和“下嫁”对于贵族家庭来讲，都是一种存在于现实中的合乎其道德观念的婚姻模式。无论是“高攀”还是“下嫁”，都是在贵族家庭的精心安排下产生的结果，所以，双方家庭都会把这种婚姻的建立看成是一件可喜的事。

尽管贵族家庭的婚姻在很大程度上会带有利益上的需求，然而婚后的生活不见得完美无缺，当生活充满矛盾时，可能会结束起初精心设计的婚姻生活。

离婚的事例在贵族社会中并不少见，贵族社会对于离婚现象表现出极大的宽容，离婚手续也比较简单。当双方当事人决定离婚

① “顿康”为班禅所属扎什伦布寺拉让贵族家族之一。与“德意伦布”、“德勒热丹”、“德哇夏”三家一同为近代后藏最有势力的贵族家庭。

贵族少男少女（20世纪40年代）

时，整个过程中一般由当事人的父母亲、亲戚、朋友进行不间断的调解，如果调解无效便会离婚。从离婚的基本现象来分析，能感觉到离婚是男子的特权，当然并不排除是女性的要求。离婚时，财产的分配是最为关键的事情。由于没有法律作为依据，财产的分配依离婚当事人的想法而定。在离婚的过程中，提出离婚的人应该在离婚后离开家庭并另立门户或者回到自己原来的父母家。如果父母还健在，离婚的他或者她可以毫不犹豫地回到自己原来的家庭内生活，家庭也不会为难离婚回到家的儿女。离婚的儿女回到父母家后，仍然可以享受家庭的头衔，并与在家生活的兄弟姐妹一样在家庭财产上拥有同等权利。但如果父母已过世，离婚的男女只有征得当家长的兄弟或者姐妹的同意后才能回家。离婚后的男女回到原来的家庭之后，虽然在理论上与在家的兄弟姐妹一样拥有同样的权利，但是在实际生活中拥有的权利和地位都不及在家的兄弟或者姐妹。离婚如同结婚一样没有严格意义上必须遵循的规则，但结婚、离婚都会受到双方家庭的干涉。不过对于离婚，家庭的干涉比结婚时减少了许多。离婚后的当事人和双方家庭，在以后的日子里彼此间很少走动，由于离婚涉及的内容很多，通过理智处理并做到好离好散的现象很少，相反，相互间反目的情况却非常多。伴随着离婚而来的是再婚。当然再婚不是离婚后的惟一出路，诸如与孩子共同生活，或者出家，或者独身等都是个人的选择。不过再婚的现象在贵族社会中显得比较普遍，同时也受到贵族社会和贵族家庭的包容。贵族社会乃至西藏整个社会对于再婚的看法同样持理解和宽容的态度，这种态度在很大程度上给了离婚者和寡妇、鳏夫第二次婚姻选择的机会。

再婚，同样是一种婚姻模式。再婚，虽然不能排斥两个当事人的感情因素，但是在贵族家庭中同样不会排除为家庭利益所进行的精心安排。尤其是因为有了第一次婚姻的破裂，家庭和当事人都不希望有第二次婚姻的破裂，如果这样将会受到贵族社会的耻笑。再婚，同样与新婚一样在贵族家庭内部协商进行。虽然再婚者和家庭都不会抱多大的希望从这一次婚姻中获取实惠，但是为了家庭利益的平衡，也不会放弃这种可能有的机会。

无论是新婚还是再婚，一旦建立了家庭，男女就会被要求安安稳稳地生活在这个固定的圈子里。这种要求对于男女都是相同的。婚姻的当事人，无论是婚前还是婚后，实际生活替代了浪漫的爱情。当然，贵族社会并没有确立什么规范来反对年轻人之间可能产生的恋爱行为，但是并不推崇年轻人之间的恋爱关系。因此，在贵族社会中因爱情而建立婚姻的几乎很少。事实上，婚姻的建立主要是家庭之间的契约，婚姻当事人往往是最后一个才知道自己要结婚的人，女性更是如此。在许多情况下，女性往往在结婚当天才清楚自己要嫁人或有男子入赘。

婚姻缔结的过程并没有固定的婚龄限制。贵族女孩子一般在十五至二十岁之间就进行婚配，当然也有在十二岁便结婚的，也有二十岁以上结婚的。尽管当时女性的成熟不如现在早，但是由于传统意识，十五岁至二十岁是贵族女孩子缔结婚姻的最佳年龄。贵族社会对于男子成婚的年龄没有严格的要求，二十岁以上被看成男子成婚的最佳年龄。①

无疑，贵族家庭的婚姻最深奥的本质是某种利益上的交换。因此，贵族的婚姻关系在某种程度上显得并不很高尚，也说不上什么道德。但是，这种利益的交换不会以赤裸裸的言行来表示，而是显得既优美、又体面。

第三节　浪漫的形式软化了僵硬的内容

对于贵族家庭来讲，结婚乃是家庭的一件大事，也是贵族家庭之间建立利益关系的一次非常重要的机会。贵族家庭和贵族社会通过婚姻契约，使贵族男女成员结合在一起，并生育子女。在真正享受婚姻生活之前，贵族家庭为结婚的当事人举行各种规范的仪式，这些仪式中包括议婚、订婚、婚期、迎亲等项目，举行了这些礼仪之后才能证明婚姻有效。所以，对于每一个贵族成员来讲，除了那些出家为僧、为尼者之外，都要经历一次由家庭举行的结婚仪式，

① 调查笔记。

也就是婚礼。婚礼的繁简、大小依等级高低、经济条件好坏等情况而定　无论婚礼繁简，都必须进行一定的宗教程序。虽然结婚乃世俗之事，是以家庭为主线的高度礼仪化的社会事务，但在其中也掺杂着许多宗教上的内容。几乎所有的贵族家庭都会煞费苦心地为儿女举办结婚仪式，并且以此来吸引贵族社会的热情瞩目。在举行婚礼之前，相关的贵族家庭都要进行一些必要的准备，其中议婚是双方家庭一个关键性的碰面仪式。

议婚是贵族家庭双方确立婚姻关系之前所要进行的一种仪式，也是缔结婚姻关系的必要前提。一般来讲，将要建立婚姻关系的双方家长坐在一起，互送礼节性的礼品，商议子女的婚姻事宜。

在西藏，包括在贵族社会，没有所谓的"媒婆"这种专职人员。当贵族家庭相互间建立婚姻关系时，需要有一名牵线人"涅邦"（结婚证明人）。所谓"涅邦"，就是从亲朋好友中找一个年纪稍大一点或者威信较高一点的人，此人可能是男性也可能是女性。建立婚姻关系的双方家庭都必须寻找能够代表自已家庭的"涅邦"，求婚者的"涅邦"是代表求婚者家庭探寻对方的意见，而被求婚者家庭的"涅邦"则要代表该家庭来表述其意愿。通过"涅邦"，双方家庭的家长能够从中获得相关的信息并达成一致的意见,之后才开始着手商议婚姻等更深层次的内容。其中当务之急是求婚者家庭要把婚姻当事人的年龄、属相、生辰拿到某个高僧处算卦，这种固定的算卦藏语叫"帕孜"。若两个结婚当事人属相吻合，加上年龄相当、生辰相符，那么求婚者家庭除了开始着手选择吉日之外，宗教上的仪式会少很多。反之，双方家庭通过算卦的结果，还要为结婚当事人以及双方的家人进行一些消灾祈福的宗教仪式，甚至有时会放弃建立婚姻关系。当确立了婚姻关系后，需要确定的是固定的吉祥日子。吉日一到，求婚者家长及其求婚证明人"涅邦"便率领仆人带着哈达、茶、酒等礼品到对方家庭，正式向对方家求婚。

求婚和订婚在西藏的意义是相同的，藏语称为"龙强"（乞酒）。我们姑且在这里用"订婚"来进行描写。订婚是贵族家庭之

噶伦拉鲁·次旺多杰（20世纪40年代）

间建立婚姻的最初程序。虽然没有固定的程式，但是在进行这个活动时，双方家庭的代表和证婚人都很激动和兴奋，语气却始终保持平稳，以免失去尊严。无论是什么原因促使两个贵族家庭确立姻亲关系，有一点是比较明确的，缔结婚姻本身对双方家庭来说是一件美好的事情。因此，这一天的谈话充满了可喜可爱的词语。礼仪性和目的性都极强的订婚，在双方不厌其烦、无关紧要的聊天中变得自然、轻松。当然，这只是表面现象，最终双方都不会忘记此次谈话的主要议题和最终要达到的目的：确定结婚日期。等当事人结婚之后，双方家庭的关系自然也不会像现在这样拘谨了。[①]

订婚虽然没有文字依循的固定规范，但在长时间里形成了一套约定俗成的规矩，现以贵族拉鲁家为例。

拉鲁家经历了龙厦事件之后，一直不顺畅。经过了一段时间的不懈努力，拉鲁家开始恢复秩序，活跃起来。家庭的需求开始从寻找权力转移到了如何延续家族的问题上，拉鲁·次旺多杰的婚姻成了这个问题的焦点。通过家庭成员的商议，家长拉鲁夫人做出了决定，与贵族吞巴家庭缔结婚姻关系。遵循习俗，拉鲁家庭很快要行使订婚仪式。“铁龙年初，2 月 3 日至 9 日（藏历），吉日，拉鲁家决定向吞巴家求婚。拉鲁家庭的‘强佐’（管家）穿着一套干净的比平常着装稍新一点的服装，拿着上等哈达代表拉鲁家向吞巴夫人问明这七日吉辰中哪一天可以到吞巴家正式表明求婚。商定日程后，吞巴夫人给强佐的脖子上挂了一条上等哈达（‘卡达阿西’）并把一条卷叠的上等哈达让强佐带去献给拉鲁家表示赞同。之后，强佐又到吞巴家的强佐跟前询问了订婚那一天的饮食准备情况。强佐回到拉鲁家之后，向拉鲁夫人和拉鲁老爷次旺多杰讲明了情况，并把吞巴夫人捎来的上等哈达敬献给拉鲁夫人。拉鲁夫人开始嘱咐强佐做好赴订婚宴的准备工作，其中特别强调成员的着装颜色和马鞍质地。订婚那天，由拉鲁家的结婚证明人贵族波雪少爷和拉鲁家的强佐带着仆人，骑着马带着礼品来到吞巴家。吞巴家早已把订婚事宜准备就绪。在寝室里，吞巴家的结婚证明人贵族琼让少爷和吞巴夫人等待着拉鲁家庭代表的到来。拉鲁家的代表一到吞巴府第，首先给吞巴府第的大门敬献了一条上等的哈达，紧接着又拿出上等哈达敬献给吞巴夫人和琼让少爷。之后，客人在主人的引导下就座，

① 调查笔记。

主人开始向客人敬献‘卓索钦玛’（吉祥斗，木制，一边装糌粑，另一边装青稞）和果品。两个家庭的结婚证明人把自己看到的和听到的写在纸上并盖上自己的印章作为此次婚姻建立的证明，并进行了互换。之后拉鲁家的结婚证明人把拉鲁夫人和老爷托带的礼品和哈达敬献给对方，并转告了夫人和老爷的祝愿之词。这时候，吞巴夫人起身给每个拉鲁家的代表敬献了哈达，以示谢意。订婚敬献的礼物主要包括干果类食品（葡萄、柿子、红枣等）、桃子、酥油、印度大米、茶叶、红糖以及绸缎布料等。礼物和哈达移交给对方之后，主人开始举行象征性的庆典仪式，其中请戏班子献艺是较为隆重的事情。一切办妥之后，拉鲁家庭的代表把吞巴小姐（索朗德吉，迎亲对象）请到另一间房子里，坐垫上用青稞描绘了‘雍珠’（卐字图形），让吞巴小姐坐在有‘雍珠’图形的坐垫上，拉鲁家的强佐给她敬献上等哈达。之后，拉鲁家的强佐又对这次订婚宴的主厨和做工的人以及吞巴家庭的主要仆人一一献了哈达和数目不等的礼钱。这些礼仪性的仪式结束后，双方家庭的强佐起身向两个家庭的结婚证明人敬献哈达和礼品，并代表两个家庭分别向他们两个磕头谢恩，仆人重又向客人进茶献果。拉鲁家的强佐和波雪少爷在吞巴夫人的一再挽留之下离开了吞巴府第，拉鲁家的强佐走到吞巴府第大门前，把所有的哈达叠好放在藏服兜里便骑上了马。回拉鲁府第的路上经过‘八廓’和布达拉宫，波雪少爷和拉鲁强佐等人都下马转了一圈八廓和‘孜廓’（绕布达拉宫转一圈），大约在傍晚才回到了拉鲁府第。拉鲁夫人和老爷都在客厅里等待着他们的归来。彼此见面入座后仆人向他们进茶献果，波雪少爷和强佐把这一天完美的情况详细地给夫人和老爷讲明并把吞巴家庭的结婚‘证明’交给夫人和老爷过目。与此同时，他们附上许多美满祝词。”①

贵族家庭之间建立婚姻关系时，必须要经过“订婚”程序。尽管订婚中互换的礼品各不相同，甚至有些礼俗还有些区别，但是订

① 档案资料。

婚模式在习惯延续中变得有些公式化和简单化。一般来讲，求婚的那一家带着丰厚的礼品和上等哈达，而被求婚的那一家准备好当天的茶、酒、饭。双方家庭的结婚证明人是订婚仪式中必不可少的重要人物，而结婚证明人并不是固定的职业，也不是固定的身份，而是双方家庭的亲朋好友或者是家庭内的上等仆人或者是家庭内的成员。在进行订婚仪式时，主客共同进入正厅依次入座，主人向客人们敬献“卓索钦玛”，以示完美吉祥，仆人紧接着进茶献果。而客人在主人的热情接待下，寒暄之后便进入正题，把哈达和礼品一一献上，并附带祝福之词。在礼品中最为特殊的礼品是一块“邦典”（围裙），专门用来表示母亲养育儿女的“乌仁”（奶钱）。礼品献毕，双方家庭的结婚证明人开始互换“婚约”，其中一位证明人开始读“婚约”，而另一位认真进行核对，之后当众加盖印章。订婚一天的活动没有什么规定，有请戏班子演戏的，也有的进行其他娱乐性游戏。例如扑克、麻将、“拔”（藏牌）、“吉仁”（类似台球，不用球棍）、“迷玛”（围棋）等。通过这些游戏，使得严肃紧张的订婚仪式变得轻松活泼。到了下午约六七点钟太阳西斜时，主人家开始以丰厚的晚宴热情地款待客人。宴毕，主客双方礼节性地进行寒暄之后客人离去。出于一种客套，主人会一再地挽留客人，最后主人做出非常无奈的样子把客人送至大门口，并向每一个客人敬献上等哈达，以示谢意。①

订婚之后，被求婚的家庭也会选择一个吉祥的日期，回访求婚者家庭。尽管这是一种礼节性的回访，但是主人家还是需要准备丰盛的食品，并且要盛情款待此次到来的特殊客人。这一天，双方家庭的主要话题还是围绕着两个年轻人的婚事。如果这一天有人发挥语言的天赋，会得到倾听者充分的肯定和欣赏。除了谈话，照样可以进行一些有趣的游戏消磨一天的时间。

喜庆气氛笼罩着整个订婚过程是必然的，相互间的热情谈话使

① 调查笔记。

噶厦正门口（20世纪30年代）

得墨守成规的订婚仪式显得十分有趣。在“共同语言”的基础上谈论着过去和现在，订婚的内容常常被谈话者的共同兴趣所改变。尽管如此，双方最终还是会言归正传：拟定婚期。

结婚同样需要通过高僧活佛算卦，选择吉日，藏语称之为“念孜”（婚算）。与此同时，双方家庭都要做一些佛事供养活动，以求婚期顺利吉祥。

举行婚礼是一件大事，家庭为之准备良久，尤其是求婚者家庭。婚礼所需天数是不一样的，这主要取决于双方家庭的社会地位和经济地位以及与之有密切关系的“嘎涅”（亲密朋友）的拥有量。如果亲密朋友多（大贵族家庭常常是高朋满座），婚期的时间也就长，反之则短。结婚在藏语中称“丹芝”（庆典），从字面上看无疑给人提示这是一个喜庆的日子。的确如此，举行婚礼的这段时间里，双方家庭和他们的亲朋好友都会尽情地享受婚庆所带来的喜悦。

无论结婚规模大小，都需要进行大量的准备工作。为此双方家庭的成员都为之而忙碌着，尤其是求婚者家庭。婚庆期间，求婚者家的整个院子内人声鼎沸，食品杂陈，又热闹又喜庆。其实婚礼的准备工作，并非是一件美的享受，由于害怕在婚庆期间被亲朋好友所挑剔而成为将来谈笑的对象，所以准备工作需要付出极大的努力，做细致而充足的准备。对于任何等级的贵族家庭而言，婚礼的准备工作都非常累人。虽然家庭内有能干的“强佐”、“涅巴”（管理员）等分工精细的仆人，但是贵族家长的活一点都不少。结婚对于贵族家庭来讲，仅仅是生活中瞬间即逝的一件大事，但是这件短暂的大事能够装点家庭的富丽华贵。精致的用具和充足的食品，以及主人的热情和仆人的细心，都是婚庆中当然具备的条件。再以拉鲁家为例，来说明这一点。

通过档案材料，寻找到了较为细致地记述拉鲁·公·晋美朗杰结婚时的准备情况资料。“水龙年，5月12日。‘涅仓’专门对于婚庆中所需食品进行统计。上上等糌粑‘结米稀钦’为十藏克（一藏克约为十四公斤），上等糌粑‘帕稀’为十藏克，豆粉‘品糌’二十藏克，上等茶叶一条，砖茶一条，上等酥油‘玛孜垒巴’六大捆，挂面两大箱子。为老爷们食用的‘推’（用酥油、食糖和干酪制成的糕）所用的酥油两藏克多，粉状干奶酪十三赤（一藏克为十赤）；为其他客人食用的‘推’所用酥油十一藏克半，粉状干奶酪三藏克。还有大众客人食用的干奶渣（与糌粑一同搅和成糊状而食用）三‘卡入’（木罐），专为老爷们食用的干奶渣为十赤，另加糌粑十三藏克。以上这些食品是12日那天从‘涅仓’拿出并进行统计的。到了第二天，13日，‘涅仓’又一次拿出食品并进行统计。糌粑二十藏克，为‘帕托’（大贵族家庭一般有几个不同类的厨房，分类不尽相同。这里的‘帕托’指级别上的中等）提供了茶叶一条，鸡肉三藏克，酥油十捆（酥油被弄成一块一块装入袋子中用绳子捆上）。到了14日那天又拿出了一些食品。为上等厨房‘苏托’提供了酥油九捆，为‘帕托’（中等厨房）提供了酥油十一捆，为下等厨房‘雪托’提供了酥油十捆。15 日那天从‘涅仓’拿出了糌粑憎糌（劣等糌粑）十藏克。为避免青稞酒被太阳暴晒，拿出一捆白布作了个‘约拉’（遮盖太阳布）。16 日又一次拿出了酥油十藏克和一般糌粑十藏克。又为‘帕托’提供了茶叶一条和酥油一捆。为仆人提供了稍有味道的羊肉十四只，劣等糌粑十藏克，酥油七捆。20 日拿出茶叶三条，羊肉六只，牛肉两捆。21 日，为‘苏托’提供酥油六藏克。22 日又为‘帕托’提供酥油五捆，为‘雪托’提供一般酥油五藏克。23 日，又拿出三条茶叶，十二只羊肉，一般糌粑十藏克。24 日，又拿出糌粑十藏克。”① 虽然上述的数字不能作为婚礼必备的结论，但是毕竟提供了为婚庆而准备的物质线索。反反复复的准备工作会在一定的时间落下帷幕，转而期待的是婚礼的举行。

婚前的准备工作非常烦琐和劳苦，并且在准备的过程中，可能会有些想不到的遗漏，只有等到婚礼开始才会意识到，但这样的遗憾不会影响整个婚礼。到了婚礼举行的那一天，宴乐是少不了的。就贵族家庭的女子出嫁为例。结婚头一天，双方家庭的仆人们会把居室和院子整个清扫干净。第二天也就是结婚当天，新娘清晨起床后开始装扮，新娘着一袭缎子藏服，头发编成两股辫子，戴上头饰、首饰，并被告知她将要成为新娘。对于那些事先不知道自己婚嫁的女子来说，这个突如其来的消息，会使她不由自主地为自己哭泣，这时母亲和女仆们也不禁掉下眼泪。新娘在哭泣中听从父母的嘱咐，当新娘的情绪稳定后，母亲领着新娘与女仆一道来到家内设置的经堂里，虔诚地祈求众佛，尤其是家庭的护法神保佑。虔诚的祷告之后，母亲把女儿带到客厅内，这时家庭的所有成员都在客厅内静静地等待着。客厅已经被仆人们收拾得一尘不染，茶桌上摆满了精美的茶杯和茶具，每一个茶杯都是满的。这个时候，强佐给新娘磕头敬献哈达，又分别给家庭成员敬献哈达。一女仆进来给新娘

① 档案资料。

磕头敬献“卓索钦玛”，而另一女仆进来给新娘磕头进茶，其他物品也以同样的方式依次敬献。礼毕，全家成员开始吃早点，等待着时间的到来。时间在静静地等待中飞逝，静静的院子这时给婚庆添了一些淡淡的忧悒。

相同的仪式在男方家庭内也要进行，但是多了些忙忙碌碌。等日出时，强佐拿着包有精美的首饰和华丽藏服的包裹，送到女方家，以备在迎亲途中易于换装。时辰一到，男方家庭的结婚证明人骑着马，手拿“达达”（饰有明镜、璁玉、珠宝、彩绸等的彩箭），领着一队人马，在男方和女方家之间的途中设置的帐篷（作为迎亲地点）内等待着。迎亲在藏语中称为“苏强”。女方家的结婚证明人领着新娘和新娘家的成员款款而来，两家的结婚证明人碰面后互相祝福，大家在欢歌笑语中饮茶饮酒，新娘在帐篷内开始更换夫家带来的衣服。之后，结婚证明人给新娘敬献一条从男方家庭带来的上等哈达，随后便开始动身前往男方家。就在这个时候，男方结婚证明人把彩箭“达达”插在新娘的衣领背后，以示新娘是男方的人。婚礼的安排虽然井井有条，但是一热闹起来，周章顿失。人们各说各的，一片喧闹，婚庆给来客以展示个性的机会。

热闹的迎亲队伍回到了男方府第大门前，这时婚庆进入了另一个程序。在大门口设置了两个方块的下马台，马夫为两个下马台铺上了特制的精美缎垫，其中画有吉祥图案的下马台是专门给新娘用的。一袭精美的缎子藏服，把新娘打扮得格外娇媚，新娘被仆人扶着下了马并款款进入夫家。但是进夫家的仪式比较烦琐，一个口齿伶俐的人（可能是贵族，也可能是雇来说唱的艺人）开始伪装出一种单纯傲慢的神情，用美好的字眼生动地唱颂婚礼的每一个细节，其中包括赞美新郎家。可笑而优美的语言复述使得在场的主人和客人以及仆人都会为之大笑，说唱人那洋洋自得和夸张的表演动作给婚礼平添了无尽的欢乐。接着新郎新娘入主庭，迎送亲的队伍和所有参加婚礼的亲朋好友都依等级坐定。新郎新娘盘腿坐在主庭中央的坐垫上面朝客人，坐垫铺有五彩锦缎，绘有卐字吉祥符号。这时，女仆在主人的引导下开始向新郎新娘和客人敬献“卓索钦玛”、茶酒和糕点。之后，客人们依次向新郎新娘以及他们的父母兄弟姐妹进献哈达，奉送礼品。

拉鲁·次旺多杰（20世纪40年代）

婚礼中，聘礼和嫁妆是非常关键和最有实效的一个内容，也是每个婚礼的不同之处。贵族家都很在意婚庆中能够表达实际意义的聘礼或者嫁妆。

关于聘礼，我们还是以拉鲁家为例：“1897年，藏历火鸡年亚豁·拉鲁嘎彩·公少爷迎娶噶伦夏扎家庭的两个女儿为妻时，交给迎亲代表格西白落和亚第强佐明久旺堆两人的聘礼明细单如下：给大太太（姐姐）的服饰中有一双崭新的‘热松’靴子（紫色呢子和上等皮混合制成的彩靴。一般来讲，为大活佛和上等贵族僧侣所用。贵族妇女中只有被贵族社会称为‘拉将古朽’的太太才允许穿这种靴子）；一对丝线织成的鞋带；一条粉红色绸子衬裙；蓝色、浅灰色、粉红色、灰色等绸缎制成的衬衣各一件；几种颜色相间的围裙两边镶有丝缎并配一粉红色绸子裙带；一件被皮子包边的丝缎制成的上衣；一件紫色带花的上等氆氇制成的披风（无袖，肩竖，有里衬，为四品以上的官员太太穿着）；一个雕刻精美镶有宝石的银制钱袋针筒（帕库卡朽，为贵族太太们的服装装饰品）；一个雕刻精美镶有宝石的金制扣环（定热）；宝石佛珠三个；一个金制的‘嘎乌松卓玛’（‘嘎乌’是珠宝嵌成匣状的装饰品。‘嘎乌松卓玛’是纯金打成三个小盒，由一珠宝链子相连，中间大两边小，是四品以上贵族官员太太们盛装佩戴的装饰品）；还有一个珠宝嵌成的金制‘嘎乌’；一套珠宝串成的发卡；一串松石佛珠；镶有玉石、黑宝石、蓝宝石的金戒指各一枚；镶有三颗玉石的一枚金戒指；一套耳饰；一对‘埃果’（镶松石金制耳饰）；‘优和器茹混合而成的巴珠’（‘优’指玉石，‘器茹’指红珊瑚，‘巴珠’指头冠）一个；上等“姆迪”（珍珠）串成的头冠一顶；一件氆氇缎面制成的披肩；一条金线围巾；“索厦”（男女结婚时必须要戴的帽子，是缎面毛边制成的女式帽）一个；青冈木制成的茶碗一个，内装一块绸布；还有一套华丽缎面的藏服和一条上等的哈达。”① 以上这些聘礼是送给大太太（姐姐）的。与大太太一同嫁过来的小太太（妹妹），拉鲁家庭也送去了相应的聘礼：“松石佛珠一个；珍珠头饰一个；这些聘礼包在一条精致的小绸布内，并内装一条上等哈达。刻有荷花的一枚金戒指，雕刻精美的银制戒指，和一枚镶有三颗宝石的戒指，其他的服饰与姐姐相同。此外，聘礼中还包括数目相当的钱和不同等

① 档案资料。

级的哈达，最上等的哈达为‘囊崔’，下来是‘阿西’，再下来是‘旁崔’、‘清崔’、‘穗达’等，还有红、蓝、绿等九种颜色上等缎子块状混合叠在一起的叫‘库约’的一捆（缎子），和一般缎面五色混合叠在一起的‘盎仓’两捆（华丽的缎面是一种象征物，仅仅为表示庆典，而非用来制衣）。”① 聘礼的赠送建立在贵族社会对于婚姻所表现出来的价值观上，所有的贵族家庭如同拉鲁家庭一样，积极热情地从事聘礼的准备工作。一般来讲，贵族家庭准备聘礼并不是一件非常辛苦的事情，因为聘礼的数量和种类都是家族遗传下来的，除了有些戒指等小首饰和服饰是专为新娘特别定制的例外，同样的理由，新娘接受的聘礼会得到妥善的保管并且尽可能传给自己的女儿或者儿媳。尽管如此，聘礼在贵族家庭建立婚姻关系时所起的作用是很大的。从某种意义上讲，聘礼是家庭经济地位的解说者，也是家庭社会地位的点缀品。周围的贵族成员非常看重婚姻中的聘礼，并且为之切切私语。那些拥有社会地位和经济地位的贵族家庭，常常以拥有古老珍贵的聘礼而感到光荣。一些社会地位不断增长、经济情况捉襟见肘的贵族家庭，在婚姻中常常借用其他贵族家庭的首饰等物品来作为聘礼，以装点门面。

与聘礼相同的是婚礼中的新娘嫁妆或者是新郎的所得份额（新郎的家资，也称为“份”）。嫁妆或者份同样也能够证明该贵族家庭在社会和经济上的地位。但是与聘礼不一样的是，嫁妆或者份是通过新娘或者新郎而带来的家庭新财产，这些新财产中可能有土地、有珠宝，而这些土地或者珠宝是始终陪伴着新娘或者新郎的。嫁妆和份的多少，在某种意义上还能够影响新娘或者新郎婚后家庭地位上的高低。

嫁妆或份是贵族家庭对于婚姻的一种外在形式的反映，目光敏锐的贵族成员对于嫁妆和份的观察是比较精细的。对于婚礼中的聘礼和嫁妆或者份加以评说是贵族社会的一种风气，尤其是贵族妇女

① 档案资料。

们更是如此，她们会十分在意婚礼当事家庭所表现的每个细节。尽管这些谈话有时显得非常无聊，但是人们还是比较热衷。嫁妆和份只要属于动产的基本上都是装在木箱内运送到新娘或者新郎即将要生活的新家庭里，因此嫁妆或者份的多少一般只能从箱子的多少来估算。但是对于两个家庭来讲，箱子内的东西是非常明了的。事实上，贵族家庭办理每一件家庭认为重要的事情时，主人常常要求强佐（管家）起草两份单据。婚姻对于贵族家庭来讲是一件非常重大的事情，嫁妆或者份是婚姻的具体象征，自然少不了由强佐起草统计。一般强佐统计的一份单据会随新娘或新郎送到对方家，而另一份则会留在本家。在这种情况下，嫁（家）资成了反映贵族荣誉观与价值观的具体表征。①

嫁妆或者份依存于婚姻，尽管婚姻过程中贵族们对此极为关注，但是很难对嫁妆或者份作出准确的估算，珠宝似乎是每份嫁妆或者份的重要内容。同样，下面的档案资料又是一个非常具体的辅助材料，可以解释其中的一些奥妙。在档案中有一份珍贵的资料是关于拉鲁·顿珠卓玛嫁给贵族“涅朗·巴乌仁波且”时的嫁妆部分明细单。“铁虎年，藏历九月十日，拉鲁嘎彩家庭的小姐顿珠卓玛嫁给涅朗·巴乌仁波且作为活佛夫人（‘萨雍’）时所给予的嫁妆。紫色缎子图案‘章嘎’（银元）的一件长袖藏服；‘囊布布珠’（氆氇类）长袖藏服两件；里子是羊羔毛，外罩是深绿色呢子的一件长袖藏服；天蓝色有图案和无图案的藏服各一件；没有图案的无袖藏装一件；深色的呢子无袖藏服一件；紫色长袖藏服一件；深绿色呢子长袖藏服两件；未成衣的紫色呢子料一捆；土布制成的衬裙四条和一条碎花衬裙；靴子共四双；‘邦典’（围裙）共有六条，其中‘邦典’两头边上的饰品各不相同，有些是金丝缎制成，有些则以绣花形式；丝线制成的一件衬衫；蓝色、粉红色绸子衬衫各一件；白色绸子衬衫两件；土布衬衫两件；一件进口蓝色绸子衬衫；披风一

---

① 调查资料。

跳 神

件；上等珍珠制成的头饰‘巴珠’一个，其中珍珠间夹有上等玉石、珊瑚和一般玉石；镶有玉石的金制耳饰一对；珊瑚和珍珠以及沙金制成的佛珠一个；镶有珊瑚、镀有金粉、边饰珍珠的银质扣环一个；还有一套金制的头饰；耳饰和佩戴物；这些饰品都镶有不等的宝石。金制镶玉石的'嘎乌'（佩饰）一个；衣饰一套；银制手镯一个；珊瑚手镯一个；戒指四枚；水晶佛珠一个；银制镶珍珠宝石的钱袋针筒（帕库卡朽）一个；一床绿色呢子面的被子和一床手制被毯，蓝色被套一个。”对于新娘来讲，嫁妆和聘礼在实际应用上显得非常相似。贵族家庭在女子出嫁上所表现出的热情，从某种意义上是建立在实用的观念上的。因此，在嫁妆内容中很少包括土地。当然，这不能排除男子入赘时是否会带走一部分土地。尽管贵族女子出嫁时很少把土地作为嫁妆，但是有着象征意义的珠宝饰品不能不说也是十分优厚的嫁妆。

婚礼是在聘礼和嫁资的运送过程中拉开序幕的，一切都在家长们的深思熟虑和精心设计的烦琐礼节中进行。新郎和新娘在结婚证明人的陪伴下，盘腿坐在主庭中央的坐垫上。新郎新娘的坐垫高于众坐垫，上面铺上漂亮的“卡垫”，卡垫中间是五彩锦缎。新郎新娘坐垫前面放置着一张雕刻精美的木漆“恰巧”（茶桌，长方形），上面放着一对精美的瓷器茶杯，杯底杯盖都由雕刻精美的银制镀金制成，瓷器茶杯内盛满了酥油茶。茶杯中间放着一个精美的瓷碗，内装“卓玛泽司”（人参果、大米、酥油、糖混合而制的吉祥饭），在卓玛泽司旁边放着银制高脚酒杯“桅颇”。当新郎新娘入座后，一位颇具威望的贵族女士领着“充雄玛”（女性，婚礼中主管茶酒的女仆）和一些在婚庆中进行服务性工作的女仆来到新人面前，向新郎新娘敬献“卓索钦玛”，预祝他们婚姻美满。而这时“充雄玛”手里一直拿着一个“桅顶”（银壶），银壶内装满了青稞酒。这时一女仆走到新人跟前从茶桌上拿起“桅颇”（银制酒杯），恭敬地给新郎新娘敬献青稞酒。新郎新娘以同样的手势，用无名指把酒滴往上弹三下，以示祈福顺意。这个仪式结束以后，所有参加婚礼的亲朋好友都被友好的感情所驱使，他们手拿上等哈达，分别献给新郎新娘以及他们的父母和兄弟姐妹，他们的仆人提着赠送给新人的礼品，礼品放置在一个固定的位置上，强佐等几个人在旁边登记礼品。登记礼品是婚礼中一项比较重要的事情，它是以后互惠行为的指南。一般来讲，该家庭在遇到类似于这样的庆典场合时，就要依据这些登记数向亲朋好友回赠相等或者超额的礼品。礼品一般为青稞、牦牛肉（一半或一条腿）、羊肉（一只或一只以上）、上等氆氇、缎面、绸子、成衣以及钱。正因为礼品象征着一种关系，也象征着家庭的经济，因此每个贵族家庭对于赠送新婚礼品着实要动一番心思。对于上等贵族来讲，礼品的赠送是一次展示财富的机会，所以他们不会放弃这种充分表现的好机会。然而对于那些经济拮据的贵族家庭来讲，这是一件令他们非常头疼的事情。同时，礼品的赠送因袭的也是传统，贵族成员们从不去考虑这种礼节是何时兴起，因为礼品本身在赠送过程中已经失去了时间上的意义。

唱歌、跳舞是婚礼中缺少不了的内容。贵族男子不乏会弹奏乐器者。乐器种类较多，其中最受欢迎的是藏族自己的“占年”（六弦琴）、“林布”（竹子制成的笛子）、扬琴等。一般由男人弹奏乐器，女人和男人一同和着音乐跳舞或者唱歌。在这种时候，仆人也会得到相应的轻松，尤其是那些会琴会舞会唱的仆人，会成为这种固定场合的受宠者。年老的贵族成员喜欢唱“囊达”（藏戏），而年轻的贵族则不一样，他们喜欢更有节奏的音乐。充满浪漫气息的印度音乐，受到他们的喜爱。然而，贵族社会对此并不加以理会，年轻人的热情不会影响贵族社会对于音乐舞蹈的主体追求。尽管年轻人喜好印度音乐，但是他们也以同样的热情来对待本民族的踢踏舞，当然踢踏舞跳得最好的还要数那些年长的男人女人。此外还有一种叫“囊玛”的舞蹈，也会成为婚礼中必不可少的节目。囊玛是专为贵族而创造的一种庭院舞蹈。优雅的舞姿和舒缓的音乐，展示的是贵族社会的圆通和审慎。在婚礼中，当然会请艺人来助兴的，但这只是一方面；另一方面，那些颇富艺术才情的贵族才是婚宴上的活跃分子。

婚礼中还有各种游戏，“跋”（牌）、扑克、“几扔”（类似小型台球）、“雪”（骰子）和麻将等，游戏的规则是不定的，只要人们在游戏当中感觉到婚礼的喜庆气氛，那就是游戏的最高目的。

酒、茶和各种精美的糕点始终贯穿在整个婚礼场面。

晚宴是婚礼中的一个重要仪程，尽情尽兴的客人不会忘记挑剔婚宴的饭菜，丰盛的晚宴在客人们的评议中给婚礼增添了另一种色彩。同样，也显示了主人的慷慨。在太阳落山前，客人们在自己仆人的细心照料下，慢慢地品尝着饭菜。无论在什么时候，贵族们总是要表现出一种“雅”之举止，在婚宴上也不例外。晚宴也就在这种不紧不慢中结束，随之而来的是一次小小的欢腾。酒的敬让打消了贵族们平日的矜持，而音乐和舞蹈给他们带来了无穷的娱乐。直到仆人们在主人耳边细言“该回去”时，老爷、太太们这才会感到时间过得似乎太快了一些。无论婚礼的场面是多么让人留恋，老爷、太太们还得要回去休息。随着客人们渐渐离去，深深的庭院安静下来，仆人们开始收拾院子，并重新加以装点，明天又是一个热闹日子。

贵族婚礼，实际上是社会关系高度礼仪化的一种形式。如果婚姻双方家庭的社会地位和经济地位引来的亲朋好友多，婚礼的天数就多，反之。一般来讲最长的时间不会超过十天，最短的时间也不会少于三天。无论婚礼进行了十天还是三天，当婚礼最后落幕时，习惯使然，客人和主人都聚集在院子内，人群中点燃的“煨桑”散发的轻烟袅袅升天。时近黄昏，一个女仆端着装满糌粑的罐，走到每一个人身边，人们从中抓点糌粑等待着。可能是个专职戏子，也可能是其中的年长者，一段“囊达”由他起音，人们以热烈的情绪相和，到了最后，众人发出“唆”的叫声的同时，手中的糌粑也一起撒向天空。有些喜欢恶作剧的人，把手里剩下的糌粑撒在其他人身上，惹得众人捧腹大笑。几天的欢庆过后，客人、主人都有些疲倦了，合乎习俗的礼仪结束了，一切又如往常。①

① 调查笔记。

第四节　婚姻深处透出的妇女地位

新娘在新家庭的适应期为一个月，这一个月里她会受到各方面的关照。新娘从娘家带来的女仆会给她以精神上的安慰，父母、兄弟姐妹都随时可能来看望她。等到一个月的最后一天，双方家庭共同举行一个所谓的“齐遁”（走出外面）仪式，这时新娘可以回门。虽然“齐遁”意为外出，但是在“齐遁”的那一天，一般是双方家庭聚在一起娱乐。如果是夏季，双方家庭的成员和近亲好友一同到林苑里玩耍。如果是在秋、冬、春三季，他们会在家里娱乐。“齐遁”尽管属于娱乐，但是这一天的选择是较为严谨的。与筹办婚礼一样，首先要把新郎新娘的属相拿到高僧活佛处算卦，通过高僧活佛可以得到“齐遁”的日期和面朝的方向。为了婚后的生活美满幸福，人们很注重这一天。为避免邪气，新郎新娘与他们的父母或者兄弟姐妹清晨一同来到大昭寺或者布达拉宫拜佛祈福。从“齐遁”那一天后，整个婚礼才算落幕。

婚礼的举行对于贵族家庭来讲是贵族社会认可的道德的、经济的、风俗习惯相吻合的一次涉及个人和家庭的行为，也是一种贵族化的社会表现。有了这种仪式，贵族成员的两性结合成为贵族社会认可的合法关系。正因为如此，贵族家庭的婚礼显得十分烦琐。烦琐的礼仪和复杂的程序仅仅是婚姻关系确立的一种表现形式，而不是婚姻关系确立的目的。冗长而又平淡的婚后生活是婚姻关系确立后，贵族家庭和贵族成员都要面对的实质性生活。作为女婿或者儿媳的家庭新成员，逐步要适应新的家庭。在这种适应过程中，由于男性的社会角色要求，外面的社会生活可以冲淡适应过程中的尴尬。相反，由于女性只能充当家庭角色，因此在与家庭生活适应的过程中随时会感到不安、受束缚和困惑。尽管这些因素导致了婚姻本身的脆弱，但是贵族社会的价值观念又加强了婚姻的巩固。所以，离婚的现象并不多见。

虽然，贵族家庭的婚姻关系是通过贵族社会的道德观念来进一步强化的，但是，离婚的现象在贵族社会中并不是说没有。离婚的原因很多，家庭关系的不融洽是最为关键的一环。由于离婚原因不一样，贵族社会对于离婚的态度也不一样，但是从总体上来讲都会采取宽容的态度。然而，这并不能认为作为当事者的贵族家庭也以同样的态度对待离婚现象。贵族家庭对于家庭成员离婚的反映是比较敏感的，他们总是千方百计地避免家庭中出现离婚事件，这样做的重要原因之一是为维护家庭的经济地位，当然也不能排除人际关系和社会名义上的顾忌。

年轻的贵族成员常常能够听到“道德高尚”的人的谆谆教导，并且处处能够看到声势显赫的朋友是如何对待婚姻和个人隐私的。集中了这些阅历，对所谓美满的婚姻生活就不难理解了。所以，婚后可能带来的矛盾并不会成为婚姻的羁绊，离婚概率也就因此而降低。

贵族家庭因袭传统的习俗，重复古老的婚姻制度，显而易见的缺憾和牵强附会的赞叹，给一个个婚姻套上了美丽的光环。其实，婚姻给人们留下的深刻印记就是：女人总是低的。尽管，家庭的社会地位和经济地位给贵族女子带来了和男子一样的权利；尽管，贵族的家庭财产不仅让儿子继承，也让女儿继承；尽管贵族子女从小接受同样的教育；尽管宗教教义中说“阿妈昧哪，喇嘛昧”（没有母亲就没有活佛），尽管……但是通过婚姻的整个过程，不难发现即使是贵族、甚至大贵族家的妇女，她们的选择是狭窄的，地位是低下的。

在西藏，与仁慈有关的神话陪伴着贵族妇女的成长。在孩提时，她们和她们的兄弟在家里得到同样的关注。从出生开始就没有人看轻她们的千金体，父母同样以惊喜的目光看待着她们的出生和成长，仆人们也以同样精细的态度来服侍着她们，所有围着她们的亲人们都会在她们幼小的时候小心翼翼地把她们接过后又小心翼翼地把她们奉还。她们给家庭带来的喜悦和热闹与她们的兄弟一样多。在童年，她们比起她们的兄弟，更多地得到父亲的拥抱和母亲的亲吻，从

贵族擦仁·仁增卓玛和她的女儿们(20世纪40年代)

亲朋好友处得到更多的赞美和更多的礼物。童年的她们,心被爱塞得满满的。随着成长,她们逐渐地从父母亲的言谈中明白自己和兄弟们并不一样,然而她们不会因为自己是个千金体而悲伤。尽管她们不能像贵族男子们一样经过教育进入"孜康"接受专门的训练,也不能像贵族男子们一样逍逍遥遥地尽显名流派头。但在日常生活里，她们早早地从父母那里接受了不同的性别角色的教育。无法改变的性别角色，不会使她们变成一个连爱情都不会幻想的女性。年复一年的温暖舒适的家庭生活不免单调，促使她们做着绚丽的情爱之梦，但是她们不会表现出来，甚至不会吐露给自己以外的任何人听。家里常常有客人，常常会设宴待客，父母常常会背着子女悄声细语地交谈，常常与亲朋好友谈论重要或者不重要的事情，就在偶然和必然的一次“谈话”中，她们成为他们的主要话题。在她们还没有很好地学会贵族女子应具备的淑女风范时，她们便会成为某个家庭的媳妇和某个贵族成员的妻子。现实与幻想距离太远了，实际上的婚姻与她们想像的一点都不一样，她们还来不及准备就要接受与一个陌生男人生活在一起的事实。①

敏感的贵族少女，在她们不注意的某一个日子里，被父母的亲朋好友用惊喜的眼光打量着并在脖子上挂上一条哈达时，她们会感到自己可能要结婚了。这种感觉尽管很荒唐，但是以后的时间里她们会谨慎地观察父母以及家庭成员们的言语举动。就这样，她们开始变得局促不安。然而，对于贵族少女来讲，婚姻是一种保险，当然也是一种危险。同样真正的婚礼，对于贵族少女来讲也只能进行一次。所以贵族少女当意识到自己将要结婚时，都会在被动的条件下希望拥有让自己心满意足的婚姻生活。

贵族少女尽管为自己制造着美丽的婚姻生活之梦，但是，实际上的婚姻是在父母的操纵下进行的。缺少浪漫的婚姻对于爱幻想的贵族少女是一次突然袭来的寒风，婚礼当天，心中怯怯的。哭，也许是一种发泄。

贵族少女对于爱情的幻想构成了其对于浪漫婚姻的渴望，浪漫的婚姻对于她们是一种真正的魅力。但是，贵族家庭缔结婚姻关系并非是为了圆女儿的梦想，而是考虑了诸多的社会和经济的因素。因此，缔结婚姻关系到婚礼的举行，都是家庭的事情。少女们是没有

① 调查笔记。

能力把握自身的婚姻大事的。

婚后的生活对于贵族妇女来讲是非常艰难的，因为，她们在新的家庭里并不像在自己的家里一样感到优越。在新的家庭里，她无法掩饰缺少交流的无奈情绪，如果有公公婆婆，就要学会接受苛刻的礼节，并且老老实实地一再改进。毫无疑问，谦卑和服从会使她在丈夫和他的家庭面前感到恐怖、焦虑、混乱，她会变得谨慎而不安。如果新婚妻子不是被嫁，而是家庭招女婿入赘，那么情况就大不一样了。在这种情况下，尽管新娘的身份有些改变，但是新娘在家庭里的地位变化是比较微小的。对于贵族少女来讲，这种婚姻的最大益处是她不用离开自己的家，更不用去适应一个完全不熟悉的家。在这种条件下，新婚妻子的个性和权利不会有明显的变化。换一种说法，如果新婚妻子置身于前一种情况，那么她在各方面都需要进行调整，甚至可以说需要进行一些必要的颠倒。虽然这段时间里，父母家的人会常来看望她，并且会告诉她要“成熟”一些，而且拈来一些琐碎的婚姻生活例子说服她，让她自己去适应命运的安排。新娘在聊天和家务琐事中打发着时间，姑娘时的幻想渐渐淡去。无论怎么打发一天的时间，新婚妻子在新的家庭里还是免不了孤独，这种孤独直到她开始熟悉新家庭并在其中不再感到恐惧时才开始得以消除。时间的推移，她不得已变得“成熟”起来，她在丈夫的家里开始拥有一些权利，丈夫和他的家庭不再使她们感到焦虑，因此也就不再会为一些事情而斤斤计较。婚后的平淡生活也就这样开始了。

生活在夫家，会受到婆婆的处处指点。作为媳妇，她要在婆婆的指点下学会支使仆人，管理家政，并要求做到对长辈尽孝和对丈夫的尊敬服从。在家政管理中，她会得到满足，甚至会忘掉自己曾经有过的婚姻梦想。等到有一天她怀有身孕，所有的人会很温和地对待她。作为妻子，她可能并不被注意，但是即将要作为母亲，却得到了赞赏，她的地位因“母亲”而变得神圣。为了避免婴儿缺钙，也为了以后生产的顺利，婆婆或者是那些有经验的老妇每天在她的肚皮上涂抹酥油，并让其暴晒在强烈的阳光下。胎儿的蠕动会给她和家庭带来无限的喜悦。这个时候,丈夫也开始呆在家中陪伴着她,所有的美丽的语言似乎都因她而存在。孩子的降生,活跃了整个家庭。无论生的是女孩还是儿子,她的地位从此有了极大的变化。月子里,尽管有女仆在看管着孩子,但是她俨然成了最辛苦的女性。包括婆婆在内的家庭成员都担心触怒她的"新身体",一切言行都顺应于她,她成为家庭中拥有极大权利的妇女。月子结束了,女仆在婆婆的指点下,用酒糟洗去她身上的晦气。从此以后,她不再是刚生产的产妇,但是她从月子中获得的家庭地位依然不会有变化。经过了这一切,她在夫家不再感到拘谨和不安,她的微笑和举动都开始显得落落大方,话语也显出魅力。①

贵族妇女和儿童(20 世纪 40 年代)

孩子的出生使得一个腼腆娇羞的贵族少女变成了一个贵族家庭的主妇,随着这种变化而来的是丈夫表现出来的忠诚和贵族男子们投来的满含敬意的眼光。换一种说法,一个贵族妇女所拥有的真正的家庭地位是建筑在孩子的出生上的。孩子使母亲自然地融合到父亲的家庭内,并且把父亲母亲二者结合的家庭真正秩序化、实际化。

① 调查笔记。

在这种时候，丈夫会把宝贵的时间花在妻子和孩子身上，而婆婆也会把庞大而富有的家庭管理彻底地交给媳妇掌管。年轻的贵族少妇可能会赢得许多殊荣，包括丈夫在内的家庭成员都会把家庭的幸福和繁荣的希望寄托在她的身上。她也会在实际的家政中变得日益重要，仆人们开始忠实地接受她的管教指示。就这样，家庭所展示出的和谐，极大地维护了年轻夫妇婚姻关系的正常运行和规范，进而也调节了贵族社会的成员组合关系。

对于贵族妇女来讲，有了孩子真是一件幸运的事情。她们不仅能够获得真正的家政管理权，并从中获得心理上的满足，更重要的是她们能够以夫人的身份走进任何一个不失其身份的社交场所。作为贵族妇女，她们有权在社交活动中展示自己的丈夫、家庭、财富（主要是珠宝）以及个人的风韵，并且随时与其他贵族家庭的夫人或者老爷一同谈论自己喜欢的话题。必须提到的是，几乎所有的贵族妇女都热衷于社交活动。

对于西藏的贵族妇女来讲，社交是富有诱惑的活动。因此，她们不惜代价，希望在社交中一展自己的风姿。衣饰和珠宝是点缀完美的首要条件。哈勒在他的《西藏七年》一书中有这样一段描述："妇女不识平权为何物，相当安于现状。她们花费大把时间在化妆、作脸、选衣料、挑首饰上，剩下的时间就勾心斗角，构思如何在下个宴会里扳倒某某夫人。她们不必费心家务，佣人反正都帮她们做好了。但为显示家是由她治理的，女主人总带一大串钥匙在身上。"的确，贵族社会极大地满足了贵族妇女们的物质要求，而忽视了贵族妇女们的精神要求。哈勒在《西藏七年》中继续写道："……唐麦夫人不吝与我们谈心，且最爱听我们赞美她的好容貌、好品味。一回她邀我们进她的房间看她的珠宝。一个大匣子里摆满了首饰，或收在小珠宝盒里，或搁于细致的绒布上。她的收藏颇可观。除了一副有珊瑚、土耳其玉及珍珠串成的头饰外，还有许多戒指、钻石耳环和一些小西藏佛盒（她用根珊瑚链子吊起佛盒挂在脖子上）。……我们赞美她的珠宝，她听了飘飘然。据她说，每个男人都有义务按身份地位贡献珠宝给自己的妻子。地位的晋升带来珠宝的提升！光有钱还不够，戴珠宝并不只是在较劲财富，得有身分、地位才行。”上千年的积习，使贵族妇女沉湎于丈夫和家庭给予的物质上的满足，并把这种满足看作是丈夫和家庭对于自己的重视，甚至认为这种物欲上的满足是女人一生中的惟一要求。

俗官夏游时的敬酒女。左为主敬者，右为次敬者(20世纪40年代)

在当时的西藏，不存在“妇女权利”这一名词。贵族妇女在大多数情况下，精神的满足来自于丈夫的身份和家庭。亚豁和第本家庭的妻子，与她们的丈夫一样会在社交场上受到同等的礼遇，她们一经出现，包括贵族官员在内的贵族成员都会弯腰曲背双手合十，甚至一些活佛也会对她们弯腰双手合十致礼。除了丈夫和丈夫家庭的身份给予她们极大的精神满足之外，还有通过丈夫而赢得的物质上的满足也极大地填补了她们精神上的空虚。服装和珠宝是体现在每个贵族妇女身上的一种靓丽符号，也是贵族社会看待完美贵族女性的一个因素。所以，从某种意义上讲，漂亮合体的服装、价值连城的珠宝不再属于纯粹的个人爱好和追求，而更多地显示一种地位，一种迥异于他人的符号。因此，珠宝的拥有量会成为贵族妇女茶余饭后的最佳的话题，她们常常不厌其烦地谈论珠宝，并且以她们固有的观念来推断珠宝和男人的关系。同样，珠宝和合体的服装，都会成为男人们的成就。正因为如此，珠宝和华丽的服装成为贵族社会的风雅标志。妇女们有了珠宝和美丽服装的点缀，她们的举止立刻变得优美高雅。因此，贵族妇女从不掩饰对于珠宝和美丽服装的爱好和追求，但是她们最恨有人直截了当地指出她们的这种爱好和追求，即使是丈夫，她们希望包括丈夫在内的贵族男子把她们看成具有妇德的完美女性。因此，她们会极力表现她们的教养、善良、虔诚等美德。

无论是贵族少女、少妇，还是老妇，作为女人，她们的生活如同四季一样没有多少变化地循环着。尽管她们都有梦想，都喜欢英俊潇洒的男子，但是几千年的习俗，使她们安静地生活在实际的利益之中。“嫁给一个好丈夫”，这是贵族妇女对于自己、对于自己的女儿的一种良好的愿望。贵族家庭的婚姻如同贵族妇女一样，在没有变化的季节里往返循环着。①

① 调查笔记。

第七章
富有感情色彩的儿童成长教育

贵族子女(20世纪30年代)

从佛教的角度来讲，孩子是转世理论的最好解释。西藏人通过对佛教的信仰，认为男女两性结合之后，骨髓和血液融为一体，开始在女性体内有了婴孩的形体。就这样，一个飘浮的灵魂找到了归附。而孕妇可能有的妊娠反应，和可能出现的闭经都会提醒丈夫和家人，胎儿在母体中形成，孕妇和未来的孩子需要有益的养分，孕妇需要好的心情，孕妇需要忌口等。十月怀胎，一朝分娩。婴孩出生后，需要经历很长时间的哺乳期。按照贵族家庭的习惯，父亲、母亲在细心照料婴孩，与婴孩建立感情的同时，还要把婴孩交给专门的女仆照顾。婴孩的世界是神秘的，他们的喜怒哀乐，被宗教解释为是前世的延续。婴孩的成长意味着儿童时期的到来。所有的贵族儿童都要在集体的教育环境中成长，以培养贵族习性。

第一节 轮回观和亲情

看重世袭荣誉的西藏贵族社会，每个家庭都会设法使祖先的荣誉名传后世。孩子正是家庭通过婚姻，能够正常、自然、直接地继承家庭祖先荣誉并且使其发扬光大的希望。

贵族家庭为了家族的延续，在重视生育的同时，也十分重视对儿童的培育。儿童的健康成长是家庭能够保持完整和不断延续的关键因素。尽管贵族家庭之间建立的婚姻较多地包含了两个家庭有目的的利益契约，但是其中不能忽略贵族长辈们对于年轻人多生子女继承家业的厚望。婚姻和繁殖在某种程度上是联系在一起的，尤其是贵族家庭，子女多成为一种家庭富裕的保证。在这种观念下，多生多育成为一种普遍的现象。所以，人们将结婚之后年轻的妻子能够很快怀孕，看作是极其自然和双方家庭极其渴望的现实。

当年轻的妻子有了身孕后，一切活动会受到限制，仆人们在年长的夫人们的谆谆指点下，精心服侍着孕妇。尽管在西藏没有正规的胎教一说，但是贵族家庭非常注意孕妇的心情和饮食。一般来讲，在保持孕妇良好心情的前提下，避免目触可怕之物，避免手触不洁之物，避免耳闻嘈杂之音等，是日常要注意的。据说如果孕妇不小心目触、手触、耳闻这类不该触闻的东西，就会直接影响孕妇的心情，进且影响未出世的胎儿。因此，孕妇在怀孕期间保持良好的心态是非常必要的也是非常重要的。

包括贵族在内的大多数藏族人，对于宗教上的灵魂转世说没有异议，也许正是这种宗教观念的限制和约束，藏族人对于孕妇和胎儿的态度是非常仁慈的。同样对于这个还没有形成具体形象的胎儿会产生非常强烈的感情。尽管在母体中活动的胎儿对于这些即将成为父母和爷爷奶奶的人还非常抽象，但是他们深信母体中的胎儿早已具备了灵魂，灵魂转世的思想使他们对胎儿自然形成了强烈的感情。于是，孕妇这位把一个活灵魂带到人间的关键人物自然就成为大家关心、照顾的对象。因为在某种意义上孕妇才是胎儿展示给人们的“外部世界”，而对于“外部世界”的精心照料，实际上是把照料更好地折射到母体内的胎儿身上。目睹、手触、耳闻的被限制和饮食上的精心挑选，都是大人们为了胎儿在母体内顺利成长并且能够顺利地来到这个世界上而做出的最大努力。①

即将做母亲的孕妇，她们往往在大家的精心关照下，会以羞涩的举止骄傲地表现出自己的价值和尊严。一个年轻的贵族夫人，一旦怀孕，就会受到亲朋好友的关心和照顾，孕妇在这种关心和照顾中深刻地体会到做母亲的良好感觉和对胎儿的无尽遐想。孕妇的身体一天天发生变化，胎儿和她变化着的身体自然成了人们谈论的主要话题。习俗认为，人们对于孕妇的议论内容的好坏，都会或多或少地给母体中的胎儿和孕妇本人带来影响，其中不利的影响更多。为避免这种口舌带来的一些灾运（藏语称这种灾运叫“米卡苏”，即由人嘴引起的因果），家庭成员以及孕妇本人在怀孕这段时间必须做许多佛事活动。其中朝拜各大寺庙，勤点酥油灯、勤转大昭寺外围（八廓）、布达拉宫外围（孜廓）和拉萨城外围（林廓）是必须做的佛事活动。此外，家庭成员还要不间断地通过问卦，给寺庙献供、请僧人到家里念经驱邪免灾等。虽然在宗教教义上似乎没有“舍财免灾”之说法，但是贵族家庭会不惜破费钱财为新生命的顺利到来和孕妇的顺利生产做各种佛事。其中消灾求福和生命的延续是佛事的主要目的，当然也包括了对于生命无常的宗教理论之信赖。

十月怀胎，一朝分娩。尽管没有固定的接生者，但是孕妇一旦有了阵痛感，家里会立刻派仆人去请那些有经验的妇女或者医生到家中接生，同时还派仆人到附近的寺庙献供去灾，并且还要请僧人在寺庙内专为胎儿和孕妇念经，其目的在于消灾延年。婴儿在众多

① 调查笔记。

的关切中呱呱坠地，“哇”的一声，使所有在场的人们精神一振，所有的感觉立刻凝成一种对于新生婴儿的无限喜悦，大人们无不双手合十对佛表示虔诚的感谢。新生婴儿无论是男孩还是女孩，都会受到大人们的热烈欢迎。

贵族妇女的“产房”是一个固定的阳光充足的房间。孩子出生后，产房的门窗被帘子掩闭着，不让有一丝风刮进屋内。婴儿一经出生，立刻被洗去身上的血迹，穿上绒布衬衫，被专用的被子包着横放在母亲的床边。家庭的长者带着仆人从九个不同的家庭（多代同堂的贵族家庭）中“乞讨”桑树，并且把“乞讨”来的桑树堆放在院子中央，进行“煨桑”求福。与此同时，还将燃着烟的桑树枝拿到产房里熏一熏，以示消浊。

尽管新生婴儿的母亲在生育后感到非常疲劳，但是新生婴儿很快会得到母乳。在西藏，母乳育儿是普遍认知的一件事。无论是贵族家庭还是非贵族家庭的妇女，都要在产后不多时就要自觉或者在半监督之下开始用自己的奶水喂养新生婴儿，除非她们没有充足的奶水或者身体虚脱无法喂奶，否则她们找不到任何理由来拒绝喂养新生婴儿。新生命的到来，对于整个家庭来讲，是家庭生活的一个关键性片断，当这个新生命来到时，所有家庭成员的思想都集中在这个小生命身上，新生命的蠕动如同颤动着的光辉，照耀着家庭的每一个角落。①

孩子出生伊始，一套习俗礼仪便依序办理。“旁色”是第一个专为新生婴儿所做的礼仪。西藏人认为“血”是污浊的和晦气的，因此，生孩子被认为是不洁、污浊的事情。所以，每个贵族家庭都会对由于生育带来的污浊进行去浊除污仪式，每一个贵族家庭的家长会在男孩子出生三天和女孩子出生四天后举行一个称之为“旁色”的仪式。“旁”即污浊之意，而“色”指消除。这一仪式一般来讲非常简单，即在一个干净的碗里放上点糌粑，再放一点酥油，

① 调查笔记。

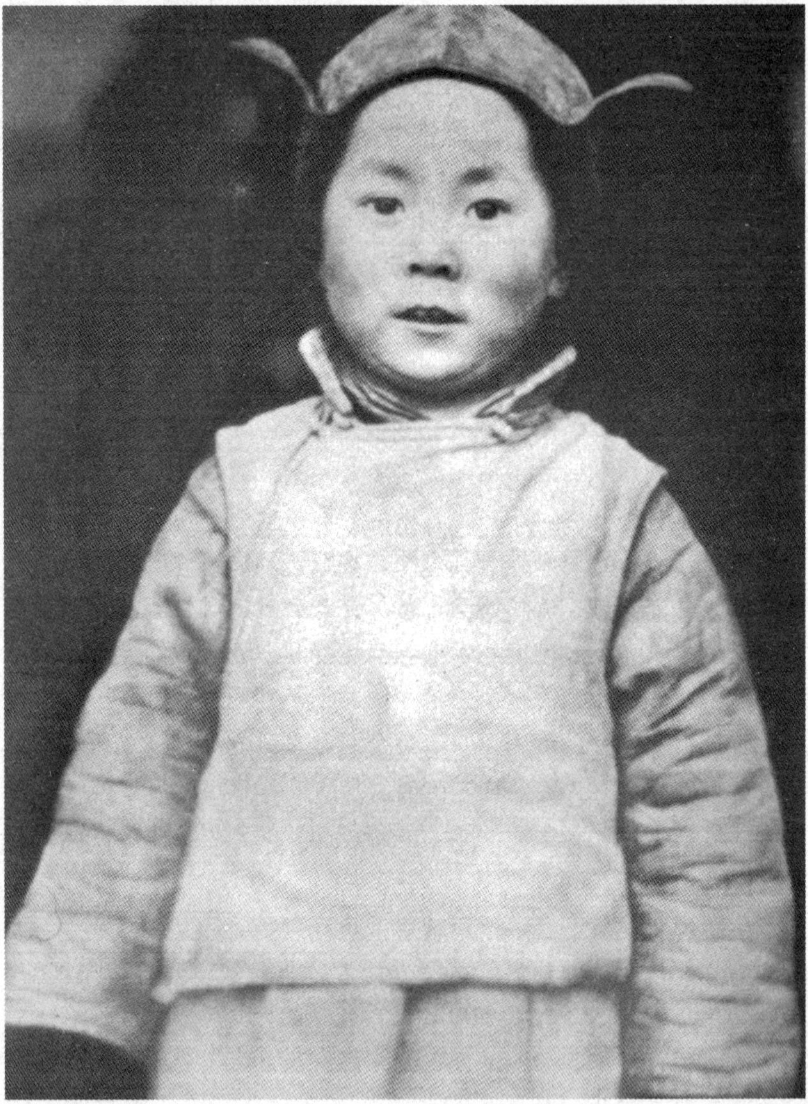

童年时的十四世达赖喇嘛

混合成糊状，拿一点象征性地喂食小宝宝即可。然而，贵族家庭在举行“旁色”时，形式和内容都复杂得多。

孩子出生后，立即请活佛为新生婴儿卜卦，预料吉凶，以祛凶化吉。同时派遣仆人到亲朋好友处通知何时为新生婴儿举行“旁色”。亲朋好友接到通知时，礼节性地问候产妇和新生婴儿的情况。“旁色”日期上有三天、四天之固定规定，这便是生男生女的一种标志。贵族家庭虽然对于生男生女，情感上没有多少区别，并且在成年人的对话中也常常能听到“生女顾家、疼父母”等赞美和怜惜女孩子的说法，但是生男毕竟意味着“如聚”（骨系－父系）的继承，“祖产子继”也是常常被贵族们引用的一句俗语。所以，在没有感情倾斜的家庭观念下，贵族家庭实际上还是非常重视“男儿身”的。正因为这样，人们对于婴儿的性别带着一些荒唐的想法。新生婴儿是个男婴时，婆婆亲自在仆人的帮助下洗去新生男婴身上带着的血迹，并用小被子包好，之后马上进行“煨桑”以示去掉婴儿可能带来的一切污浊，最为重要的是，婆婆会郑重其事地用右手无名指从土灶上取点黑灰，抹在新生婴儿的鼻子和生殖器上。鼻子上抹黑灰起避邪作用，据说，灵魂托付在小小生命上时，是飘忽不定的，因为有许多鬼魂在阳世飘荡，小小的生命有可能在灵魂不稳定时被鬼魂摄去，为此，在婴儿鼻子上抹上黑灰，就挡住了鬼魂的视线。而生殖器抹黑灰则是为了提防“龙落”——变体。据说，男孩子刚出生时，“男儿身”还没有彻底定型。在这种情况下，家庭一定要为婴儿的“男儿身”保持洁净，并且随时“看管”，不然的话，稍一疏忽，婴儿的“男儿身”就会发生变异，变成女孩。性别变异是一种根深蒂固的观念，所以，拿黑灰抹男孩的生殖器便成为一种习俗。“变性”之说，尽管有些荒谬，尽管反映了人们对于生命理论的一种无知，但是在西藏，这种说法非常流行，几乎所有的藏族至今仍相信这类说法。笔者在采访中常常遇到类似的语言，某某在孩提时变性，某某在母体中变性。虽然随处有“变性”的例子，但是很遗憾，几乎没有一个人真正地目睹过“变性”的发生。①

① 调查笔记。

为初生婴儿举行的“旁色”也同婚礼一样，对于家庭来讲是一个喜庆的日子。但是“旁色”在其程序上不同于婚礼。婚礼不仅有固定的日期，而且还有固定的时辰。而“旁色”只有固定的日期，没有固定的时辰。“旁色”当天，主人（婆婆或者是家庭内的长者）在一个专为新生儿准备的精致的小瓷碗里倒一点当天开袋的糌粑，再搁一点上等酥油，用勺子混合成糊状，然后取一点放在小宝宝的嘴边，让小宝宝借用吃母乳之际把糌粑糊糊咽进小肚子里。小宝宝的这一举动，让旁观的所有的家庭成员都兴高采烈。当小宝宝和他的妈妈在固定的仆人照应下安静地躺在床上休息后，其他家庭成员都到院子内准备迎接客人的到来。由于“旁色”本身没有固定的时辰，所以客人们在不同的时间内陆陆续续地来庆贺。客人一进院子，先把表示庆贺的礼品交给强佐（管家），之后在主人的引导下，带着哈达和酥油茶（也可能是牛奶和红茶白糖混合做的甜茶）直接来到安置产妇和新生婴儿的房间内。首先向新生婴儿和产妇敬献哈达，其后亲自给产妇的茶碗里倒上茶。同样，客人一入座，家中的仆人马上会在客人专用的茶杯里倒茶敬茶。这时主人开始不厌其烦地介绍小宝宝出生的情况，客人不时插一两句无关紧要的虚词，同时还会赞美新生婴儿的相貌和神情。为了避免产妇劳累，客人很快便离开了这个固定的房间，与主人一同来到主客厅内。当客人离开小宝宝和他的妈妈时，不会忘记说上一些小宝宝健康成长和产妇注意身体等的客套话。①

“旁色”这一天，感触最深的是作为新生儿的母亲，客人们的不间断来访并不会使她感到劳累，通过客人们对小宝宝的赞美她不但能恢复自从成为妻子之后搁置的激情，从中还深刻地感受到这个新生命带给她的无尽喜悦。也许正是由于这一点，在婚礼和“旁色”这两个喜庆的日子里，她更喜欢后者。

尽管旁色是专为新生儿而举行的一种庆贺典礼，但是从旁色整

---

① 调查笔记。

擦仁·晋美和他的妻子、女儿（20 世纪 40 年代）

个一天的内容来讲，与婚礼没有多少区别。赠送礼品同样是一天的主要内容，而礼物的接受同样要由强佐等人进行登记。对于贵族家庭来讲，“登记”是一个必不可少的程序，强佐和涅巴的最大的任务是完成好“登记”这一事宜。当然，他们在生活中进行的“登记”内容和意义是不尽相同的，其中婚礼、旁色、丧礼的礼品登记都是以后作为还礼的依据。在调查采访中，虽然很难有人回忆起“旁色”典礼中赠送的礼品数据，但是笔者在翻阅档案材料时偶然发现了一份“单据”。这份“单据”虽然不能清晰地表达旁色仪式本身的特点，但旁色中接受礼品的数据却依稀可见。贵族拉鲁家再一次成为我们引证的例子。通过档案知道，拉鲁家在为女儿拉鲁·强巴卓玛举行旁色时，拉鲁家的强佐专门登记了客人们送来的礼品：贡德林拉章（贡德林活佛居住地）赠送了三条上等“阿西”哈达和两条上等“钦崔”哈达，茶叶一捆，衣料一卷，干水果一袋，大米一袋和些许钱（用来代表茶酒）。色拉寺孜唐康参赠送的有上等“钦崔”哈达两条，小佛塔一座，些许银元。拉恰堪布次真朗杰赠送的有上等“钦崔”哈达一条，茶酒若干，一条茶叶和衣料一块。琼查施赠送的有三条上等“钦崔”哈达和一条茶叶。贵族帕拉家赠送的有装有银元的两个小陶罐，以示敬酒敬茶；还有一条茶叶，大米一小罐，上等“阿西”哈达两条，上等“钦崔”哈达三条，布料一捆，彩线氆氇一卷，青稞一袋。贡萨达钦康赠送的有装有银元的小陶罐两个（同样表示敬酒敬茶），和上等“钦崔”哈达三条。贵族赤门家赠送的有用来表示敬茶酒、大米所兑的银元若干（过去贵族家庭在互送礼品时，一般不直接赠送银元，即使有银元相送，也会表明这银元是用来兑什么物品的），上等“阿西”、“钦崔”哈达各一条，一捆布料，披挂一件，做上衣的氆氇一卷。贵族索康家赠送的有用来表示敬茶的一壶（铜制小壶）银元，表示敬酒的两小罐银元，表示大米的银元小袋，上等“阿西”哈达两条，“钦崔”一条，披挂一件。贵族让琼家赠送的有用来表示敬茶的一壶银元，表示敬酒的两小罐银元，上等“阿西”哈达一条和两条“钦崔”哈达，布料一块，干果子一袋。贵族夏扎家赠送的有上等“阿西”哈达三条，“钦崔”五条，用来表示敬茶的一壶银元，用来敬酒的两小罐银元，干果子两袋，布料一块，彩线氆氇两卷，一捆茶叶，一袋青稞。贵族崔廓家赠送的有用来表示敬茶的一壶银元，表示敬酒的两小罐银元，上等“阿西”哈达一条和两条“钦崔”哈达，披挂一件和干果子一袋。贵族“塔伞”家赠送的有上等“阿西”哈达一条和一条“钦崔”哈达，呢子衣料一卷，青稞一袋。贵族“嘎堆”家赠送的有用来表示敬茶的一壶银元和用来表示敬酒的两小罐银元，上等“阿西”哈达一条和“钦崔”哈达两条，披挂一件和青稞一袋。“颇觉谿堆”（可能是拉鲁家庭所属谿卡的管理员）敬献的有一筐饼子，上等“钦崔”哈达三条，一个瓷器古董。堪仲·帕稀·扎西曲顶巴赠送的有上等“囊崔”哈达一条、“阿西”哈达两条和“钦崔”哈达三条，缎子一卷，茶叶一捆，干果子一袋。贵族亚谿·平康家赠送的有用来表示敬茶的一壶银元和用来表示敬酒的两小罐银元，上等“阿西”哈达一条和“钦崔”哈达两条，缎子一卷，青稞一袋。堪仲·大喇嘛·门错赠送的有上等“阿西”哈达两条和“钦崔”两条，缎子一卷，青稞一袋。从表面上看，这仅仅是一张简单的礼品罗列单，而实际上却是贵族家庭社会交往中必须保持的互惠关系的基础。这种关系对于当时的贵族社会来讲，显得极其重要。正因为如此，任何一项礼仪都是由物质的互赠来表达的。

一般来讲，旁色活动为一天。当客人们陆续从产妇的房间来到客厅后，开始谈论些有关或无关于这个新生儿的话题。仆人们站在他们的身边殷勤地照应着，并且不时地把各种精美的食品敬献到他们跟前。与婚礼一样，客人们在主人的精心安排下，玩着各种游戏。骨牌和麻将是最受男人们青睐的游戏。而在妇女中，更多的喜欢聊天，各种小道消息都可能引起她们的无限兴趣。太阳西斜，主人吩咐仆人开始陈设餐具，准备晚宴。晚宴准备得是否精心，同样会成为人们的谈资。也许正是由于贵夫人们终日无所事事，以致把兴趣都放在挑剔饭菜等事情上了，所以，贵族家庭往往不怕奢侈，把宴席搞得十分奢靡。晚宴的进行搅得整个院子热热闹闹的。老爷们、太太们、小姐们和少爷们在仆人们的照应下，不失风度地把丰富的饭菜一点一点地送到嘴里，时间似乎在这种单调的嚼食运动中停滞了。晚宴结束后，人们的谈话又开始热烈活跃，无论是否真情所至，客人们都会对主人表示谢意并赞扬这次旁色办得极其成功，主人因此显得眉飞色舞。

贵族妇女与她的子女（20世纪40年代）

这时，“充雄玛”（女仆头领）和一些女仆端着银壶、银碗来到客人们面前，壶嘴上端点上一小块酥油，同样在酒杯杯缘也点上一小块酥油，这些被点在壶嘴和杯嘴的小块酥油都是为了表示庆典。充雄玛和仆人端着酒壶和酒杯走到每一位客人面前提起嗓子唱着意义不同的歌曲，而客人们伴随着这些动听歌声的节奏，接过酒杯由右手无名指在酒盅内点一下往上弹一下，连续三次后又接着喝一口掺一点，等到客人喝完了第三口酒，充雄玛接着在酒杯中掺一点酒并要求客人把酒杯里的酒一口气喝完。这种敬酒形式正是流行于西藏的所谓“三口一杯”。在酒气十足的氛围里，人缘关系显得亲密无间。整个喜庆的气氛与旁色的主旨是相称的，只是新生儿和他的母亲在这种热闹的气氛中，仿佛被遗忘了。①

天色催促着客人们，客人们在主人的殷勤挽留之下慢慢散去，“旁色”才算落下了帷幕。

第二节　育儿经

小宝宝在未满月时，留心他的人很多，但是“麦麦”（保姆）是专门伺候小宝宝的关键人物。一般来讲，每个贵族家庭都有固定的麦麦人选，其性别均为女性。能够成为麦麦的人基本上都是该家庭世袭的“囊叁”（家奴），其地位比其他仆人略高一层。她们的任务就是要看好小宝宝。麦麦们也许正是世袭的原因，所以她们照看孩子是有一套程序的，什么时候给小宝宝换尿布、什么时候给小宝宝喂奶、什么时候又要给小宝宝晒太阳、什么时候让小宝宝哭泣（以利肺腑运动）等都有一定的规律。年轻的母亲由于没有经验，只好将此权力拱手交给麦麦。小宝宝和他的母亲最多的接触是在小宝宝吮吸母乳的时候，年轻的母亲都喜欢抱着自己的宝宝授乳。年轻的母亲也只有在授乳时，才会发现宝宝每一天的变化，而这种变化会给年轻的母亲带来无尽的喜悦。

---

① 调查笔记。

在小宝宝满月前，年轻的母亲除了授乳外，基本上不用理会孩子的其他事情。麦麦随时会在孩子身边，她和年轻的母亲在同一间房间里享受着新生婴儿的种种变化。尽管麦麦的出身几乎是世袭的，但是贵族家庭挑选麦麦还是很在乎。一般来讲，麦麦的品性是很重要的挑选因素。宽容、聪慧、慈和、谨慎等德行是一个好麦麦的标准。贵族家庭无不希望有这样的麦麦陪伴在孩子的身边，据说孩子将来的品性之好坏与麦麦的品性有极大关系。除此之外，贵族家庭也很重视麦麦的长相，尤其对于看管女婴的麦麦更是挑剔。宝宝出生后的一个月里，除了授乳时由母亲怀抱和哭泣时由麦麦怀抱外，大人们一般让其躺在宽大的床上。大人们对于婴儿的每一个无意识的举动都会做出有意义的解释，如果宝宝喜欢安静地躺在床上，并不怎么哭闹，尤其是不怎么夜哭的话，那么就把这种现象解释为年轻的父母在将来的生活上不至于很辛苦。当然对于非常喜欢哭闹的孩子，大人们也不会因此而恼怒，同样以美好的言词来解释这种现象。对于那些日夜颠倒的宝宝来讲，没完没了的夜哭或者夜闹会使大人们感到筋疲力尽，对此，大人们只好求助于宗教仪式。实施这一宗教仪式时，一般要到寺庙进行祈祷，尤其是色拉寺主供佛莲花生成为众多夜哭婴儿家长的求助对象。一般来讲，未满月的婴儿是不会带到寺庙去的，大人们会在色拉寺的主供佛前添换酥油灯，并且把写有宝宝名字的纸条（藏语叫“色译”，由寺庙内的专门僧人用金粉书写在特制的纸上）递给换灯僧人，请其一边念经一边烧纸条，同时还从主供佛前请回一条打了结的哈达。等到回到家里，把取来的哈达直接在婴儿头上触一下，之后小心地放在婴儿的枕边。与此同时，还会请僧人到家中念经驱邪。此外，按照习俗，家长和麦麦取出历书商议，将选择三个傍晚为新生儿进行一种叫“古巴仲决”的仪式。此仪式直译过来是哑巴消灾的意思，即一种不通过言语的心理祈祷方式的仪式。这仪式进行的第一天傍晚，家长或者麦麦手里抓一把青稞并上到楼顶，面对四方嘴里念念有词，要求四方的亲朋好友不要惦记着宝宝，之后把手中的青稞撒向四

儿 童

方。到了第二天傍晚以同样的方式再进行一次，只是手里抓的不是青稞，而是盐。第三天傍晚，仪式与前两天相同，只是手里抓的是一把糌粑。这时，整个仪式才算完成。三个傍晚手抓的食物都有说法，大人们认为，婴儿的夜哭可能是身上不适而引起的。对于婴儿来讲，最不适的感觉来自于“疼”、“痛”。那么第一天傍晚的仪式是为了去掉婴儿身上的“疼”。“青稞”在藏语中叫“乃”，“乃”的谐音为“疼”。同样的道理，第二天要去掉婴儿身上的“痛”。“盐”在藏语中叫“嚓”，“嚓”的谐音为“痛”。如果“疼”、“痛”都去掉了，自然婴儿就会感到安稳。但是不能为此忘记最后一个仪式，那就是第三天傍晚进行的仪式，手抓一把糌粑，向四周的神灵表示谢意。“糌粑”的藏语谐音为“结束”。仪式结束后，似乎还挺灵

襁褓中的婴儿（20 世纪 30 年代）

验，婴儿不再日夜颠倒，还安静了许多。对于婴儿的习性改变，大人们深信这是习俗仪式的结果。

婴儿在满月前，麦麦除了换尿布和晒太阳抹酥油时给小宝宝的四肢一些活动的机会外，小宝宝的双手双腿都被包裹在襁褓之中。这一来，小宝宝的四肢几乎得不到任何活动。麦麦的这种自作聪明的做法从未有人去纠正。每当麦麦给小宝宝换尿布时，小宝宝本能地伸展小胳膊和小腿，活动着整个身体。麦麦见状会大加赞赏，而年轻的母亲从麦麦的言语中得到了极大的满足和快乐。

小宝宝满月后，要选择吉日良辰，举行出门仪式，藏语称之为“齐遁”。出门那一天，年轻的母亲会精心构思自己的装扮，首饰和衣服自然被她挑了又挑。小宝宝在麦麦的照料下，也穿上了白色上等氆氇制成的长衣“龙盎”。年轻的母亲会在宝宝的小鼻子上抹上一点黑灰，以示避邪。如果小宝宝是男孩，这一天会在“龙盎”内穿上一件黄色的衬衣；如果是女孩，衬衣颜色上并没有什么要求。尽管小宝宝第一次穿上了外套，但是穿上外套的小宝宝在大人们的一片赞美声中被麦麦很快重新包在襁褓之中。对于小宝宝和他的家庭来讲，宝宝的第一次出门是非常重要的仪式，为谨慎起见，家里人会因此而卜卦以确定小宝宝第一次出门的面朝方向。当家人和小宝宝即将出门时，小宝宝很快被裹在称之为“定盎”的一块上等红色氆氇毯里并由麦麦背着跨出门槛，年轻的父母和家里的成员随意地在小宝宝的左右边跟随着，顺着面朝的方向绕到大昭寺朝拜释迦牟尼和众佛像，祈求保佑孩子的长寿和在人生的道路上能够顺畅一些。到大昭寺朝拜是每一个贵族家庭为新生婴儿安排的第一次出门内容。拜完了众佛，小宝宝又在父母和家里成员的陪同下，顺着面朝方向来到最为亲近的朋友或者亲戚家里做客。被访的家庭不会看轻这个新客人的到来，主人家的另番热闹会使小宝宝流露出惶惑的表情，对于婴儿的各种表情，主人会做出惊奇的样子大加赞美。小宝宝在大人们的喧闹声中小心翼翼地被捧出和接过，每个人小心翼翼地接过婴儿并对着婴儿讲一些他听不懂的话后，婴儿被转送到麦麦手中。如果婴儿对于新的环境没有显示出急躁和不安，被访者家庭会感到由衷的高兴。因为小宝宝的安宁在某种意义上预示着被访家庭的顺畅，所以主人也会热情地一再挽留客人，而客人也会在主人的殷勤招待下呆的时间长一些。当年轻的夫妇和随员决定离开被访者家庭时，主妇会用右手的无名指取点黑灰抹在小宝宝的鼻子上，其意义与出门前抹黑灰是相同的，都是为了避邪。尽管对于小宝宝来讲，第一次出门不会给他留下任何记忆，但是等他长大以后，他的父母还有他的麦麦以及被访者家庭成员都会不止一次地讲述这件事情。小宝宝有了这一次的满月出门仪式之后，大人们随时有可能把小宝宝带到外面。在夏天，麦麦非常简单地把小宝宝背在背上，其背法是用一条很长的布带从小宝宝的腋下绕到麦麦的肩膀，再绕到小宝宝的臀部，而后系在麦麦的腰部。如果是大冷天，小宝宝会被裹在厚厚的小被子内，再用“定盎”和环扣把小宝宝固定在麦麦的背上。

等到小宝宝满月之后，大人们开始对婴儿进行一些有意识的教育。“盎贡”是大人们教给小宝宝的第一句话。尽管“盎贡”本身没有什么实际意义，但是大人们通过小宝宝学着说“盎贡”这句话开始，似乎与小宝宝建立了一种能够互相沟通的语言。等小宝宝在大人们的引导下学会了“盎贡”的发音后，接下来小宝宝要学习的就是脸部表情的练习和小指头的分指活动练习。“漂亮相”和“笑相”是大人们常常要求小宝宝做的一件事情。尽管“漂亮相”、“笑相”没有固定的模式，但是等到小宝宝按照大人们的辞令做着一些固定的表情时，小宝宝也就掌握了表情练习。接着要学习的是指头练习。指头练习是跟随大人们的说唱节奏，小宝宝以一种下意识的举动用一只手的手指来摇晃另一只手的指头。这些满月之后的练习都会伴随着婴儿期的游戏进行，尽管没有什么新颖可言，但是年轻的母亲和麦麦以及家庭成员都不会为此感到厌烦。①

一直伴随着小宝宝成长的是他的名字，当小宝宝还没有被正式起名字时，年轻的父母以及小宝宝的亲戚都以“普”（男孩）或者“普姆”（女孩）来作为他们的统称，而家里的仆人则以“赛古朽”（少爷）或者“赛莫古朽”（小姐）来称呼他们。虽然小宝宝的起名并没有非常的讲究或者字面上的规定，但是一般来讲女孩子的名字由父母或者孩子的爷爷（姥爷）、奶奶（姥姥）来起，男孩子的名字也可以由他们来起。但是一般来讲，男孩子的名字常常祈求活佛，由活佛赐名将获得更多的福分。当然，这种由活佛赐名的情况也在女孩子中通行。所有的贵族家庭为了图吉祥，无论是男孩子还是女孩子，其名字尽量选择一些美好、幸福、吉祥等的词义。尽管

---

① 调查笔记。

贵族社会对于“名字”作为一种符号并没有赋予特殊的规定，但是每个贵族家庭都希望名字能给新生婴儿一个美好的人生。有了这种心态，选择活佛起名的现象也就不难解释了。

如果选择由活佛起名，就要遵循一定的礼俗。首先需要选择良辰吉日，备好一定的礼品，然后到认为合适的某一活佛处求取婴儿的名字。当活佛给小宝宝起名字时，不仅会选择好的词义，更为重要的是它能够使人时时联想到神灵可能给予的佑护。

由活佛给婴儿起名字的风气，据一般说法大约是从 20 世纪初流行于贵族家庭甚至于整个西藏社会的。这种风气的兴起，在极大的程度上与宗教感情有着密切的联系。特殊的例子还有：有些贵族家庭内的子女早就有了为人所熟悉的名字，这些名字的字面意思也非常美好。然而可能会在一次特定的活动中，家庭会从某一活佛处为子女寻得一个新的名字，尤其是达赖喇嘛或者一些佛位高的活佛的赐名，而这种行为，会给个人和家带来一种新的意义。当遇到这种情况时，家庭包括孩子个人都会把原有的名字抹掉，毫不犹豫地使用新的名字。①

小宝宝满月后，饮食有了一定的变化，母乳的喂养被看成天经地义的事情，但是母乳已不再是小宝宝取得营养的主要来源。糌粑糊糊、肉粥汤以及牛奶的增加，让小宝宝的饮食丰富起来。给小宝宝喂食，对那些富有经验的麦麦来讲，再娴熟不过了。她们一手抱着小宝宝，另一手抓住小汤勺，嘴里念念有词地喂着小宝宝。食品的多样和增加使得小宝宝变得强壮。

大约在小宝宝出生后的三四个月，麦麦开始训练小宝宝的排泄能力，年轻的母亲和家里的人都会自觉地加以配合。麦麦或者年轻的母亲先让一仆人端来痰盂，麦麦或者年轻的母亲用两手把小宝宝的双腿岔开抱着，口里吹着单调低沉的哨子，有时甚至由一仆人拿一壶冷水，慢慢地倒在痰盂里，发出“嘘”的声音。小宝宝几经练

① 调查笔记。

习后，慢慢会明白大人们这样做的意思。每当这个时候小宝宝似乎变得很懂事，非常顺从地随着大人们发出的口哨声排泄。尽管小宝宝已经学会并掌握了排泄，但是麦麦并不会因此而放弃给小宝宝系带尿布，同样也不会因此而让小宝宝穿上裤子。

六个月对于小宝宝来讲是婴儿期的一个转折点，大人们有意识的教育也是从这个时候开始的。虽然这个时候的小宝宝照样是个不懂得身边发生什么事情的婴儿，但是大人们不会因此而放弃传统的婴儿教育。首先教导并使小宝宝掌握的是“独立坐相”；还有对小宝宝进行通过爬行获取前面的物品等训练；此外，小宝宝还要学会点头、摇头等来表示判断的正反。同时还要接受一些有意义或者没有意义的单词训练。年轻的母亲和麦麦以及所有的家庭成员都非常乐于进行这种教育游戏。“桑日”是一句没有实际意义的儿语，也是小宝宝满六个月后必须接受的训练之一。“桑日”是婴儿通过对于大人行为的模仿而获得的形体知识。每当小宝宝听到大人们说“桑日”时就会立刻与大人一同摇头示意，而小宝宝对于每一个单词的模仿都会引来大人们的欢笑。六个月以后的婴儿，其模仿能力和表现能力是比较惊人的，小宝宝不仅很快掌握了大人们传授的内容，并且也很快明白了“好”和“坏”、“对”和“错”的简单概念。小宝宝表现出来的“好”和“对”的动作，常常会引起大人们的欢笑、爱抚、亲吻；同样小宝宝的“坏”和“错”的举动，也会受到大人们的轻声叱责甚至轻轻的捏打。六个月之后，小宝宝的双腿不再被老捆绑着了，麦麦会给小宝宝穿上一条用绒布缝制的裙子，以便挡住小屁股、小腿。麦麦还给小宝宝披上一件长衣或者穿一条“筒裙”。尿布的系带这时仍很必要，只是不再那样厚了。一天里，小宝宝双腿松懈的时间并不长，尤其是冬天更是如此。为了避免小宝宝双腿松懈可能着凉，麦麦和大人们会用毯子包裹小宝宝并背在背上。等到小宝宝长到九个月时，麦麦和家人才开始让小宝宝长时间地活动双腿，同样小宝宝的教育也开始上了一个台阶。其中小宝宝掌握站立是这个月的主要教育内容，大人们一边口里念着

“吞托”，一边让小宝宝学会直立。等到小宝宝学会直立后，小宝宝会被放在一个木制的正方形无盖箱子里，麦麦或者别的什么人会在箱子旁坐着看护小宝宝，小宝宝在这个特制的木箱子内极其熟练地掌握了直立和扶手走步。尽管如此，真正的学步在小宝宝未满周岁之前会受到阻止。根据传统的观念，贵族家庭认为小宝宝早早地走路会给家族带来不必要的一些麻烦，尤其是男孩子更是如此。

婴儿学步是一件累人的事情，也许正因为劳累，婴儿学步的任务才直接落在麦麦一个人的身上。聪明的有经验的麦麦为了避免自己筋疲力尽，会在小宝宝的腋下圈绕一根布条，用双手抓住布条，一边在嘴里念着“挟挟”的音，一边慢慢地拖带着婴儿学走步。小宝宝由于之前已在木箱中很熟练地掌握了直立和迈腿，因此，依托着布条学步不会使小宝宝感到困难。小宝宝在麦麦熟悉的“挟挟”节奏音中开始迈开人生的“第一步”。①

学会走步以后，小宝宝的婴儿期也随之结束，紧接而来的是幼儿期。在幼儿期中，麦麦还是主要看管幼儿的专职人员。这时候，麦麦一定要注意幼儿的每一个动作，贵族家庭院子内的一切东西都有可能成为幼儿不小心而酿成的“危险”，因此麦麦和大人们为了避免幼儿到处走动、到处触摸，开始把“殴贡”（鬼）、“阿尬”（脏）等词语注入到幼儿的意识之中。当小宝宝听到“殴贡”和“阿尬”时，进行中的动作马上会停止。

与幼儿掌握行动相反的是幼儿学语，学语对于幼儿来讲是一件比较困难的事情。这不仅仅是由于幼儿的发音，而且也与社会观念有着一定的关系。贵族社会认为“普姆玛沽，普玛袅”（女孩子不哑，男孩子不疯）是理想的男女幼儿学语的教育模式。在这种教育模式的引导下，幼儿的学语得不到重视。一般来讲，幼儿的学语是靠幼儿自己的偶然模仿而获得的。因此，每当幼儿发出新的一句模仿语言时，大人们都深感惊讶。

① 调查笔记。

整个藏族社会的看法是，小宝宝满周岁后，婴儿期就算过去。随之而来的是幼儿期的开端。幼儿不仅要学会走步、学语，还有一个极其重要的事情要学会接受，这就是通过大人们的努力最终迫使小宝宝在一定的时间内断乳。一般来讲，贵族家庭主张年轻的母亲在婴儿满周岁之后断乳，但是这仅仅是一种主张，并非一种规定。所以，迟缓断乳的事情随处可见。断乳对于小宝宝和年轻的母亲都是一种困难的经历，为了顺利地进行断乳，小宝宝的零食会有所增加，同时大人们还对小宝宝讲“妈妈的乳头被鬼给吃了”或者用“脏”来形容母乳，甚至有时把辣椒抹在年轻母亲的乳头上。与此同时，还会用一些鼓励词语来表扬小宝宝不吃奶的行为，最终会使小宝宝学会断奶。断乳后的幼儿在饮食结构上开始与大人的食物相同，即使是那些声名赫赫的世家也不会专门为断乳的幼儿特制食物。这时，牛奶、肉粥、糌粑糊糊等是幼儿的主要食物。

同样，小宝宝满周岁后要选择吉日安排剪发。任何一家贵族都没有专门的剪发师，但是小宝宝第一次剪发是非常重要的，所以一般由小宝宝的奶奶（姥姥）或者母亲来剪发。剪发没有一定的规定，长者手拿着普通的剪刀，顺着小宝宝的头形没有规则地把“即扎”（胎毛）剪掉。剪掉的发须会被细心地包在纸包或者布包中，专门派仆人扔到河里，随流水冲去。这之后的剪发可能会请生活在拉萨的回族剪发师。无论男孩还是女孩，在幼儿期常常被剃成光头，对此并没有什么说法，仅仅是为了将来长一头好发。

贵族家庭对于幼儿的教育是极为自由和宽松的。一般来讲，贵族家庭会腾出一间小房子专门作为幼儿的游戏房，麦麦会花上一整天的时间与幼儿玩各种游戏。麦麦和幼儿每天的游戏内容并不很固定，但是其中玩“家家”是麦麦最为擅长的游戏，也是每一个幼儿最喜欢的游戏。几乎所有的贵族家都会为幼儿准备一个“布娃娃”，这个“布娃娃”有可能是麦麦制作的“布制娃娃”，也有可能是英国或者印度生产的精致的“塑料娃娃”。无论是哪种质地的“娃娃”，都被统称为“阿垒白果”。“阿垒白果”是孩子幼儿期最为常见的玩具，通过玩“阿垒白果”，幼儿会自觉或者不自觉地模仿大人的言行。而长者对于幼儿的教育也正是通过这种游戏有意无意地进行着。麦麦或者年轻的母亲抱着“布娃娃”说：这个孩子多乖，不哭不闹，好好吃饭，不淘气等，幼儿对于麦麦或者母亲的这种举动表现出明显的妒嫉，并会对麦麦或母亲表示自己要做一个乖孩子。同样，家里有客人，而幼儿又吵闹时，麦麦或者家里的长者会对客人说：我们不要这个不听话的孩子，并要求客人把这个不听话的孩子带到外面扔掉。对此种假戏，客人们是很乐意配合的，全不顾这种假戏真唱带给幼儿的压力。

与游戏相应的是，贵族家庭对于幼儿同样不会制定作息时间。幼儿能够睡懒觉是麦麦和长者的一大希望，同时幼儿在何时何地睡觉都不会受到阻止。长者认为，幼儿玩累了自然会睡觉，因此睡觉时间的长短是看幼儿“玩累”的程度。同样幼儿的进食也没有一个固定的时间。一般来讲，麦麦会分五次给幼儿喂食，其中牛奶是食物中摄取营养的重要来源之一。每天上午大约在九点至十点（西藏天亮的时间较迟）幼儿睡醒，这时麦麦会放下手里的所有活，先抱着幼儿排泄，之后用被子裹起幼儿，开始一天的第一次喂食工作。幼儿的早餐并不复杂，牛奶是必须有的，还有糌粑糊糊（一般是由上等糌粑加些许上等酥油再倒入酥油茶搅拌而成）。有些幼儿在吃饭问题上是很难对付的，细心的麦麦会想出一些办法催促小宝宝吃完早餐。从总体上来讲，贵族家庭并不注重幼儿早起，麦麦和大人们都会耐心地等他或她睡到上午十一点左右。贵族家庭并不强调幼儿尽早掌握独立的动手能力，幼儿穿衣服等一些较为简单的行为常常落在麦麦身上。麦麦在每一天的同一时间里漫不经心地给幼儿穿衣服，等到幼儿穿完衣服，麦麦必须给幼儿做的是梳洗活儿。总之，幼儿一天的时间会在麦麦机械的惯性活动中运转。

尽管有麦麦做伴，但是幼儿本能地喜欢与同龄的幼儿一起玩耍。幼儿表现出来的这种要求，大人们不会置之不理。如果家中有两个或者两个以上的幼儿，自然是理想的游戏伙伴。同样有亲戚的孩子与幼儿同龄，那么大人们常常邀请这个同龄的幼儿与自己的孩子玩耍。能够从仆人的孩子中选择一个与幼儿同龄的孩子，是最为理想的。仆人的孩子永远处于附属地位，在游戏过程中引起争辩时，主人的孩子永远不会感到委屈。不过，贵族家庭中的长者并不会助长孩子的这种霸道行为。当仆人的孩子在游玩过程中受到委屈时，主人会给一些零食和好话来予以安慰，同样少不了轻声骂一句自己的孩子。然而，当孩子们玩好人和坏蛋、主人和仆人的游戏时，仆人的孩子往往要扮演坏蛋和仆人的角色，即使这位仆人的孩子不愿意，大人们也会想方设法地使其就范。依孩子的天性，都想成为游戏中的"赢家"，但大人有办法让孩子逐渐在游戏中找到各自充当的角色。在很多时候，游戏是在大人们的督促之下进行的，仆人的孩子可能会被好吃的零食，或者被一些旧的玩具，或者因为一句好话，被动地接受游戏中所扮演的失败角色。慢慢的，孩子们从游戏当中会感到主仆之间存在的这种微妙的关系，而这种关系带来的结果将会在现实中成为一种惯例。

第三节　童年——社会化的第一步

尽管出生在贵族家的孩子，在幼儿时天性得到了很好的拓展，但是随着孩子年龄的增长，家人给予的限制也在逐渐增加。所有的贵族家庭对于自己孩子的成长寄予了很大的希望，因此也就十分重视其少儿时期的教育。俗语说："好马看马驹，能人看孩提。"贵族家把少儿教育看成是让幼儿克服无知，培养品行道德、仁义孝道的途径。基于这一认识，每个贵族家庭都依据自己的经济情况来对孩子进行文化等各方面的教育。

当时的西藏，贵族少儿教育常见的形式有两种：社区私塾的开放式教育和迎请专门的"先生"至府中所进行的封闭式家庭教育。无论是私塾开放式教育还是家庭封闭式教育，其主要目的都在于使孩子能够更好地掌握文化知识和更快地适应贵族社会。

虽然没有文字作为依据，但是贵族家庭一般对于孩子“童年期”的概念是以较为具体的年龄来计算的。在西藏，尽管没有任何年龄段的明示仪式，但是当幼儿步入七岁时，大人们很自然地认为该幼儿已经成为一名儿童，所以“七岁”是幼儿成长为儿童的一个重要的转折阶段。但家长和大人们不会因此而对孩子的亲昵态度有所改变，他们会有意无意地告诉孩子：“你已经长大了。”与此同时，在适当的范围和适当的时间里开始限制孩子所表现出来的依赖性。同样就在这个时候，家长会把孩子送到私塾接受教育。当然，进入私塾接受初期教育的年龄在西藏并不很固定。但是“七岁”是贵族社会普遍认可的接受私塾教育的最佳年龄，当然也有一些儿童稍晚才送去私塾接受教育。所以，每个孩子接受私塾教育的年龄，主要还是由家长来决定。

私塾是当时贵族社会较为正规的世俗儿童学校，其主要分布在拉萨和日喀则两地。设立在拉萨的几所私塾，都是由教师个人及其家庭成员管理。由于贵族对于私塾有一定的选择性，所以，私塾会表现出一定的竞争性。如果我们从现代的角度去看，私塾在开发儿童智力和培育儿童能力等方面，所起的作用可说是微不足道的。但对于当时的贵族社会乃至整个西藏封建社会来讲，私塾却是贵族儿童初次接受文化知识的重要场所。

作为贵族家庭的后裔，尤其是作为继承其家族世袭地位的贵族子弟，对于普通文化知识的掌握是必须的。因为在未来的官僚生涯和家庭管理中，必须具备一般性的文化知识。贵族社会认为，读书识字是一个未来官僚应该具备的主要条件，也是提高未来官僚文化素质及其道德修养的主要前提。因此，贵族家庭让其子女在私塾接受初期文化教育，除使孩子认识和掌握文字以及数字加减乘除法外，同时不能忽略通过这种初期文化知识的学习和掌握，使孩子顺利地进入自己的社会化角色的第一步。

尽管贵族子弟一生下来就被认为血统高贵，但是个人的品行、趣味、造化并不相同。这种不尽相同的品德是与贵族家庭本身的教与不教、教之以道与教之无道有必然的联系。正因为如此，孩子接受教育便成为贵族家庭至关重要的事情。因为从某种意义上讲，教育直接决定着孩子的未来，也影响着家庭祖业的继承、延续。

既然接受教育已经成为衡量贵族子弟道德修养的依据，贵族家庭当然就不会不重视子女的教育。然而由于整体认识上的缺憾，20世纪上半叶的西藏社会并没有一所真正现代意义上的学校。在这种情形下，私塾自然成为贵族社会贫乏教育的依靠。

私塾作为贵族子女接受文化知识的重要场所，受到了贵族社会的认可和维护。但是，私塾是何时在西藏社会出现，又何时被西藏贵族社会所利用的，这是一个很难讨论的问题。由于西藏贵族社会普遍存在的尚古风尚，西藏人认为私塾是祖先凭借经验创立的教育模式。

对于贵族子女来讲，进入私塾是成长中的一次必要经历，也是接受阶段性文化教育的一种形式。等到孩子从私塾毕业后，再迎请专任教师至府中进行家庭式的文化强化教育，或者直接让孩子进入地方政府机构“孜康”内进行适应贵族官僚生活的训练。

位于拉萨的私塾基本上都是以老师的名字命名的，当然也有一些用某一个社区命名的。位于拉萨八廓街东面的“娘绒厦”私塾就是其中的一个例子。无论是以老师个人的名字命名的私塾，还是以社区命名的私塾，其设置都非常简单。教室内看不到供孩子们学习用的桌椅，但是这不会给孩子和他们的家长带来任何不愉快。按照惯例，家长会非常自然地接受教室内排放的一条条供孩子们使用的坐垫。这些供孩子们使用的坐垫，其厚度和布料基本上是相同的。置于孩子们坐垫对面的有一块垒砌的土台，上面搁置着厚厚的坐垫，这正是老师的坐垫。老师的坐垫前有一小茶几，这既是老师的书桌，也是老师的茶桌。每次上课时，老师会在这张桌子上放置授课的教材、墨水瓶、竹笔、木板、一根用来体罚孩子的细细的牛皮鞭或竹鞭，此外还有老师的专用茶杯。所有来学习的学生，无论年龄大小，还是程度高低，基本上都在一个较大的房子内共同学习。如果学生多，老师可能会腾出多余的房子作为另一个教室，并且相应地进行分班。但是这种情况比较少，其原因可能是缺少教师。老师的家基本上就在学校内，因此老师的夫人也常常帮助老师干一些活儿，诸如收拾教室、院子，照看一些年龄较小的儿童等，有时还与孩子们共同做游戏。私塾一般被厚实的土块或者石块垒砌的院墙围绕着。任何一所私塾，都没有固定的入学和毕业时间以及有关这方面的要求。孩子进校时的手续非常简单，所有家长都会自觉地带上丰厚的礼品和上等哈达，领着孩子给老师磕头拜师。礼品的多少直接影响老师对孩子的关照。所以，贵族家从来不会在为老师准备的礼品上马虎，并且在不定的时间里还会给老师送去各种礼品进行慰问。

对于贵族子弟来讲，进入私塾标志着孩童进入社会的第一步。因此家长会提醒和告诫孩子：上学，你已经是个大人了。这种模糊的“大人”观念常常给孩子一种责任感。家长在告诉儿子长大的同时，还会要求他们懂得在老师跟前和在学校内的一些必要的礼节。到了学校，老师也同样会告诫每一个学生：上学的孩子已经不是孩子了。尽管孩子们不太理解大人们所说的话，但是当孩子们独立生活在学校的环境之中，与同龄的孩子一起进行游戏和学习时，他们的确会有一种与上学之前不一样的“长大”的感觉。对此，他们认为这就是大人们所强调的“大人”的生活。不管怎么说，这种突然的“变化”，对于孩子来讲是一次刻骨铭心的记忆。贵族孩子在没有进入私塾之前，由于家庭的过分溺爱，极大部分孩子都被宠坏了。但是进入私塾之后，尽管家庭的爱抚并没有因此而减少，但是新的环境以及老师刻板的面容会使他们感到言行上的限制和规范。尽管有些孩子可能会“显示”自己的家庭来使自己成为孩子王，但在私塾内必须遵守的行为规范，逐渐会纠正和指导这些孩子的行为。

私塾授课的老师，在当地人眼里是有广博文化知识的学者，他们凭借经验，为孩子们启蒙。私塾的授课并没有固定的课本可依，基础的练习是私塾授课的职责。每一个老师不仅需要具备所谓“广博的文化知识”，更为重要的是需要具备美好的品德。也正因为如此，老师的声誉直接影响着私塾的生源。与此相同，老师拥有的声誉也会给他们带来实际上的许多利益。而孩子们会被老师的特殊身份和严肃态度所震慑，基本上，孩子们是惧怕老师的。老师的威严给家长教育孩子带来了借口，家长常常利用孩子惧怕老师的心理，来纠正孩子在家的错误。

每个贵族家庭在决定把孩子送进私塾时，需要做上学前的准备工作。其中用一块正方形木板给孩子制作一个“将兴”（书写板）是最为基本的学具。与“将兴”配备的是一支用竹枝制作的“钮日”（竹笔），再备一个“讷崩”（铜制的小墨水瓶）。“讷渣”（墨汁）是西藏本地产的一种土墨水，可能是木炭灰制成，呈咖啡色，黏性很大。在准备这种墨水时，要在其中掺些许白砂糖，以增加其黏度。孩子上学前，管家会把这种掺糖的墨水倒进铜制的小墨水瓶中并拧好瓶盖，以免被孩子洒了。除了准备这些必备的学习用具外，家长还会特别要求孩子们要有个较好的坐姿。无论是私塾教育还是家庭教育，都不会为孩子安排桌椅，所以在掌握藏文书写的同时还要学会盘腿的坐姿。孩子们起初会发现盘腿坐在垫子上，并且把书写板放在腿上，左手握着书写板把，右手拿着竹笔一笔一画地练习书写是件非常困难的事。为此，老师会缩短上课的时间。传统的教授藏文书写的方式是，老师首先要求新生在“将兴”上学会涂白粉（石灰粉），之后老师会在涂有白粉的“将兴”上划线，并开始用“嘎钮”（没有沾墨水的干竹笔）在涂有白粉的“将兴”上进行“嘎赤”（干写），学生照着老师“嘎赤”的笔画进行临摹。新生刚接触藏文时，老师首先让其掌握运笔，从某种意义上来讲，私塾的主要任务是让孩子掌握好藏文的运笔以及漂亮的字体。正因为如此，老师会耐着性子握着每个孩子的手，一笔一画地把藏文的三十个字母教给学生。当然，每一个私塾都可能或多或少地给孩子们教授一些藏文的基本知识，例如：正字法“蹋议”、“三十颂”、“松答”等。除此之外，描摹字体，掌握一手漂亮的字体是私塾最为关键和主要的授课内容。尽管私塾老师会以极大的耐心牵引孩子的手描摹字体，但是并不会因此而使每个孩子掌握一手漂亮的字体。尤其是因为他们实在不习惯于盘腿坐，这种坐姿在很大程度上给他们刚开始的描摹学习增加了压力，并且还会影响后来的字体练习。当然，随着时间的推移，这种坐姿会被慢慢掌握并成为习惯，但孩子们对字体练习的掌握并不会因此而变得容易。当孩子们习惯这样盘腿坐后，老师会延长上课的时间。与学写字相反，数字学习显得较为随便。数字学习是从数数开始，学习数字并不需要纸张和笔墨，而是借助一些具体的实物加深孩子们对数字的记忆。走进教室，每个孩子的坐垫前放置了一些诸如小木棍、小石子（黑色的和白色的）、破碎的瓷碗碎片、大豆等，这些具体的实物都象征着一个数字。数字的学习是口动和手动一起进行。当老师讲“一”时，孩子们要模仿老师念出“一”的音，并且从地上捡一块小石子，藏语中叫“锰”（子弹）。当老师念出“十”时，孩子们也会模仿老师的声音发出“十”的音，并从地上捡一块小木棍，藏语叫“就芯”（十的标志）。当老师念出“一百”时，孩子们会跟随老师发出“一百”的音，并从地上捡一颗大豆，藏语叫“嘉占玛”（汉地豆，“嘉”的谐音为“百”）。孩子们对于数字的学习，并不像学习文字那样感到沉闷、枯燥。当孩子们在老师的引导下熟练地从地上拣起实物并清楚地念出每一个数字后，老师会加深学习内容，加减乘除是孩子们在私塾中学到的最为深刻的数字法。在掌握数字法时，最为重要的内容是要求孩子们不仅能够熟练地进行数与数的加和减，更为重要的是要求孩子们熟练地掌握数与数的乘除。因此，“贡达”（九九乘法口诀）是必须要背诵的内容。背诵口诀并不是一件困难的事情，唱颂和身体的晃动都会给孩子们一种记忆提示，并且也给盘着的双腿一些活动。

如果私塾老师想通过学生传播自己的声誉，最为简单的手段就

私塾老师索朗旺加（20世40年代）

是让孩子们学习掌握一手漂亮的藏文书写法。因此，私塾老师非常严格又非常耐心地指导孩子们。通过在“将兴”上手写的不断练习，使得孩子们掌握了藏文的运笔力度。老师苦心孤诣的调教，基本上会使每一个孩子掌握较为漂亮的“将兴”书写法。等到孩子们掌握了一手漂亮的“将兴”书写法时，老师开始让孩子在纸上进行字体书写训练。当老师宣布某一个孩子可以在纸上进行书写时，被宣布的孩子将会感到非常自豪。孩子们非常明白能够在纸上书写不仅证明自己在字体练习上升了一级，更为重要的是老师对自己的学习成绩给予了肯定。正因为这样，这个被老师宣布可以在纸上书写的孩子，自然会赢得其他孩子投来的钦羡目光。无论是在“将兴”上临摹字体，还是在纸上书写，总之，孩子们在私塾期间必须掌握藏文文类中“吾玫”（藏文行书）的熟练写法。为此，老师首先要求孩子们在“将兴”上临摹“躺着”的藏文四个元音，藏语称之为“措通”。之后在纸上书写时，把原来“躺着”的四个元音“立起”来写，在藏语中被称为“措琼”。

纸上书写对于孩子来讲是较为困难的书写训练法。老师会告诉孩子们，作为高贵血统的后裔，一旦掌握了漂亮的纸面书写技巧，将会为个人和家庭大大增光。同样老师还会告诉孩子们，如果不好好学习这种书写技巧，将会影响个人的前途。并且还常常提醒，出身如此高贵，而写不好藏文，实在是一件令人感到羞耻的事。

藏文纸上书写有一定的规范，首先是文具上的运用与“将兴”不一样。纸上书写用的笔是特制的“钮丝”（竹子制成的笔），笔尖粗细各不相同，一般要求孩子们从粗体往细体进行练习。与“钮丝”相应的有一种特制的青冈木制成的墨水，呈黑色，没有黏性。还有书写用的纸也是一种特制的“博朽”（藏纸）。藏纸类似于现在的宣纸，品种很多，所有的藏纸，正面是平滑的，背面很粗糙。孩子们用的纸是藏纸中质地最差的一种，藏话叫“嘎朽”，透白而薄脆。在书写之前，孩子们随着老师的指点，把纸叠成横条纹线，根据条纹舒展一部分，再借用左手的拇指和无名指把纸夹住，盘着的双腿支撑左胳膊成为书写支点，右手自然地开始书写练习。由于孩子们习惯了“将兴”上的那种力度强的临摹方法，所以当孩子们在纸上运笔时常常把握不准力度而把纸张戳破。

要想进一步了解有关私塾的情况并不是一件容易的事情，也不是本书写作的目的。有一点可以肯定，私塾的建立，对于当时贵族社会来讲是相当重要的。因为正是私塾，把贵族文化的价值和贵族社会的情感传授给了这些正在成长的贵族子弟。并且可以肯定地说，所有步入社会的贵族成员，大概没有一个不是经过私塾教育的。[①]

私塾给孩子们一种与家庭完全不一样的环境，让孩子第一次独立地接触外面的天地。不过，外面的世界也并不自由，私塾的各种规定会让孩子们大失所望，孩子们和老师之间的冲突也就这么产生了。冲突的起因一般都是由孩子们的不端行为造成的，对此老师常常会予以体罚。比如说字体写不好，老师会打手；屁股坐不住，老师就会打屁股；同样如果太淘气，老师就会打双腿；但是对于孩子们来讲，最为严重的惩处并不是这些，而是打脸。给孩子体罚的用具有两种，即特制的竹鞭和细皮鞭。竹鞭是用来惩处男孩子的，皮鞭则是用来惩处女孩子的。一般来讲，女孩子挨皮鞭的时候比较少，女孩子们几乎不会被老师打脸，相反所有的男孩子都或多或少挨过老师的鞭打，包括打脸。拉鲁·次旺多杰老先生在他的回忆录中也对自己经历的私塾生活进行了描写："当我八岁时，父母亲将我送到地方政府文告抄写员贡嘎仁钦在布达拉宫山前开办的私塾去读书。老师身材高大，神情严肃，对学生们从来不苟言笑，所以我们都很怕他。私塾的制度很严格，当阳光照到根培乌孜山头（该山在拉萨西郊）时，学生就要到达学堂，到后立即背诵赞颂文殊菩萨的经文《文殊智经》。然后，根据学生们的不同水平，分别读书一小时。读书完毕，休息一个半小时。老师家住布达拉宫山前的白德仓，所以同学们都趁休息之机到修赤林卡（在今劳动人民文化宫）去玩耍。休息完了，又开始上课，主要是在习字木板上练字。拉萨时间十二点钟放学生们回家吃饭，临走之前，班长检查每个人是否写够了规定的行数，如果有人没写足，就由班长根据其未写够的行数用竹板打面颊。有时，老师亲自检查，谁若是没写够行数，老师就用皮鞭抽打谁的屁股。下午放学时，也同样要检查。若是写得不

① 调查笔记。

好，老师便用笔写在习字板上，让学生临摹，或是指导学生书写。如果还写不好，老师就用鞭子抽打。抽打时，总是让四个年龄较长的学生按住被打人的四肢，脱掉他的裤子再打。”在这种情况下，孩子们有一种忐忑不安的感觉。尤其是在考试期间和宣布成绩时，孩子们的担心更甚。每一个在私塾学习的孩子都要经过几次考试关卡，考试成绩的好坏有分明的赏罚。考试成绩第一名者会得到老师发给的上等哈达，并有权鞭打其余的学生。同样的道理，成绩第二名的学生也能够得到老师赏给的哈达，并有权鞭打成绩落在他之后的同学。就这样依次而推论，到了成绩最后一名的那个孩子，老师同样也给他一条哈达，但质地极差，作为成绩最差的学生，他无权鞭打其他的孩子，但是他必须拿鞭子抽打“玛裹”（牛肚制成的皮包，专门用来包装酥油）。抽打“玛裹”会引来孩子们的大笑，这个成绩最低的孩子在同学们的笑声中低下了头，感到很难堪。[①]

在拉萨的所有私塾学习的孩子都是贵族家庭、商人家庭的孩子，那些陪读的孩子是一些家奴的孩子。孩子们从上学的第一天开始就要养成早起的习惯，因为所有的私塾都要求孩子们在太阳照到山顶时就要到校。孩子们从第一天上课开始就不由大人陪同。一般来讲每一个贵族家庭都会为孩子的顺利上学，从家仆子女中寻找两个或三个同龄的孩子，这些被找去的孩子有清楚的分工。其中一个孩子替贵族子女牵马、照料马，另一个或两个孩子与贵族子女一同留在学校内做伴陪读、陪玩，甚至替少爷挨老师的皮鞭。拉鲁老先生在他的回忆录中有这么一段描写：“每天，我骑马去上学，由两名仆人随侍。到了学校以后，一名仆人留在学校等我，另一名仆人牵马回家，下午再牵马来接我。”尽管有仆人相陪，但与同等条件的孩子们一起做伴玩耍，没有大人的看护和庇佑，孩子们自然会产生“失宠”的感觉。但各种各样的游戏，又给这些拥有特权的孩子带来异样的兴奋。每当老师让休息时，孩子们都会万分激动地跑到

---

① 调查笔记。

教室外面的院子里，形成小小的游伴群。这些游伴群中有贵族子弟、商人子弟、家奴子弟，有男学生也有女学生。孩子们喜欢这种混杂在一起的游戏，游戏的内容有："追、抓游戏"。这种游戏要求孩子们站在一起，由一个孩子出来数数说唱，最后的点落在哪个孩子身上，这个孩子便开始抓其他的孩子。"躲、藏游戏"也是一件让孩子们异常兴奋的游戏，这种游戏也是由一个孩子站在高处抬起右手，手心向下，双眼紧闭，口里念念有词地说唱着，其他的孩子则围绕在边上并用手指尖点站在高处孩子的手心，当站在高处的孩子说唱完最后一句时会非常敏捷地抓住其中某一个孩子的手指，被抓手指的孩子自然就失去了"藏"的权力，只好很不乐意地去"找"那些"藏"的孩子们。此外，孩子们还喜欢玩"要火游戏"，该游戏需要一个"妈妈"，两个"单腿要火人"，其余的孩子都会扮演"妈妈"的"孩子"。"妈妈"分开双腿坐在地上，其中最小的"宝宝"坐在"妈妈"的前面，同样是双腿分叉。依次而推，其他几个"宝宝"也双腿分叉坐在地上，形成一条竖线。这个时候，两个"单腿要火人"开始出来向"妈妈"要火，吝啬的"妈妈"没有给火，"要火人"只好偷走"妈妈"的一个"宝宝"。偷走的"宝宝"会被"要火人"抬起摇晃，口里念念有词地说：如果不管好某某家的孩子，就把孩子扔到河里。并问这个"宝宝"要枪还是要羊毛，"宝宝"回答要枪，会被两个"要火人"捶打一拳；如果要羊毛，会被两个"要火人"挠痒痒。除了被"妈妈"抱在身边的"宝宝"之外，其余"宝宝"的"命运"都一样。到了偷"妈妈"跟前的"宝宝"时，该游戏到了高潮。两个"要火人"用说唱的方式把"宝宝"偷走。①

无论孩子们进行什么样的游戏，都有一定的年龄段。孩子们对于旧的游戏兴趣的减退和新的游戏兴趣的增加是随着年岁的增长而改变的。同样，游戏伙伴的组成也会有一定的变化。起初那种男女

① 调查笔记。

生混杂的游伴，随着孩子们年龄的增长会有所变动。慢慢的，同性之间的孩童容易结成亲密的关系，而这种关系甚至可能持续到终身。有了同性之间的游伴，游戏的内容也带有明显的性别特征。男孩子更喜欢玩一些带有刺激性的游戏，其中“输、赢”是游戏中的主要内容。“打斯”（扑克）、“阿久”（羊关节骨）、“挟避”（风筝）等成为男孩子的专利游戏。扑克的打法有几种，每一种都带有“输或者赢”的内容，输家往往要听从赢家的指挥，有时还进行实物的输赢。羊关节骨的玩法也是输家要给赢家“进贡”羊关节骨。风筝同样也是一种输赢的游戏，当男孩子们把各种绘有图案的风筝放飞后，开始互相“打仗”，输者断线并失去风筝，赢者会受到赞美。风筝的游戏带有极强的季节性，一般来讲不到收割季节不能放风筝。男孩子们对于风筝的放飞情有独钟，在制作风筝时往往会受到家中长者的帮助。风筝的制作需要一张正正方方的“博朽”（藏纸）和两条细长的竹棍以及糨糊。孩子们还在大人的指导下，给风筝画上各种图案。风筝的放飞既然是“输赢”游戏，孩子和大人都希望自己成为赢家，所以孩子们在大人的细心教导下掌握和学习放飞风筝的技巧。掌握放飞风筝技巧的同时，孩子们还要学会怎样使自己的风筝一直能够放飞在空中而不掉下来。事实上，风筝掉下来是因为在争斗中断线造成的，所以，线的“利度”是风筝不掉下来的关键性因素。为此，大人也不厌其烦地帮助孩子加强风筝线的“利度”。这是一项较为复杂的工艺，首先要把碎玻璃磨成粉，与面粉混合加水熬成糊状，然后细心均匀地涂抹在线上，使之风干。当放飞风筝时，争斗双方会在空中互磨风筝线，断者为输，故又称“斗风筝”。放飞风筝的游戏不仅仅局限在孩子们中，成熟的男人们也热衷于这种游戏，其玩法上与男孩子并无区别，只是在情绪的表现上有所不同。女孩子的游戏则不同，有“蹋迥玛”（跳绳）、“贴钡”（踢毽子）、“阿垛”（抓石子）等。女孩子们的游戏也略带一些“输赢”。而长者对于孩子们的游戏十分欣赏，甚至还作为谈资带到社交场上。

第四节　有意识地让儿童体会家庭、社会和自我的关系

限制性的教育是孩子们从私塾毕业后，在家庭的监督下由专任老师来进行的。私塾虽然没有固定的入学仪式，但要从私塾毕业时，却要遵循一定的毕业仪式。一般来讲，孩子在私塾学习的时间长短由家长决定。几乎所有的贵族家长对于孩子在私塾能否掌握很多知识，并不抱很大的希望，因为私塾不可能给孩子以很深的文化知识教育。正因为如此，家长和老师都满足于孩子们在私塾能够掌握藏文书写和一些基础的藏文知识，尤其是满足于通过这些基础知识使孩子们从小把自己的命运和宗教教义联系在一起来考虑存在的事物。例如孩子们每天在私塾背诵的《文殊智经》，它使孩子们意识到自己的命运并使之与宗教联系在一起。当孩子在私塾掌握了一定的藏文书写功底之后，家长就会与私塾老师商量并决定孩子的毕业时间。无论孩子们在私塾学习所用的时间长短有多大的差别，但有一点是共同的，那就是将要毕业的孩子，都要参加毕业典礼。所谓的毕业典礼是在学校和家庭共同商量之后制定的一种仪式。一般把孩子的毕业时间定在夏季，在西藏，夏季使得整个天地充满着绿色，因袭传统观念，西藏人在这个时候要举行“亚吉”，即“夏天的快乐”。届时，人们成群结队在公园内游玩住栖。私塾的老师会利用孩子们的毕业，与孩子们一起举行一次夏季聚会。为了让孩子们能够放松地游玩，老师会把毕业典礼仪式安排在宽阔的公园内。孩子们在五彩缤纷的公园聚会中会忘记往日学习的艰苦和烦恼。对孩子们来讲，夏季的聚会自然要比上课舒心得多，他们在绿色的庭院中尽情玩耍、嬉闹。孩子们是在公园内举行的夏季聚会，是以学生的毕业典礼为名的，因此在名称上并不叫“亚吉”，而是称为“吞恰”（毕业茶）。“吞恰”的费用由毕业生的家庭来承担。为孩子出资，对于贵族家庭来讲是非常乐意的一件事情。这不仅仅是一种

惯例，更重要的是通过这种举动能满足贵族家庭的虚荣心。因此，每一个贵族家庭都会非常尽心地进行准备。拉鲁老先生在他的回忆录中也提到："学生毕业时，有举行吃'毕业茶'的传统风俗。毕业生要向老师送礼，致谢，请同学们喝茶，吃人参果甜米饭，给他们放份子钱。由于拉鲁是个世家望族，所以给老师送的礼物、请老师们喝的茶、给他们放的份子钱都异常丰厚。"

私塾毕业之后，孩子们即将接受进入仕途前的家庭教育。家庭教育是贵族家庭必须为后代进行的限制性的综合教育。限制性家庭教育从大的方面来讲，家长会精心安排并邀请专任老师到府第进行专门的教育；从小的方面来讲，家庭利用一切时机给孩子进行言行规矩教育，包括"吃相"、"坐相"、"行相"等规矩。每一个贵族家庭对于未来的男性继承人的态度都是比较明确的，为了培养好将来的继承者，家长首先同强佐（管家）等高级仆人商量，由强佐代表家庭领着仆人带着丰厚的礼物，迎请被贵族社会认为德高望重的先生到家中担任该继承者的专任教师，而被邀请的老师可能会是一个，也可能会是两个。如果一个家庭内有几个男孩子，那么他们会在同一个或两个老师的教导下共同接受家庭教育；如果家庭中只有一个男孩子，强佐经家长同意后从家奴子女中寻找一个聪明的男孩子作为陪读。家奴们为了能够使自己的孩子成为这个"幸运者"，不惜用各种方式赢得强佐的欢喜，强佐自然也不会忘记施展自己的权力。

那些名门望族在雇用家庭教师时，最在意的是老师的声誉。因此他们不惜财力，努力寻找在西藏社会中久负盛名的人物，来作为子女接受教育的专任老师。家庭老师和私塾先生相比较，有一定的差异。值得注意的是，家庭老师教授的对象不仅是贵族子女，更重要的是即将进入仕途的贵族少爷，而这些贵族少爷不仅拥有高贵的出身地位，并且很有可能在将来的某个时候成为一名拥有实权的贵族官僚。因此，老师本身应该是一位较为完美的人物，至少在表面上。一旦成为贵族家庭的专任教师，他的社会地位和经济地位会发生强烈的变化。尽管他们不能像贵族官僚一样展示其权力，但是在实际生活中他们会受到贵族社会的尊重。尤其是那些依附于大贵族家庭的老师更是如此。作为互惠关系，同样他对贵族子女的文化素质提高负完全的责任。尽管压力很大，但是从中获得利益的机会也非常多。因此，许多“有识者”都不会放弃这种机会。那些被社会认为高水准的人物，常常为了获得这种机会，不惜损人利己。

在接触到的材料中，笔者很难找到对于当时贵族家庭子女进行限制性教育的准确记录，更为奇怪的是，没有一个贵族子女能够非常清楚地说明自己是从什么时候开始受到言行上的钳制的。但是经过多次调查发现，所谓的限制性家庭教育是由家长实施的贵族家庭教育。正是在这样的教育中，孩子们被有意识地培养成有贵族精神的人物。拉鲁老先生在他的回忆录中写道：“毕业以后，待在家里时，我还坚持在纸上练习写短足行书、小行书和行草书，写完后遣一个仆人拿去请老师过目。至于《正字法》、《三十颂》、《音势论》则专门请留在家中照管产业的协嘎林巴·贡嘎旺秋为师。他的学识非常渊博，教我《三十颂》、《正字法》《音势论》时，一面举例讲解，一面让我默写。每天把我写错的字拿来与正字字典对照着解释，并加以改正。与此同时，我还学习筹算，那时没有算盘，也没有数学，只有筹算。用核桃代表一，小木棍代表十，蚕豆代表百，名为‘普朵’的正方形小石子代表千。一开始，老师仅教给我整数算法。”尽管老先生的描述并不多，但可见贵族家庭凭借当时社会公认的有学问人士，尽可能地把家庭的文化教育搞得富有生气。当然不能否认，这种强化的家庭教育的主要目的是为即将入仕做准备。有许多优秀的学者都是通过这种教育方式培养的。

贵族社会提倡的“吃相、坐相、行相完全是父母的教诲”的理论，使每个贵族家庭都不会放松对儿女品行的教育。即便是在饭桌上，也有抓勺捧碗的规矩。吃饭不能多说话、饭在嘴里不能两边嚼、吃饭不要发出声音、吃饭时嘴巴尽量张得小一点等。同样的教导可能会在平日的言行中体现出来，尽管贵族社会强调贵族的高贵，但是高贵不是来自于天生，而是经过不懈的教育和努力的结果。一个生得漂亮、富有贵族精神的贵族成员往往会受到贵族社会的欢迎和注意，人们会以赞美的口气评述他是“一个不仅生在高贵的家庭里，还拥有高贵的精神”的人。有了这样的评价，此人便会成为贵族社会举足轻重的人物，有了自我标榜的本钱，贵族家庭在教导儿女品行时不会忘记强调最高的美德是与贵族家族的名誉联系在一起的。崇奉家族荣誉和个人荣誉已经成为贵族家庭教育中的最主要内容。

沉湎于各种幻想的贵族家庭，对于子女的教育是从对其祖先遗留下来的习俗的学习开始的。但是学习祖先的遗风和习惯落实到每个贵族家庭时，其教育模式并没有一套严密、准确的规矩，同样也没有孰优孰劣的区别。尤其是到了近现代，许多贵族家庭开始或多或少地模仿英国和内地的上流社会，显然有时显得不伦不类。

西藏贵族对于家族荣誉的提升简直到了热烈崇奉的地步。为此，每个贵族家庭都会极力通过教育孩子来达到维护和延续家族声誉的最高目的。但是任何一个贵族家庭的家长都不具备看穿其家族和子女命运的眼光，即使是一个声名赫赫的世家成员，也没有能力具备这一方面的智慧。尤其是在那种互相妒忌的社会中求得平静本身已不是一件容易的事情，更何况求得发展提高。然而，任何一个贵族家庭都不会因此而放弃对于子女品行的教导。贵族之所以为贵族，不仅表现在高贵的血统，更重要的还表现在个人所具备的良好品德。

对子女的教育并不是一件容易的事情，对于孩子来讲，家庭毕竟是展示其天性的场所，而父母即使是那些非常严肃的父母，在孩子身上自然也表现出极大的宽容和慈爱。但是为让孩子意识到身为贵族的尊严，和在实际的生活中表现出良好的品行，贵族家庭不能不使孩子从小就屈服于贵族社会的观念，所以，当贵族家庭认为孩子到了应该接受限制教育的年龄时，会立即着手这个工作。所谓的家庭教导，实际上是贵族个人成长经验和所处社会环境相适应的结合体，所以在对孩子进行教育时不可避免地包括一些不完善甚至一些不道德的教育方式。

贵族子女和所有的孩童一样，在成长的过程中难免会出现一些强烈的情绪变化，对此，家长会予以适当地抑制。贵族家庭在抑制孩子的情绪时并不是强制性的，而是借用感情输导的技巧。因而孩子很少有突然受制的感觉。孩子们也就在这种温和的、诱导性的教育下，言行慢慢变得规范、谨慎起来，贵族社会的各种约束、荣誉感就这样潜移默化地影响了他们的性格，而且，其影响是无可估量的。

我们已经谈到，所有的贵族家庭都非常在乎孩子的家庭教育，但是作为一家之主的父亲，由于社会事务繁忙，几乎没有时间亲自教导子女，教育子女的职责和重担因此落到母亲的肩上，虽然这在所有的贵族家中并非总是如此。这种现象的出现，形成了贵族家庭的角色分工。作为妈妈，担负着教育子女的家庭角色；而作为爸爸，则以官僚身分担负着培养子女的社会角色。同样的道理，儿子以爸爸为榜样，女儿自然就以妈妈为榜样。有了学习的标识，家庭教育不再盲目。

在母爱的家庭框架里，孩子得到了极大的自由和慈爱，但是随着孩子的长大和母爱的礼仪化和社会化，母亲开始节制对孩子们的爱抚，孩子的言行也开始受到限制。虽然贵族社会对成人的年龄没有明确的分段，但一般来讲，十五岁左右的孩子已被看成是年轻人了。

为了培养孩子成为被贵族社会所肯定的年轻人，母亲的训育方式一般从小事入手。言行是家训的基础，所以母亲会处处要求孩子学习和掌握敬语的使用以及与之相适应的恭顺态度。敬语作为所谓的上等语言、高级语言，很受贵族社会推崇。一般来讲，语言是没有阶级性的，但是在西藏，有否贵族气派，首先得看是否能自如地运用“上等语言”。

很显然，与壮丽的建筑、华丽的服饰相适应的是贵族们使用的优美抒情的敬语，尤其在完全属于贵族的社交场合和一些重大的政治活动中，敬语的魅力尽现。

敬语既然已经具备了等级的标识，那么作为家庭教导者的母亲，把对敬语的学习和掌握看成是教导孩子的主要内容就不足为怪了。实际上对于敬语的掌握和学习，正是培养孩子逐步适应贵族社会的基本条件。所以可以说，贵族家庭的限制教育是从孩子如何适应贵族社会的基本的生活方式开始的。学习掌握敬语的同时，母亲还会为孩子们订立符合家庭社会和经济地位的规则。所以，与敬语一样，仪式和规则也是贵族社会的等级标志。孩子们在充满母爱的限制性教育中，慢慢体会到与家庭相适应的各种名分，诸如长幼、尊卑等。①

贵族子女能否具备优良品行并非一朝一夕之事，因此，为了能更好地把子女们培养成合乎贵族社会规范的成员，家长会利用生活中的点点滴滴来教导子女。由于家庭教导的长期渗透，贵族子女在实际生活中会慢慢地规范自己的言行，使其贵族化。

值得注意的是，贵族家庭的限制性教育在某种程度上束缚了孩子的思想，对孩子的正常成长确实带来了一些负面影响。然而奇怪的是，贵族子女在这种教育的约束下并没有感到什么不适，原因可能在于贵族家庭以爱来冲淡了这种教育的负面影响。不能不承认，贵族家庭教育的渗透性和感染力。

由于贵族社会男女有着明显的角色分工，所以，家庭对于男孩子的教导是从积极地适应社会入手，而对女孩子的教育是从适应家庭着眼。尽管贵族家庭非常注重母亲的角色，母亲在家中拥有非常重要的地位，但是贵族社会并没有给贵族妇女提供一个活跃的场所。因袭传统思想，西藏社会有史以来就是男人统治的社会，即使有女活佛、女土司，那也是一种表象，在西藏贵族社会里很难寻找出女性的社会角色。

---

① 调查笔记。

训练男孩子是为了他成年以后，能够在官僚阶梯上有所晋升或者能够谨慎地保持住原有的地位。所以，对于男孩子的训练主要从“适应和控制”入手。男孩子成为男人之前，必须从家庭的教育中接受“自重”和“责任”的观念。“自重”是基于贵族社会对人的评价而言，贵族社会在评价一个人时，通常是从这个人所属的家族出发的，也就是说是把个人的行为放置在家庭这一概念里的，因此，迫使贵族成员意识到他们的行为是直接与家族的兴旺和家庭的荣辱密切联系在一起的。对此，他们的父母会不厌其烦地讲述家族的历史和自己的经验，这种不断的讲述如同水面上掠过来的清风飘进他们的耳朵，最终会使他们由衷地产生“捍卫家族荣誉”的想法。有了这种想法之后，他们自然就养成了克己复礼的思想。以贵族拉鲁家的继承人次旺多杰为例。童心一片的次旺多杰，他父母的一次次决定改变了他的一生。他出生在一个小贵族龙厦家，他的幼年时代是在乡下与祖母、母亲一同度过的，拉鲁老先生在他的回忆录中是这样回忆的：“那时，我祖母虽年纪已经很老，却白天黑夜都戴着后藏妇女们的那种巴廓头饰，从来不肯摘掉。人们劝她晚上睡觉时摘下来，她说：‘我要是摘掉巴廓，我儿子的福气就会消减。’祖母性情温和，笃信佛法。例如，她外出时从不骑马，我们请她骑，她总是说：‘骑马，那牲口多可怜啊！’有一次出门，半路上遇到一条小河，她便脱下鞋子趟水过河，河里的冰凌把她的腿划伤了，她还是拒绝骑马，坚持过了河。又例如，每逢母亲打我和弟弟乌金多吉时，她老人家就过来劝解说：‘那样打孩子，会把他们打坏的。要是孩子们不听话，你可以用指头掐他们。’由于她老人家的劝解，母亲打我们的次数渐渐地减少了。我比弟弟乌金多吉听话，也很少和别人家的孩子打架，所以祖母更喜欢我，她专门在一小块地里为我种豌豆，并对我说：‘孩子，这是给你做零食吃的’。我听了很高兴，心里想那就是我的田地。”尽管对幼年的回忆并不多，乡下的生活不够富足，但是乡下有祖母的挚爱和生机盎然的大自然，乡下的生活当然是温馨和美好的。但是在他七岁时，不由他选择地便随着父母走出了乡村进入了拉萨城。到拉萨之后，他开始抹去零零碎碎的乡下记忆，同时开始接受新的生活，学着父亲的样子飘飘摇摇，作出一个城里贵族少爷的派头。在他十二岁时，父母的又一次决定使他成了大贵族拉鲁家的继承者。对此，他同样没有任何选择的权利。就他个人而言，还没有彻底适应城里的生活，还没有彻底学会父亲的样子，就被父母的一个决定彻底改变了自己的命运。① 但不难设想，新生活的展示对于年幼的他来讲，并不十分美好。当时他还太小，父母的爱是儿童的天，父母的情同样是儿童的心。父母的决定尽管对次旺多杰的将来可能提供一个保证富贵的崭新生活，但是对于不谙事理的孩子来讲，是一个深刻的创痛。然而，出生于贵族家庭的次旺多杰，在他幼小的脑海里装满的是祖先的美德，这些美德通过他的父母和各方人士的口耳相传，使他对自己在社会中扮演的角色已有了明确的认识：作为一个贵族的后裔，他当然要按贵族的规矩去生活了。② 在贵族制度的框架里，男孩子是贵族精神的延续者。

与此不同的是，贵族家庭对于女孩子的教育就显得有些温情了。父母把最温柔的感情几乎都给了女孩子，但这并不是说他们就偏向于女孩，而是因为女孩子永远面对的是家庭。女孩子从来就不需要在心理上进行太大的调整，因为性别使她们远离了社会角色。尽管如此，随着女孩子初次月经的开始，母亲开始向她传授“女儿经”。她们对于生活的认识和态度都来自于父母对于生活的认识和态度，因为在她们还没有成为一个成熟的女人之前，她们的生活超越不了家庭的活动和父母的影响。

毫无疑问，贵族子女从出生到成为一名社会成员这段时间里，其社会化的主要媒介是家庭。贵族家长在教育其后代的同时，也把他们自己在生活中积累的经验以及从长辈那儿继承的价值观，逐步地灌输给后代。

---

① 拉鲁·次旺多杰访谈。
② 拉鲁·次旺多杰访谈。

总之，贵族家庭对于子女所进行的无论是私塾教育还是家庭教育，都是在家庭的氛围中进行的。这种行为系统地宣传了贵族社会的荣誉、精神和封建伦理道德，还囊括了贵族社会所认可的价值观念。尽管如此，由于缺少一些必要的资料，对贵族家庭教育的内容描述不免有些散漫浮泛。

第八章
贵族生活网

做客（20世纪40年代）

西藏贵族言行和心态构成了西藏贵族的整个文化形态。当我们涉及贵族生活整体优劣这一问题时，就会发现问题本身非常庞杂，而我们的假定和判断是如此的不确定和草率。根深叶茂的贵族文化囊括了非常广泛的阶级内容，以致我们必须以非常谨慎的态度来进行反复审视。尽管如此，对于西藏贵族整体的性格、伦理道德、文化价值等方面还是缺少深刻的洞察。20世纪前半叶的西藏社会，贵族的文化生活得到了充分的体现。众多的社交活动，使得贵族有了展示其特殊兴趣和爱好等生活方式的机会，而宗教的超脱思想又为贵族们寻找到特殊生活的依据。贵族生活的继续在宗教的轮回思想中得到了完整而缓慢的发展，为所谓的高贵和有教养的贵族品质，涂上了色彩斑斓的颜色。但是，20世纪40年代，纸醉金迷的贵族生活已经风雨飘摇，开始“油尽灯灭”，让贵族感到了一些茫然。

第一节　宗教牵引下的精神世界

尽管我们知道贵族生活网在贵族社会制度中发挥了极其重要的功能，但是在缺乏相应资料的基础上，想做出完整的叙述或者统计是非常幼稚的。然而当我们在了解和研究西藏贵族社会时，如果因缺少相应的资料而不去涉及贵族生活网，那么对西藏贵族社会想要做出完整的解释也是极其幼稚的。既然贵族的生活网是贵族社会的一个活的机体，那么我们应该拿出一定的篇幅来描述这个网。遗憾的是，材料的掌握一开始就成为一种存在的问题，因此不得不通过一些肢解的办法进行粗略的描写。

通过多次的访谈，我们对于20世纪50年代以前的西藏贵族生活有了一定的认识。这种认识对于我们了解当时整个贵族社会的伦理、价值、准则体系有很大的助益。因此，我们在这一章中着重描写贵族的生活态度，其中包括人际关系、节日，以及对于宗教和死亡的态度。

对于严格意义上的贵族社会来讲，形成完整的贵族化的生活态度经过了长期的演变过程。贵族成员在社会的逐渐发展和演变中不断改善自己的言行，以努力获得社会主流的青睐，使自己成为特权阶层的一员。

贵族的社交生活集中表现了贵族社会的礼仪习俗，其立足于阶层和等级的差别之上，尤其是那些最为高级的和最为完善的贵族社交生活更是如此。贵族成员的家世和继承而来的财产以及政治上的地位，直接影响着每一个贵族家庭的社交生活。

贵族家庭及其成员的社交生活，虽然不是贵族生活态度的惟一标志，但是在某种程度上它最为完整地表现了贵族社会的主要特点，而且从某种意义上讲它已成为贵族社会的一个主要的生活背景。

从20世纪以来，繁文缛节的礼仪程式围绕着贵族社会，这是一个非常重要的社会现象。从理论角度来讲，我们有必要理解“礼”和“仪”的含义。“礼”在藏语中称之为“匮朽”，但是在调查中发现对于这个专用名词作一确定的解释是非常困难的事情。何谓“礼”，众说纷纭。虽然它包含着极其庞杂的内涵，但是藏族在实际生活中把这种庞杂的“礼”的含意用具体的“仪”行为简单化了。也许正因为这种理论上的庞杂和具体实践中的简单，使得对“礼”很难具体清晰地做出解释。在藏文文献中几乎没有对“礼”的概念作出明确的定义，尽管敦煌文献和一些藏族名人的传记对“礼”作了大量的描写，但是其包含的含义是非常多的，其中最为重要的是，它包含了“宗教”的和“合乎时宜”的意思。既然“礼”包含了“宗教”的和“合乎时宜”的意思，那么我们就不难理解贵族社会强调的“礼”也可能包括了当时贵族社会中人与人之间“合乎于宗教”的、“合乎于时宜”的伦理道德之关系；因此，也就不难理解“礼”可能具有的贵族社会“合乎于宗教”的、“合乎于时宜”的等级亲疏、尊卑、贵贱、长幼区别的价值观了。不难设想，随着西藏封建社会的不断发展，“礼”与贵族、贵族社会以及整个西藏社会的道德逐渐等同起来。特别是有了“仪”这种表现方式的补充之后，“礼”自然就成了贵族精神的注脚。

随着时间的推移，20世纪的西藏贵族社会已经被“礼”的思想牢固地制约了，并且盛行的看法是贵族除了继承高贵的血统和财富以外，最为重要的是德行。而贵族德行表现的范围是极其广泛而具体的，它不仅表现在君臣、父子、兄弟、夫妇等的行为规范上，同时还表现在人们的思想、服饰冠冕、坐立姿势、语气和用词、声调强弱等许多细节上。总之，“礼”在西藏贵族社会中的表现非常庞杂。

在西藏地方封建社会制度里，贵族自然地被认为是美德的代名词。在《十六法》和《十三法》中，人分几等，有贵贱区别。在这种等级森严的社会里，极度轻视手工业者，认为依靠手艺生活不仅是一件丢脸的事情，更为重要的是一件低贱的事情。正因为有了这种等级价值观念，贵族自然在悠闲的生活中满意地享受着他们因袭的特殊权利，消磨着时光。当然，20世纪30年代的贵族，他们的思想有了一定程度的变化，尤其是由于无法抵抗金钱的诱惑，有许多贵族成员及其家庭开始投身贸易等商业活动。当贵族成员毫不掩饰对于金钱的直接追求时，也没有对商业以外的手艺事业燃起同样的热情，封建的等级观还强烈地排斥着手艺人。

正在比赛的足球队员（20世纪30年代）

在贵族阶层的尊严开始逐渐失去意义的时代，礼仪制度也在社会生活变化中不断被更改修正，不断被模仿参照。以至于后来，尽管有了具体的礼仪体制，但是即使是一名礼学家，也很难全面地把握规整烦琐的礼仪形式和内容。

对于西藏贵族社会来讲，重大的礼仪活动是地方政府和宗教界共同举行的一些传统的大型活动。西藏贵族社会热衷于这种庞大的宗教与世俗相结合的礼仪活动。

关于西藏宗教与世俗相结合的一些重大礼仪，一般可以从每年的宗教节日和世俗庆典中看出来。毋庸赘述，宗教传入西藏经历了阻碍、束缚、接受、发展、适应，最后通过语言和形式表达于外部世界等阶段。在很古老的年代里，西藏已具有脱胎于现实生活的精神诉求，即产生于本民族意识中的“苯教”。但是释迦牟尼开创的佛教给藏族打开了一个了解未知生命的途径，并且最为重要的是它唤起了整个民族的热情。佛教在西藏的产生和发展如同西藏自身的历史一样，充满了传奇的色彩。在我们观察和探讨西藏贵族生活中的宗教实践时，不可能对宗教不加以审视。20 世纪 30 年代的西藏贵族社会，佛教的影响至深至巨。正因为如此，西藏贵族社会中宗教与世俗相结合的社会现象，成为一种被崇尚的“礼仪”。

对于西藏，每逢佳节都是一次寺庙和世俗相结合的宗教实践的机会。不知是什么时候，藏族通过他们的认知改变了宗教的和世俗的庆典内容和形式。宗教的严肃和世俗的欢乐在西藏表现得极其统一，这也正是西藏文化奇特的一面。

在西藏，一年之中有许多以宗教为主要内容的节日，但这些节日中或多或少地融入了世俗的一些内容，同样在一些世俗节日中也不可避免地浸透着宗教的内容。无论是宗教节日还是世俗节日，都是通过藏民族原有的历算方法来进行安排的。自从在拉萨有了“门孜康”（药算局）以来，西藏就有了自己的历算原则。“门孜康”每年要出一本历书叫“络托”（年算），记述当年可能出现或存在的事情，并且通过运算告诉人们可能有的良辰吉日以及如何运用宗教形式让一些不好的日子逢凶化吉。藏族人正是通过这本“络托”，熟悉过去、接受现在的生活。“络托”对于藏族的影响是很大的，但是人们不会为此去探讨“络托”的可信度和科学性。“络托”包含的内容基本上属于天文和地理学范畴，藏族对于地理学的态度如同对历史学的态度一样，有自己的解释方式，也许正是由于这一点，“络托”适应了当时西藏的社会和藏族人的心理。“络托”本身由于以宗教思想作为的依据，故显得既晦涩又抽象。总之，西藏的历算悠久，是藏族人民智慧的结晶，对于藏族的生活有着至关重要的影响，尤其对于农牧民更是如此。“络托”可能是在五世达赖喇嘛时期出现的，藏族都以“门孜康”的历算书“络托”为生活指南（即使现在也如此）。尽管这本长条书充溢着宗教上的内容，但是它不同于宗教教义。虽然“络托”记载了许多问卜算卦的宗教内容，但是它最为重要的是给人们展示了有关现实生活的丰富知识以及对于这些丰富知识做出的充满民族特色的解释。

第二节　反复的劳作加深了年庆印象

在西藏所有的节日中最为隆重的是“洛萨”（新年），“洛萨”为藏历新年初一。由于藏历历算的特殊性，每年的新年与阳历年差距较大。但一般来讲，藏历新年，即是开春之际。哈勒在他的《西藏七年》中写道：“眼看春色满园。三月已经来了，本月四日起便是新年节庆——所有西藏节日中最大的一个，一闹便是三礼拜。”尽管藏历新年是西藏最为重要和最为隆重的节日，但是由于生产方式和生活内容的不同，加上节气的差别，西藏各地区的藏历新年有早有晚，后藏地区一些农区和牧区也不见得特别重视这个节日，但这并不会影响藏族对于新年的认识，尤其是居住在拉萨的所有的贵族家庭。因为，藏历新年对于贵族们来讲是一次政治上的、经济上的、宗教上的、情趣上的，总之是一次整体表现自我的机会。

既然新年成为西藏贵族家庭展示实力的机会，为新年而进行的准备工作自然成为贵族家庭最大的一次竞赛活动。虽然拉萨的太阳常常是灿烂的，天空也常常蓝得没有一丝云彩，但是冬天还是寒冷的。然而寒冷的冬季，并不会影响每个贵族庭院内主人和仆人们为新年所做的盘算。主人们盘腿坐在铺有精致的卡垫的床上，用羊毛制成的毛绒毯（“协堆”）轻松地裹着下身，似睡非睡地靠在靠垫上，床边放着铜制的用来取暖的“火盆”。“火盆”幽幽燃起来的烟火，驱散了冬天的寒冷，给整个房子带来温暖。主人一边接过女佣递过来的茶杯，一边听着强佐和涅巴的汇报。强佐和涅巴恭恭敬敬地站在主人的前面，汇报着他们筹划新年的各项事宜。强佐和涅巴在主人面前少了平日的威风，他们发出来的声音既短促又低沉。由于主人听惯了这种发音，因此也不会感到有沉闷。看似懒洋洋的主人一般不会听漏为新年可能需要的任何一项开支。实际上主人也很清楚，新年的开支并不需要他费神，因为强佐和涅巴一直在凭经验干事，这只是例行公事而已。主人对他们的盘算一般不会挑剔，更何况家里的一切开支都由强佐或者涅巴经手。①

离新年还有一个月，每个贵族家的庭院都显得格外热闹。女主人非常忙碌，她手里拿着一串钥匙，长呼短唤着身边的仆人，不时地向强佐或者涅巴询问一些事情。所有的贵族妇女为了证明自己的贤良和治家能力，把值钱的和不值钱的物品都进行了分类，分别放在“涅仓”（一所空房）或者放在箱子或者放在柜子内并把它们锁上。由于强佐或者涅巴时不时地需要开锁取物品，因此少不了劳动女主人。而女主人的开锁、上锁，充分证明她治家有方。

时近年终，喧嚣和热闹充溢着每个贵族家的庭院，每间房子都在仆人的收拾中不断改变着。每逢新年，仆人们都要对主人的房子乃至整个庭院进行一次大扫除，藏族将此称为“拖积”。虽然贵族的每一间房子和庭院都会在仆人的照料下，平日里也会透出光亮的色泽，但每逢新年，仆人还要进行一次彻底的大扫除。即使是非贵族家庭也如此。大扫除是惯性很强的烦琐劳动，同样也是增加想像力的劳动。进行大扫除，得遵循确定的时间。一般来讲，藏历十二月的任何一天都会是大扫除的最佳开端。但是为了不触怒神灵，需要选择好的日期，这种选择并不需要打卦问卜，“络托”（历算书）自然就是依据。大扫除的分工比较明显，除了搬运大的物品需要一些男劳力外，一切清扫工作都由女佣来承担。虽然清扫工作有了明

---

① 拉鲁·次旺多杰、帕拉·次央访谈。

确的分工，但是女主人不会因此而轻松，她们会亲临现场视察并进行指导。无疑，大扫除给了平日无所事事的贵族妇女一次展示治家才能的机会。大扫除从开始到结束，女主人始终都是中心。仆人们在她的指导下，把每间房内的所有东西小心翼翼地搬出来，然后开始从房顶、房墙，再到地板进行一次彻底的扫除，之后又把原有的东西搬回房内。如果这时女主人或者有经验的女仆能够发挥一些想像，会使原来的房间面貌一新。这一过程，需要很多天。

法　会

当大扫除进入尾声时，女主人会感到非常疲惫，最后在女仆的搀扶下回到卧室或者客厅内，与男主人或者说得上话的仆人一道谈论大扫除的经过。女主人如释重负，女仆不会忘记轻轻捶打女主人的背或者腰。就在女主人感觉辛劳时，女仆们还在收拾每间厨房和各自的住所。厨房对于一个贵族家来讲非常重要，尤其是灶的修建，更不容忽视。厨房的收拾要由厨师以及帮厨者来监督。收拾完毕后，在灶墙上用干面粉画上卐图，祈求灶神的护佑，同时在火灶四周撒一点青稞，以求食物丰厚。

随着大扫除的结束，新年的准备工作也已就绪。“强玛”（酿酒师）开始浸泡一点青稞种子，并把浸泡的青稞种子栽培在精致的花盆中，准备为新年培育青稞新苗。与此同时，强玛还要着手酿新年酒。

迎新年的准备工作中最为重要的是炸“卡赛”（面果子）。卡赛的准备对于贵族家庭来讲是极其重要的，尽管其象征意义并不很强烈，但是卡赛种类的多少、卡赛品种的好坏等都成为新年前后的重要话题。正因为如此，每个贵族家都非常看重炸卡赛。炸卡赛，使每个贵族家的厨师有了显露厨艺的机会。拥有资历和经验的厨师不仅装点了自家主人的门面，同时会受到其他贵族家的热情欢迎。雇佣厨师炸卡赛是一件很自然的劳动借换，但这种权利被贵族家的家长所掌握。在西藏，厨师的身分具有两面性，尤其是那些具有资历和经验的厨师。作为归属于贵族家庭的厨师，他们如同所有的仆人一样，言行举止都会受到主人们的制约，但是与其他仆人不一样的是他们或多或少地拥有一定的自由和权力。同样在拉萨，还有一种以厨艺为生计的“自由人”。他们一般是世袭厨师家庭出身，常常被贵族家庭所雇佣，作为“自由人”，他们每年要为政府上交“人头税”。正因为如此，贵族社会和贵族家至少在表面上非常尊重厨师。在新年的准备工作中，厨师们除了大显身手地油炸各种果子外，还要与强佐、涅巴一起准备新年的年饭和新年的宴席。

大年二十九是新年前奏曲。这一天，由于习俗，家庭中的老爷、少爷们开始在仆人的伺候下洗浴，以洗去旧年的尘埃。与此同时，家庭中所有的男性都会在这一天洗浴。临近傍晚，每家每户都在作“古突”（面疙瘩汤）①。一般来讲，主人和仆人一同食用古突。古突的食用不仅仅是一种年庆前必须保持的习俗，同时它还包含着很强的娱乐性。古突面团里包有各种寓意的东西，如石子、辣

① “古”为藏话中的“九”之音，“突”为面汤，也是汤面的意思，即面条、面片、面疙瘩、面糊等，还包括米粥。

椒、木炭、陶片、磁片、羊毛等。与此同时，还用面团捏成“太阳”、“月亮”等一些有说法的形状。当食用古突时，厨师会在每个人的碗里放一个面团，等大家食用完毕，由一仆人把面团打开，解释其含义。每个解释都会引来一番热闹，其中孩子们最害怕拿到寓意不好的面团。等大家食用完古突，家中几个身强力壮的男、女仆要进行驱鬼仪式。其仪式既不用借助僧人，也不用借助经书，而是仅靠习惯和经验。驱鬼的仆人们，一人手里举着点了火的麦穗，一人端着装满古突的陶罐，还有几个是助威者。他们由一个房间蹿到另一个房间，嘴里大喊着“鬼滚出来”，然后，不回头地径直跑出门外，一直跑到十字或丁字路口，把火和古突都端放在地上。这时四面八方的驱鬼者都会聚在一起，大家共同欢呼着，跳跃着，火光冉冉升起，一年的鬼气似乎在人们热闹的呼喊和火焰中被驱逐了。古突和“驱鬼”是迎新年的一次重大助兴活动，非常热闹。等到驱鬼者返回，各家庭又要进行一次既严肃又活泼的游戏：当驱鬼者离开家院大门时，有一仆人马上会把大门关上并上栓，以免鬼气徘徊返回。主人和仆人都会回到主客厅内，按主次座位入座，强玛手里捧着新酿的酒敬献给主人。等听到驱鬼者返回的敲门声，主人和仆人同时来到门口，院内院外隔门问答。一切就绪，驱鬼者方可进门。驱鬼者会得到主人的奖赏，主人亲自给每个驱鬼者赐一杯青稞酒，即使那些不善饮酒的驱鬼者也要接受这种奖赏。

大年三十是迎接新年的关键一天。这一天里，太太、小姐们在仆人的伺候下开始洗浴，同样家中所有的女性都要在这一天洗浴。与此同时，仆人们再一次把各个房间清扫得一尘不染。到了傍晚，开始在几个主要房间（主客厅、主人的经堂，以及供奉佛祖和护法神的大经堂）摆设“德嘎”①。除夕和新年之间的一天时间里，每个贵族家都十分忙碌。最终一切会显得新鲜明亮、富丽堂皇。除夕之夜，女人们没有歇息时间，包括女主人。但是为新年而劳累的感

① 食物供品，是一种面制的具有固定形状的供物。

觉是愉快的，尤其是当女主人倚着靠背，指点着女仆打开一个又一个装满服装的大箱子，翻拣她们的衣服时。这时候，她们的感觉不仅是惬意的，而且还有些陶醉。所有的贵族妇女，无论她们长得美丽还是难看，无论她们的等级如何，有一点似乎是相通的，她们都非常喜爱各种各样的服饰，她们也喜欢鼓捣那些不同颜色、不同料子、不同形状的服饰。①

几乎所有的贵族家庭都有许多皮制的、铁制的以及皮包木制的大小不等的箱子。这些箱子中装满了各种值钱的或者有价值的物品，其中换穿的各种服饰也分类地装在这些箱子中。这些箱子是贵族妇女最喜欢触摸的对象，每一件东西似乎都被她们赋予了无穷的遐想，因为箱子里的东西是她们在各种社交场上炫耀的行头。箱子里容纳的物品真是多，其中氆氇“协玛”（羊毛织成的上等毛织品）的、丝的、绸的、软缎的、金丝缎的，样样俱全。②

三十和初一之间的接替比往常早几个小时。三十的热闹还没有彻底冷却，新年的第一天就开始了。新年，仆人们的分工是很明确的，天还没亮，在睡眼蒙胧之间，他们便穿好了新年的衣服。之后开始干自己分内的活。按照传统的观念，一大早，几个女仆到井里打新年的第一桶水。同样，管理牲口的仆人也得在新年的早晨喂饱牲口，当然，他们不会忘记给佛祖上灯供奉，因为这是最为重要的内容。厨师会在一大早给主人端上滚烫的“衮呆”③。同样仆人们也会在早晨吃“衮呆”，只是厨具、用料与主人的有差别。

女主人吃完“衮呆”后马上起床，洗漱后换上合乎自己身份的新装，满面笑容地给每个仆人说声“扎西德勒”（吉祥如意）。然后来到经堂，向佛祖祈祷并念诵祈祷经。男主人和孩子们吃完“衮呆”之后，还要睡一会儿回笼觉。等到阳光朗照，女主人带着仆人才把他们一一唤醒，他们一边伸着懒腰，一边在仆人的伺候下懒洋

① 帕拉·次央、普陇·索珍访谈。
② 帕拉·次央访谈。
③ 一种煮沸的青稞酒，里面搁红糖、酥油、奶渣、人参果。

洋地整装梳洗。尽管男主人起得比较晚，但是也不会忘记给佛祖磕头祈祷。[1]

老爷、太太、少爷、小姐都穿上美丽的新装，来到主客厅按照

四个仲译钦莫（20 世纪 30 年代）

尊卑长幼依次坐定。老爷的座位在正中间，坐垫也比其他家庭成员高一点。等到家庭成员坐定后，由一女仆手里端着“切玛”[2]，来到主人们跟前。每个人一边念念有词地说着同样的吉祥词，一边用手指捏一点青稞三撒上天，以示佛、法、僧护佑。与此同时，还捏一点糌粑送到嘴里，以示年年有余。仆人们在强佐的带领下依次向主人敬献哈达，并说上几句吉祥的祝福话语。这时，厨师又会端来“卓玛翟丝”[3] 敬献给家庭的贵族成员。

所有的贵族家庭，新年的家庭礼仪形式基本上一致，但是当政

① 调查笔记。

② 吉祥五谷斗，木制雕刻绘图的斗。一半装青稞，一半装糌粑。上面插上青稞穗和“孜卓”——一种酥油制成的彩花板。

③ 类似于八宝饭，其内容为大米、人参果、白糖、酥油。

达赖喇嘛的家庭由于家庭成员中有一个非常特殊的人物——达赖喇嘛，所举行的礼仪有所不同。新年当天，当政达赖喇嘛家庭的成员一般会在凌晨一点起床。起床后第一件事就是给家中的神坛上香，然后坐在客厅排好的位子上，接受管家与仆役们的新年节礼。仆人们会先奉上西藏茶，然后是在青稞酒中掺入人参果、乳酪、糖、糌粑并煮沸的“衮呆”。喝完“衮呆”，依照等级高低，强佐、涅巴、秘书、仆人、女侍会轮流呈上哈达。完成这个仪式后，主人们立刻赶往布达拉宫参加凌晨两点的仪式。达赖喇嘛在凌晨一点会在布达拉宫的阳台上举行简短的祈祷仪式。祈祷仪式结束后，他回到自己的房间。这时，达赖喇嘛的家庭成员依长幼次序向达赖喇嘛献上哈达表示新年的祝福。

新年的早晨，作为官僚的贵族成员，必须参加参拜达赖喇嘛的新年仪式。该仪式可能是在达赖喇嘛执政制度趋于完善后形成的，到了 20 世纪 40 年代时，该仪式已经演变成一个非常严格、规范的典礼了。

所有的贵族官僚带上自己的贴身仆人，穿上能够代表自己身份和等级的官服，骑马来到布达拉宫，相互之间进行礼节性的祝福后，官僚们按照等级排列等待着参拜达赖喇嘛。达赖喇嘛在他经师的引领之下来到宝座前就座，开始接受官员及其高僧等的参拜。所有参加仪式的人按照等级高低排列，由达赖喇嘛的两个经师引领，对达赖喇嘛行伏地跪拜之礼。之后，司伦呈献曼达①。达赖喇嘛祈祷时，众官僚屏住呼吸，安静地等待着。这些仪式过后，是较为轻松的“嘎图巴”（鼓手）与“坛森”（舞者）的表演，这之后，便是抢“卡赛”的活动。②

参见达赖喇嘛的新年典礼，是每年新年例行的宗教和世俗相结合的礼仪。这种礼仪贯穿着宗教感情，每个官员都以虔诚的态度接受达赖喇嘛的摩顶，并从中体验到一种只有高阶层才能享受和拥有

---

① 专门用来供养佛的仪器。
② 调查笔记。

四个仲译钦莫（左起：土登丹达、莱丁赛、觉丹、群培土登。20世纪40年代）

的宗教福分。结束了这种宗教仪式后，紧接着就要观看只有在布达拉宫才能上演的戏剧。达赖喇嘛和经师从舞台上方的阳台上观看演出。阳台的四周被木框框住，淡黄色的丝绸帘子把阳光挡在了室外，达赖喇嘛静坐在帘子后面的坐垫上。而高僧、活佛以及地方政府的官员们都按照规定，在“舞台”左右楼层的固定座位上就座。舞台是一个很宽广的楼台，达赖喇嘛和官僚们从不同的角度俯视着演员们的舞姿。在楼台演出场上，只有参加演出的演员和维持秩序的僧人，还有那些有幸能够观看演出的朝佛者。当达赖喇嘛来到上

西藏地方政府官员列队向达赖喇嘛致敬（20世纪40年代）

层阳台时，所有参加演出的演员和观众都会双手合十伏地跪拜。[①]朱少逸在他的《拉萨见闻录》中对此有一些具体的描述："上午九时到布达拉宫时，跳神者已在大殿前之空场上活动，藏兵数十人，着藤制之甲胄，分成两行，持剑对舞，盖昔年土伯特武士之遗风，而精神大异。余等为乃兴巴引导穿过人群，登三层楼，楼西向，与正殿相对，凭栏俯视，景象了然，据云乃清末驻藏大臣观剧处，对面是正殿，凡五层，左右各有偏房，正中最上层以淡黄绸作幔，内设巨椅，乃达赖坐处，刻有虚设，其下为四噶伦席，再下为达赖父

① 调查笔记。

母（家人）席，……再下为仲译钦波及孜仲（僧官）席，最下层乃平时出入之大门，此时用为跳神者化妆之所。与达赖座位平行之左方，有偏房一间，帐以深黄绸，即热振摄政坐处也。”舞台上表演的剧目对于他们来讲，都是一些非常熟悉的故事，他们清楚剧情的每一个细节。神话和寓意是这些剧目的主题，舞蹈语言都是一些易于理解的表面化的动作，然而，观众慑服于辉煌而动人的舞台效果。不管怎么说，这些剧目的安排给布达拉宫威严壮丽的建筑注入了节日轻松活泼的气氛。

同样轻松活泼的气氛还表现在戏剧结束后。随着戏剧的结束，一个欢快的活动又开始了。官僚们有幸得到布达拉宫供给的新年茶和“卓玛翟丝”，并有幸参加带有娱乐性的“抢卡赛”（抢炸面果）活动。据说“抢卡赛”活动是在十二世达赖喇嘛时期产生的。尽管我们不清楚该活动的产生与宗教有无直接或者间接的联系，但是由于藏族人认为布达拉宫内所有的物品都与佛有直接的关系，因此布达拉宫内的“卡赛”也自然是沾满佛福的食品。供人们“抢夺”的“卡赛”一般离新年还有三个月时就开始炸制，在新年的前一天把“卡赛”堆积成小山峰。“抢卡赛”活动除了贵族官僚之外，所有在新年上布达拉宫朝佛的群众都可以参加，但是时间上有一些差异。也就是说，等官僚“抢”完了“卡赛”，群众才被允许参加。尽管大家的行动都表现在“抢”字上，但是贵族官僚们的“抢”是在斯文的谦让中进行的，因为堆积如山的“卡赛”，没有必要等这些身份高贵的人去抢夺。等到了群众“抢卡赛”时，“抢”才显得名副其实。因此，这时候会有一些身强力壮的僧人拿着竹鞭维持秩序。

无疑，因参见达赖喇嘛而引申的布达拉宫的年庆活动，是一种以宗教为主线的带有极强的世俗气氛的活动。

官僚们开始三三两两地一边说着一些赞美有关庆典活动的话，一边下山返回各自的家中。习惯使然，新年初一贵族家庭之间不会互访。当男人们上布达拉宫参加庆典仪式时，女人们也不会因此在家中闲着，她们穿着节日的盛装带着自己的女佣到大昭寺进行新一

三位俗官噶伦（20世纪30年代）

年的供奉祈祷。

琳琅满目的食品成为贵族家庭在新年中的一大点缀。仆人们忙碌着，桌子上摆满了精致的食品和精致的器皿。煮的羊肉，炖的牛肉，蒸的牛肉包子、“西沙”（豆沙）包子以及精致的奶渣加白糖、酥油的“秋热”包子，还有酥油、精致奶渣、红糖、糌粑混合制成的“玛散”（糌粑糕点），清蒸牛舌，牛肉和大米混合灌制的肉肠等都成为午饭的主要内容。至于晚饭，每个贵族家会有一些不同，但是“嘉郭”（火锅）是许多贵族家新年晚餐的主要内容之一。[1]

初二上午，在布达拉宫举行一年一度例行的“乃琼降神仪式”。西藏有诸多的“降神神汉”，其中哲蚌寺“乃琼降神神汉”最为重要。“降神”是西藏宗教的重要仪式之一。地方政府无论是求福避灾，还是做出重大的政治上的和宗教上的决定，都要降神问卦。哲蚌寺“乃琼降神”只有在重大仪式中才会进行。

降神仪式在上午的某一个不太确定的时间里进行，参加降神仪式的贵族官员都不会怠慢。天蒙蒙亮，他们即整装出发。只要有达赖喇嘛或者摄政参加的仪式，其仪式的开始基本上是相似的。通常在举行这个庄严的仪式之前，官僚们按照品级，先僧后俗排序，面对着达赖喇嘛的宝座伏地跪拜。之后，按照品级，僧右俗左坐在高低不一、颜色有别的座位上。朱少逸的《拉萨见闻录》中也有有关这类活动的描述：“二月十日为藏历初二，哲蚌寺乃琼（护法神）每年例于此日降神一次，预言年岁丰歉时事吉凶，间亦涉及政教事务，据云甚为灵验。”“降神”仪式在极强的宗教氛围里进行和结束，每个参加“降神”仪式的人，都会被宗教的神秘力量所震撼。尽管如此，被宗教影响的情绪不会延续很长的时间。当天下午在布达拉宫山脚下举行撑竿滑绳表演，这是一个热闹的下午，各个阶层的人都会汇集在布达拉宫山脚下，观看这个完全带有世俗性质的非常刺激的游戏。该游戏的表演者来自低层农奴，尽管该行当不属于世袭，但是由于游戏危险系数很高，所以慢慢形成了一种世袭表演。关于这个游戏，我们同样可以从朱少逸的《拉萨见闻录》中读到：“下午，布达拉山下举行坠绳之戏，其法先立五丈高竿于平地上，再由竿顶系牛毛绳，斜垂而下，牢拴地面，坠绳者着短衣，以生牛皮束胸，先爬升竿顶，再抱绳倒悬滑下，快捷如飞，如堕者平安落地，则本年岁收丰稔，百事吉祥，否则必有荒年或发生重大不利之事。坠绳者系征自民间，落地多成昏迷状。”正因为该游戏危

① 调查笔记。

险性很大，所以在西藏流传着这样一句话："强巴（指坠绳者）阿妈没有被饿死，反被急死"。

贵族官员及随从（20世纪40年代）

从藏历初三开始，贵族家庭便进行相互间的互访活动。年庆是亲朋好友聚会的好日子，当然也是拜访高官、高僧的好时机。一般来讲，西藏没有高等级家庭访问低等级家庭的情况，除非不同等级的家庭之间存在着亲情或者姻亲关系。即使这样，高等级的家庭也只在低等级家庭的邀请之下才访问对方。①

西藏所有的节庆都与宗教有着密切的关系。对于新年我们也不能假定或者草率地判断它是绝对意义上的世俗节庆。由于藏民族虔诚信仰佛教，所以人们对于任何一个存在物的认识都与佛教联系在一起。新年也不例外，其中渗透了宗教内容。20世纪30年代的西藏社会，政教合一的政治制度已经从最高峰急骤地滑向低谷，宗教与人们的意识、道德、行为紧密地联系在一起，一个循规蹈矩、腐朽守旧的社会制度就是这样被固定并延续着。宗教作为一种信仰，

① 调查笔记。

行使宗教活动和权利的活佛和僧人也体验着宗教赋予的特殊权力和荣誉，尤其在节庆等重大活动上更是如此。

第三节　宗教依赖和世俗迷恋同时存在

从大年初三日起，三大寺喇嘛相继下山，入住拉萨城。拉萨城内有各大寺院的僧舍（平日租借给俗人）。从藏历初五至二十六日，为大昭寺传召期。在此期间，拉萨的所有行政权，都由哲蚌寺铁棒喇嘛负责掌管，各官僚机构一律停止办公。三大寺及拉萨附近各寺僧众，约二万余人，会在藏历初五之前，集中到拉萨。[①] 一般来说，藏历新年第四天那天，哲蚌寺主管传召法会的僧人，开始在林廓（拉萨旧城外环）大声宣讲传召法会期间需要遵守的规定。他还宣布在大法会前夕，任何人不得吵闹、不得醉酒等，而这一切禁令从宣布当日开始生效。那些外来的喇嘛会被安置在拉萨施主家。在法会那天清晨，所有的喇嘛包括那些外来的，都会到大昭寺，很快寺内挤满了喇嘛，大昭寺和八廓街变得异常拥挤。[②] 新年传召大法会是西藏拉萨新年的一个特殊、重大的宗 教活动。在这个宗教活动期间，宗教权威被无限地扩大了，以致在这段时间里拉萨地方政府的司法权力也移交给了宗教人士。《拉萨见闻录》一书对这项活动记述得很清楚："（初三）上午九时，哲蚌寺铁棒喇嘛二人至布达拉宫报到，旋即乘马急驰而下，后随袒背佩剑孔武有力之喇嘛十余人，绕拉萨全市行一周，且行且呼曰：'自今日起，全拉萨的官民，除热振（当然包括达赖喇嘛）和钦差外，都要归我管理，尚有滋事及不守规矩者，不论僧俗，一律严惩'。于是拉萨市之统治权，随铁棒喇嘛之宣言而无形转移。……（初四下午），铁棒喇嘛接收浪子厦。浪子厦为管理民事之机关，相当一市政府。自今日始至藏历

① 调查笔记；参见朱少逸《拉萨见闻录》。
② 调查笔记。

拉萨大法会一景（20世纪40年代）

一月二十六日止，拉萨之政治形态，完全消失矣。”

关于传召，据有关历史文献记载，1409年藏传佛教格鲁派创始人宗喀巴大师在大昭寺创办大祈愿法会（俗称传召法会）。自此，每年藏历初五日在拉萨举行隆重的传召法会。传召在某种意义上是一次借新年之际而举行的祈福驱邪的宗教活动。传召当天，贵族家纷纷给寺庙和僧人发放布施。传召期间，朗朗诵经声将把人们对宗教的信仰扩展到无限。尽管如此，贵族们不会因此而影响其新年的节庆活动。

拉萨大法会一景（20世纪40年代）

在年庆的互访中，能够凭借高贵的出身来激起贵族阶层强烈感情的有几种现象。首先是室外墙壁的粉刷，与此相呼应的是宽敞美丽的院子、洁净精致的客厅、阳光灿烂的阳台以及从中透出的惬意生活。任何一个贵族家都不会放弃可能说明身份的一切行为。追求外在的形式，不外乎做给周围的人们看。人们通过观察以推想该家庭的经济地位。正因为如此，家具的布置，以及器具的精致既用来点缀房屋，也用来说明该家庭的等级品味和财力。每个贵族家庭对客厅的布置都会狠下工夫，古朴典雅，是他们不约而同的追求。棕色几乎是他们喜欢的同一色彩，作为一种古老的典范，还成为建筑装饰的主色调。

贵族成员的想像建立在贵族生活日复一日的重复上，年庆的互访活动，很少有心血来潮的举动；建筑外观和与之相呼应的房屋装饰也如此，不会有什么更新鲜的花样。而达赖转世灵童的家却不同。因为转世灵童的父母家是贵族社会的新成员，还是一张白纸，在上面可以描绘出美丽的图画来，所以许多贵族都乐于为他们家的房屋装修贡献出自己的智慧来。新任达赖家作为新的贵族家庭，其主人和仆人对他们的建议都会非常谦虚地接受下来，至于采纳与否，另当别论，起码会很重视。①

再来说年庆。年庆的时间不定，人们对它的态度非常随意，可以说年庆是自行结束的。

在年庆中，拉萨还要举行一些极为古老的奇特的活动。其中最为奇妙的是年庆的某一个晚上能够观赏到的“大昭寺酥油灯展”。哈勒在《西藏七年》中写道：“高逾十公尺的木架自地面升起，……黄昏过后，这些由僧人用酥油制成的艺术品，就会被带过来。这些五颜六色的酥油花，是由僧院里特具才华的僧人，以艺术家的匠心，慢慢捏揉塑造出来的。由于动用了极大的耐性，这类作品往往做工精致，美轮美奂。酥油花创造大赛某晚举行，政府会颁奖给最优者。这奖多年来都是由密宗学院获得。”酥油花的展出再一次丰富了贵族官僚们的年庆活动，他们穿着节日的盛装早早地来到“噶厦”办公驻地（与大昭寺一墙之隔），等待着达赖喇嘛或者摄政的到来。黄昏过去，月亮当头，这时会出来数目不等的开路藏军，看热闹的人们开始向两边散去，腾出一条空路，这时大昭寺数千盏酥油灯开始被点亮，与此相呼应的是每个贵族家在自家窗户上也点燃了数十盏酥油灯。整个拉萨被大昭寺前后的酥油灯和皎洁明亮的月亮辉映得无限光彩。达赖喇嘛和世俗官员缓步走出大昭寺，观看酥油花。周围的人们双手合十，口诵经文，双目垂地，接受着可能的一切福气。

酥油花的观赏如同幕间插曲一样，随着月亮的西移便结束了。

① 调查笔记。

官僚以及他们的家人，乃至整个生活在拉萨的人们，都非常熟悉和习惯这样的庆典活动。当八廓街只剩下一些野狗在毫无顾忌地游逛时，美丽、灿烂的酥油花也被人遗忘了。一年之后，酥油花又重新绚烂于八廓街。

新年自有宗教的和世俗的两种内容贯穿其中，酥油花的神圣展示一结束，大昭寺广场立刻成为随意游乐的“竞技场”，具有喜剧色彩的“运动竞赛”随之拉开了帷幕。竞技比赛在某种意义上可以说是最具世俗特点的娱乐活动，所有的拉萨人都喜欢观看这种游戏。达赖喇嘛或者摄政往往从大昭寺西厢阁楼内探观该活动，由于棉布窗帘的遮掩，一般人看不到他们。噶伦以及官僚成员，则坐在固定的位子上观看节目。①

与所有的活动一样，竞技比赛同样也没有固定的开幕时间，初升的太阳就是开幕的最佳时间。开场没有任何形式，两个赤膊的年轻人一上场便开始摔跤。摔跤方法有它自己的规则。只要身体的任何部位（除了脚）碰到地面，都算这个人被对手摔倒。没有参赛者名单，同样也没有比赛规则。地面上铺有一块草席，而参加摔跤的人员从人群中走出，彼此一抓就开始比赛。参赛者上身一般裸露。每次比赛很快在观众的嬉笑中结束，赢者可能会有挑战者，一般来说，没有参加过类似比赛的人，很难战胜对方。比赛的胜者没有特殊荣誉，胜利者与失败者都会得到哈达，但获得的哈达等级不同。哈达由四大噶伦赐予，无论是胜利者还是失败者，都会弓腰接受大人们的恩赐。之后，参赛人员会给达赖或者摄政磕头致谢。② 摔跤是人们喜爱的一种游戏，尽管没有严格的比赛规则，但是赢者会在一片欢呼声中绕着圈炫耀自己的胜利。与此相似的比赛还有“举重”。哈勒在他的《西藏七年》中写道：“继之进行举重比赛。举一块沉重、平滑的石头，这石头八成已看过数百次新年节庆了。石头必须被举起，绕旗杆一周。殊少有人能表演此等绝技。往往是大踏

① 调查笔记。
② 调查笔记；参见哈勒的《西藏七年》。

步充满信心而来，却发现丝毫举它不动，或好容易举起，却一会儿又溜了手，险些砸到脚趾头。每有这等情形发生，总引来满堂笑声。”尽管这些活动并不像现代意义上的运动一样尽善尽美，但是这种随意的展示，有如轻松的戏剧，创造了欢乐。

此外，赛马是年庆中最能刺激贵族感官的活动。每年赛马的起点不定，一般会定在拉萨城郊。同样，终点也很不固定，很多时候设在贵族拉鲁府第旁的坪坝上。拉鲁坪坝占地面积非常宽阔，它不仅是新年赛马的终点，也是举行马术表演的重要场地。赛马和马术表演是年庆的最后一个活动。就在当天，拉鲁坪坝上扎满了各种营帐，在很大程度上可以说这是一次贵族经济实力的较量。每个贵族家庭都会精心地装点最好的马匹，充作驭者的仆人也会穿上名贵的服装。同样在《西藏七年》一书中有关于赛马的现场描述：“（坪坝上的）这些营帐构成一幅美丽的节日景象。此外还有男女身上色彩鲜艳的锦袍。四品以上官员穿光亮的黄色丝袍，头戴坠有蓝狐皮的大盘帽。……实为一展现浮华及权利的好机会，而名流们了解，他们之所以能做这番展现，实拜一般人民所赐。在节庆的最后一天，四噶伦会摘下他们昂贵的头饰，而换上普通的红坠帽子，以显示他们在这一刻是与人民平等的……”马术的内容并不很复杂，参赛者均为家仆，接受过一定的训练，此时他们要代表自己的主人展示其骑术和射击两个项目。骑术主要表现骑手在马背上的技能，动作的敏捷是该项目取得胜利的关键。而射箭主要表现在弓箭运用的熟练程度上。总之，该活动是地方政府和贵族家庭投入精力（包括人力物力）最多的大活动，赢者不仅得到上等哈达，还会得到嘉奖。贵族家庭也会犒劳自己的选手。

新年似乎在赛马活动的一片热闹之中画上了一个句号，古韵幽幽的八廓街又重归于平静。月光尽显冬日的苍凉，人们又一次坠入了梦乡。月光之下的贵族庭院，似乎还透出年庆的几分喜色。就在赛马活动结束的一段日子里，尽管官僚们还与往常一样在各自所属的机构内例行公事，但是他们在家中常常设宴、请戏子，新年仿佛停滞在庭院中了。

聚会、送礼是西藏贵族家庭固有的特点和喜好，而新年正好给贵族家庭提供了这个条件。亲朋好友聚会是贵族家庭公认的年庆内容之一。在节日里，贵族家之间的交往显得富有人情而又自然。

一般来说，同一个等级的贵族家庭往往会聚在一起。当然也会存在一些跨等级贵族家庭之间的来往，但这种现象较为少见。高等级的贵族家庭由于自身拥有的声望，除非是因为姻亲关系，否则极少登低等级家庭的门。同样由于等级界限，低等级的贵族家庭除非有求于高等级的贵族家庭或者存在姻亲关系，否则也不会登门拜访。

人际交往的森严，并不是贵族社交的基础。由于许多不稳定因素，这种森严的人际关系也在人为地调整。毫无疑问，即使是那些纯属于家庭之间的社交关系，也无不打上了政治、经济、宗教等各种印记。

贵族家庭相互之间进行的互动式邀请，在 20 世纪 30 年代开始已经有了完整的一套仪式，其中包含贵族应有的礼节，实际上这就是贵族的主要生活。通常，贵族家庭相互确定时间，统一意见后，便决定将在某处消磨某日。几乎所有的贵族家庭都热衷于这项活动，也喜好于接受这种邀请，所以，每个贵族家庭都会在新年里几次设宴款待亲朋好友。①

西藏贵族家庭几乎都有各自的厨师，尤其是那些高等级的家庭更是如此。哈勒在他的《西藏七年》中对贵族擦绒家有过这样的描述："擦绒宽绰到能请得起好几位厨师。他的男主厨曾在加尔各答最好的饭店掌过几年厨，对欧洲菜肴甚稔熟。他的烤牛肉做得很棒，此外他还很会做糕点和饼干。另有位厨师曾被派往内地，学得一手好汉餐回来。擦绒喜以无名美味来博取其客人的惊讶。"虽然所有的贵族家庭不会都像贵族擦绒一样拥有厨艺高超的厨师，但这

① 调查笔记。

不会影响饮食的水平。与“炸面果子”一样，贵族家庭相互间可以借用厨师。

强佐（管家）和涅巴早早地将宴会需要的食物准备好。丰盛可口的菜肴是贵族家庭赞美和追求的宴会食品。每个贵族家庭都希望有一个精明强干的强佐和涅巴，但如果因为强佐或者涅巴的精打细算而造成宴会食物的不足，不仅被其他贵族家庭所耻笑，而且也会受到主人的责骂。西藏贵族虽然无限地追求饮食享受，但是其饮食结构是比较单一的，即使是那些游历过世界、见过世面的贵族成员也不例外。在饮食上，西藏贵族缺少冒险的勇气，他们崇尚的是已经定型的菜肴。肉食是其主要的菜种。①

在西藏有一种说法：“汉食十八种，藏食十六种。”这种用数字归类汉餐、藏餐的说法，说明了一种饮食现象，也说明了一种饮食结构以及汉藏饮食文化的关系。当时的贵族家庭，在用汉餐待客时才会把一些蔬菜摆在桌面上，诸如西红柿、青辣椒、白菜、芹菜、葱。同样在摆设汉餐时才有可能食用一些水产品，诸如干海参（水中浸泡后进行加工）、虾米、拉萨河的鱼等。汉餐是在川菜的基础上藏化的一种菜种。与汉餐不一样的是藏餐，藏餐是西藏自己的菜种。牛、羊肉是藏餐的主要内容，如烤羊肉、烤羊头、灌羊肠、灌羊肝、萝卜炖羊肉块、煮牛肉、煎牛肉、咖喱土豆牛肉、牛肉包子、清蒸牛舌、干牛肉等。为了点缀桌面，会增加一些蔬菜，即使这样，也会在这些蔬菜中放许多牛肉。从藏餐的一些菜肴看，比如咖喱土豆牛肉，已足见印度餐的影响。

所谓丰盛的菜肴是有一定说法的，“嘎初碟西”（六个固定大小的瓷碗和四个固定大小的碟子），六个瓷碗是热菜，四个碟子是凉菜。比这个规格更高的是“嘎杰碟初”（八个瓷碗和六个碟子），其含义是一样的。

尽管设宴是互访聚会的主要内容，但是一般来讲，共进宴餐的

---

① 调查笔记。

时间最多为两次：午餐和晚餐。所以，游戏和饮品成为当天消磨时间的主项。西藏贵族家庭比较注重饮品，首先是酥油茶。哈勒在《西藏七年》中的一段话是一个具有说服力的例子："西藏人的用餐时间与我们的不一样。一大早天还没亮，人人就喝起酥油茶，且经常一喝就喝一整天。我听过有人一天喝两百杯（小瓷碗，男女有别）的，这我敢说是夸张的。"除了酥油茶，贵族家庭还备有甜茶。甜茶是由红茶、牛奶、白糖加水而制成的一种饮品，据说传自英国。青稞酒是必不可少的假日饮料。假日里还会有一些外国的不知名的红酒，当然这只是一种点缀。

对于贵族家庭来讲，吃饭是有讲究的。一般来讲，老爷们的桌子是主桌，夫人们的桌子其次，少爷、小姐依次排列，儿童一般在另一间房子中被伺候着。仆人们从主桌开始摆菜，之后摆上筷子。无论是男人还是女人，老人还是年轻人，只要他们的身分为贵族，那么在他们吃饭时，就有专人伺候着。饭桌上最能表现贵族等级文化的底蕴了。当老爷、太太、少爷、小姐等都入座后，仆人们一一给他们端上主食。除了馒头、包子、饼子等不带汤的面食以外，主食都盛在各自的瓷碗里。被用来盛饭的瓷碗称之为"族噶"（立碗）。"族噶"也跟茶杯一样有大小之分，大的同样被称之为"颇噶"（男杯），小的被称之为"莫噶"（女杯）。当主人进餐时，会有仆人侍立着侍候，尤其是添饭。添饭同样也有讲究，仆人们手里拿着一个盛满饭的被称之为"色噶"（添碗）的小瓷碗，熟练地给主人们添饭。整个吃饭的过程是在主人的无限殷勤和客人的极度赞美以及假意推辞下进行的。客套在吃饭过程中表现得尤其明显，因此，在贵族社会中流行着这么一句话："做客的那一天是最饿的一天，穿新衣服的那一天是最冷的一天。"虽然主人供应的食物丰富多彩，但是由于礼节的拘谨，也是为了一种"尊严"，客人们决不会放开肚子大吃大喝的。①

家庭聚会对于贵族家庭来讲，无疑是一次传播趣闻轶事、交流感

---

① 调查笔记。

布达拉宫后的宗角禄康

情、活跃情绪的主要途径。尤其是贵族妇女。西藏贵族社会无论事实上还是形式上，都是男人的社会。所以，家庭聚会对于贵族妇女来讲是一个极佳的社交机会。

家庭聚会是非常贵族化的一种社交活动。无论是那些显赫一时的老爷，还是那些气焰十足的少爷，或者隔绝了功名事业的老爷、少爷。总之，这些人都会在家庭聚会中进行各种游戏，谈论对于宗教和时事的看法。尽管政府有规定，不能在聚会中进行赌博，但是作为贵族的一种生活方式，赌博备受青睐。在家庭聚会中，贵族们主要以玩麻将、藏牌等进行赌博。不过女人和年轻人很少参加。[①]

年轻的贵族成员由于年龄因素，他们更喜欢一些新式的娱乐。他们当中尽管有一些人终日无所事事，但是不会因此而抱怨世道，他们身上更多的表现出喜好享受。他们的欢笑和娱乐没有文化含义。

① 调查笔记。

家庭聚会给贵族妇女创造了一次充分交流的机会，妇女们叽叽喳喳的声音和鲜艳夺目的服装都能够充分地说明这一点。妇女们的闲言碎语都是从家庭聚会中冒出来的，尽管她们之间讲求礼让，但在实际上却具有强烈的表现欲望。她们喜好探听、议论，并将刚听到的消息迅速地传给别人。这似乎成了贵族妇女们擅长的游戏。此外，她们还喜欢讲述男人的故事、女人的故事，甚至说几句不正经的笑话或者脏话，有时还发出一些惊叹、做出一种害怕的模样。不过，贵族妇女们的喜好不会只停留在言语表达上，她们更注重对服饰的展现。

贵族妇女对服饰十分热衷。服饰会把一个相貌平平的贵族妇女装扮得极为优美和高雅，所以，贵族妇女们不会压制自己对服饰所表现出来的强烈欲望。尽管贵族妇女对服饰的追求总是热情高涨，但由于传统价值观念的影响，她们的热情受到了一定的限制。西藏贵族的服装在颜色和质地上虽然称得上高雅和谐，但式样上显得有些单调乏味。与服装式样相配的是那些精致而珍贵的装饰品，装饰品的遗憾在于它们的花样太单一。①

由于当时的贵族妇女不从事任何正规的职业，即使在家庭内，她们也除了承担母亲、妻子的角色外，从不为家庭事务而操心，因此，打点服饰成为无所事事的贵族妇女们消磨时光的主要内容。

贵族妇女们终日忙于穿梭在各个寺庙拜佛，来往于家庭之间进行无止境的聊天，游逛于各个商店享受消费的快乐。

贵族妇女从小就被有意识地往淑女上培养。但是淑女更需要服饰来装点，因此，服饰成了她们的依赖。一个典型的贵族妇女，常常是鲜艳的丝绸衬衣配上合适的缎面藏袍，腰间系上一条与藏袍主色调相协调的绸带。系腰带是有讲究的，不能把藏袍系短也不能系长，长短适当以盖过鞋面为佳，其形式如同水流垂下。腰前系上五彩上等氆氇制的精致的“邦典”（围裙），身披金线绣花的缎面长褂，长褂盖过膝盖。鞋子与藏袍一样，式样上没有多少变化，但是质地上很讲

① 帕拉·次央、普陇·索珍访谈。

究。一般来讲,鞋子为平底,鞋面为金丝绣花的上等氆氇制成。松软的鞋底因为合脚,步履显得轻盈有致。头发总是梳理得亮亮的,两根辫子直垂腰间,由各种颜色的丝线作为发绳,把两根辫子很自然地连在一起。头顶上佩戴着"巴珠"(珠冠),"巴珠"是一种三角形状的大型头饰,镶有珍珠和红珊瑚。而珍珠和红珊瑚质地的区别,成为家庭经济的辅助说明。"巴珠"当中还有一种叫"木第突廓"①。能够佩戴这种珠冠的是亚谿家庭和"第本"家庭的夫人,其他贵族家庭的妇女均无资格。所以,这种珠冠也就成了显示高等级贵族家庭的一个具体标志。双耳戴上金制玉镶的耳饰"埃果"。腰上配以"鼎热龙真"(形似蝎子的腰饰),"鼎热龙真"金制镶宝石,腰链为双股,一股为珍珠串成,间有宝石;另一股为红珊瑚串成,同样间有宝石,均下垂过膝。一般来讲,也在盛装时才配上该腰饰。平日里,贵族妇女的腰饰是由珍珠串成的配以金子和珠宝的一种挂钩。除了以腰链作为腰饰,贵族妇女还在腰部左侧挂上钱袋针筒("帕库卡朽")。此为金子制成的挂坠,做工精致,镶有玉石,挂链之下系有两个精致的缎面做成的小巧钱包和针线包。"帕库卡朽"的名字和形状都表明了它的功用,但作为饰品,其中从不会有针线和钱。贵族妇女的饰品中还有一个最为重要的是大型项链("嘎乌")。作为饰品的"嘎乌"主要有两种,金子制成的精致小盒,镶有各种宝石,链子由许多珍珠串成珠线,间有猫耳石、红珊瑚等珠宝。还有一种为三联盒"嘎乌松准",是金子制成的三个小盒子,由珍珠线穿在一起而制成。这种饰品和腰饰一样,要与盛装相配。与"嘎乌"相配合的饰品是一种叫"给陈"的由金子、珍珠和宝石等制成的挂件,是用来专门点缀"嘎乌"的。

的确，在当时的西藏贵族社会，服饰不纯粹是个人的事情，在很大程度上起着说明与家庭经济有着密切关系的尊卑观念的作用。因此，贵族妇女对于服饰的毫无顾忌的追求是当时贵族社会的一种崇尚物质享受的具体表现形式。正因为这样，贵族妇女经常穿梭在

① 珠冠之一种,圆形,上等珍珠精致串成,配置在三角珠冠的中央。

各种商店里，挑选各种衣料，挑选能够在下一次聚会中炫耀的饰品，她们不仅需要把自己装点得更加美丽，更需要吸引他人的目光给自己带来心理上的满足和快乐。哈勒在《西藏七年》中借用贵族唐麦夫人的口气写道："每个男人都有义务按身份、地位贡献珠宝给自己的妻子。地位的晋升带来珠宝的提升！光有钱还不够，戴珠宝并不只是在较劲财富而已，得有身份、地位才行。这里的女人，就像西方的女人一样，喜欢比丈夫、赛珠宝，虚荣心太强，当然很令她们的丈夫吃不消。"可见贵族妇女对物质的无限追求，已超出了家庭财力所能承受的范畴。①

贵族妇女除了盲目地增加服饰外，还有化妆品需要增加。据采访得知，1959年贵族拉鲁家清点财产时，居然有一间房子是专门用来存放化妆品的。化妆品的主要来源是英国和印度。贵族妇女为了美化自己的姿容，不惜代价地寻找最好的化妆品。她们不厌其烦地修饰面貌，增白皮肤，将各种名目不同的养颜品涂抹在脸上，香水也是贵族妇女的钟爱物。关于这一点我们可以从哈勒的《西藏七年》的一段文字中看出来："市中心（八廓街）全都是商店。店铺栉比鳞次，也有做生意做到街道上来的。这里没有我们所谓的商店橱窗。杂货店很多，从针线到胶鞋什么都卖；也有些店卖布匹、丝绸。食品店则除本地产品外，也卖美国腌牛肉、澳洲牛油及苏格兰威士忌，应有尽有，没有的可定购。甚至还有伊丽莎白·雅顿化妆品专卖店，且生意相当不坏。"一个非常封闭的社会，人民又十分贫困，居然有这么多时髦的商品，不能不说是一种荒唐的奢侈。

当贵族妇女们热衷于奢侈品，并将之当作一种最高的生活原则时，家庭的和社会的不稳定因素也随之产生了。因此，地方政府曾经颁布过指令，以制止和限制贵族妇女的奢侈行为："过去不论上等人和下等人的衣着、装饰方面，在最早的时代，已有了很好的规矩。但是我们人体内部的欲望却无止境。在释迦牟尼大海一样的经

① 调查笔记。

1959年前地方头人算计差税

典中已有明显的解释。所以，每个人要满足已有的福气。可现在，时代风气很坏。不论男女，在衣着装饰方面，不尊重规矩，不分上下，随自己的喜爱装饰。特别是大贵族的太太们，她们心中只知打扮装饰，对别人的装饰往往妒嫉，并暗暗竞赛，将谿卡收入的全部花在装饰品上，不足时，毫无羞耻地向外借很多债务。不管装饰品的价钱如何，只要喜欢，便要买回把自己装扮成一个高于任何人的人。这种行为与教义相违背，死后必将受大苦。穷人们买不起东西，生活困难，全部地区受到损害。这对生前、死后的影响和利益均有损无益，也是一种无法无天的作为，并且会导致负债，使地方上的人学坏，会成为社会的坏榜样。……噶伦、公、大贵族的太太们，每人的装饰品规定在藏银三百秤以上五百秤以下；大贵族以下，五品官以上的太太们，每人准在藏银二百秤以下一百秤以上，若超出此限额，将会负债而丧失谿卡。孜（上）、雪（下）、强佐（总务机关）、囊散（普通贵族办事者）和商人等普通人的妻子，准戴镶有玉和珊瑚的巴珠，普通人只准戴绿色玉和红色珊瑚；贵族则准戴白色的宝石，以示区别。‘克珠’（嘎乌）和其他东西，用金或银制作都准许，但只准做普通的。若为了自己讲究气派，与贵族竞赛则无法上下分辨，故一律不准带戴有宝石的巴珠。……贵族等全体男女百姓，衣裳均须按西藏原有的式样和颜色，除此以外，其他式样、颜色都不能穿，若穿奇装异服，则破坏了旧的规矩。……上述这些，我从外到内认真、仔细地观察。若有人敢说过去能穿（其他式样、颜色），现在也能穿，将切实处罚，希望能明辨利弊。此命令由孜康机构转告各个官员。拉萨人官和雪（布达拉宫下面广场上的居民区）管家已将此命令公布告示百姓。你拉章地区务须将此命令很好地宣传，并执行。”[①] 从这篇告示中，可见服饰对于当时的社会来讲不仅仅是为了审美，它还对等级差别作了明确的定义。尽管这一告示显得圆通、审慎，但其主要意义在于维护封建等级制度的最高道德准则。虽然有了规定，还得到了贵族社会的部分响应，但是，绝大多数贵族妇女对这些规定却不加理会，而且还有意无意地加以对抗。尤其每逢节假日，贵族妇女们为争妍斗奇，更是把这些规定和禁令抛到了九霄云外。这一来，政府的禁令也就成了一张废纸。

不过，当我们在议论服饰与女人的关系的同时，不能忽略它与男人的关系。哈勒在《西藏七年》中写道：“‘争奇斗艳’并不只限于女性，男性也有份。身为亚洲人的他们对好东西的热爱，将他们与世界上许多地方联系在一起。因此有汉堡来的蓝狐皮，日本来的养珠，从波斯经庞贝而来的绿松石，从意大利来的珊瑚，以及柏林和柯尼希斯柏格来的琥珀。我经常帮阔绰的贵族写信到世界各地，定购种种奢侈品。夸张、虚饰在此被视为必要。”为了表明出身显贵，对服饰的追求成为表现个人风度的一种目的。所以，服饰在这里已经超出了审美、舒适的生活范畴。

男人的服饰，最多地表现在对官服的装点上。谈到官服，自然

① 档案资料。

要涉及官僚等级。西藏地方政府的官级分为七等。达赖喇嘛作为政教领域的最高权威，被喻为“孜”（顶尖）。随着每一世达赖喇嘛的圆寂和灵童转世以及长大执政，一个相当长的时间里，摄政成为当然的代理政教的最高权威，无疑，摄政也是“孜”的另一种代表。作为“孜”的代言者，自然没有品级。随着新设立的“司伦”官职的出现，西藏地方政府内有了一个名实职虚的二品官职。依次而推论，“噶伦”为大三品。地方政府有四大“噶伦”，一僧三俗，僧为大。与“噶伦”同品级的还有“公”。“公”与“司伦”在某种意义上很相似，具备实职而不具备实权，当然这种不相称的关系是不能简单地归于一个固定的概念中的。可能在不同的时期，“司伦”和“公”具有的实权也不尽相同。小三品为“扎萨”（僧官。总管僧官阶层）和“台吉”（世袭官职名。一般为俗官）。四品为“颇、达、孜、恰”，即“译仓列空”（文秘机构）的四个“仲译钦莫”（僧官）；“孜仲列空”（计算机构）的“孜本”（俗官）。还有增设在各地区的“宗本”（地方官。一僧一俗）。小四品为“赛囊巴”（少爷们）。从字面上理解，称之为少爷的贵族男子似乎都为四品，其实不然。拥有“赛囊巴”称号的贵族子弟一定是出生在亚豁、第本、米扎这三个高等级家庭中，也就是说惟有出生在这三个等级家庭中的子弟才有权拥有这个固定而有光彩的称号。五品、六品、七品统称为“勒参巴”（普通官员），有僧官也有俗官。有了严格的等级制度，自然在表现形式上也得有区别，其中服饰最能体现这种等级间的差异。[①] 在《册府元龟》中记载：“吐蕃国……大略其官章有五等。一谓瑟瑟，二谓金，三谓金饰银上，四谓银，五谓熟铜。各以方圆三寸褐上装之，按膊前，以别贵贱。……爵位则以宝珠、大瑟瑟、小瑟瑟、大银、小银、大玉石、小玉石、大铜、小铜为告身，以别高下。”在藏文历史文献《贤者喜宴》中对贵族官职品级和与之有密切关系的告身进行了分类排比。书中描写道：“大铜告身”

① 调查笔记。

为“六部落长所佩”；“小铜告身”为“千夫长、如本所配”；一般勇士配以“铁告身”；而一般平民则授以有刻纹的白色木质告身。服饰尽管不能像语言那样表词达意，但这种外在的形式绝不亚于语言所表达的意思。通过这些历史文献，我们可以推论，官职品级和相应的服饰几乎同时出现在西藏社会。

西藏社会进入 20 世纪 30 年代后，贵族男子的服装的装饰性已经达到了炉火纯青的地步，无论是告身的佩戴上，还是显示其经济实力的服饰上。贵族男子的服饰并不复杂，分为两大类，即官服和常服。

无疑，官服是官僚阶层的等级符号。清代乃至民国初期，西藏贵族的官服类似清朝中央政府的官员，无论是顶戴花翎，还是长袍、马褂。20 世纪 30 年代以后的西藏贵族社会虽然开始受中西文化碰撞的影响，但是官服上却固定不变。明黄色泽的绸缎永远是贵族官僚追求和推崇的风格，还有就是对于宝石的无限爱好。

作为等级标识的官服，对于贵族社会来讲它是十分严肃和神圣的。原则上讲，只有当政、参政的贵族成员才有权着官服。同样由于贵族当政、参政者具备不同的等级，所以，其穿着的官服也有不同的颜色和装饰。

西藏贵族的官服总体上来讲都是袍子式样的垂衣宽袖形，式样简单、一成不变。如果单从式样看，人们很难判断官职等级的差异。据说，藏装的做法有它自己固定的标尺，这种固定的标尺与宗教思想有着非常严格的关系，官服的缝制也如此。尽管藏族服饰的制作和种类不在本书的讨论范围，但为了说明贵族男子的着装，有必要在此提示一下藏装的基本风格。所有的藏装都是垂直、宽松的长袍式样，男式藏装，除了在服装上辅以饰品外，其形状基本一致。女式藏装则有长袖、短袖之分。作为贵族，除了这种固定的基本服装式样外，还有“大褂”（披风）、“彩吉玛”（蒙古式服装，男人的休闲装）。

藏装的式样不足以体现等级差别，那么以什么来体现呢？颜

达赖喇嘛夏季住处——罗布林卡宫殿

色、质地以及各种宝石的点缀，是它的标尺。

20世纪前半期的拉萨，贵族官僚们几乎每天都要去布达拉宫参见达赖喇嘛或者摄政。参见时，所有的官员，无论等级高低，都必须着官服。其中，七品官的官服是“协玛”（精致的细氆氇，为上等氆氇）制成的黑色长袍，长袍需要一条丝绸质地的宽腰带系上。在长袍外披一件“囊布”（上等粗氆氇）制成的“大褂”。与服装相吻合的是“嘉钦”（鞋名）靴子和“波多”（帽名）帽子。“嘉钦”靴子由红色的氆氇制成，为了不失单调，鞋面上还精心绣上了花纹。帽子同样也是氆氇制品，其颜色是单一的黄色。由于七品官员的服装过于沉重，所以，身为七品官职的官僚一般会穿上较为明亮的衬衫来作为点缀。这样，白色的衬衣成了他们共同欣赏的颜色。六品、五品官员的着装与七品很相近，只是在“大褂”和帽子的选择上有所区别。六品、五品官员的大褂由咖啡色暗花缎子制成。帽

罗布林卡正门（20 世纪 30 年代）

子为两种：一种为夏季所戴的“将达”①；另一种是冬季所戴的“哇钦”②。除此之外，他们还有权在重大典礼上穿蓝色暗花的缎子服。四品、三品、二品为上等官僚，在着装上也很相似。充任三品

① 帽顶有一块小金子，帽背有一条有缎线梳理的长辫子，帽前有一小型宝石塔，小塔上镶有一颗珍珠。
② 由狐狸皮、绒布双层夹棉制成。帽边有缎线须，帽子的饰品点缀与夏季帽相似。

的官僚，黄色的缎子是他们着装的主要色彩，但是作为上等官职的官僚，他们还有权穿各种颜色的缎子服。由于他们具有的特权，他们的着装只追求缎面质地，却不在意颜色。他们的鞋子是红色上等氆氇制成的“恰钦”。不过，三个不同等级的官僚所戴的帽子有一些细微的差别。①

为了舒适，贵族官僚们在家时往往穿上便装“彩吉玛”。由于“彩吉玛”的制作在式样上是固定的，所以，官僚们把心思和精力全放在了面料的选择上，缎子是他们最喜好的面料。另外，黄色皮制的靴子是他们的最佳选择。

的确，服饰和豪华的住宅、富丽的装潢以及精致的摆设一同构成了20世纪前半期西藏贵族社会的表面图景。

第四节　随风而逝

20世纪30年代的西藏贵族社会，其道德修养的主要表现是在所谓的贵族式语言上。当时的贵族作为所谓的有教养的社会阶层，正是通过这种贵族式的语言展示自己那高贵、优雅的姿态的。贵族语言，实际上就是把原有的社交语言修饰得更为华丽的一种语言。藏语中把这种语言叫做“协萨”（敬语）。

尽管我们不清楚敬语的产生年代，但这种等级语言的产生与等级社会的兴起有一定的关系却是不争的事实。令人费解的是，与“语言无阶级性”理论相悖的西藏敬语，最大的优点是把那些抽象的概念和新的名词，用悦耳动听的词句来加以表达。在调查采访过程中，我常常会沉溺于敬语所表现出来的绮丽氛围之中，常常在想，是谁创造了这么一种优美而富有生命的语言？我曾经试图寻找答案，只可惜它如同你在路途中偶遇的美丽自然物一般，很难寻找

---

① 调查笔记。

其根据。

20世纪30年代，敬语已经成为贵族社会中的典范语言。从贵族社会的礼仪观念来讲，敬语有着非常重要的价值。首先，它能够非常准确地表现贵族所谓高贵尊严的言行。其次，迫使贵族在日常举止和人际交往上保持礼节。正因为如此，贵族子女一出生，就要接受敬语的学习。由于环境因素，一般来讲贵族子女在学习敬语中不会有语言转换的困难。他们在家庭的影响下，自然地接受和学习社会生活中可能使用的一切敬语。尽管敬语是贵族语言的一种标志，但是并不禁止百姓使用。在某种意义上，也无法禁止，因为敬语即脱胎于大众语言。

哲蚌寺的喇嘛们

既然百姓能够借助敬语来表达自己的感情，当然敬语也就超出了它固有的范围。也就是说，敬语不单单只是贵族语言。当敬语走向大众时，一种荒诞的现象也开始出现了，那就是百姓用流利的敬语向他的主人或者向高一等的阶层传音达意，相反，贵族成员则用俗语向仆人说话。就这样，敬语成了一种下呈上的表达形式。

在贵族社会中最为理想的社交人物是那些能够给周围的人们带来欢笑的人。尽管出身、权力是贵族社交的基础，但是幽默的语言、精通音乐或者舞蹈者都会成为社交场上的宠儿。正因为这样，西藏贵族社会中有一个专门的词叫"温果"（逗乐）。逗乐的对象是高等级的贵族，而逗乐者则是那些低等级的贵族成员或者生活在拉萨的回族，或者是那些专门接受过训练的艺人。当然，在高等级贵族成员中也不乏精通乐器和舞蹈者。如果这样的人参与其中，自然就成了社交场上的翘楚。

维持秩序的喇嘛

在西藏最为流行的乐器为六弦琴"占年"、扬琴、笛子（"林布"）。西藏的音乐通过这三种乐器舒缓地流泻出来。贵族在数目众多的乐曲中最喜好的是抒情的"囊玛"、庄严的"噶"，活泼的踢踏舞以及故事性很强的藏戏。

尽管贵族社会轻视艺人，但是精通贵族社会游戏的成员却非常欣赏有音乐才能的人，这也是他们展现自己高雅趣味的一个方面。

家庭本身对于音乐的爱好无意识地影响了儿童，贵族家庭对于儿童表现出来的音乐天分，也很欣赏。

音乐对于贵族社交来讲是非常适宜的，能充分显示其拥有的高雅趣味，更何况藏民族从整体上来讲是爱好音乐舞蹈的民族。最能表现当时贵族生活的音乐舞蹈是“囊玛”，所以现在有许多人甚至许多学者都认为“囊玛”是宫廷音乐。据说在五世达赖喇嘛时，该音乐和舞蹈在布达拉宫囊玛康演出而得名。“囊玛”是抒情的、优美的，当一个音节一个音节慢慢道来时，给人的美感和想像非常悠远，与此合拍的舞蹈飘逸、流畅，每一个细小的动作都表现得优美得体。

当时的西藏社会，音乐演奏者和舞蹈者除了职业艺人外，很多是业余表演者。如果一个人精通音乐，即使他不是贵族出身，也有幸成为贵族社交场上最受欢迎的人，当然这种欢迎除了能改善个人的生活条件外，其他方面的影响甚微，并不能提高其社会地位。

由于贵族成员对于音乐的喜爱，许多贵族家都珍藏着许多乐器。一般来说，贵族家不会把收藏的乐器视为财富，但这不会影响他们珍藏那些做工精美和有些年代的乐器，这些乐器还常常成为官僚们茶余饭后的话题。①

与喜爱音乐一样，贵族对于固有的游戏和可能出现的新游戏，都会表现出强烈的兴趣。

夏季的到来，给贵族悠闲的生活注入了色彩。有条件的贵族家庭都有自己的花园，花园中种植着各种各样的花卉。有些贵族家庭还有私人“林卡”（公园）。例如拉鲁家的林卡面积约有上千平方米，有水、有花、有树，还有各种供主人和客人游玩的设施。夏季的到来，使得贵族官员本来就缓慢的工作速度更为缓慢。这时，贵族家会寻找吉日，出外野营。与此同时，地方政府也会找时间进行类似的野营活动。在拉萨有专供僧俗官员野营的公园，即“仲吉林

① 调查笔记。

卡”（俗官公园）和“孜仲林卡”（僧官公园）。

在众多公园中，达赖喇嘛的夏宫“罗布林卡”（宝贝公园）最为艳丽。尽管，喜好野营的贵族们不能在此公园内任性游玩，但是，对于这个令人神往的地方的渴望不会因此而有所改变。

罗布林卡作为达赖喇嘛的夏宫，不管它的外观还是内部，都显得十分庄严、堂皇、舒适。每逢夏日，罗布林卡的第一次展示都是与达赖喇嘛的迁移联系在一起的。达赖喇嘛从布达拉宫向罗布林卡迁移，标明着又一个夏季的来临。而达赖喇嘛的迁移对于当时的西藏社会来讲是一次重大的仪式。

初夏的某一天（通过算卦定下来的吉日），布达拉宫至罗布林卡的路途两边聚集着很多人。到了一定的时辰，从布达拉宫开始传出僧人们吹响的铜号声，达赖喇嘛迁移的队伍开始慢慢地移动了。队伍的前面是一名举着象征生死轮回图旗子的男子，他后面是一队举着旗子、着五彩斑斓古装的骑士。其后则是挑夫，携着全用黄丝绸包裹的达赖喇嘛的个人用品，包括他养的宠物。紧接着是来自达赖喇嘛本寺南嘉寺的一群僧人，他们都举着饰以经文的旗帜。之后是骑着马的乐师。他们的后面，跟着两群僧官，首先是低级僧人，是抬轿的；紧跟随后的是“孜仲”（僧人官员）。达赖喇嘛马厩中的马群英姿矫健地跟在后面，皆有马夫控驭，并饰以马衣。另一马阵则驮着金印。达赖喇嘛则随后坐在由二十名男丁抬着的黄轿里，他们都是绿衣红顶的军官。与大多数官员不同的是，他们有自己的发式，留着一条拖在背后的长辫子。至于黄轿则由另外着黄丝绸长袍的男子扛抬。轿旁，四名噶伦骑马紧随，由达赖的侍卫总管（“古松代本”）及藏军总统领“马基”（藏军司令）照应。队伍四周，最主要的团队是一群“深嘎”（警卫僧）。他们声势慑人，身高至少六尺，穿着笨重的靴子，夺人眼目。他们手里拿着的长鞭，随时能派上用场。达赖喇嘛轿子后相随的是高、初级经师，达赖喇嘛的父母及其他家人。他们之后是一大群俗官，依等级顺序排列，这些人都穿着与自己身份相符合的衣饰。①

达赖喇嘛的迁移活动不仅是夏季来临的标志，也是贵族官僚夏季换装的时间。在西藏，贵族官员例行换装两次，即夏装、冬装的转换。换夏装的时间固定在达赖喇嘛迁移夏宫时，换冬装的时间一般为入秋之后的某一天，同样这一天由算卦而定。换装都在布达拉宫举行，官僚们所要换的装束由自己的仆人打包背到布达拉宫，并在仆人伺候下换装。即使这样，官僚们还是嫌麻烦。所以，在换冬装时，官僚们在布达拉宫只换帽子，冬衣在第二天上班时才穿上。

在过去的西藏，贵族们行使的礼仪是非常烦琐和多样的，如果试图概括，缺陷很容易显示，但是也能得出一些结论，那就是宗教的力量。无论是政府还是个人，都依附宗教的权威，在这种依附之下形成了各种各样的礼仪。所以，无论什么礼仪，即便是最为世俗的家庭礼仪，也摆脱不了宗教的影响。其中，因达赖喇嘛的圆寂而举行的礼仪最能说明这一点。

对于当时的西藏贵族社会乃至整个西藏社会来讲，达赖喇嘛的圆寂自然是晴天一声霹雳。所有人都会为避免这件事情的发生而举行各种宗教仪式，其中给寺庙供奉、请求僧人诵经为达赖喇嘛延寿是必须要进行的。尽管有无数的人为达赖喇嘛的延寿而努力着，但是该发生的事情还是会发生，达赖喇嘛的圆寂并不会因为人们的供奉、诵经而有所改变。最终会在某一天，布达拉宫山顶传出悲哀的鼓声，向贵族在内的众人告知达赖喇嘛的圆寂。按照规定，贵族官员们无论官位高低，一律穿上素装，取下头饰、耳饰等装饰物，妇女也解下“邦典”（围裙）。他们在仆人随同下来到达赖喇嘛圆寂的地方（可能是布达拉宫，也可能是罗布林卡。十三世达赖喇嘛是在罗布林卡圆寂的）进行祭拜。每个贵族家庭为此会在自家的佛龛上点上许多酥油灯以示祭拜，有些家庭还因此会斋戒。

对于地方政府而言，达赖喇嘛圆寂后，挑选摄政的工作是首要

① 调查笔记。

的。摄政一般由四大林（锡德林、策墨林、贡德林、丹杰林）之一的呼图克图来担任，当然也有一些大活佛可以担任摄政，像第珠活佛。除了活佛担任摄政之外，曾经出现过俗人担任摄政的事例。由于摄政的出任可能带来政权上的重新组合，因此，大贵族官僚们顾不得达赖喇嘛圆寂带来的悲伤，开始忙着与旧友新知达成新的争权联盟。正因为如此，挑选摄政成了大贵族官僚们的一次大而秘密的争权活动。一旦摄政人选既定，贵族官僚和他们的家庭成员又要开始忙于反反复复、重重叠叠的各种社交活动了。贵族们的生活就这样在飘浮的尘埃中不断继续。

藏汉名词对照表

孜	རྩེ	孜仲	རྩེ་དྲུང་
孜准	རྩེ་མགྲོན་	雪	ཤོད་
雪仲	ཤོད་དྲུང་	雪准	ཤོད་མགྲོན་
雪巴	ཤོད་པ་	格巴	སྐོར་པ་
古扎	སྐུ་དྲག་	米扎	མི་དྲག་
第本	སྡེ་དཔོན་	第本米扎	སྡེ་དཔོན་མི་དྲག་
森厦	གཟིམས་ཤག་	古扎基当	སྐུ་དྲག་སྤྱིར་བཏང་
豁卡	གཞིས་ཀ་	帕豁	ཕ་གཞིས་
亚豁	ཡབ་གཞིས་	曲豁	ཆོས་གཞིས་
杰侧	རྒྱལ་ཚབ་	斯迥	སྲིད་སྐྱོང་
雄夏不	གཞུང་ཞབས་	公	གུང་
译仓	ཡིག་ཚང་	基巧堪布	སྤྱི་ཁྱབ་མཁན་པོ་
仲译钦布	དྲུང་ཡིག་ཆེན་པོ་	萨旺钦布	ས་དབང་ཆེན་པོ་
堪仲	མཁན་དྲུང་	扎萨	ཛ་སག་
赤钦	ཁྲི་ཆེན་	伦钦	བློན་ཆེན་
司伦	སྲིད་བློན་	赛囊巴	སྲས་རྣམས་པ་
卓尼钦布	མགྲོན་གཉེར་ཆེན་པོ་	噶厦	བཀའ་ཤག་
噶伦	བཀའ་བློན་	夏拜	ཞབས་པད་
噶伦喇嘛	བཀའ་བློན་བླ་མ་	噶准	བཀའ་མགྲོན་
噶仲	བཀའ་དྲུང་	孜康	རྩེ་ཁང་
孜康列空	རྩེ་ཁང་ལས་ཁུངས་	孜本	རྩེ་དཔོན་
孜恰	རྩེ་ཕྱག་	台吉	ཐེ་ཇི་
堪琼	མཁན་ཆུང་	羌基	བྱང་སྤྱི་
卓莫基巧	གྲོ་མོ་སྤྱི་ཁྱབ་	冲基	དྲུང་སྤྱི་

兴尼	ཤིང་གཉེར་	强佐	ཕྱག་མཛོད་
强佐康	ཕྱག་མཛོད་ཁང་	仁细	རིམ་བཞི་
仲科	དྲུང་འཁོར་	夏堆	ཞབས་སྟོད་
聂仓	གཉེར་ཚང་	玛基	དམག་སྤྱི་
米本	མི་དཔོན་	宗本	རྫོང་དཔོན་
浪子厦米本	སྣང་རྩེ་ཤག་མི་དཔོན་	代本	མདའ་དཔོན་
如本	རུ་དཔོན་	颇本	ཕོགས་དཔོན་
拉恰	ལྷ་ཕྱག་	噶巴	བཀའ་པ་
噶厦噶巴	བཀའ་ཤག་བཀའ་པ་	来参巴	ལས་ཚན་པ་
司曹	སྲིད་འཚོ་	雪第巴	ཤོད་སྡེ་པ་
雪尼	ཤོད་གཉེར་	孜拉扎	རྩེ་སློབ་གྲྭ་
加亚	རྒྱལ་ཡབ་	加雍	རྒྱལ་ཡུམ་
萨雍	ས་ཡུམ་	拉将古朽	ལྷ་ལྕམ་སྐུ་ཞབས་
将古朽	ལྕམ་སྐུ་ཞབས་	将琼古朽	ལྕམ་ཆུང་སྐུ་ཞབས་
古琼玛	སྐུ་ཆུང་མ་	赛姆古朽	སྲས་མོ་སྐུ་ཞབས་
古俄	སྐུ་ངོ་	赛古朽	སྲས་སྐུ་ཞབས་
厦仲	ཤག་དྲུང་	吉仲	རྗེ་དྲུང་
尼尼拉	སྙིང་ཉེ་ལགས་	赛	སྲས་
厦栖	ཞསབས་ཕྱི་	厦达玛	ཞལ་ཏ་མ་
囊叁	ནང་ཟན་	贡达	སྐུ་ཟླ་
玛巴	མག་པ་	普查	བུ་ཚབ་
协邦	བཤེར་དཔོན་	捏相	གཉེན་ཞང་
桑珠颇章	བསམ་གྲུབ་ཕོ་བྲང་	桑颇	བསམ་ཕོ་
宇托	གཡུ་ཐོག་	彭康	ཕུན་ཁང་
拉鲁	ལྷ་ཀླུ་	朗顿	གླང་མདུན་
噶锡	དགའ་བཞི་	多仁	རྡོ་རིང་
通巴	ཐོན་པ་	拉让宁巴	བླ་བྲང་རྙིང་པ་
热喀厦	རག་ཁ་ཤག་	多卡哇	མདོ་མཁར་བ།
帕拉	ཕ་ལྷ	帕觉拉康	ཕ་ཇོ་ལྷ་ཁང་
拉嘉日	ལྷ་རྒྱ་རི་	吉普	སྐྱིད་སྡུག་
仁岗	རིན་སྒང་	贡桑孜	ཀུན་བཟང་རྩེ་

凯墨	ཁེ་སྨད་	夏扎	བཤད་སྒྲ་
擦绒	ཚ་རོང་	索康	ཟུར་ཁང་
赤门	ཁྲི་སྨོན་	噶雪巴	ཀ་ཤོད་པ་
噶涅	བཀའ་གཉེར་	嘎乌	གཙུ་
嘎乌松卓玛	གཙུ་གསུམ་སྒྲོ་མ་	埃果	ཨེ་ཀོར་
优	གཡུ་	器茹	བྱུ་རུ་
巴珠	སྤྲ་ཕྲུག་	姆迪	མུ་དིག་
姆迪突廓	མུ་དིག་ཐུག་ཁོག་	索厦	སོག་ཞྭ་
彩吉玛	མཚལ་གཅིག་མ་	囊崔	ནང་མཛོད་
阿西	ཨ་ཤེ་	旁崔	བར་མཛོད་
清崔	ཕྱི་མཛོད་	穗达	བསོད་དར་
章嘎	ཏཾ་ཀ་	帕库卡朽	འབའ་ཁྲུག་ཁབ་ཤུབས་
卓玛泽司	གྲོ་མ་འབྲས་བཞིལ་	卓索钦玛	གྲོ་སོ་ཕྱི་མར་
桅颇	དངུལ་ཕོར་	强玛	ཆང་མ་
冲雄玛	ཁྲུང་ཞུ་མ་	囊玛	ནང་མ་
囊达	རྣམ་དར་	齐遁	ཕྱིར་ཐོན་
米口苏	མི་ཁ་ཟུག་	旁色	བང་སེལ་(གསོལ་)
匮朽	གུས་ཞབས་	协萨	ཞེ་ས་

参考书目

（一）中文部分（按著者姓名的英文字母顺序排列）

1. 巴桑卓玛：《略述藏族妇女传统的婚育习俗和存在的问题》，《民族研究》，1995 年第 4 期。
2. 陈澄：《西藏见闻录》，台北：中正书局，1951 年。
3. 陈立明：《珞巴族婚姻家庭述论》，《藏学研究论丛》第 2 辑。
4. 邓锐龄：《元明两代中央与西藏地方的关系》，中国藏学出版社，1989 年。
5.《大清历朝实录》，台湾：华文书局，1970 年。
6. 多杰才旦主编：《西藏封建农奴制社会形态》，中国藏学出版社，1996 年。
7. 范文澜：《中国通史简编》，修订本，第三编，第一册，人民出版社，1965 年。
8. 格勒：《论西藏文化的起源形成与周围民族的关系》，中山大学出版社，1988 年。
9. 龚佩华：《也谈血缘婚和血缘家庭》，《民族学研究》，第 5 辑。
10. 韩肇明：《华夏族原始婚姻形态研究》，《民族学研究》，第 5 辑。
11. 何怀宏：《世袭社会及其解体》，生活·读书·新知三联书店，1996 年。

12. 胡如雷：《中国封建社会形态研究》，生活·读书·新知三联书店，1979 年 7 月。
13. 黄奋生：《藏族史略》，人民出版社，1985 年。
14. 黄玉生、车明怀、祝启源等：《西藏地方与中央政府关系史》。西藏人民出版社，1995 年。
15. 简瑞宏：《西藏社会制度之研究》，《文大民华所论文》，1979 年。
16. 翦伯赞：《中国史纲要》（上、下），人民出版社，1983 年。
17. 李铁铮：《西藏历史上的法律地位》，湖南人民出版社，1992 年。
18. 林明昌：《西藏政教合一制度研究》，《国际佛学研究》，1992 年 2 期。
19. 刘英、薛素珍主编：《中国婚姻家庭研究》，社会科学文献出版社，1987 年。
20. 刘达临：《婚姻社会学》，天津人民出版社，1987 年 2 月。
21. 马克尧：《中西封建社会比较研究》，学林出版社，1997 年。
22. 蒲文成：《试论十八世纪中叶西藏地方政府行政体制的改革》，《藏学论丛研究》，1998 年 1 辑。
23. 清代宫史研究会编：《清代宫史探微》，第一届清代宫史学术讨论会论文集，紫禁城出版社，1991 年 7 月。
24. 申新泰：《略谈噶丹颇章地方政权建立初期的行政体制和清朝对西藏地方的施政》，《藏学论丛研究》，1990 年 2 辑。
25. 司马光等：《资治通鉴》，中华书局标点本。
26.《十三世达赖喇嘛圆寂之祭和十四世达赖喇嘛坐床档案选编》，中国藏学出版社，1991 年。
27. 宋镇豪：《夏商社会生活史》。中国社会科学出版社，1996 年。
28. 宋镇豪：《商代婚姻的运作礼规》，《历史研究》，1994 年第 6 期。
29. 王玉波：《中国婚礼的产生与演变》，《历史研究》，1990 年第 4

期。
30．王任光：《中古欧洲史政教关系》，台北：商务印书馆，1961年。
31．王辅仁、索文清：《藏族史要》，四川民族出版社，1982年。
32．王辅仁、陈庆英：《蒙藏民族关系史略》，中国社会科学出版社，1985年。
33．王森：《西藏佛教发展史略》，中国社会科学出版社，1997年4月。
34．文史知识编辑部编：《古代礼制风俗漫谈》（一、二集），中华书局，1988年。
35．吴从众编：《西藏封建农奴制研究论文集》，中国藏学出版社，1991年。
36．吴丰培、曾国庆：《清代驻藏大臣制度的建立与沿革》，中国藏学出版社，1989年。
37．吴丰培：《清代藏事辑要》，西藏人民出版社，1984年。
38．啸天编著：《清宫之谜》，内蒙古文化出版社，1995年。
39．《西藏研究》编辑部：《西藏志·卫藏通志》，西藏人民出版社，1982年。
40．西藏学汉文文献丛书第2辑：《使藏纪程西藏纪要·拉萨见闻记》（合刊），全国图书馆文献缩微复制中心出版，1991年。
41．西藏自治区《西藏政治史》评注小组编写：《夏格巴的〈西藏政治史〉与西藏历史的本来面目》，民族出版社，1996年。
42．西藏社会历史调查资料丛刊编辑组编：《藏族社会历史调查》〔共6本〕，西藏人民出版社，1987年11月～1991年。
43．《西藏地方是中国不可分割的一部分》（史料选辑），西藏人民出版社，1986年。
44．《西藏地方历史资料选辑》，生活·读书·新知三联书店，1960年。
45．西藏研究编辑部编辑：西藏研究丛刊《清实录藏族史料》，西藏人民出版社，1982 年。
46. 熊贤君：《皇子教育》，台北文津出版社，1996 年。
47. 熊坤新：《藏族禁忌与藏族道德规范》，《藏学研究论丛》第 2 辑。
48. 牙含章：《达赖喇嘛传》，人民出版社，1984 年。
49. 阴法鲁、许树安主编：《中国古代文化史》（共 3 册），北京大学出版社，1991 年。
50. 余和祥：《皇室礼仪》。台北文津出版社，1996 年。
51.《元以来西藏地方和中央政府政府关系档案史料汇编》，中国藏学出版社，1995 年。
52. 藏族简史编写组：《藏族简史》，西藏人民出版社，1985 年。
53. 张权武：《近代西藏特殊家庭婚姻种种试析》，《西藏研究》，1988 年第 1 期。
54. 张启雄：《政教合一的佛国西藏》，《现代佛教学术丛刊》，1976 年 151 期。
55. 张其勤：《清代藏事辑要》，西藏人民出版社，1983 年。
56. 张其勤、赵云田：《清代蒙古政教制度》，中华书局，1989 年。
57. 赵建民：《威权政治》，台北：幼狮文化事业公司，1994 年。
58. 中国魏晋南北朝史学会编：《魏晋南北朝史研究》，四川省社会科学院出版社，1986 年。
59. 朱绍侯主编：《中国古代史》（上、中、下），福建人民出版社，1985 年。
60. 朱锦屏：《西藏六十年大事记》，1925 年刊印本。
61. 祝启源、喜饶尼玛：《中华民国时期中央政府与西藏地方的关系》，1992 年。

（二）译文部分（按著者姓名的英文字母顺序排列）

62.〔法〕ALEXANDRA DAVID – NEEL 著，李凡斌、张道安译：《古老的

西藏面对新生的中国》(LEVIEUXTIBET FACE A LA CHINEENOUV-LLE)。西藏社会科学院西藏学汉文文献编辑室编印,1985 年。

63.〔英〕Christopher Hibbert 著,贾士蘅译:《英国社会史》(The English a Social History),台北:国立编译馆出版。

64.〔英〕Charles Bell 著,董之学、付勤家译:《西藏志》(The People of Tibet),商务印书馆,1936 年。

65.加里·S·贝克尔著,彭松建译:《家庭经济分析》,华夏出版社,1987 年。

66.大司徒强秋坚赞著,赞拉·阿旺、佘万治译:《朗氏家族史》,西藏人民出版社,1988 年。

67.达仓宗巴·班觉桑布著,陈庆英译:《汉藏史集》,西藏人民出版社,1985 年。

68.〔意〕著杜齐,李有义、邓锐龄译:《西藏中世纪史》,中国社会科学院民族研究所 1980 年铅印本。

69.多卡夏仲·策仁旺杰著,汤池安译:《颇罗鼐传》,西藏人民出版社,1988 年。

70.丹津班珠尔著,汤池安译:《多仁班智达传》,中国藏学出版社,1995 年。

71.多喀尔·策仁旺杰著,周求有译:《噶伦传》,西藏人民出版社,1986 年。

72.多田等观著,钟美珠译:《入藏纪行》,西藏社会科学院西藏学汉文文献编辑室编印,1986 年。

73.〔法〕Emmanuel Le Roy Ladurie 著,许明龙、马胜利译:《蒙塔尤》(Montaillou),商务印书馆出版,1997 年。

74.〔美〕Elizabeth L. Post 著,齐宗华等译:《西方礼仪集萃》,生活·读书·新知三联书店,1991 年。

75.〔英〕Edwund Candler 著,伊建新、苏平译:《拉萨真面目》,西藏人民出版社,1989 年。

76.〔英〕Francis Younghusband 著,孙熙初译:《英国侵略西藏史》,西藏

社会科学院资料情报研究所编印,1983 年。

77.〔英〕F·M·贝利著,春雨译:《无护照西藏之行》,西藏社会科学院资料情报研究所编印,1983 年。

78.〔意〕G·杜齐著,李有义、邓锐龄译:《西藏中世纪史》,中国社会科学院民族所铅印本,1980 年。

79.格桑卓嘎等译:《铁虎清册》,中国藏学出版社,1991 年。

80.廓诺·迅鲁伯著,郭和卿译:《青史》,西藏人民出版社,1985 年。

81.〔奥〕Heinrich Harrer 著,刁筱华译:《西藏七年与少年达赖》(Seven Years in Tibet),台北大块文化出版股份有限公司,1997 年。

82.H. E. Richardson, 李有义译:《西藏简史》(A Short History Tibet),中国社会科学院民族研究所,1979 年。

83.〔美〕约翰·麦格雷格著,向红笳译:《西藏探险》,西藏人民出版社,1988 年。

84.〔法〕杰克·古迪著,袁树仁、找克非、邵济源、董芳滨译:《家庭史——现代化的冲击》,1998 年。

85.〔英〕詹·乔·弗雷泽著,徐育新、汪泽石译:《金枝》(上、下),中国民间文艺出版社,1987 年。

86.〔瑞〕Jacob Burkhart 著,何新译:《意大利文艺复兴时期的文化》,商务印书馆出版,1979 年。

87.〔美〕Karl A. Wittfogel 著,徐式谷、奚瑞森、邹如山等译:《东方专制主义》,中国社会科学出版社,1989 年。

88.〔意〕Luciano Petech 著,周秋有译:《十八世纪前期的中原和西藏》,西藏人民版社,1987 年。

89.〔意〕L. Petech 著:《达赖喇嘛和西藏摄政:编年研究》。《通报》1959 年第 47 期。

90.〔意〕Luciano Petech 著,沈卫荣、宋黎明译:《西藏的贵族和政府》(1728 – 1959),中国藏学出版社,1990 年。

91.〔法〕列维 – 斯特劳斯、乔治·杜比著,袁树仁、姚静、肖桂译:《家庭史 – 遥远的世界古老的世界》〔1.2 本〕,生活·读书·新知三联书店,1998 年。

92.〔法〕Marc Bloch 著,谈谷铮译:《封建社会》,台北:桂冠图书股份有限公司,1995 年。

93.〔美〕Melvyn C. Goldstein 著,杜永彬译:《喇嘛王国的覆灭》(1913 - 1951)。时事出版社,1994 年。

94.〔奥〕Michael Literature Reinhardt Seeder 著,赵世玲、赵世瑜、周尚意译:《欧洲家庭史》,华夏出版社,1987 年。

95.〔美〕玛格丽特·米德著,宋践等译:《三个原始部落的性别与气质》,浙江人民出版社,1988 年。

96.〔英〕P·弗莱明著,向红笳译:《刺刀指向拉萨》,西藏人民出版社,1987 年。

97.〔美〕Paul Fussell 著,梁丽真、乐涛、石涛译:《格调:社会等级与生活品味》,中国社会科学出版社,1998 年。

98.〔英〕Patrick French 著,郑明华译:《西藏追踪》(上、下),台北:马克孛罗文化事业股份有限公司,1999 年。

99.〔美〕Pedro Carrasco 著,陈永译:《西藏的土地与政体》,西藏社会科学院西藏学汉文文献编辑室编印,1985 年。

100.恰白·次旦平措、诺章·吴坚、平措次仁著,陈庆英、格桑益西、何宗英、许德存译:《西藏通史》,西藏社会科学院《中国藏学》杂志社,西藏古籍出版社联合出版,1996 年。

101.〔意〕路易吉·萨尔瓦托雷利著,沈珩、祝本雄译:《意大利简史》,商务印书馆,1998 年。

102.〔法〕Rolf Alfred Stein 著,耿升译:《西藏的文明》,西藏社会科学院西藏学汉文文献编辑室编印,1985 年。

103.〔美〕R·M 基辛著,甘华鸣、陈芳、甘黎明译:《文化 社会 个人》,辽宁出版社,1988 年。

104.〔美〕露丝·本尼迪克特著,王炜译:《文化模式》,生活·读书·新知三联书店,1988 年。

105.〔美〕R·本尼迪克特著,黄道琳译:《菊与剑》,光明日报出版社,

1988 年。
106. 五世达赖喇嘛·阿旺洛桑嘉措著，陈庆英、马连龙、马林译：《五世达赖喇嘛传》，中国藏学出版社，1997 年。
107. 五世达赖喇嘛著，郭和卿译：《西藏王臣记》，民族出版社，1982 年。
108. 西藏自治区政协文史资料研究委员会：《西藏文史资料选辑》〔1—17〕，民族出版社。
109. 〔印度〕英德·L·马利克著，伊建新、段荃、盛艳译：《西藏历代达赖喇嘛》，中国藏学出版社，1991 年。
110. 扬宗卓玛，麦慧芬译：《我子达赖》，台北：双月书屋有限公司，1998 年。
111. 章嘉·若贝多吉著，蒲文成译：《七世达赖喇嘛传》，西藏人民出版社，1989 年。
112. 〔日〕中根千枝著，周炜译：《西藏的贵族》，《外国藏学研究译文集》第 9 期，西藏人民出版社。
113. 〔日〕中根千枝著，许真、宋峻铃译：《日本社会》，天津人民出版社，1982 年。
114. 〔日〕中根千枝著，朱京伟、张吉伟译：《适应的条件》，河北人民出版社，1989 年。
115. 〔日〕中根千枝著，聂长林、聂莉莉译：《亚洲诸社会的人类学比较研究》，黑龙江教育出版社，1989 年。

(三)英文部分(按著者姓名的英文字母顺序排列)

116. Rinchen Dolma Taring〔藏族〕: Daughter of Tibet《西藏的女儿》。Wisdom Publication London, 1986.
117. Drone Yukon Python〔藏族〕: House of the Turquoise Roof《绿色的屋

顶》。Snow Lion Publications Ithaca, New York USA, 1988.

118. Jetsun Pama〔藏族〕: Tibet My Story《西藏·我的故事》。British Library Cataloguing in Publication date available, 1997.

(四)藏文部分(按著者姓名的藏文字母顺序排列)

119. 格杰巴·丹增多杰:《原西藏地方政府组织结构》,《西藏研究》1988 年第二、第三、第四期。

120. 恰白·次旦平措:《恰白·次旦平措文集》,中国藏学出版社,1993 年。

121. 东嘎·洛桑赤列:《论西藏政教合一制度》,民族出版社,1981 年。

122. 囊林·班觉晋美:《人世间的各种经历》,1988 年。

123. 巴俄·珠拉赤瓦:《智者喜宴》,民族出版社,1984 年。

124. 夏格巴·旺秋德丹:《西藏政治史》,印度德里出版,1976 年。

125. 夏扎·甘丹班觉:《贵族噶丹夏扎家族的历史》,《西藏文史资料选辑》(第 14 辑),民族出版社,1992 年。

126. 拉鲁·次旺多杰:《亚谿·拉鲁家族的历史》,《西藏文史资料选辑》(第十六辑),民族出版社,1993 年。

后　记

《西藏贵族世家(1900—1951)》一书的写作基础是建立在笔者对西藏贵族资料的搜集上。

与我同龄的孩子一样,从小我就喜欢缠着周围的大人讲故事。这些故事里不仅有“仙”和“怪”,更多的还有拉萨这座古城和生活在其中的人们过去的故事。所谓过去,认真计算起来,距今也就一百年左右的时间,故事中的人物在我的成长中,甚至今天,仍然十分活跃,比如拉鲁·次旺多杰先生。

慢慢的,我从被动听故事变成主动地寻找故事,并且有目的地记录故事。我在这样做时,已经是中国藏学研究中心一名有关西藏社会学方面的研究者了。

我最初的研究得到了时任中国藏学研究中心社会经济所所长格勒博士的引导和支持,那是 1992 年。我非常感谢他曾经给我提供的种种研究条件。从那时起,我开始写一些关于西藏贵族的文章,并得到了一些专家、学者的鼓励。在这里,我非常感激日本人类学家中根千枝先生,她为我的研究提供了实际的帮助;非常感谢已故的黄颢先生,他带着病体耐心地审读了我的这本书稿;非常感谢廖东凡先生,他给予了我许多实际的指点和鼓励。我还要感谢邓锐龄先生、陈庆英先生、金志国先生,以及中国藏学研究中心原总干事多杰才旦先生、西藏社会科院原院长平措次仁先生,他们给了我许多建设性的意见和资料上的支持。怀着同样的感激之情,对所有关心我的朋友和同事们,我都要说一声谢谢。如果没有他们的支持与鼓励,我对西藏贵族的研究不会有这么大的信心。最后,我要感谢生我养我的父母以及关爱我的丈夫,没有他们的关心和爱护,我的写作也不会顺利。

本书写作的基础是在材料的收集上,对此,我向西藏档案馆的领导和有关工作人员表示由衷的谢意和最高的敬意。与此同时,向接受我采访的相关人士表示衷心的感谢。在此,我要特别感谢拉鲁·次旺多杰先生、赤门·索朗班觉先生、夏扎·甘丹班觉先生、唐麦·贡觉白姆先生、吉普·顿珠平措先生和已故的吉普·平措次旦先生、帕拉·次央女士、普龙·索珍女士等。

《西藏贵族世家(1900—1951)》的出版对于我个人来讲是一个莫大的荣耀。为此,我愿意和所有关爱我的亲人、朋友们一起分享。

图书在版编目（CIP）数据

西藏贵族世家：1900—1951/次仁央宗著. 2版
北京：中国藏学出版社，2012.2（2024.5重印）

ISBN 978－7－80253－452－0

Ⅰ.①西...　Ⅱ.①次...　Ⅲ.①贵族－社会生活－西藏－1900—1951
Ⅳ.①D693.93

中国版本图书馆CIP数据核字（2012）第021007号

西藏贵族世家：1900—1951

作　　者　次仁央宗
出版发行　中国藏学出版社
　　　　　（北京北四环东路131号）
经　　销　新华书店
印　　刷　北京隆昌伟业印刷有限公司
版　　次　2012年第2版第1次印刷　　2024年5月第2版第2次印刷
开　　本　640×965毫米　1/16
印　　张　30
字　　数　390千字
印　　数　5001—10000册
书　　号　ISBN 978－7－80253－452－0/D·50
定　　价　76.00元

图书若有印装质量问题，请与本社发行部联系
E-mail:dfhw64892902@126.com　　电话:010－64892902